GOLDMANN

Inhalt

»Schreiben war für mich immer auch eine Überlebensstrategie – ein Ventil, auszudrücken, was in meinem Innersten vorgeht.«

Philipp Gurt

Autor

Philipp Gurt wurde 1968 als siebtes von acht Kindern geborgen. Er wuchs in verschiedenen Kinderheimen und Institutionen auf. Bereits als Jugendlicher schrieb er Texte und Kurzgeschichten. Mit 17 begann er intensiver zu schreiben, mit 20 beendete er seinen ersten Roman. Bis heute wurden zehn seiner Bücher veröffentlicht, darunter auch zwei Biografien berühmter Persönlichkeiten. Philipp Gurt lebt und arbeitet heute als Schriftsteller in Chur-Haldenstein im Schweizer Kanton Graubünden.

Philipp Gurt

Schattenkind

Wie ich als Kind überlebt habe

Autobiografie

GOLDMANN

Aus Gründen der Authentizität haben wir uns entschlossen, das Schwyzer-
dütsch des Original-HCs auch in der Taschenbuchausgabe beizubehalten.

MIX
Papier | Fördert
gute Waldnutzung
FSC® C014496
www.fsc.org

Penguin Random House Verlagsgruppe FSC® N001967

4. Auflage
Taschenbuchausgabe August 2018
Wilhelm Goldmann Verlag, München,
in der Penguin Random House Verlagsgruppe GmbH,
Neumarkter Str. 28, 81673 München
Copyright © der Originalausgabe 2017
by Judith Gurt-Krone
Lektorat: Karin Dobler Mayerhofer und Undine Materni
Korrektorat: Dr. Christina Grund
Qualitätskontrolle: Annemarie Grunholzer
Umschlaggestaltung: UNO Werbeagentur, München,
in Anlehnung an die Gestaltung der HC-Ausgabe (www.deruhlig.com)
DF · Herstellung: kw
Druck und Bindung: GGP Media GmbH, Pößneck
Printed in Germany
ISBN: 978-3-442-15952-9

www.goldmann-verlag.de

Für
meine sieben Geschwister:
Mary, Irma, Claudia, Rädel, Yvonne, Charly, Maja
und meinen Papa Konrad

In Erinnerung an:
Tschattis, Keck, Pingesser, Nesa, Nicole und die über zwanzig Freunde und Weggefährten, die leider nicht überlebt haben.

Tschattis – auch wenn du deine Hölle im letzten Moment
nicht überlebt hast, du warst und bleibst ein wahrer Freund.
»Thänks män forever!« Unser Tattoo wird mich bis zu meinem
Tod begleiten – wie auch unsere Verbundenheit mit der Natur.

Ich vermisse dich noch immer, mein Blutsbruder!

»I wett so gära nu as klisas Blüamli si. Zmitzt innara einsama Wiesa zwachsa, vum warma Wind kstraichlat zwärde, um im Obigliacht friedlich zverblüah, als hetts mi gär nia geh ... doch d'Monschter löhnt das nit zua!«

Waisenhaus Chur, 1978

Vorwort

. . .

Liebe Leserin, lieber Leser,

als ich den Entschluss fasste, meine Biografie zu schreiben, war mir Folgendes sofort bewusst:

Erstens: Es wird Monate dauern, all die Dokumente, Beweismittel und Fotos aufzutreiben und zu sichten. Ich schätze, es werden gegen tausend Seiten sein, die ich zusammentragen muss. Ausserdem habe ich einige Personen, insbesondere Täterinnen und Täter, zu befragen, die alles andere als erfreut sein werden, dass ich dieses Buch schreibe. Von diesen auf heikle Fragen Antworten zu erhalten, wird schwierig werden – aber nicht unmöglich.

Zweitens: Es wird für mich herausfordernd sein, mich literarisch allem zu stellen, meinen Weg vom Kleinkind bis zum Heimaustritt nochmals Schritt für Schritt zu gehen und all die damit verbundenen Orte persönlich aufzusuchen. Mir hilft dabei, dass ich weder Hass noch Wut in mir trage, dafür ein grosses, wenn auch verwundetes Kämpferherz.

Ich weiss, dass in der Vergangenheit neben den Höllen mit den Monstern auch unglaublich schöne, lichtdurchflutete Erlebnisse auf mich warten. Ungeachtet der schlimmsten Umstände habe ich immer wieder getanzt, wie ein Blatt im stürmischen Herbstwind. Darauf habe ich als Kind und Jugendlicher stets meinen Fokus gelegt, um zu überleben, damit die tägliche Hoffnungslosigkeit, das hässliche Gefühl der Verlorenheit und die schwarze Angst mich nicht völlig zerstören konnten.

Dass Sie, liebe Leser, in diesem Buch gemeinsam mit mir den langen Weg gehen wollen, dafür meinen Respekt und Dank!

Philipp Gurt – Chur, 11. September 2015

Hallo Welt!

• • •

Wie wichtig ist es, *(conception)* herauszufinden, unter welchen Begleitumständen die eigene Zeugung stattgefunden hat? Muss man es überhaupt wissen? Reicht es nicht, dass ich weiss, an einem Dienstag im Januar 1968 im Kreuzspital in Chur geboren worden zu sein? Dass es eiskalt war und kein Sonnenstrahl durch die dicken Winterwolken drang?

Ich glaube nicht, dass sich jemand gerne vorstellt, wie die Eltern *Es* getan haben. Es geht auch nicht um das Wie, sondern um die Umstände. Meine Zeugung war bestimmt alles andere als romantisch. Ausserdem war ich als siebtes Kind bestimmt nicht das Wunschkind einer erst 29-jährigen Mutter, die uns, drei Jahre nach der achten Geburt, alle verlassen hatte, als wäre sie bloss irgendeine Postbotin gewesen, der eine andere Tour zugeteilt worden war.

1968 war die Zerrüttung *(breakdown)* in unserer Familie bereits weit fortgeschritten. Natürlich ist zu bedenken, dass damals in den späten 60er Jahren das Rollenbild einer Familie durch andere Werte geprägt war als heute. *(defiant)*

In den kleinen trutzigen Dörfern, die sich in engen Tälern an die Bergflanken krallten, als drohten sie sonst mit dem Bach ins Tobel zu stürzen, war die Wunschliste möglicher Partner für niemanden lang. Die kleinen Dörfer bildeten eine eigene Welt mit vielen ungeschriebenen Gesetzen. Seilschaften wurden gesucht und gepflegt, Fehden geschürt und ausgetragen, Geheimnisse sorgsam bewahrt oder gezielt gelüftet. In den gutbürgerlichen, verrauchten Beizen, in denen tiefgebräunte, bärtige Bergler das frischgezapfte *Calanda Bräu* hinunterkippten, machten viele Geschichten die Runde. Ländler oder Schlager ertönten aus alten Jukeboxen. Einmal im Monat spielte eine kleine Formation aus dem Tal auf. Samstags wurden dann die Tische zur

Fehden - feud
geschürt : sheared

Seite gestellt, um Platz für Tanzende zu schaffen. Lachen und Prahlereien durchbrachen den Lärmpegel, der sich nur leicht senkte, wenn die alte Eingangstür von einem neuen Gast geöffnet wurde. Ein scharfer Jass wurde im Stumpenqualm geklopft und an einem Nebentisch mutmasste man, warum das Vieh vom Hassler krank war. Vielleicht war es eine gerechte Strafe, weil er mit dem jungen Hemmi aus Trimmis im Tal gewildert hatte und natürlich wie immer log, als der Landjäger[1] Casotti ihn dazu befragte. Doch alle wussten, dass er es war – nicht nur diejenigen, bei denen es bereits Anfang des Sommers am Sonntag Rehpfeffer gab.

»Kumm zahl miar no ais«, hörte man den Hassler dem Landjäger Casotti spöttisch zurufen, als der sich aufmachte, die Beiz zu verlassen.

»Wird nit zfrech, Hassler, as Hirschli het miar geschtar öppis im Wolfsboda hina kflüschtarat. Miar redand denn schu no zämma uf am Poschta – warts nu ab!« Schallendes Gelächter folgte dieser Drohung.

Es war die Zeit, in welcher die Serviertochter bis zu ihrem Schichtende mindestens vier Klapse auf ihren Hintern bekam und den einen oder anderen Busengrabscher pro Woche mehr oder weniger erfolgreich abwehren konnte. Und immer mal kippte einer der Gäste volltrunken vom Stuhl. Im Streit fuhr so manche Faust wütend auf den Tisch oder ins Gesicht des Gegenübers. So ein *Schpunta* war das Restaurant *Strela* in Maladers – die Beiz, in der auch mein Papa oft zu finden war.

In solchen Dörfern war damals kein Platz für Feinfühlige. Träume hingen wie Papierdrachen festgebunden im Himmel, was aber nicht hiess, dass junge Mädchen sich nie nach einem anderen, einem besseren Leben sehnten.

Der Winter im Jahr meiner Geburt hatte die Alpen zeitig eingeschneit. Doch der vergangene Bergsommer war herrlich gewesen – der Alpkäse hervorragend. Das Essen war einfach, aber deftig: Speck, Würste und Käse aus dem Tal. Älplermakkaroni

---

[1] Polizist

urigen Klängen = rustic sounds (handwritten annotation)

mit viel Käse, Butter und gebratenen Zwiebeln gaben Kraft,
ebenso die hausgemachte Gerstensuppe. Es gab keine Alp, auf
der nicht mit urigen Klängen aufgespielt wurde, keine Beiz ohne
eine Rauferei – und keinen Tag ohne Gerede im Dorf. *Gossip* (handwritten)

Gewisse Behördenmitglieder von Maladers wussten damals
die Fähigkeiten einiger Einwohner zu nutzen und kamen so
günstig an wertvolle Kupferkessel und andere Antiquitäten, die
im Museum in Sapün kurz zuvor entwendet worden waren. Eine
Hand wusch die andere, solange ein Vorteil daraus gezogen
werden konnte.

In so einem Dorf wurde ich gezeugt. In Maladers – oder genauer gesagt im Vagantenvorort[2] von Maladers – in Sax. So
steht es in den Behördenakten. Sax lag direkt oberhalb der
schmalen Durchgangsstrasse im steilen Hang und bestand damals wie heute aus nur wenigen Häusern. Darüber erstreckten
sich der Berg und unterhalb der Strasse ein Wald, der weit hinunter ins steile Tobel reichte.

Maladers 1972, Sax wäre etwas rechts ausserhalb des Bildes.

---

[2] Vagant = Zigeuner

Tobel = ravine

Sax-Maladers – Februar 2016
Unten ganz links sieht man ein wenig von unserem Stall.

Vielleicht wurde ich auch im Frühling im Wolfsboden, der First oder im Steiner, der Alp im Strassberg, gezeugt – allesamt wären schöne Ort gewesen.

FAMILIENBANDE

...

1966 – Alpsommer auf der First
Papa hält Charly im Arm, Mary mit dem Holzstecken, Mamma mit
Yvonne, Rädel, Irma und Claudia. Maja und ich kommen eineinhalb
respektive zweieinhalb Jahre später zur Welt.

Als dreizehn Monate nach mir meine jüngste Schwester Maja
zur Welt kam, lebten wir zu zehnt in den zwei kleinen Räumen
im beengenden Holzhaus. Wir schliefen in vier Betten. Sanitäre
Anlagen hatte es keine, dafür vor dem kleinen Stall ein Holzka-
bäuschen mit einem eingegrabenen Loch. Im unteren der beiden

Stockwerke wohnte meine Nana[3] väterlicherseits, Antonietta Rizzi, eine gebürtige Engadinerin aus La Punt-Chamues-ch. Ihr Mann, mein Neni[4] Stefan Gurt, war bereits 1960 gestorben.

1962 – vor unserem Stall
Nana Antonietta mit Rädel, Claudia, Mutter mit Yvonne

Nana und Neni: Antonietta und Stefan Gurt-Rizzi
Das einzige Bild von unserem Haus in Maladers-Sax.

---

[3] Grossmutter
[4] Grossvater

Zu unserer Familie zitiere ich[5] aus den Akten der Vormundschaftsbehörde Arosa/Schanfigg und der Psychiatrischen Klinik
Waldhaus in Chur vom 26.03.1973:

Am 09.01.1968 wurde Philipp als zweitjüngstes von acht Kin-
dern (alle debil, teilweise imbezill[6]) in Maladers bei Chur in
eine sozial sehr benachteiligte bis verwahrloste Familie jeni-
scher[7] Abstammung geboren ... sie bewohnten in Sax-Maladers
eine miserable, baufällige Hütte ...
Mutter Maria heiratete mit 18 Jahren gegen den Willen der
Behörden Konrad Gurt, Jg. 1930, von Maladers. Sie ist eine debi-
le, triebhafte, verstimmbare Psychopathin mit pseudologischen,
hysterischen Zügen: Vagantentemperament. Ist schon wiederholt
mit anderen Männern durchgebrannt, seit 12. Juli 1972 ver-
schwunden, liess alle Kinder im Stich, wahrscheinlich nun im
Ausland. Durchgebrannt mit einem gewissen Sepp Sablonier.
Der Vater von Maria Gurt: Karl Mehli, 1909, von Arvigo
(Familie Mehli zwangseingebürgert 1887 in Arvigo, andere
Zweige zwangseingebürgert in Maladers) lebt in Sax-Maladers,
trinkt landesüblich, sozial untüchtig, Fabrikarbeiter, Biertrin-
ker, klein und fest, wohl etwas untüchtig und debil.
Die Mutter: Barbara geb. Buschauer, 1913, von Molinis, auf-
gewachsen in Maladers, lebt in Sax-Maladers, früher kleine
Landwirtschaft; kleine feste, schimpferische Frau, früher Ser-
viertochter, debil, am Telephon geschwätzig. Der Grossvater
Johann Buschauer, 1889–1964, lebte in Molinis, Malans und
Landquart, Hilfsarbeiter, Trinker, in 2. Ehe verheiratet mit An-
na Führer, verwitwet. Der Urgrossvater Josef Buschauer,
1864–1950, starb in Realta, war 3 x verheiratet. Die Grossmut-
ter: Barbara Gurt, 1890–1932, Schneiderin, aufgeregte Frau,
lebte früher in Sax-Maladers; verstarb an Pneumonie. Deren

---

[5] Dieses und alle folgenden Protokolle habe ich buchstabengetreu abgeschrieben, inklusive der darin enthaltenen Fehler.
[6] schwachsinnig
[7] Zigeuner

Vater Josef Gurt 1851–1936, verheiratet mit Barbara Hoss-
mann, 1857–1930, 11 Kinder. Diese Grossmutter Barbara Gurt
hatte also 10 Geschwister, davon sind viele in der Nervenheil-
anstalt Waldhaus bekannt: z. B. Therese Schocher-Gurt, 1896–
1966, Nr. 12'924 ... siehe vor allem die Nachkommen Cazin,
Moser und Gurt. Der Vater der Urgrossmutter Barbara Gurt-
Hossmann hiess Philipp Jakob Hossmann, verheiratet mit Ma-
ria Barbara Vanconi ...

Der Grossvater Johann Mehli, Waldarbeiter und Bauhand-
langer, Sax-Maladers, 1879 – ca. 1936. Die Grossmutter Bar-
bara geb. Scherrer, von Selma, Vagantin, ca. 1875–1941. Ein
Bruder des Grossvaters, Josef Mehli, 1864–1947, war verheira-
tet mit Marie Scherrer, 1882–1955 (verstorben in der Psychiat-
rischen Klinik Beverin). Nachkommen dieses Johann Mehli in
der Nervenheilanstalt Waldhaus bekannt. Besonders schwer
belastet ist aber die Grossmutter Scherrer: Bekanntes Vagan-
tengeschlecht aus Selma. Der Urgrossvater Scherrer, vermut-
lich: Ferdinand Scherrer (verheiratet mit Carolina Gruber, von
Surcuolm, zahlreiche Nachkommen im Waldhaus bekannt. Wei-
tere Geschwister der Grossmutter, Anna Stoffel Scherrer, 1876–
1942, Trinkerin, Vagantin, in der Klinik Beverin verstorben.
Meinrad Scherrer-Moser, 1875–1958, debiler Trinker, in der
Strafanstalt Realta verstorben (verschiedene Nachkommen im
Waldhaus bekannt). Von den Nachkommen der erwähnten Maria
Mehli-Scherrer, 1879–1955, ist Josef Mehli-Holzer zu erwäh-
nen, 1906 (KG der Frau: Nr. 11670) und ein Enkel Karl Mehli).
Ein Muttersbruder Johann, 1916, erethischer Imbeziller war im
Waldhaus, Nr. 6'123, seither dauernd in der Psychiatrischen
Klinik Beverin. Der Muttersbruder Peter Buschauer, 151U, war
im Waldhaus: Chron. Alkoholismus, arbeitsscheu, bevormundet,
Nr. 14'951. Seine erste Frau war Hedwig Gruber, 1923, von
Sta. Domaniga, eine Dirne, aus dieser Ehe gingen 5 Kinder
hervor, die aber z. T. nicht von Buschauer stammen. z. B. so
Peter Buschauer, 1941, Nr. 10811, Josef Andreas Buschauer,
1943, Nr. 11'734 und Rene Buschauer, 1945, debil im Beverin.

Die zweite Frau des Peters Buschauers, Rosa Lutz 1919, lebte in Reichenau, Peter trinkte weiter, schafft nichts. Der Muttersbruder: Christian Buschauer, 1926, imbezill, schibieren, war im im Waldhaus, Nr. 8567, habe Epianfälle, dauernd im Beverin untergebracht.

Vater von Philipp Gurt: Konrad Gurt von Maladers: Hilfsarbeiter, debiler Psychopath, Lese-Schreibschwäche, chronischer Alkoholismus, seit 1953 zwei Mal in der Nervenheilanstalt Waldhaus, zuletzt im November 1971. Akten-Nr. 15'983, Der Mann ist Sohn des Stefan Gurt, 1891–1960, Trinker, Hilfsarbeiter, lebte in Sax-Maladers, zwei Mal im Waldhaus. Akten Nr. 7611, dann in der Strafanstalt Realta, bevormundet. Die Mutter von Konrad Gurt war Antonietta Rizzi, 1893–1972, aus Italien stammend. Debile, vagantenhafte Frau, zeitweise depressiv, im Alter dement geworden. Konrad Gurt und seine Frau Maria sind blutsverwand: Sein Urgrossvater Josef Johann Gurt-Hossmann, 1824–1899 (er war im Waldhaus, Aktennummer 936) ist gleichzeitig der Ur-Urgrossvater seiner Ehefrau.

Aus der Ehe von Konrad Gurt und Maria Mehli gingen acht Kinder hervor:

> *1. Maria, 1957, Linkshänderin, Werkschule in Chur, zurzeit im Waisenhaus. Besucht eine Gewerbeschule, könne lesen und schreiben.*
>
> *2. Irma, 1958, Primarschülerin, imbezill. Jetzt in Schule Chur Masans, aber untergebracht im Mädchenheim Masans. Meningitis mit 2½ Jahren. Soll aber etwas schreiben können, wahrscheinlich stark debil.*
>
> *3. Claudia, 1960, früher Primarschule Maladers, stark debil. Mädchenheim Chur-Masans untergebracht.*
>
> *4. Konrad 1962, war Primarschüler, jetzt im Waisenhaus Chur untergebracht. Legasthenie.[8]*

dyslexia

---

[8] Rädel war nie im Waisenhaus, er kam direkt nach Hinterrhein zu einer Bauernfamilie, für welche er in den nächsten Jahren sehr hart arbeiten musste.)

5. *Yvonne, 1963 war Primarschülerin, stark debil, Legasthenie, im Mädchenheim Chur-Masans untergebracht.*
6. *Karl 1964, früher blutarm, hatte Ohnmachten. Jetzt Waisenhaus Chur. Soll die Privatschule besuchen.*[9]
7. *Philipp, 1968, geistig zurückgeblieben, früher blutarm, jetzt St. Josefheim in Chur.*
8. *Maja 1969, debil. Finger zusammengewachsen. Befindet sich im Waisenhaus Chur.*

Wäre es nach den Behörden von damals gegangen, gäbe es überhaupt keine Familie Gurt-Mehli. Aufgrund der Erbanlagen meiner Eltern, sprich des Stammbaumes, wollten sie keine Genträger von ihnen in dieser Welt haben. Deshalb drängten die Behörden im November 1955 meinen damals erst 25-jährigen Papa zur Sterilisation. Aus eugenischen Gründen, wie es hiess!

Mein Papa ist derjenige in der Mitte, mit gefalteten Händen. Diese ruhige Sitzhaltung war typisch für ihn. Rechts Öhi Steffi, mein Onkel.

---

[9] Charly kam erst bei verschiedenen Verwandten unter. Später steckte man ihn in eine Anstalt im Kanton Thurgau.

Als zusätzliches Druckmittel blockierten sie ihm die Heirat mit meiner Mutter, obschon beide damals noch nicht bevormundet waren. Gleichzeitig versuchten sie, die Bevormundung mit allen Mitteln durchzudrücken. Sieben Jahre später (1962) gelang es ihnen mit perfiden und manipulierten Zwangsgutachten.

Am 18.02.1956 wurde mein Papa von der Polizei in die psychiatrische Klinik Waldhaus zwangseingeliefert. Die Gemeindebehörden Maladers hatten dies angeordnet. Die Vormundschaftsbehörde Arosa/Schanfigg erliess daraufhin folgende Präsidialverfügung:

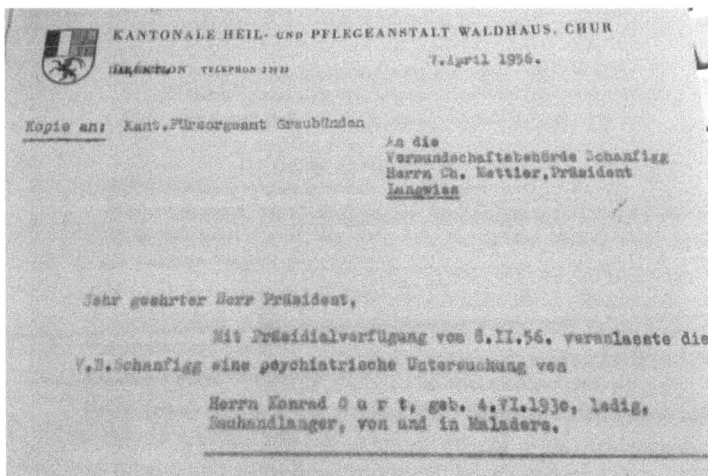

Auszug aus dem achtseitigen, erniedrigenden Gutachten über meinen Papa.

Ich zitiere Teile:

In der Jugend soll der Expl.[10] einen Starrkrampf durchgemacht haben, sonst war er angeblich immer gesund und habe

---

[10] Explorand, damit ist immer mein Papa gemeint.

sich körperlich und geistig unauffällig entwickelt. Er habe auch frühzeitig gehen und sprechen gelernt, Bettnässen und Anfallskrankheiten werden negiert.

Seit seiner Schulentlassung im Jahre 1946 arbeitet Herr Gurt z. T. als Hirte und in der übrigen Zeit als Bauhandlanger oder Waldarbeiter. Nach den eigenen Angaben und den Berichten der Angehörigen soll er immer als fleissiger und zuverlässiger Arbeiter geschätzt gewesen sein. Unsere Erkundigungen am heutigen Arbeitsplatz (Baugeschäft Manzoni Chur) lassen diese Angaben als glaubwürdig erscheinen ...

Papa (rechts) mit meinem Neni Stefan Gurt bei der Arbeit

Expl. hat schon frühzeitig mit dem Trinken begonnen und trieb sich häufig in einer Gruppe haltloser Jugendlicher herum. Seine Trunksucht besteht seit 6 Jahren ...

Seit seiner Verlobung mit Frl. Mehli will der Expl. auch kaum mehr trinken, am Feierabend und an den Sonntagen bleibe er jetzt immer zu Hause.

Im Bericht des Gemeindepräsidenten von Maladers an die V.B. (Vormundschaftsbehörde) Schanfigg ist von der besonderen Streitsüchtigkeit des Expl. die Rede, die wir bisher aber nur an Hand von 2 Vorstrafen im Kantonalen Strafregister etwas objektivieren konnten (einfache Körperverletzung 1954, Beschimpfung 1954) Von anderen Personen wurde uns der Expl. eher als gutmütiger »Tscholi« beschrieben ...

Schon 1951 hat sich die V.B. mit dem Expl. befasst, wobei es damals wie heute in erster Linie um die finanzielle Sanierung der Verhältnisse in der Familie Gurt ging.[11]

*Die Behörde möchte die durch die Versorgung des Vaters[12] entstehenden Schulden nach Möglichkeit durch die eigene Familie tilgen lassen ... eine Lohnverwaltung für den Expl. und dessen Bruder Stefan wurde in die Wege geleitet, die beiden haben sich aber nur wenige Monate in die Abmachung gefügt. Die Familie Stefan Gurt hat seit Jahren Schulden gemacht, indem sie in verschiedenen Läden Waren auf Kredit bezog. Expl. selbst behauptet dagegen, dass er selbst jetzt nur noch ganz geringe Schulden (angeblich 2–300 Fr. für Steuern und Krankenkasse) habe. Als am 5.1.56 der Vater Stefan erneut versorgt werden musste, stand die Behörde erneut vor dem Problem, wie dessen Aufenthalt in der Anstalt Beverin finanziert werden sollte. **Eine Bevormundung des geistesschwachen und haltlosen Expl. würde der Behörde eine Handhabe bieten, diesen zur Mithilfe an der Tilgung der Schulden der Familie zu zwingen.** Ausserdem besteht auch eine Gefahr, dass Herr Gurt sich mittellos verheiratet und dabei selbst in Schulden geraten könnte. Auf Grund dieser Überlegungen kam die V.B. Schanfigg am 8.2.56 erneut zum Schluss, den Expl. zur Begutachtung ins Waldhaus einzuweisen ...*

Unsere Diagnosen:
Imbezillität mit Lese-Schreibschwäche bei einem primitiven, verwahrlosten Bauarbeiter: Trunksucht seit 6 Jahren, die sich aber anscheinend in den letzten Jahren nicht verstärkt hat, ungünstige häusliche Verhältnisse. Expl. sieht die Notwendigkeit einer Bevormundung nicht ein und ist auch nicht bereit, die Schulden seines Vaters Stefan – insbesondere jene, die durch die behördliche Ver-

---

[11] Damit sind meine Grosseltern Stefan und Antonietta gemeint.
[12] Die Rede ist von meinem Grossvater Stefan.

erhebliche = significant nonsense
Schwachsinn

sorgung entstehen – zu bezahlen. Er sieht auch nicht ein, dass er mindestens vorläufig nicht heiraten sollte, äusserte sich aber in halb zustimmender Weise zu einer eventuellen **Sterilisation** (durch Vasoligatur), wodurch einer Heirat mit der ebenfalls belasteten Braut Marie Mehli, **eher zugestimmt** werden könnte.

... Der erhebliche Schwachsinn des Expl. (Imbezilität mit ausgesprochener Lese- und Schreibschwäche bei primitivem, verwahrlostem Bauarbeiter, der seit mindesten 6 Jahren trinkt) kommt einer Geistesschwäche im Sinne des Gesetzes gleich ... vom psychiatrischen Standpunkt aus sind die Voraussetzungen zu einer Bevormundung **nach Artikel 369 ZGB in vollem Umfang erfüllt**. Besonders im Hinblick auf die schwierigen Verhältnisse zu Hause in Maladers-Sax und nicht zuletzt wegen allfälligen Heiratsabsichten ist eine intensive vormundschaftliche Führung und Aufsicht sehr erwünscht ...   *marriage intentions*

... **aus eugenischen** Gründen erscheint eine Nachkommenschaft des **Expl. nicht wünschenswert**. Wir möchten ihrer Behörde deshalb empfehlen, die Frage einer allfälligen freiwilligen Sterilisation mit dem Expl. nochmals zu erörtern, uns gegenüber hat er sich zu dieser Frage nicht völlig abgeneigt gezeigt für den Fall, dass er dadurch seine Heirat mit Frl. Mehli eher verwirklichen könne ...

Gegen eine Einvernahme des am 2.3.56 nach Hause entlassenen Expl. bestehen ärztlicherseits keine Bedenken. Expl. sieht die Notwendigkeit einer Bevormundung in keiner Weise ein und will sich mit allen Mitteln dagegen zur Wehr setzten.

Mit vorzüglicher Hochachtung!
Kant. Heil- und Pflegeanstalt Waldhaus

Der Direktor:
Pflugfelder

07. April 1956

Eugenics = aim to improve the genetic quality of humans

geistesschwäche = mentally retarded

in the sense of the spirit

Papa und Mamma!

Das Gefühl steigt in mir auf, dass meine Vorfahren vorwiegend Spinner oder Delinquenten waren – oder beides, würde ich den Protokollen tatsächlich Glauben schenken. Bei vielen Namen ist die Nummer einer Krankengeschichte vermerkt. Viele meiner Verwandten sind in den psychiatrischen Kliniken oder Haftanstalten Graubündens gestorben – warum und unter welchen Umständen auch immer, weiss ich nicht. Die Häufung der Fälle lässt aber einiges vermuten über das System von damals. Wenn ich prüfe, was über meine Eltern, Geschwister und auch mich

menschenverachtend = inhumane

dokumentiert ist, stimmt bei weitem nicht alles – auch nicht die Diagnosen von wegen Debilität oder gar Imbezillität. Was damals wirklich geschehen ist, darüber berichtet dieses Buch. Es ist nicht nur meine Geschichte – es ist die Geschichte einer Grossfamilie.

Natürlich ist mir bewusst, dass die Psychiatrie vor 40 Jahren – und in der Zeit davor sowieso – eine ganz andere war, als sie es heute ist. Die Zeiten haben sich geändert – doch was geschehen ist, ist nun mal geschehen. Macht und Machtmissbrauch lagen schon immer sehr nah beieinander. In einem der Protokolle habe ich einen Brief an meine Mutter gefunden, in dem sie aufgefordert wird, sich sofort bei einer Amtsperson in Maladers zu entschuldigen. Falls sie dieser Aufforderung nicht nachkäme, würde sie unverzüglich in die Psychiatrie zwangseingeliefert, sprich in die Kantonale Heil- und Pflegeanstalt Waldhaus. Dass mein Papa 1956 – erst 26-jährig – bevormundet werden sollte, damit man ihm die Schulden seines Vater aufbrummen konnte, die notabene wegen eines von den Behörden angeordneten Klinikaufenthalts entstanden waren, zeigt, wie berechnend und <u>men</u><u>schenverachtend</u> Teile des damaligen Systems waren. Papa eine Heirat erst zu verwehren und diese dann doch in Aussicht zu stellen, wenn er sich *freiwillig* sterilisieren liesse, empfinde ich als grausam.

Das Ganze hatte einen Namen: fürsorgerische Zwangsmassnahmen. Dieser Begriff steht noch heute für tausende von Opfersituationen. Wie die Klinikleitung damals festhielt, war eine Nachkommenschaft nicht erwünscht – somit auch ich und meine Kinder und Kindeskinder ebenfalls nicht. Doch meine Geschwister und ich existieren. Heute nun schreibe ich über die abartigen Zustände von damals und dies, obwohl auch ich als debil und geistesschwach eingeschätzt wurde.Um meiner Familie und mir das Gesicht von damals zu geben, habe ich folgende Bilder eingefügt[13]:

Caring Forced coords or Sanction

---

[13] Von Maja, der Jüngsten, fand ich keine Bilder von zu Hause.

Oben: Mary, Claudia, Rädel und Irma
Unten: Claudia, Rädel und Mary

Rädel und Yvonne

Mary und Yvonne

Rädel

Claudia und Rädel

Charly

Papa konnte tatsächlich kaum lesen oder schreiben. Legasthenie ist heute noch verbreitet und manch einer hat deswegen gegen Vorurteile zu kämpfen. Papa musste als Kind viel arbeiten, war oft in den Alpen und fehlte dementsprechend in der Schule. Doch wer ihn kannte, weiss, wie intelligent er gewesen ist, genauso wie auch meine Mutter.

Deshalb schaffte es mein Papa, sich erfolgreich gegen eine Sterilisation zu wehren, wie es diese Zeilen ja beweisen. Sieben Jahre dauerten die Versuche, ihn zu bevormunden, ehe es dann gelang.

Mir ist selbstverständlich bewusst, dass Diagnosen von früher grundsätzlich einen anderen Fokus aufweisen als heutige, ebenso ist die Wortwahl in den Gutachten anders und die Art zu kommunizieren sehr akzentuiert. Doch eines zeigen die ersten Protokolle ganz klar: Die Bedeutung, die der Herkunft einer Familie beigemessen wurde, war enorm, ebenso das, was aus sogenannten Krankengeschichten, sprich der Familienhistorie, in ganze Generationen impliziert wurde. Meine Geschwister und meine Eltern sind nicht schwachsinnig, dennoch wurden wir alle mit diesen Diagnosen abgestempelt und über Jahre entsprechend behandelt. Natürlich lebten wir in Sax in sehr ärmlichen Verhältnissen, die schwer auszuhalten waren, doch etwas zu essen hatten wir immer – und wir hatten vor allem uns!

Doch um die Frage zu beantworten, ob es wichtig ist zu wissen, wie man gezeugt wurde: Ja, denke ich, denn es sagt viel über familiäre, emotionale und bedingt auch wirtschaftliche Verhältnisse aus.

unheilvollen = ominous
abwendbar = avoidable, preventable

11. September 1972

. . . *verketteter = linked*

Am Montag, dem 11. September 1972, wurde ich in das erste Kinderheim gebracht. Diesen Tag vergesse ich nie, solange mein Herz und mein Hirn funktionieren. Er war die logische Konsequenz einer unheilvollen Chronologie verketteter Ereignisse – absehbar und scheinbar auch nicht abwendbar. Bereits ein Jahr zuvor war ein Versuch der Maladerser Behörde unternommen worden, unsere Familie aufzulösen.

Der Schulrat von Maladers stellte deshalb 1971 diesbezüglich ein Gesuch an die Vormundschaftsbehörde Arosa, aufgrund der Beschwerde von Frau Trudi Adank-Sidler, einer Einwohnerin des Dorfes, wie die zwei nachfolgenden Protokolle belegen:

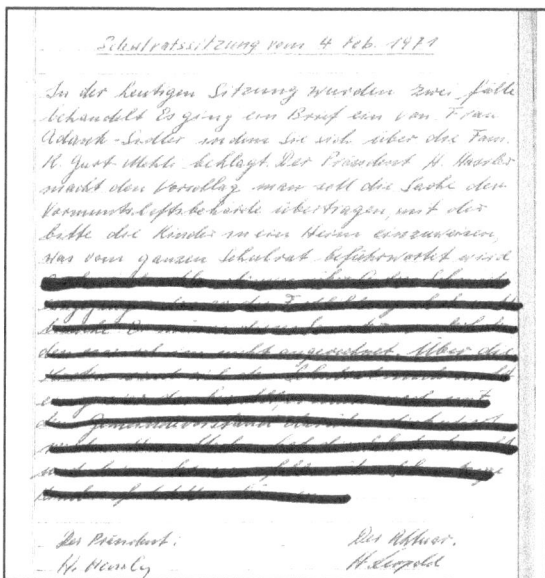

Beschwerde von Frau Trudi Adank-Sidler aus dem Jahr 1971

29

Der damalige Schulrat – mit dem Präsidenten H. Hassler – überschritt bei weitem seine Kompetenzen, als er in der Schulratssitzung vom 4. Februar 1971 die Heimeinweisung von mir und meinen Geschwistern veranlassen wollte. Man gewährte meinen Eltern nicht einmal die Möglichkeit einer Stellungnahme zu den von Frau Adank-Sidler erhobenen Vorwürfen. Damals schon war klar, Frau Adank-Sidler handelte aus persönlichen Motiven: Sie glaubte, ihr Mann wolle mit meiner Mutter anbandeln, deshalb sollte die ganze Familie Gurt verschwinden.

← Flirt, start a relationship

Vormundschaftsbehörde
des Kreises
Schanfigg
(Kt. Graubünden)

Arosa, den 22. September 1971
PA/ma

An den

Gemeindevorstand

7026 Maladers

Betr.: Familie K. Gurt-Mehli, Maladers

Sehr geehrter Herr Präsident,
Sehr geehrte Herren Gemeinderäte,

In unserer Sitzung vom 2o. September a.c. hatten wir uns mit einem Bericht des Schulrates Ihrer Gemeinde zu befassen. Darin wird die Auflösung der Familie Gurt-Mehli verlangt.
Wir haben die Angelegenheit näher geprüft und hatten auch die Eheleute Gurt vorgeladen.
Wir möchten Gurt und seine Ehefrau nicht irgendwie in Schutz nehmen, müssen aber feststellen, dass sie an der ganzen Malaise wohl kaum selbst und allein Schuld sind. Im Bericht Ihres Schulrates heisst es wörtlich, dass die Wohnverhältnisse der Familie jeder Beschreibung spotten. Glauben Sie, dass in zwei Zimmern und in einer armseligen Küche eine Familie sich richtig entfalten kann? Ist es da nicht verwunderlich, wenn jeder Sinn für Häuslichkeit, Geborgenheit und Familie verloren geht. Wir sind daher dafür, dass man das Uebel an seiner Wurzel anfasse und in seinem Ursprung bekämpfe.
Wir möchten daher die Gemeinde Maladers in aller Form bitten, für die Sanierung der Wohnverhältnisse der Familie Gurt besorgt zu sein. Dies sollte nun nach der erfolgten Teilung möglich sein. Dürfen wir erwarten, dass dies noch im Verlaufe dieses Herbstes geschieht?
Wir danken Ihnen für Ihr Verständnis, Ihr tatkräftiges Eingreifen und grüssen Sie

mit vorzüglicher Hochachtung

VORMUNDSCHAFTSBEHÖRDE DES KREISES SCHANFIGG

der Präsident: der Aktuar:

Tf. Landammann, 19.10.71
Erbbereinigung angestellt
Tf. Noti. Plankl. Gurt
Teilung nicht vollzogen

Die Antwort der Vormundschaftsbehörde auf den Vorstoss des gesamten Schulrates von Maladers, unsere Familie auseinanderzureissen.

30

Meine Eltern waren zu diesem Zeitpunkt schon seit einigen Jahren bevormundet – lange bevor ich zur Welt kam. Streitereien der beiden beschäftigten die Behörden seit geraumer Zeit. Meine Mutter beklagte sich gemäss der Akten über Tätlichkeiten meines Vaters, mein Vater wiederum über das ausschweifende Sexualleben meiner Mutter – mit anderen Männern, notabene. Streit wechselte sich mit Versöhnung ab – wie Sonne und Regen im April. ↳reconciliation

Am 21.06.1961, also zehn Jahre zuvor, gab meine Mutter erstmals auf der Gemeindekanzlei zu Protokoll, sie sei von meinem Vater geschlagen worden – was ich ihr glaube.

Dazu zitiere ich aus Protokollen der Behörden vom 2. August 1972. Die KESB Graubünden hat den Briefkopf beim Kopieren abgedeckt, über Umwege bin ich jedoch noch an das Original gelangt. Es stammt, wie erwartet, von der Vormundschaftsbehörde des Kreises Schanfigg:

Anfänglich schien die Ehe harmonisch zu sein. Doch schon bald kam es zu Auseinandersetzungen, Beschimpfungen und sogar zu Schlägereien. Dies gab die Frau[14] erstmals am 21.6.1962 zu Protokoll. Am 22.8.1962 bestätigte Maria Gurt, dass der Mann im betrunkenen Zustand sie wieder geschlagen und schrecklich randaliert habe (Protokoll, Akt. 10), weshalb sie sofort auf Scheidung klagen wollte. Dieses Verhältnis dürfte wahrscheinlich so oder ähnlich die Jahre hindurch angedauert haben, bis es am Mittwoch 12.7.1972 a.c. zur Explosion kam. Auf dem Hof in Chur liess sich der Ehemann zu erneuten Tätlichkeiten hinreissen, worauf die Frau die Familie verliess und sich nun unbekannten Ortes aufhält. In dem an die Behörde gerichteten Schreiben o. D. stellt sie fest, dass sie sich scheiden lassen wolle und es besser sei, dass die Kinder wegkommen. Es scheint uns müssig zu sein, feststellen zu wollen, wer welcher Teil dieser Schuld an dieser verfuhrwerkten Lage trägt. U. E. sind beide Eheleute nicht in Ordnung. Der Mann ist kaum voll zurech-

riot/rage (handwritten margin note)

---

[14] meine Mutter

nungsfähig (siehe psych. Gutachten, speziell nicht im Zustande der Trunkenheit). Die Frau ihrerseits ist auch nicht das, was man von einer guten Ehefrau und Mutter erwarten dürfte. Eine gute Mutter überlässt nicht Knall auf Fall acht Kinder ihrem Schicksal. Mitschuldig an ihrer Kurzschlusshandlung sind sicher auch die misslichen Wohnverhältnisse und die »liebe« Umgebung. Was die Wohnverhältnisse anbetrifft, so war die Gemeinde für Remedur besorgt, indem sie der Familie zwei grössere andere Wohnungen angeboten hat. Die Gurts schlugen jedoch beide Angebote aus, da sie unbedingt in Sax bleiben wollten. Der Lokalaugenschein hat dann ergeben, dass die Verhältnisse geradezu untragbar sind. Vor allen Dingen ist die Wohnung für 10 Personen zu klein. Am meisten zu bemängeln ist jedoch, dass sie über keine Abortanlage verfügt.

Die Eheleute sind bevormundet: Der Mann seit dem 11.10.62 und die Frau seit dem 13.2.1963. Infolge verschiedener Klagen war die Behörde bereits letztes Jahr, d. h. am 13.2.1971 einmal soweit, die Familie aufzulösen. Auf Grund der inständigen Bitten und Versprechungen nahmen wir damals Umgang von Massnahmen. Nun haben sich die Verhältnisse aber derart zugespitzt, dass sich die Behörde veranlasst sieht, im Sinne von Art. 284 ZGB durchzugreifen und die Kinder in einer, oder falls nicht möglich, in mehreren Familien unterzubringen. Wenn immer möglich möchten wir aber der Heimversorgung den Vorzug geben. Mit dieser nicht leichten und angenehmen Aufgabe dürfen wir unsere Bezirksfürsorgerin, Fräulein E. Wildberger, betrauen. Fünf Kinder Gurt wurden bereits vom Schulpsychologen getestet. Auf Grund der Ergebnisse wurden Claudia, Yvonne und Karl[15] ins Kinderheim Masans eingewiesen. Die Frage des Wechsels des Vormundes soll geprüft werden. Die Gemeinde Maladers wird gebeten, uns einen diesbezüglichen und qualifizierten Vorschlag zu unterbreiten.

---

[15] Im Protokoll steht zwar Karl, doch das stimmt nicht, es war Irma. Ausserdem wurden sie zu diesem Zeitpunkt noch nicht eingewiesen, sondern es wurde lediglich der Beschluss dazu gefasst.

Beschluss:

```
Beschluss:
Gestützt auf Art. 284 ZGB sind den Eltern Konrad und
Marie Gurt-Mehli ihre Kinder wegzunehmen und in ei-
nem Heim oder, falls dies nicht möglich sein sollte,
in einer Familie unterzubringen.
Mit dieser Aufgabe wird die Bezirksfürsorgerin,
Fräulein E. Wildberger betraut.
Gegen ....
Die Gemeinde Maladers wird ersucht, der Behörde ei-
nen Vorschlag für die Wahl eines neuen Vormundes zu
unterbreiten.
Gebühr: Fr. 50.--
Mitteilung an: Herrn Konrad Gurt, Sax, Maladers
               Fräulein E. Wildberger, Bezirksfür-
               sorgerin, Chur
               Frau E. Eggler-Berger, Maladers
   - 7. AUG. 1972  Gemeindevorstand Maladers
               Schulrat Maladers.
```

Der administrative Beschluss zur Auflösung unserer Familie –
verfasst von der Vormundschaftsbehörde Arosa
Unter Punkt 3 »Gegen ...« fehlt die Rechtsmittelbelehrung.

Irritierenderweise wird in einer weiteren Originalfassung dieser
Verfügung, datiert vom 7. August 1972, die Beschwerdeführung
aufgeführt und anstelle *Schlägereien* ist das Wort *Tätlichkeiten*
vermerkt. Ich gehe davon aus, dass man meinen Vater diesbezüglich hintergangen hat.

Eigentlich ist jener Montag, der 11. September 1972, unter anderem die direkte Folge vom Mittwoch, dem 12. Juli 1972, dem
Tag, an dem meine Mutter mit einem anderen Mann durch-
brannte. Sein Name war Sepp Sablonier. Auch er liess eine viel-
köpfige Familie im Stich.
  Meine Mutter hatte bis zu diesem Zeitpunkt schon länger eine
ausserehelische Beziehung mit ihm, was Papa bestimmt ahnte
und was die Streitereien noch mehr anheizte. Oder umgekehrt:

33

Die aussereheliche Beziehung wurde aufgrund des Streits fortgeführt.

An besagtem Mittwoch, dem 12. Juli 1972, als Mamma uns alle verliess, erzählte sie meinem Papa, dass sie in Chur ein sehr schönes Dirndl gesehen habe, welches sie unbedingt kaufen wolle. Obwohl wir finanziell sehr schwach dastanden, willigte Papa ein. Das Geld für den Kauf sollte sie als Vorschuss aus dem Lohnbüro in Chur holen, wo er als Hilfsarbeiter bei der Firma Storz arbeitete und Kohle in die Keller von Häusern schaufelte. Claudia, meine drittälteste Schwester, war damals zwölf und begleitete Mamma ins nahe Dorf Maladers zur Postautohaltestelle bei der Post. Mamma drückte ihr einen *Fünfliber* in die Hand. Sie verabschiedete sich mit den Worten, dass Claudia zum Öhi Steffi, einem Bruder meines Vaters, gehen solle, um dort zu warten, bis sie mit dem letzten Postauto um 17:30 Uhr zurückkehren werde. Dann stieg sie ein und verschwand – und kam nie wieder zurück!

Das alte Postauto fährt mit meiner Mutter davon. Das kleine, in den steilen Berghang gepresste Dorf lässt sie hinter sich, ebenso das ärmliche Haus und damit auch ihren Mann und ihre acht Kinder im Alter zwischen dreieinhalb und fünfzehn Jahren. Ihr Blick ist dabei wahrscheinlich auf die im Taleinschnitt liegende Stadt Chur gerichtet, die sie in einer Viertelstunde erreicht. Dort wartet der Sepp auf sie.

Weg!

Alles hinter sich lassen.

Weg von den acht Gören, die sie nicht mal alle zusammen genug liebt, um zu bleiben – oder wenigstens, um eine andere Lösung zu suchen. Weg von dem Mann, der säuft, der sie im Rausch schlägt, der ihr nicht vergeben will oder kann, dass sie betrügt und lügt und in ihrer intriganten Art den Pfarrer und die Nonne gegeneinander aufwiegeln kann, und doch trägt auch er genauso Mitschuld am Zerbruch der Familie – aber mit dem entscheidenden Unterschied: Er liebt uns Kinder!

Unsere Mamma will nur eines – alles zurücklassen, wegsehen. Dies, obschon sie sehr oft alleine in die Stadt oder sonst wohin gehen konnte, da unsere Nana Antonietta auf uns achtgab. Gemäss den Aussagen von verschiedenen Seiten war Mutter immer ein Freigeist gewesen, sie war lieber unterwegs im Postauto als zu Hause. Doch diese Freiheit genügte ihr nicht mehr. Dabei hatten die Behörden sie im Jahr zuvor darauf hingewiesen, sie solle sich um uns kümmern und sich einen besseren Lebenswandel aneignen.

Punkt 3: Dies gilt speziell für die Mutter, die gleichzeitig auch angehalten wird, sich eines anständigen Lebenswandels zu befleissigen.

Sie musste einfach gehen!

Wir Kinder waren ja zäh wie Leder. Die Ältesten hatten sich zusammen mit Nana schon oft um uns Kleinste gekümmert. Die Behörden würden es nun garantiert richten, denn der Älteste, so wurde mein Papa genannt, kann's ja alleine nicht. Doch mit Sicherheit wusste Mutter, was ihr Weggang für uns alle bedeutete. Sie verschwand!

Ob sie an diesem Mittwochmorgen auf dem Hof tatsächlich von Papa angegangen wurde, ist fraglich. Meine ältesten Geschwister können sich an diesen Tag sehr genau erinnern, da dieser sich in ihre Herzen gebrannt hat. Wahrscheinlicher ist, dass Papa Mutter zum Bleiben zu bewegen versuchte, indem er sie nach dem Mittagessen alleine nach Chur fahren liess, um dieses Dirndl zu kaufen, und das, obwohl das Geld nachher an allen Ecken und Enden gefehlt hätte. Ob in den Tagen zuvor grössere Streitigkeiten ausgebrochen waren, konnte ich nicht herausfinden.

So also verschwand damals meine Mutter.

Nur noch einmal würde ich sie als Kind, etwa sechs Jahre später für ein paar Stunden sehen. Doch diese Begegnung würde voller Beklemmung für mich sein, sodass ich mir sogar wünschte, schnell wieder ins Heim zurückkehren zu können. Danach sah ich sie erst als Sechzehnjähriger wieder.

Meine Mutter habe ich nicht eine einzige Sekunde in meinem Leben vermisst – weder als Kind noch als Erwachsener. Aber ich habe mich als Kind oft nach einer richtigen Mutter gesehnt und mir vorgestellt, wie es wäre, wenn eine solche mir beim Fussballspielen zujubeln oder mir ein Pflaster auf den Finger kleben würde. Dabei stellte ich mir immer ihre Augen vor – stolz lächelte sie mir in meinen Tagträumen zu. Es war nie das Gesicht meiner Mutter, das mir erschien. In meinen Gedanken war es eine dunkelhaarige Schönheit mit warmen Augen und freundlichen Lachfältchen. Oft schaute ich in der Primarschule zu, wenn Mütter ihre Jungs abholten und beim Davongehen kurz den Arm auf deren Schulter legten, ihnen beim Gehen den Kopf zuwandten, um etwas zu fragen oder zu sagen. In ihren Augen sah ich, wie sehr sie interessiert waren zu erfahren, was ihr Sohn am Morgen in der Schule erlebt hatte. Viele solche Szenen gab es in meiner Schulzeit. Bei jedem offiziellen Schulanlass und vor allem beim Elterntag. Dann fühlte ich Einsamkeit in mir hochsteigen, ein Schmerz blitzte auf und wollte sich breitmachen, ehe ich ihn kraftvoll nach unten kämpfte.

Was mich besonders traurig stimmte, waren die Tage vor dem Muttertag. In der Primarschule bastelten wir jedes Jahr Geschenke. Manchmal waren diese mit viel Arbeit verbunden, beispielsweise, als wir einen kleinen Korb flochten. Mir war klar, dass ich diese Geschenke nie überreichen konnte, kein Dankeschön, kein freudiges Strahlen entgegennehmen durfte. Seit meinen Kindergartentagen warf ich sie irgendwo auf dem Weg zurück ins Waisenhaus in einen Abfalleimer. Das schmerzte mich heftig, auch das Zuschauen, wie andere Kinder alles freudig und stolz nach Hause trugen. Eine schöne Bastelarbeit hatte ich unterwegs mal einer älteren Frau geschenkt, damit wenigstens jemand etwas Freude daran haben konnte. Und die hatte sie, nachdem sie begriffen hatte, warum ich die Bastelei nicht behalten wollte. Nach so traurigen Momenten fühlte ich mich erst etwas besser, wenn ich durch die schönen Wiesen zum Waisenhaus hochgegangen war. Nur dieser Grundschmerz, der alles umschloss, blieb dumpf zurück. Doch ihn hatte ich im Griff – zumindest so gut, dass ich für ein paar Jahre funktionierte.

Verstehen kann ich meine Mutter insofern, dass ihr damals alles zu viel geworden ist, dass sie nach Veränderung strebte, aber nicht, dass sie uns zurückgelassen hat, um mit einem anderen Mann ins Ausland abzuhauen, ohne auch nur einen Gedanken an uns zu verschwenden. Dass sie gegangen ist, hatte emotional für mich grundsätzlich wenig Bedeutung, schlimm waren die Konsequenzen – ich verlor meine Geschwister und meinen Papa. Eine Mamma konnte ich nicht verlieren – sie war ja zuvor schon kaum da und wenn, war sie nur oberflächlich anwesend.

Mutter hatte es ja deutlich im Brief an die Behörde damals geschrieben ...

Auszug aus dem Protokoll der Vormundschaftsbehörde:

liess und sich nun unbekannten Ortes aufhält. In
em an die Behörde gerichteten Schreiben o.D. stellt
fest, dass sie sich scheiden lassen wolle und dass
besser sei, dass die Kinder wegkommen.

Der Brief meiner Mutter, nachdem sie uns alle verlassen hatte

Empfänger des Briefes war der damalige Gemeindepräsident Jacob Eggler, der Mann von Erika Eggler, der Vormundin meiner Eltern und zu Beginn auch von mir.

Diesen Brief sandte Mutter zwölf Tage nach ihrem Verschwinden am Montag, dem 24. Juli 1972, in Chur ab. Zu dieser Zeit wurde bereits polizeilich nach ihr gefahndet, um sie in die Psychiatrie einzusperren. Wann genau sie die Schweiz Richtung

Italien verliess, konnte ich nicht ausfindig machen, da ich heute keinen Kontakt mehr zu meiner Mutter habe.

Hier der exakte Wortlaut des Briefes[16]:

Gilt
Gemeinde – Maladers.

Ich erlaube mich Euch ein kleines Brieflein zu schreiben. Wie Ihr schon wist bin ich von meiner Familie weggegangen aus welchen Gründe wist Ihr schon. Ich habe nun einmahl genug mitgemacht, so das ich es nicht mehr wieder ausgehalten habe. Ich habe ja schon vielmahl bei Euch geklagt aber alles nützte ja nichts. Ihr habt ja schon seit 1960 ein Schreiben erhalten von der Vormundschafts-Behörde wegen einer Wohnung, aber die Gemeinde hat ja lieber die Beissässen in den Gemeindenhäuser gehabt als uns. So viele schläge und Streit hofe ich werde ich nicht mehr bekommen. Die Ursache das ich alles gemacht habe werde ich Euch gerade schreiben. Erstens hat mein Mann gesagt zu mir ich habe den Krebs dan hat er mir im Gesicht sowie in den Teller wo das Essen von mir war hineingespeit. Er hat viele mahle mir schon die schöne Tühre geweisen nun ist es halt einmahl so gekommen. Ich mache Euch darauf aufmerksam das ich die Scheidung verlange, denn ich komm nicht mehr zurück, gehe es mir wie es will, den ich weis was Arbeiten heist ich scheue nichts kann kommen was will auch ich bin ein Mensch nicht nur ein Tier wie ihr mich bis heute behandelt haben. Ich habe schon Rechte Leute in der Hand wo ich mein ?[17] und Kummer klagen kann. Denn ich falle wegen Euch nicht mehr auf die Knie.

spit in the food

Mit besten dank und frt. Gruss.
Frau Maria Gurt-Mehli ?

---

[16] Der Brief wurde mit sämtlichen darin enthaltenen Fehlern vom Original abgeschrieben.

[17] Ein Wort ist nicht lesbar: evtl. Leid oder Zorn.

Weshalb ein Fragezeichen hinter den Namen gesetzt wurde, weiss ich nicht, doch wie es scheint, ist die Schrift diejenige von Sepp Sablonier.

Es stimmt, meine Eltern wollten nicht von Sax weg. Ihre Elternhäuser waren zwei der sechs Häuser. Mutters Elternhaus stand einige Meter über unserem im steilen Hang, in dem von Papa wohnten wir. Beide Elternteile von Mutter lebten damals noch. Im Brief fallen Vorwürfe gegen meinen Papa, die so oder ähnlich stimmten. Mutter hatte es mit Sicherheit teilweise alles andere als einfach. Das tut mir auch leid für sie. Im Brief rechnet sie aber in erster Linie mit der Gemeinde ab und am Schluss kommt klar zum Ausdruck: Egal, was kommen wird, egal, wie es ihr ergehen würde – sie kehrt niemals zurück. Kein Wort über uns Kinder, dass sie sich um uns kümmern würde oder was auch immer. Wir kommen in den Zeilen ja nicht mal vor. Natürlich hatte sie auch nicht erwähnt, wie sie ausgerechnet ihre Tochter Claudia, die am selben Tag wie sie Geburtstag feiert, geschlagen hatte – und das immer und immer wieder – so sehr, dass sich auch Irma noch mit Schrecken daran erinnert. Claudia war diejenige, die am meisten abbekam. Nana Antonietta hielt ihre Hand schützend über mich, wenn ich irgendeinen Unfug angestellt hatte. Mutter hatte auch nicht erwähnt, dass sie auf einem Alpweg von einer meiner Schwestern in flagranti beim Sex mit einem anderen Mann als Papa ertappt worden ist. Auch nicht, dass sie so viel unterwegs war und so viele Freiheiten hatte, wie damals kaum jemand. Nicht ein einziges kritisches Wort über sich selbst.

Mutter war bei ihrem Davonlaufen völlig klar, was nun mit uns geschehen würde, und dass die Zerschlagung der Familie unausweichlich damit verwoben war. Dennoch, niemand hätte sie zum Bleiben bewegen können – da bin ich mir felsenfest sicher. Meine Mutter war extrem berechnend und kalt in allem, was sie tat. Sie hätte vieles und viele manipulieren können, um eine bessere Lösung für uns alle herbeizuführen. Doch sie wollte Sepp.

Als junger Erwachsener habe ich Jahre später gesehen, wie emotional brutal Mutter mit ihren jungen Liebhabern und ihren Ehemännern umgegangen ist, die meist zwanzig und mehr Jahre jünger waren als sie. Ich behaupte mal, im Leben meiner Mutter gab's immer nur eine Person, die ihr wichtig war – sehr wichtig sogar: sie selbst.

Erst viele Jahre später wurde mir klar: Mutter weiss nichts von Liebe zu einem Kind, obschon sie acht unter dem Herzen getragen hatte. Dort, wo die Natur in einer Mutter die Kindsliebe vorgesehen hat, ist ein Gefühlsloch in ihr, dafür ist der Bereich für Egoismus entsprechend erweitert ausgeprägt. Um zu dieser Erkenntnis zu gelangen, waren viele Schmerzen notwendig. Nutzlose Versuche als Erwachsener säumten bis dorthin noch mehrmals meinen Weg, um mir selbst doch noch zu beweisen, dass sie nicht so ist, dass doch Liebe da ist, dass es nur die Umstände waren, die sie wie die Felsen der Alpen hart werden liessen und dass trotz des Rückenzudrehens so etwas wie Wärme da wäre. Wärme für mich, für uns alle, die wir doch damals ihre Kinder waren. Vielleicht auch nur Restfetzen von Gernhaben – wenigstens etwas, dies hätte mir schon gereicht.

Nein – es waren nicht die Umstände, die sie so werden liessen. Sie ist so gewesen. Da war nichts an Muttergefühlen und wird auch niemals etwas sein.

Ich erinnere mich an unseren letzten Versuch, miteinander ins Gespräch zu kommen:

Am 4. Februar 2014 wollte ich mich noch einmal mit ihr unterhalten. Wie gesagt, ich hasse sie nicht, aber wenigstens ihr Handeln verstehen, das wollte ich gerne. Deshalb bat ich sie, mir einfach mal während einer Viertelstunde zuzuhören. Sie konnte auswählen, ob wir uns bei ihr treffen sollten, dann hätte sie mir sagen müssen, wo sie wohnt. Oder ob sie lieber in mein Haus kommen oder gar alles nur telefonisch besprechen wolle. Sie wählte das Telefon und das sofort.

Im kurzen Gespräch erklärte ich ihr, ich könne verstehen, dass ihre Ehe mit Papa damals am Ende war. Jede Ehe kann mal enden – auch mit einem Knall. Doch das Danach – einfach zu verschwinden, sich jahrelang weder blicken, noch von sich hören zu lassen, dass sie so alles von mir als Kind verpasste, das verstehe ich nicht: Kindergarten, Einschulung, Unfälle, ein Tor im Fussballturnier, die Pubertät und meine Berufswahl. Diese und tausend andere Momente musste ich ohne sie und fast ohne Papa alleine durchleben. Auch sagte ich Mamma, dass es für mich nicht einfach gewesen sei, zwölf lange Jahre in Kinderheimen alleine durchzustehen.

Ihre Antwort brüskierte mich:

»Also los, Philipp. Jetzt sägi diar aber au amol öppis. Vor sechs Johr hani di uf Balzers kfahra, damit du din neua sacktüra Audi hesch könna hola. Dia versprochna 50 Franka für da Wäg und z'Benzin hesch miar aber nia geh, nu dass du das grad waisch!«

Einen Moment lang war ich sprachlos. Wer mich kennt, der weiss, dass dies etwas heisst. Dann entsann ich mich: Es stimmte, ich hatte tatsächlich vergessen, ihr das Geld zu geben. Damals hatte ich versucht, Kontakt zu ihr herzustellen, doch ich musste nach wenigen Tagen einsehen, dass ich mich vor ihrem Verhalten schützen musste, und so ging das mit dem Geld unter.

Das Datum unseres Telefonats von 2014 weiss ich noch so genau, weil ich danach von ihr eine solch beleidigende SMS erhielt, dass ich ihre Nummer sperrte. Diese SMS ist das Letzte, was ich von ihr gehört oder gesehen habe. Der Inhalt und der Stil, in dem die Nachricht abgefasst war – in dem Moment verstand ich emotional endlich, dass sie mich zwar geboren hatte, aber mehr nicht. Sie weiss weder, wie meine fünf Kinder aussehen, noch kennt sie deren Namen. Dieses kurze Gespräch, bei dem sie nach ihrem Statement einfach auflegte und die schriftlichen Beschimpfungen danach – das liess mich endlich loslassen.

Die Frage nach meiner Mutter hatte sich somit nach vielen Jahren für mich geklärt. Ich hatte nie eine Mutter. Das ist sehr schade. Dies meine ich auch in dem Sinne, dass ich für keine Mutter da sein konnte und kann. Sehr gerne hätte ich eine richtige Mutter umsorgt, ihr eine Überraschung bereitet, ich wäre mit ihr in die Berge zu einem Picknick gefahren oder zum Arzt gegangen, und hätte sie später im Altersheim besucht und gepflegt. Vor allem aber vermisse ich die Stunden, die man gemeinsam hätte am Küchentisch sitzen können, eine Tasse Kaffee und Gebäck vor sich und einfach nur reden und zuhören. Das stelle ich mir sehr schön vor. Ja, ich wäre sehr gerne für eine Mutter der Sohn gewesen – in guten wie in schlechten Zeiten.

Da ich bereits im Alter von vier Jahren, neun Monaten und zwei Tagen von zu Hause wegkam, habe ich nur wenige Erinnerungen an mein Leben daheim, doch die sind über die Jahre immer dieselben geblieben. Einige aus der Zeit vor der Heimeinweisung bezeichne ich als Gefühlsfragmente, die aus meinem Nichts davor wie helle, farbige Bildausschnitte in einem dunklen Kinosaal an der Leinwand aufleuchten. Mit diesen wenigen Erinnerungen sind aber unglaublich tiefe Emotionen verwoben.

Da ist beispielsweise die Erinnerung an meine kleine Schwester Maja, wie wir beide in ihrem Gitterbettchen sitzen und ich versuche, ihr den Schnuller zu reichen. Dabei fühle ich die Taubheit dieses Nachmittages. Etwas wie Langeweile schwebt im Raum. Das dunkle, verstaubte Holz, aus dem unsere Hütte gebaut ist, engt mich ein, der graubraune Bretterholzboden wirkt verlassen – Zeitlosigkeit ist in mir.

Auch an den grünen Schilter von Öhi Steffi erinnere ich mich, genauer gesagt, wie wir damit zur Alp hochfahren. Der Naturweg, die Tannen, Bäume, das Rattern des Motors, der Duft von warmen Tannennadeln, Licht- und Schattenspiel, Sommer – alles ist noch da.

Schilter => Blind, shutter
↓
Tractor

43

Ich mag diese alten Schilter noch heute sehr gerne. Sie riechen besonders: nach dem Gummi der Räder, nach Heu, Holz und Kettenschmiere.

Bild aus längst vergangenen Tagen – der Schilter fährt heute noch.

In einer weiteren Erinnerung von damals taucht lebendig ein Fest im Schulhaus von Maladers auf. Ein Ballonwettbewerb findet statt.

Freude liegt in der Luft! Ich sehe den Ballons zu, wie sie mit je einer Absenderkarte in den Himmel entschweben und ich hätte sie am liebsten eingefangen – unrhythmisch tanzende, rote Himmelsgebilde, die immer kleiner werden. Wohin sie wohl fliegen? Eine Festwirtschaft gibt es auch. Zusammen mit Yvonne, meiner zweitjüngsten Schwester, finde ich Papa im Gewühl. Er ist guter Stimmung. Angeheitert. Ländlermusik ertönt von einem Duo, das mit einem Lächeln auf den Lippen *lüpfig* aufspielt. Wie immer quetsche ich mich im Lärm und Durcheinander in die Nähe von Papa auf eine Festbank und wie immer reicht er mir ein Päcklein Pommes-Chips:

»Sä do – kasch au no ais meh ha, gäll, oder witt liaber as Biberli?«

Ein Fläschlein Sprudelwasser steht vor mir. Für mich allein! Papa ist so wie immer, wenn er mit dem Trinken beginnt: zuerst redselig und voll guter Laune. Seine Stimme hat so eine Leichtigkeit und Beschwingtheit – wie eine fröhliche Melodie, die in einen Sommertag hineinklingt. Die Lachfältchen umspielen seine Augen im tiefgebräunten Gesicht – als spiegelten sie alles Glück dieser Erde. Alle Menschen sind ausgelassen fröhlich, als hätten sie puren Sonnenschein in ihren Gläsern.

Das ist aber nur Phase eins!

Leider hab ich Papa noch nie bei Phase eins mit Trinken aufhören sehen und weiss deshalb, dass ein wunderbarer Sommertag mit Donnergrollen und Sturm enden kann. Diese Verwandlung werde ich vor allem im Alter zwischen vierzehn und achtzehn hundertfach sehen. Zu viele Male, sodass ich heute keine angetrunkenen Menschen in meiner Nähe ertragen kann. Ich muss ihnen aus dem Weg gehen, doch dazu später mehr.

An jenem Tag, auf diesem wunderbaren Fest in Maladers, mit den zauberhaften roten Ballons, die eben in den Himmel entschwebt sind, fühle ich, wie die Stimmung nach und nach kippt. Es ist, als würde man fast unmerklich eine leckere Gerstensuppe verwürzen, bis man sie ausspucken muss. Die Diskussionen werden ruppiger. Streit liegt in der Luft, Meinungen werden herausposaunt, als wären die Streithähne Marktschreier. Die ersten Beleidigungen und Schimpfworte kommen wie das Donnergrollen und damit die Vorboten des nahenden Sturms.

Es wird Zeit zu gehen!

Meine Schwester zieht mich deshalb an der Hand fort, doch die Angst und Spannung bleiben an mir haften. Wieso kommt Papa nicht mit? Ich drehe mich um und sehe ihn in einem Handgemenge. Stühle kippen, ein Tisch fällt zur Seite. Papa ist mittendrin, kämpft wie ein tanzendes Kriegsschiff inmitten eines Sturms. Fäuste fliegen, Flüche ertönen. Der Geruch von Bier, Zigarettenrauch, Kaffee und Schnaps erfüllt die Luft. Das Fest verschwindet in einem Wolkenmix aus wunderschönen Momenten, gepaart mit der Angst um meinen Papa, der mich plötzlich nicht mehr wahrnimmt. Jemand bringt mich nach Sax. Daheim scheint die Zeit stillzustehen. Ich fühle mich ausgeliefert. Mit vier Jahren bin ich zu jung, um etwas tun zu können, ausser darauf zu warten, dass Papa heimkommt. Verstehen kann ich das Ganze ohnehin nicht.

Nun aber geht es um die schönste Erinnerung an damals, als ich noch zu Hause in Sax wohnte.

Wir verbringen wie jedes Jahr die Sommermonate auf einer der Alpen in der Gegend: hoch oben auf der First, dem Wolfsboden oder der Steineralp – weit hinten im Strassberg. Von welcher dieser Alpen meine Erinnerung stammt, weiss ich nicht, es spielt aber auch keine Rolle. In dieser Erinnerung fühle ich mich so frei und so nah an dem Blau des Himmels, den herrlichen Bergen und mein Blick schwebt grenzenlos frei über allem, als gäbe es nur diese Welt hier oben. In der Nähe der Hütte erstreckt sich eine kleine, fast ebene Alpweide. Der Boden, auf dem das satte Grün wächst, ist von fussbreiten Furchen mosaikartig durchzogen. Durch diese vielen erdigen Kanälchen, die etwa dreissig Zentimeter tief sind, fliessen dutzende glasklare Rinnsale. Im Sonnenlicht glitzert das Nass. Es duftet nach Kühen, Kuhdung, warmem Holz und Gras, nach Alpbetrieb und Berglandschaft. So sehr liebe ich es, diesen kleinen, emsig fliessenden Bächlein zu folgen, die wie Bergkristalle glitzern, damit ich sehen kann, wohin sie führen. Breit gefächert durchziehen sie diese Alpweide, verschwinden immer wieder unter Grasbüscheln und tauchen abermals auf. Das helle Plätschern und leise Gurgeln ist so lebendig. Alles ist frei und voller Leben – umgeben von diesem endlos weiten Himmel und der frischen Alpenluft. Mir geht es richtig gut! In meinen Gummistiefelchen streife ich herum, als gäbe es keine Zäune in dieser Welt. Irgendwo höre ich die Glocken der Tiere. Nero, unser riesiger Hund, schnüffelt in der Nähe. Er beschützt mich – mir wird hier oben niemals etwas geschehen können! Niemals! Denn wenn wir hier oben sind, gibt es kein *da unten* mehr.

Die Berge, mit ihren in den Himmel schiessenden Gipfeln, haben mich früh schon tief geprägt. Dort war ich wirklich mal zuhause – wir waren dort oben daheim – sogar eine Familie. Das ehrliche, bodenständige und sehr harte Älplerleben, bei Wind und Wetter der Natur ausgesetzt, hat mir eine extrem robuste Konstitution verliehen, was mir in den zwölf nachfolgenden Heimjahren noch sehr hilfreich sein sollte.

Wenn ich an diese wunderbaren Alpsommer zurückdenke, die mit dem Ende unserer Familienzeit so schmerzhaft verknüpft sind, erinnere ich mich unweigerlich an das Genderlied von den *Genderbüebu* aus dem Wallis:

GENDERLIED

Uf ische Bärga, da isch äs wunderbars Läbu.
Hie si wer zfridu, hie wellwer immer si.
Hie brüf chennwer singu, hie brüf gits e Freundschaft.
Äs Läbu lang, ja, wellwer zämu si.
An strengi Nacht und äs Lied wa immer wird blibu.
An Ewigkeit wa nisch nie los wird la.
Die gmeinsamu Stunde, in ische Härzu.
Die sägund dier, dü, bisch nie allei.
Äs chunnt der Tag, wa schich ischers Läbu tüet trennu.
Da wisse wier äs wird nit ver immer si.
Da brüf uf de Gender, da wärde wier singu.
Äs Läbu lang, ja, wellwer zämu si!

An die Geissen von Öhi Steffi habe ich ebenfalls schöne Erinnerungen – sehr schöne sogar! Geissen sind coole Tiere. Ihre Neugierde ist erfrischend. Ihr warmes, feines Fell verzauberte meine Hände, als ich die Geissen damals in der Sonne streichelte.

Die traurigste Erinnerung aus der Zeit zu Hause in Sax ist mit meinem Bruder Charly verknüpft.

Mit ihm war ich zu Fuss auf dem Heimweg von Maladers nach Sax. Damals fühlte ich bereits, dass unsere Familie im *Wanken* war, auch wenn sich ein Kind das Ende niemals vorstellen kann, denn es kennt keine andere Welt und somit auch kein Ende. Ich spürte bloss die allgegenwärtige Bedrohlichkeit, die nicht in Worte gefasst werden konnte. Es waren Schwingungen, die ich fühlte. Die Nestwärme im Herzen, mit der jedes Kind später einmal gestärkt ausfliegen sollte, hatte es für mich nie gegeben und würde es nie geben. Emotional war der Scherbenhaufen zu fühlen, Bruchstücke davon steckten ja bereits in meinem Bauch. Deswegen trotzte ich während des ganzen Heimwegs, blieb stehen, bewegte mich schliesslich keinen Meter mehr weiter. Schon damals hatte ich einen ausgeprägten Willen! Charly war damals erst acht Jahre alt und trug in dem Moment die Verantwortung für mich. Immer wieder bat er mich inständig, ich solle nun endlich weitergehen. Es nützte nichts! Meine innere Orientierungslosigkeit liess mich keinen Schritt mehr machen. Es schien, als suchte ich bei Charly eine Antwort, oder besser gesagt, die Sicherheit, dass doch alles noch gut ist. Die eine Kurve unweit von unserem Haus sehe ich noch heute vor mir. Die Tannen, die wie stumme Beobachter seitlich an der Strasse standen, Charly zehn Meter vor mir. Hin und wieder fuhr ein Auto an uns vorbei. Charly drohte, der Landjäger werde mich holen kommen, doch ich tat ihm und mir mit meinen Worten immer weiter weh. Ich schimpfte ihn an, dass er verschwinden solle, dass ich lieber keinen Bruder mehr hätte, sowieso keinen wie ihn. Immer und immer wieder verletzte ich ihn damit. Dann schrie ich ihn an, dass ich niemanden mehr sehen wolle und er einfach nur schlimm wäre und ich ihn gar nicht gern hätte. So gefangen war ich in dem Moment, so hilflos, und doch konnte ich nicht weinen oder sagen, warum ich mich so schlecht benahm. Doch dann begann Charly zu weinen. Erst seine Tränen liessen auch mich heulen. Wir umarmten uns mit Tränen im Gesicht – dadurch gewann ich endlich etwas Nähe.

Dabei hätte ich ihm doch am liebsten schon die ganze Zeit gesagt:

»Charly – ich habe dich doch so gern, halt mich bitte fest, lass mich niemals los. Am besten lassen wir uns alle niemals los! Irgendwas geschieht aber mit uns – ich habe Angst. Sehr grosse Angst!«

1973 – ein Jahr nach der Trennung der Familie
Bruder Charly (mit Hund Jonny) mit Hans und Marili Brot
auf der Strassberger-/Fondeier Kuhalp.
Mehrere Alpsommer verbrachte er mit ihnen in den Alpen.

Danach gingen wir beide nach Hause, in unser Zuhause auf Zeit – ich fühlte, dass wir alle verloren waren, und doch hatte ich keine Ahnung, was das zu bedeuten hatte.

Gefühlsmässig habe ich auch starke Erinnerungen an meine Grossmutter Antonietta, die im unteren Stock wohnte und deren Beerdigung am 5. September 1972 zugleich auch die Beerdigung unserer Familie war.

Auch an das Dorf Maladers selbst erinnere ich mich, und dass es darin nirgends eine ebene Fläche gab. Das Tobel unterhalb unseres Hauses blieb ebenfalls fest in mir verankert. Papa nahm mich hin und wieder zum Pilzesuchen mit. Eierschwämme liebte er. Der Hang war so abschüssig, dass ich Mühe hatte, nicht zu fallen, doch in den steilsten Passagen half mir Papa. In den Alpen lernten wir alle sehr früh, uns in steilstem Gelände sicher und angstfrei zu bewegen. Keinem von uns acht Kindern ist je etwas Ernsthaftes passiert. Papa und Mary wurden zwar einmal im unwegsamen Gelände von einem Gewitter überrascht. Ein Blitz traf sie beide und schleuderte sie zu Boden. Mary rappelte sich im Schock auf und flüchtete zu einer Felswand, wo Papa sie im letzten Moment vor dem Sturz in den Tod bewahren konnte.

Unser sehr einfaches Zuhause, mit der ihm eigenen Atmosphäre, ist noch fest verhaftet in mir. Die Streitereien meiner Eltern schwirren dabei wie Heuschrecken hoch in meinen Gedanken. Was ich mit Sicherheit sagen kann: Papa hat mich als Kind nie geschlagen, auch später nicht, nicht mal im grössten Suff, wenn ich ihn, als ich in der Pubertät war, bis aufs Äusserste provozierte – manchmal sogar mit unserer Vergangenheit!

Wütend konnte er schon mal werden, etwa, als Claudia und Irma während Waldarbeiten den Arbeitern deren gesamten Getränkevorrat – natürlich Bier – an die Bäume geschmettert und zu guter Letzt den Leiterwagen samt Kisten darauf ins Tobel runtergestossen hatten. Da wetterte Papa heftig – aber er schlug uns nicht.

Wenn er aber in Sax betrunken war und Mutter und er stritten, nahmen die beiden mir die Luft am alten Holztisch. Am liebsten wäre ich sofort unsichtbar geworden. Papa war dann ganz ein anderer, zu dem niemand mehr vordringen konnte. Rücksichtslos benahm er sich – genau wie Mutter. Völlig machtlos und ohne zu verstehen, was geschah, duckte ich mich, wenn gepoltert wurde – der Tisch flog einmal um, das Brüllen und der ganze Lärm, wir Kinder irgendwo mittendrin. An Weihnachten flog sogar mal der geschmückte Christbaum auf die Strasse.

Als letzte Erinnerung, die ich an unser Zuhause habe, kommt mir die Wildkatze in den Sinn, die von unserer Nana beherbergt wurde. Ein Prachtexemplar von einem Tier, mit den für Wildkatzen typischen Pinselohren. Tatsächlich war sie mir ein wenig unheimlich, wenn sie mich beäugte. Genau deshalb versuchte ich, sie herauszufordern. Eine Mischung aus Angst und Bewunderung nahm mich dann jedes Mal gefangen.

Vieles erfuhr ich aus Erzählungen meiner älteren Geschwister, wenn wir wieder mal gemeinsam assen oder uns bei einem von uns daheim trafen, was regelmässig noch immer geschieht. Vor allem die Geschichten rund um die vielen Alpsommer sind spannend und amüsant. Etwa die, als der Nebel Papa und mich verschluckt und man uns nach Stunden unweit einer steilen Bergflanke in einer Mulde gefunden hatte. Papa war sternhagelvoll, instinktiv hatte ich neben ihm ruhig ausgeharrt. Oder als Papa angetrunken versuchte, auf dem grossen Geissbock auf die Alp hochzureiten.

Doch zurück zum Verschwinden meiner Mutter:
Nach ihrem Weggang begann für meinen Papa das grosse Leiden, das erst mit seinem Tod enden sollte. In wieviel Alkohol auch immer er sich in den folgenden Jahren zu ertränken versuchte – er litt grauenhaft!
Tagelang ging er, nachdem sie an dem besagten Abend nicht heimgekommen war, den schmalen Fussweg zur Kurve hinunter und wartete auf sie. Drei geschlagene Wochen lang! In dieser Zeit ass Papa fast nichts und schlief kaum. Dann brach er zusammen. Er, der über eine so unglaubliche körperliche Kraft verfügte, war am Ende!
Der Krankenwagen holte ihn ab und brachte ihn nach Chur ins Kantonsspital. Meine ältesten Schwestern Mary, Irma und Claudia trugen danach die Verantwortung für uns und versuchten, eine Tagesstruktur aufrechtzuerhalten. Ausgerechnet dann wurde unsere Nana so krank, dass Öhi Steffi sie nach Maladers

in sein Haus holte. Natürlich wussten meine ältesten Schwestern, was zu Hause zu tun war, dennoch war es eine enorme Belastung für sie, sie waren ja erst im Alter zwischen zwölf und fünfzehn. Doch sie schafften es alleine, uns alle acht die nächsten Wochen durchzubringen.

An jenen Tag, an dem Mutter verschwand, habe ich keine Erinnerungen. Keine Wut, keinen Hass liess sie bei mir zurück, schon gar keine Liebe – nur Unverständnis. Papa hingegen brauchte ich so sehr, er war meine Sonne, deren täglichen Aufgang ich nie infrage gestellt hatte, bis wir zweieinhalb Monate nach dem plötzlichen Verschwinden meiner Mutter alle auseinandergerissen wurden. Dies geschah ausgerechnet an der Beerdigung meiner Grossmutter Antonietta, am 5. September 1972. Einige Tage später, am Montag, dem 11. September, wurde ich ins erste Kinderheim gebracht.

Meine ältesten Geschwister konnten das Unausweichliche nicht abwenden, so sehr sie sich auch um uns alle kümmerten. Ich bin mir sicher, mein Papa wusste ganz genau, was nun geschehen würde. Das Damoklesschwert hing bereits seit der letzten Verwarnung 1971 über der ganzen Familie. Ausserdem gehe ich davon aus, dass ihn die Gemeinde über den Abschiedsbrief meiner Mutter informiert hatte.

Die zwei Säulen, die unser Familiendach tragen sollten, brachen auf unterschiedliche Weise weg. Beide in ihrer eigenen Art des Egoismus und in der Unfähigkeit, *etwas umbiegen* zu können. Wir waren eine Lebensgemeinschaft gewesen, deren einzige Sicherheit darin bestand, dass wir zusammengehörten, und doch fühlten wir, dass es Dinge gab, die erst kaputtgehen, bevor sie auseinanderbrechen.

Wir waren acht lebensfrohe, robuste Kinder, aber mit Eltern, die keine waren. Ich habe deshalb die aufgerissenen Lücken meiner kleinen Welt zu schliessen versucht, indem ich sie zu idealisieren begann. Kinder sind anpassungsfähig und grundsätzlich lebenswillig, so glaube ich. Deshalb versuchen sie, die

Zorn = Wrath

Defizite ihrer Eltern wettzumachen. Die grosse Freiheit erlebten wir nur in den Alpsommern. Dort oben gab es Luft zum Atmen, Berge, Sonne und Gewitter – Landschaften, in denen unsere Herzen mit den Steinadlern im Wind fliegen lernten. Diese Wochen waren extrem wichtig, damit wir Kinder das Danach überhaupt überlebten.

Breath

Wenn ich an Maladers-Sax denke, das sonnigste Dorf in Graubünden, sehe ich Schatten und fühle den kühlen Hauch, der aus dem Tobel hochsteigend vor unser Haus zieht. Rauch quillt aus unserem Kamin und füllt die kalte, taube Luft in der Stille des Morgens. Die Strasse ist leer und führt nirgendwohin und kommt von nirgendwoher. Der Geruch von frischer Gerstensuppe, gemischt mit Rauch, schwebt über allem. Dann sehe ich ein rotweiss kariertes Plastiktischtuch in einem alten Raum. Holzwände, Russ, alte Pfannen, kleine Fenster, deren Glas von der Wärme der vielen Körper beschlagen ist, die gebeugt die heisse Suppe löffeln. Lärm, Lachen, Zurechtweisen und dieses Alleinsein unter vielen. Ich möchte meinen Tischnachbarn am Ärmel zupfen und sagen, er möge mich aus meiner kleinen, unsicheren Welt herausziehen, da ich nicht wisse, wie es denn richtig wäre, doch er steckt in seiner eigenen Welt und gleichzeitig der gleichen, er ist ja mein Bruder Rädel.

»Ässa muasch«, sagt er und schaut mich an. »Iss! Kusch suss nia gross, du Calöri! Iss jetzt! Do häsch no a Stuck frischas Brot!«

Warum der Dienstag, der 5. September 1972, für die ganze Familie ein traumatischer Tag werden sollte, hatte mehrere Gründe. Nana Antonietta Gurt-Rizzi, die ursprünglich aus dem Engadin stammte und nicht aus Italien, wie in den Protokollen erwähnt, starb am Samstag, dem 2. September, im Haus von Öhi Steffi in Maladers. Mein Vater liebte seine Mutter Antonietta abgöttisch – ja, er verehrte sie geradezu! Das wurde mir so richtig bewusst, als Papa im Wohnzimmer meiner Schwester Mary am 4. März 1997 starb. Wir – alle mittlerweile erwachsen – standen an jenem Abend im Wohnzimmer um ihn. Papas Körper war noch heiss vom Fieber, als Mary mit tröstenden Worten kurz nach seinem letzten Atemzug zu ihm sagte:

»Papa – jetzt bisch endlich wieder bi dinara gliabta Mamma!«

Am 30. August 1972 wurde der *Kopf* der Kinder als erster fortgebracht. Mary hatte die *Wahl*, entweder zu einem Onkel nach Arosa oder ins Churer Waisenhaus zu gehen, zusammen mit Maja, die etwas später, am 11. September, dort eingeliefert werden sollte. So musste Mary, die gemeinsam mit Irma und Claudia alles versucht hatte, um ein Familienleben aufrechtzuerhalten, als Erste weg. Es muss ein unglaublich schwerer Gang für sie gewesen sein, uns alle loszulassen! Sie, die eine geborene Kämpferin war, musste zusehen, wie alles zerbrach. Einfach brutal! Wann genau alle anderen folgen würden, sagte man ihr nicht. Sie wusste nur, dass unser Haus in den Tagen danach leer werden würde – und dass nichts mehr aufzuhalten war. Wir hatten verloren! Die Behörden weigerten sich standhaft, uns gemeinsam in einem Heim unterzubringen. Sie wollten die Sippe Gurt zerschlagen, sie zerstören! Erst wollten sie nicht, dass Papa Kinder in die Welt setzt, und nun wollten sie uns aufteilen und schwächen. In ihren Augen waren wir eine debile Vagantensippe oder – je nach Protokoll – auch Jenische[18], die mittels fürsorgerischer Zwangsmassnahmen versorgt werden mussten.

Mary war weg! Ein weiterer Tiefschlag für Papa. Heute bin ich sicher, dass Mary aus strategischen Gründen als Erste gehen musste und danach die anderen Schwestern folgen sollten. Papa sollte sich nicht an der Hoffnung festhalten dürfen, dass wir auch ohne Mutter zusammenbleiben könnten.

Eigentlich hätte die Einweisung von Claudia, Irma und Yvonne, die ja aufgrund des psychologischen *Gutachtens* des Schulrates von Maladers als besonders schwachsinnig eingestuft

---

[18] Als *Jenische* bezeichnet man in Europa lebende Angehörige beziehungsweise Nachfahren von ursprünglich meist fahrenden Bevölkerungsgruppen.

wurden, am folgenden Montag, dem 4. September 1972, in die Anstalt Chur-Masans erfolgen sollen. Doch da die Beerdigung unserer Nana bereits für den nächsten Tag angesetzt war, wurde der Termin um einen Tag verschoben. Das Waisenhaus gewährte Mary, an der Beerdigung teilnehmen zu können. So waren wir ein letztes Mal vereint.

Die Türe der kleinen, katholischen Kirche in Maladers öffnete sich nach dem Trauergottesdienst. Der Sarg mit Antonietta wurde hoch ins Dorf getragen und zu Grabe gelassen. Weihrauch, Gebete, Blumen – Papas geliebte Mutter war fort. Die letzten Wochen, in denen er die Familie nicht mehr vor den Behörden retten konnte, dann der Tod seiner Mamma – das war zu viel für ihn. Er war nicht einmal wirklich betrunken, als er vor versammelter Trauergemeinde in den Brunnen auf dem Dorfplatz vor der Kirche sprang. Als wäre er übergeschnappt, begann er zu singen. Oje, Papa!

Wir konnten uns noch kurz von ihm verabschieden. Mary, Irma, Claudia, Rädel, Yvonne, Maja und ich. Charly würde in Maladers bleiben und sich später verabschieden müssen. Papa weinte leise dabei. Nur noch einmal würde ich Tränen in seinen Augen sehen – Jahre später. Und daran war ausgerechnet ich schuld!

Das war das Ende der Familie Gurt:
Konrad Gurt, Vater (bleibt im Zuhause)
Maria Gurt-Mehli, Mutter (polizeilich gesucht)
Maria (Mary) Gurt (Waisenhaus Chur)
Claudia Gurt (Anstalt Masans)
Irma Gurt (Anstalt Masans)
Konrad (Rädel) Gurt (Bauernhof Hinterrhein)
Yvonne Gurt (Anstalt Masans)
Karl (Charly) Gurt (kommt zum Onkel, Maladers)
Philipp Gurt (Kinderheim St. Josef, Chur)
Maja Gurt (Waisenhaus Chur)

Anstalt = institution

Rädel, elfjährig, würde nun sieben Jahre niemanden mehr von der Familie zu Gesicht bekommen – er kam nach Hinterrhein zu einer Bauernfamilie. Die sehr harte Arbeit machte ihn noch stärker und zäher. Mary (15) kam als Älteste mit der dreieinhalbjährigen Maja ins Waisenhaus, Claudia (12), Irma (14) und Yvonne (10) kamen in die Anstalt Masans. Der achtjährige Charly wurde zu einem Onkel gegeben – Karl Mehli, einem Bruder mütterlicherseits, der auch sein Götti war.

Die fünf Tage bis zum 11. September, meinem Eintritt ins Kinderheim St. Josef, verbrachte ich ausgerechnet bei Frau Eggler, der Vormundin meiner Eltern und zugleich Ehefrau des Gemeindepräsidenten.

Bevor Charly in Maladers zu seinem Onkel kam, nahm ihn Papa noch kurz nach Hause und badete ihn in einer *Gelta*[19] zwischen Stall und Haus, damit er sauber weggehen konnte. Charly musste seinen schweren Gang danach alleine machen. Es ist unglaublich traurig, wenn einen die eigenen Beine von zu Hause fortbringen müssen.

Es gibt nichts zu beschönigen: Für unsere Familie war dies ein rabenschwarzer Tag, dem noch viele weitere folgen würden.

Papa war jetzt allein im Haus.

Alle waren wir weg!

Was musste er gefühlt haben, wenn er sich am Abend jeweils in eines der vier leeren Betten legte und überall Totenstille herrschte? Was, wenn er am Morgen alleine am Tisch sass, an dem sich zuvor zehn Personen lautstark unterhalten hatten? Ein Haus voller Leben war nun still, seine Mutter lag im Grab, seine Frau war weg – unsere Familie ausgelöscht.

Vor einiger Zeit habe ich Kontakt zu dieser Frau Eggler aufgenommen, weil sie es war, die mich ins erste Heim fortbrachte. Es war schwierig, sie zu finden. Vor drei Jahren hatte ich es bereits vergeblich versucht. Mit Hartnäckigkeit, auf Umwegen

---

[19] Eine Art Wanne, die für allerlei Zwecke diente.

und mit Glück habe ich ihre Handynummer ausfindig gemacht. Als ich anrief, wusste sie sofort, wer ich bin, denn sie hatte den Bericht im *Blick*[20] über mich gelesen und mich in der TV-Sendung *Aeschbacher* gesehen. Sie sagte, sie sei schockiert über das, was mir in den Kinderheimen widerfahren sei – hätte sie doch damals bloss eine Ahnung gehabt!

Sie sei krank, sagte sie, doch das hatte ich bereits an ihrer Stimme gehört. Stimmen sagen mir viel, alleine durch ihre Klangfarbe. Das verunsichert manch einen Gesprächspartner, wenn er sich bewusst wird, dass er nicht viel vor mir verbergen kann. Die Farbe der Stimme lässt sich nicht kaschieren. Doch nicht deshalb mag mich Frau Eggler nicht sprechen, denn davon weiss sie nichts. Zu schwer wiege das Ganze von damals und es laste noch immer gewaltig auf ihr – und nun sei da noch diese Krankheit, ein weiterer Grund, warum sie nicht reden möge.

Ich habe schon öfter sowohl von Frauen als auch von Männern gehört, dass sie nicht mit mir reden könnten, weil das Geschehene zu schwer auf ihnen laste. Doch diese Personen verlieren nie einen Gedanken darüber, wie es für mich ist, darüber reden zu müssen. Solche Telefonate sind auch nicht immer einfach für mich. Dennoch stehe ich sie durch, ohne zu zögern.

Es war schwer zu akzeptieren, dass Frau Eggler über die Vergangenheit nicht reden will, doch ich spürte deutlich, dass es in diesem Moment keinen Sinn hatte, etwas aus ihr herausholen zu wollen. Für mich wäre es dennoch sehr wichtig gewesen, ihre Meinung zu erfahren, denn sie war es ja, die mich auf dem ersten so schweren Gang ins Heim begleitet hatte. Gemeinsam mit ihr hätte ich den Weg nochmals gehen wollen, um zu verstehen, warum damals die Berge auf mich gestürzt sind und meine Kinderstimme kurzzeitig begraben haben.

Immerhin verspricht Frau Eggler, mir innert zwei Wochen einen Brief zu schicken, doch die verstreichen. Ich erhalte keine Post von ihr. Nach weiteren Tagen vergeblichen Wartens rufe ich sie nochmals an. Diesmal lasse ich ihr keine Wahl. Bewusst

---

[20] Der Bericht ist unter www.philipp-gurt.ch nachzulesen.

gehe ich strategisch vor und verwickle sie sofort in ein Gespräch, so dass sie nur noch mit Antworten reagieren kann. Sie erzählt mir dann, wie schlimm es aus ihrer Sicht gewesen sei, uns alle versorgen zu müssen. Und dass Papa eigentlich schon *recht* gewesen sei, aber *Gika* – dies ist der Rufname meiner Mutter – sei halt wirklich so, wie es in den Protokollen stehe. Vieles, das ich bereits in Erfahrung bringen konnte, bestätigt sie mir. Anderes scheint mir sehr einseitig. Sie stellt vor allem die Behörden und damit ihren Mann und sich selbst als Opfer dar, und will keine klare Aussage darüber machen, warum man damals uns Kinder in alle Winde verstreute. Es wäre doch für uns viel erträglicher gewesen, in diesen dunklen Stunden zusammenzubleiben. Den Grund hierfür erfahre ich erst später: Als Vagantensippe splittete man uns gezielt auf, um die Dynamik solcher *Familiengebilde* zu brechen.

Was ich zum bisher Beschriebenen sagen kann, ist, dass ich keine Verantwortlichen von damals hasse oder auf sie wütend bin. Nicht mal meine Mutter hasse ich. Ich frage mich eher, ob ich in diesem Buch nicht zu hart über sie richte. Doch ich komme immer zum gleichen Fazit: Eine wahre Mutter hält ihre Kinder im Sturm fest, behält sie bei sich oder versucht wenigstens, ihnen in schwierigen Zeiten beizustehen. Jedenfalls verschwindet sie nicht mit einem anderen Mann ins Ausland. Das Davor ist das eine – ihr Verhalten danach blieb bei uns Kindern bis heute negativ in Erinnerung. Tatsache ist und bleibt: Sie war keine warmherzige Mutter und hat uns alle verlassen.

Hass? Wut?

Nein. Solche Energien habe ich noch nie in meinem Leben verschwendet – ich brauchte als Kind doch jeden Funken Energie, um durchzustehen, was gegen mich anrollte – für mein Schicksal, das andere mir auferlegten. Ich kann nichts mehr ändern an meinem früheren Leben. Doch dem gegenüber stehen jetzt Kräfte und Fähigkeiten, die ich genau wegen dieser unsäglichen Umstände entwickelt habe – ebenso wie dies auch bei einigen meiner Geschwister geschah: Mary wurde eine grandiose Läuferin, sie errang viele Siege. Unter anderem stand sie Rennen durch, bei denen sie 78 Kilometer durch alpines Gelände laufen musste. Sie erzählte mir, welche Kraft sie schöpfte, als sie nach einem mörderischen Aufstieg auf über 2.000 Meter Höhe eine Alp durchqueren musste. Aufgeben? Dieses Wort kennt sie bis heute nicht! Sie ist schon Rennen gelaufen, die sich über acht Tage hinzogen. Sie und aufgeben? Niemals! Sie ist eine Kämpferin und Kriegerin geblieben, genau wie Claudia und Irma und Yvonne auch – und meine Brüder sowieso.

Statt Hass gegen meine Mutter empfinde ich eine leichte Traurigkeit, weil sie uns acht Kinder so einfach weggeben konnte und sich danach nie um uns kümmerte. Ich war ja nicht der Einzige, den das damals traf. Meine Geschwister litten mindestens so wie ich. Papas Leiden wegen des Zerbrechens der Familie habe ich bis zu seinem letzten Atemzug miterlebt. Er litt wegen und mit uns, nicht aus Selbstmitleid! Mutter war selbst danach noch sehr brutal, statt sich um unsere zerschlagenen Herzen zu kümmern.

Wo Liebe, Geborgenheit und Vertrauen fehlen, wächst Unsicherheit heran – oder wie in meinem Fall: ein starker Kampfeswille.

Levi-Mattia, mein zweitjüngster Sohn, wurde wie ich an einem 9. Januar geboren. Im zweiten Monat der Schwangerschaft sagte ich zu meiner Frau, dass unser Baby genau an meinem Geburtstag zur Welt käme und nicht vierzehn Tage später, wie von der Gynäkologin errechnet. Ich fühlte es ganz deutlich – und so kam es auch. Es musste so kommen – es hatte seinen Grund!

Als Levi-Mattia vier Jahre alt war, dachte ich am 11. September den ganzen Tag nur eines: Mein Sohn ist jetzt genauso alt wie ich damals, als ich von zu Hause weggebracht wurde. Ich mochte mir nicht vorstellen, was wäre, wenn er jetzt fortgehen müsste. Ich hätte die Welt aus den Angeln gehoben, um das zu verhindern. Für jedes meiner fünf Kinder würde ich mein Leben geben, wie jeder liebende Vater hoffentlich auch.

Erst an diesem 11. September 2014 konnte ich mir beim Reflektieren über Levi-Mattia meinen eigenen Schmerz von damals eingestehen, emotional meine ich, denn *im Kopf* wusste ich ja immer schon alles sehr genau. Ich habe mich nie geirrt in meinen Kindheitserinnerungen. Über die Vorstellung, wie es Levi-Mattia ergehen würde, wenn er Knall auf Fall ins Heim gehen müsste und er uns jahrelang nicht wiedersehen könnte, fing ich an zu begreifen, was damals gefühlsmässig mit mir passiert war. In Maladers schliefen wir zu zehnt in vier Betten – niemals also war ich alleine. Und dann?

Mein Lieblingsfoto: Auf der Alp Steiner im Strassberg mit meiner ältesten Schwester Mary – sie war vierzehn und ich dreieinhalb.

KINDERHEIM
ST. JOSEF
. . .

Kinderheim St. Josef – Chur 1972

Die Eingangspforte, durch die ich kam. Auf dem Bild ist die Oberin Christa zu sehen – eine strenge, aber wunderbare Nonne. Sie schenkte mir viel Kraft für meinen weiteren Weg.

Erstmals schaue ich das Dokument an, das administrativ meinen Eintritt ins erste Kinderheim besiegelt hat. Zwölf elend lange Jahre lagen damals vor mir, zwölf Jahre, in denen viel in mir zerstört wurde. Aber auch zwölf Jahre, die mich gezwungen haben, trotz allem zu leben und meine Augen für das Schöne intensiv zu schärfen.

Nana war beerdigt, mein Vater weg und meine Geschwister ebenfalls. Nanas Leben war zu Ende gegangen und für mich begann eines, von dem ich nicht den Hauch einer Ahnung hatte. Heute bin ich sehr traurig darüber, dass meine liebe Nana in ihren letzten Wochen das Ende unserer Familie miterleben musste. Sie war es doch, die so sehr versuchte, die Gemeinschaft zu wahren. Das Desaster muss ihr unendlich wehgetan haben. Heute weiss ich, wie sehr sie uns geliebt hat!

»Danka vielmol, Nana – für allas!«

Bis zum darauffolgenden Montag blieb ich bei Frau Eggler in Maladers. Nur an den Moment des Waschens am Morgen des 11. Septembers habe ich Erinnerungen. Das Badezimmer mit dem Lavabo taucht in meinen Gedanken auf. So etwas kannte ich bis dahin nicht.

Vier Jahre, neun Monate und zwei Tage alt bin ich, als ich in den Wagen steigen muss, um Maladers für immer zu verlassen.

Die erdrückende Stimmung im Innern versuche ich wegzureden. Dass man mich zuvor sauber gemacht, mir das Haar gewaschen und mich gekämmt hat, fühlt sich seltsam an. Wieso machen sie das? Wir gehen ja nicht zu einem Alpfest, oder? Ich frage, wohin wir fahren und erhalte eine ausweichende Antwort, die meine Verlorenheit manifestiert. Frau Eggler sieht mich an – ihr Blick sagt mehr als Worte. Schon früh habe ich gelernt, Gesichter zu lesen, und ich habe das so perfektioniert, dass es für mein Umfeld manchmal bedrohlich wirkt.

Die Sonne scheint aus einem wundervoll blauen Herbsthimmel. Die Luft ist klar und mit etwa fünfzehn Grad angenehm mild, das Auto grau oder weiss, das Armaturenbrett schwarz. Von Frau Eggler bekomme ich nicht die Sicherheit, die ich suche. Alles sagt mir, dass ich alleine bin, obschon sie mich in ihre Obhut genommen hat. Irgendwas quassle ich, doch meistens bin ich still. In ihren Blicken, die sie mir verstohlen zuwirft, lese ich:

»Was söll bloss numa us däm Buab wärda?«

Chur erscheint unter uns – die Stadt, an die ich mich fest-
klammern werde, da sonst niemand mehr da ist.

Wir kommen beim Kinderheim St. Josef an, das mitten in der
Stadt liegt, direkt unterhalb des Bahnhofs.

Da ist diese hölzerne, doppelflügelige Eingangstüre. Ein herz-
liches, freundliches Gesicht, umrahmt von der Ordenstracht,
erscheint im Türrahmen. Es ist Schwester Christa, die Oberin.
Ihre Freundlichkeit ist nicht gespielt, doch sie sagt mir sofort,
dass etwas Schlimmes auf mich wartet. So eine Freundlichkeit
habe ich mir unmöglich verdient, denke ich, die bekomme ich
nur aus Mitleid oder Berechnung. In ihrem Fall aber aus einem
mir noch unbekannten Grund – Nächstenliebe! Doch davon
weiss ich noch nichts.

Man schubst mich sanft ins Innere und führt mich durch die
Räume. Ein Kinderheim, das von Nonnen in schwarzer Ordenstracht geleitet wird, tut sich vor mir auf. Noch will ich glauben,
gleich wieder gehen zu dürfen. Das hält mich ruhig. Dennoch –
mein Blick schweift unruhig umher – ich blicke durch eines der
Fenster in den Garten: Sandkasten, Schaukel, Grün.

Ich will da nicht bleiben!

Weiter gehen sie mit mir durch die Räume. Es ist alles sehr
sauber. Es riecht nach Wäsche, Babypuder, Küche, nach Holz-
und Steinböden, die mit Seifenlauge gewienert worden waren.
Alle Nonnen und Erzieherinnen, die mir begegnen, schenken
mir ein Willkommenslächeln, versuchen, mich liebevoll aufzu-
fangen.

»Jo und do sind dia viela andara Kinder! Philippli, luag amol!
Luag – du bisch do jo nit allei! Ksehsch numa.«

Mein Blick geht wieder hin zu den Türen und Fenstern. Langsam kriecht eine unglaubliche Angst in mir hoch. Jetzt kann ich
es nicht mehr wegatmen, dieses Gefühl: Frau Eggler wird mich
nicht wieder nach Hause bringen!

»Kanni bitte wieder hai zu minam Papa?«, frage ich so bestimmt und freundlich, wie es mir noch möglich ist. Doch der

Blick meiner Vormundin sagt alles: *»Machs doch nit no schwerer!«*

Alle um mich schauen sich gegenseitig an – als hätten sie jetzt einem Fohlen ein Lasso übergeworfen.

Doch mit blossem Aufbäumen ist es bei mir nicht getan. Ich wehre mich heftiger, als sie das vermutlich erwartet hatten, denn meine Bindung an mein Zuhause ist so stark wie mein Wille. Alle versuchen, mich zu beruhigen. Sie erklären mir, dass ich jetzt nicht nach Hause gehen könne, und dass ich zumindest eine Weile hierbleiben müsse.

Hierbleiben? Wieso? Ich habe doch einen Papa!

Hierbleiben? Das will ich aber nicht! Auf keinen Fall!

Die anderen Kinder schauen zu, wie ich mich sträube und aufbäume. Ich sehe noch all die kleinen Gesichter vor mir, wie sie im Spielzimmer alles andere vergessen und mich anstarren. Die scheinen sich alle damit abgefunden zu haben, hier gelandet zu sein, aber ich bäume mich weiter auf. Schnell reisse ich mich los und renne weg, denn ich will nie so ein Gesicht bekommen, das weiss ich ganz genau. Kein solches Gesicht! Sie alle spielen zusammen und sind doch bloss allein. Ich fühle es – sie sind alle Gestrandete, als hätte sie ein Sturm wie Treibgut aus weiter Ferne angespült und damit auch vergessen lassen, woher sie kamen. Ihre kleinen Gesichter sagen mir, dass mein Freistrampeln nichts nützen wird. Sie sind ja doch noch hier! Und wenn ich es nicht rechtzeitig schaffe, gehöre ich auch bald zu ihnen und starre die nächste *Einlieferung* mit einem solchen Gesicht an.

Ich will einfach nur zu meinem Papa!

Jetzt, wo ich dies schreibe, weiss ich sofort, warum mich mein Lieblingsbuch *Der Übergang* von Justin Cronin so sehr berührt.

Ein Mädchen namens Amy wird eines Tages bei Nonnen abgegeben und kämpft sich danach durch das verlorenste Leben, das man sich vorstellen kann – auf 1.051 Seiten! Viermal habe ich es bereits gelesen: Amy – Philipp – Philipp – Amy. In diesem eigentlich *furchtbaren* Buch fühle ich mich jedes Mal zu

Hause, als wäre Amy meine Schwester. Es ist das traurigste Buch der Welt und doch gibt es mir eine Art Geborgenheit, eine Vertrautheit, wenn ich mich durch diese vielen Buchseiten ihrer toten, einsamen Welt lese und mit ihr Seite an Seite kämpfe. Alles wirkt hoffnungslos, alles ist zerbrochen, nur dieses kleine Mädchen und ihr Kampf, ihr Weg durch die Dunkelheit ans rettende Licht, von dem sie nicht mal sicher ist, ob es irgendwo überhaupt noch leuchtet. Diese Art von Welt kenne ich – war es doch viele Jahre meine eigene und somit mein Leben, mein Kampf und meine Hoffnung.

Sofort stellt sich bei meinem Fluchtversuch eine Nonne vor die Tür, eine andere versperrt mir den Weg. Flink weiche ich aus, klettere über einen Tisch zum Fenster, öffne es und will in den Garten entkommen. Zum Glück liegt dieser nur ein halbes Stockwerk unter mir. Überrascht von meiner Entschlossenheit, rennt eine junge Erzieherin nun zu mir hin und schlägt das Fenster zu. Da ist aber noch meine Hand, die sich am Rahmen festklammert. Ich schreie vor Schmerz und beginne zu toben, sie kann oder will mich nicht mehr halten.

Eine unglaublich tiefe Verlorenheit tut sich in mir auf, einem schwarzen See gleich. In dessen Mitte beginnt sich langsam der Strudel der Gewissheit zu drehen. Mit jeder Sekunde zieht er mich mehr in sich hinein, egal wie ich mich dagegen abstrample, es fehlt die rettende Hand, nach der ich rufe. Ich schreie so laut ich kann nach Papa und beginne um mich zu schlagen. Schlage auf Spielsachen ein, schmeisse Bücher herum und versuche mich freizukämpfen. Vor mir steht ein Turm aus leeren hölzernen Fadenspulen. Ich trete wie wild auf ihn ein. Ein Mädchen – sie heisst Ursula – schaut mich entsetzt an, sie war soeben dabei, den Turm weiter aufzubauen. Sofort schirmt man die anderen Kinder vor mir ab und bringt sie aus dem Raum, bis ich nach langem Toben und einem immer tiefer gehenden Verlorenheitsgefühl wie betäubt ruhiger werde, zumindest von aussen gesehen.

Es nützt ja alles nichts, Frau Eggler ist gegangen.

Jetzt schreie ich nur noch: »Papa, Papa, Papa, Papa, Papa!«, so laut ich kann. Je mehr ich schreie, desto bewusster wird mir, dass ich diese Wände nicht einreissen kann, dass es bloss stumme Schreie sind. Maladers-Sax mit unserem alten Haus, den vier Betten und dem Stall, Charly, Familie – alles ist weg.

Ich muss bleiben, als hätten sie mich gestohlen!

Ich muss!

Ich kann nichts tun!

Ich habe keine Macht und zu wenig Kraft!

Ich glaube, ich habe den anderen Kindern Angst gemacht.

Man hat mich tatsächlich einfach gestohlen – so fühlt es sich an!

In den Stunden danach erwächst aus dem Strudel im dunklen See ein Sog, der mich in mein Innerstes verschluckt – in ein schwarzes, dumpfes Nichts. Ich fühle mich ausgeliefert, ich schreie nur noch lautlos. Ausgerissen wie eine Pflanze, die nie richtig Wurzeln schlug, bleibe ich zurück. Vom Rest des Tages weiss ich nichts mehr – alles weg! Es ist, als wäre ich gegen eine Mauer geknallt.

Wenn ich mich in diesen Moment zurückfühle, ist da nur noch dieses unaussprechliche Gefühl in mir, für das ich viele Jahre keinen Namen fand und das mir damals meine Sprache raubte, ein Gefühl, das mich kurzzeitig völlig ausser Gefecht setzte. Ich glaube heute, dass ich in den Tagen und Wochen danach eine Art inneren Tod durchlebte. Es musste erst vieles in mir absterben und unfühlbar werden, damit ich nach einem langsamen und nur teilweisen Erwachen versuchen konnte, einen Überlebensmodus in mir hochzufahren, um wenigstens zu funktionieren.

Schwester Rosella, eine Nonne von damals, meinte kürzlich Folgendes auf meine Frage, wie ich aus ihrer Sicht die Einweisung durchgestanden hätte:

»Philipp – du hast sehr gelitten. Tage und Wochen hast du immer wieder nach Papa gefragt. Du wolltest ja so gerne nach Hause gehen. Dann, auf einmal, hörte es auf. Du warst ein lieber

Sintflut = deluge

Junge, der hilfsbereit war und der bei allen Nähe suchte. Wir hatten dich alle wirklich gern.«

Dieses Telefonat, das ich im Februar 2016 führte, tat gut, denn in meiner Erinnerung war es genauso. Die Nonnen und Erzieherinnen des Kinderheims St. Josef waren mit das Beste, was ich in meinen Kinderheimjahren erleben durfte.

Die nächsten Fragmente aus der Vergangenheit muten an wie kurz aufscheinende Dias. Vielleicht sind sie aber eher Vulkankrater, die aus dem Meer der Vergangenheit ragen, überspült von meiner persönlichen Sintflut. So erzähle ich von den nach aussen erkalteten Schloten, die doch tief ins Innere führen zu einer Welt, die nie wirklich gestorben ist. Sie ist nur verschwunden im Schmerz von damals, in dem ich zum Glück nie den Verstand verloren habe. Alles verschloss sich, damit ich als Kind und Jugendlicher so lange wie möglich nicht daran zerbrach, um Kraft zu sammeln – bis ich mich irgendwann zwangsweise zu öffnen begann. Dieser Ausbruch, der mit vierzehn Jahren begann, hätte mich dennoch fast mein Leben gekostet. Doch dazu später mehr.

Die Schwierigkeit, als 47-Jähriger dem damals viereinhalbjährigen Kind in mir zu begegnen, besteht in den unterschiedlichen Gefühls- und Sprachwelten. Ich überstand damals eine völlig andere Welt, mit anderen Gesetzmässigkeiten, anderem Verständnis von allem. Das Zeitgefühl verändert sich im Leben, genauso wie das Wahrnehmen von Distanzen. Wer als Erwachsener seinen Kindergartenweg abläuft, wird mit Erstaunen feststellen, dass dieser ihm nun viel kürzer erscheint. Ähnlich verhält es sich mit der Zeit – ein Monat im Leben eines Kindes kann wahrlich eine kindliche Ewigkeit dauern.

Deshalb werden gewisse Textpassagen kindlich erscheinen, weil ich diese bewusst so niederschreiben musste, da meine Erinnerungen – aus meiner Welt von damals – in dieser Sprache *gespeichert* sind.

Schloten [69] *= chimney*

Das Erleben der Farbe Violett hat beispielsweise für mich als Kind eine wunderbare, emotionale Erfahrung bedeutet. Ich war sechs Jahre, als ich auf der Rücksitzbank eines Peugeot lag und stundenlang durch die Nacht gefahren wurde und hoffte, dass dieses kleine, violette Lämpchen des Fernlichtes im Cockpit endlich wieder aufleuchten würde. Es war weit mehr als ein violettes Licht – es war ein Gefühl tief in mir, als wäre ich diese Farbe selbst. So intensiv lebendig, als lebte ich nur noch für diesen einen Moment. Genau diese Gefühle werde ich zu beschreiben versuchen, um eine Metapher, eine Sprache zu finden, die ins Hier und Jetzt passt, und die auch der kleine Junge von damals verstehen würde.

Mit dem individuellen Geruch des Kinderheims St. Josef ist es wie mit allen Kinderheimen, die ich noch betreten würde – ich roch die Gebäude, den Heimalltag, die geballte Ladung aller sozialen und familiär schwierigen Hintergründe, die alle Heimkinder gemeinsam als etwas Ganzes ausstrahlten. Wie eine Umkleidekabine beim Fussball, die auf der ganzen Welt in etwa gleich riecht – nicht nach einem einzelnen Spieler, nach der ganzen Mannschaft!

Zu Beginn schlafe ich im Kinderheim St. Josef in einem Raum mit mehreren Kindern.

Treppen, Küche, Kinder, Nonnen, Gerüche …

Genaues weiss ich nicht mehr. Der Schmerz lässt mich wie betäubt die nächsten Wochen durchstehen. Mein inneres Erdbeben wird nach aussen schwächer – und ich schweigsamer. Mein Bett empfinde ich als irritierend sauber und emotionslos leer – wie jenes im Spital, in dem ich eineinhalb Jahre später in meinem Blut erwache, Schmerzen verspüre und keine Ahnung habe, wieso ich da liege. Als ich den Kopf zu heben versuche, sehe ich, dass mein Kissen rot ist, dass ich aus Mund und Nase blute, dann spüre ich einen stechenden Schmerz und die gnädige Dunkelheit umfängt mich wieder.

Im Kinderheim St. Josef steckt kein Leben wie zu Hause in Maladers-Sax, wo wir wie ein Wolfsrudel aneinander gekuschelt die Nächte verbrachten. Den für mich typischen Todesschlaf habe ich mir innerhalb weniger Wochen angeeignet. An keine Nacht kann ich mich erinnern, in der ich danach als Kind nicht sofort eingeschlafen wäre. Der Schlaf kam jedes Mal sofort über mich, als würde ich sterben und verschwinden. Am Abend wurde ich ausgeknipst wie eine Lampe, am Morgen schlug ich wie eine Puppe mit einem Klick mechanisch die Augen auf. Egal, in welche Anstalt ich später eingeliefert wurde, egal, ob ich kurz zuvor geschlagen oder missbraucht worden war – ich schlief immer sofort ein.

Die vielen Abende später im Waisenhaus, als ich mich oft nur ins Bett legte, bis die Erzieherinnen gegangen waren, sind mir unvergesslich. Ich setzte mich ganz aussen aufs Fensterbrett und schaute stundenlang auf die leuchtende Stadt Chur unter mir.

Chur bei Nacht   © Bastian Bodyl

Das Hochhaus, in dem Mary damals im dreizehnten Stock wohnte, leuchtete wie aus einer anderen Welt. Ich versuchte mir immer vorzustellen, was meine Schwester gerade tat. Lange sass ich da in diesen Nächten, als vermutlich fast gespenstische Erscheinung. Frossi und Patrick schliefen im gleichen Zimmer. Nach dem Umbau war ich nicht mehr mit fünf bis sechs anderen Jungen zusammen und hatte so etwas Ruhe. Nur manchmal, wenn einer der beiden kurz wach wurde, fand er es seltsam, mich wie erstarrt im Schwarz der Nacht sitzen zu sehen.

Noch aber war ich im Kinderheim St. Josef.

In diesem gab es diese wunderbaren Frühstücksbrötchen mit Butter und Konfitüre, dazu eine heisse Schokolade, die mir wie ein wunderbares Geschenk vorkam. Am Sonntag erhielten wir sogar frischen Zopf – ich ass und ass und ass. Ich sehe noch die Brote in meinem Tellerchen liegen – für mich in mundgerechte Würfelchen geschnitten – und fühle noch heute, wie ich sie mir in den Mund stecke. Sogar ans Kauen erinnere ich mich. Was war das für ein Genuss! Die Nonne freute sich, sie staunte über die Menge, die ich verdrückte. Fast ein wenig ungläubig schnitt sie mir weitere Häppchen. Es war etwas ganz Besonderes für mich, in diesem Speisesaal an einem der kleinen Tische sitzen zu dürfen.

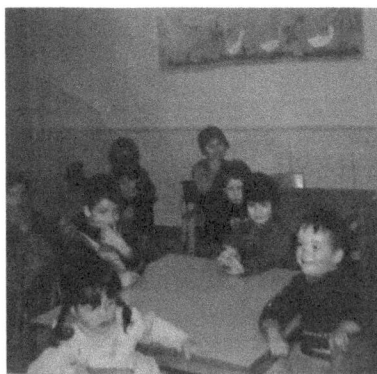

Speisesaal Kinderheim St. Josef, Chur

Mein Schock, mein Trauma hatte mich noch nicht losgelassen, auch wenn die Momente beim Essen oft unglaublich schön waren. Mir schien, als schwebte ein Dämmerlicht über allem, auch wenn die Sonne am Himmel stand. Es fühlte sich wie im November an, wenn es draussen eindunkelt und ein diesiger Tag in die Nacht übergeht.

In diesen Tagen und Wochen geschah etwas Seltsames:

Nach und nach lernte ich – trotz der traumatischen Gefühlswelt in mir drin – einzelne Momente zu geniessen. Auch wenn sie dabei wie ein herrlich süsses Dessert schmeckten, ein Dessert, das dennoch versalzen war. Es war meine einzige Chance, fokussiert das Gute zu suchen und es so fest in meinen *Vordergrund* zu schieben, dass ich nicht von dem Leid erdrückt wurde. So begann ich mich an vielen Dingen intensiv zu freuen, obwohl ich im selben Moment sehr litt.

Tag um Tag reiht sich aneinander, die Wochen vergehen.

Telefon!

Mein Papa!

Der schwarze Hörer verwandelt sich in Gold und ich leuchte wie ein Sonnenaufgang, als ich seine Stimme höre, die mein Herz umhüllt. Es ist, als würde ich mit dem Paradies telefonieren. Papa ist zwar an einem Ort, an dem er nicht mehr zu finden ist – aber zu hören. Es zerreisst mich, dass er mich nicht holen kann. Und ihn zerreisst es, weil ich danach bettle, denn plötzlich glaube ich an die Chance, hier wieder rauszukommen – ein Sonnenstrahl, der mich mitten in meiner Nacht weckt.

»Philippli«, beschwört er mich, »los, min Liaba – allas wird guat. Häsch mi verstanda? Los jetzt ganz guat zua! Gäll, Philippli, heb aifach no as bizli Geduld und alles wird guat! Ich kumma zu diar – versprocha!«

Das Versprechen, dass er eines Tages kommen werde, hielt er.

Nach dem Gespräch begräbt mich das Heim wie eine Lawine wieder unter sich. Das Freistrampeln der letzten Tage und Wochen ist nach dem kurzen Blick ins Paradies wieder verloren. Es zerreisst mich nochmals, wenn auch nicht mehr so heftig. Die Stimme von Papa ist in meiner Seele angekommen, sie schwingt bis heute nach. Ich beginne ihn noch mehr zu idealisieren. Mein Papa!

Ich mache ins Bett!

Erst fühle ich die Wärme, dann die Kälte. Es ist mir, als läge ich mit allen Kindern im Schlafraum im Sterben, obwohl ich von so etwas gar nichts weiss. Ein Kinderhospiz oder so ähnlich, lebendige Körper mit kaputten Seelen.

Die Nächte sind recht ruhig – nur wenige Kinder schreien, nur selten will eines nach Hause gehen. Ich gehöre nicht mehr dazu – zu denen, die es laut rausschreien oder leise beweinen.

Bevor ich meinen Todesschlaf gefunden hatte, fühlte ich mich in den Nächten elendig verloren, aber sie waren wenigstens weit entfernt vom grauenhaften nächsten Tag, der mit dem Morgengrauen zu mir sagte:

»Du bist immer noch da! Und du wirst immer dableiben!«

Ich weiss ja nicht, dass ich eines Tages gross sein werde und irgendwann gehen darf. Nicht in dieser Welt, diese Welt hat keinen Ausgang. In den Nächten leuchtet rotorange ein rundes Nachtlicht im Schlafraum. Der schwache, monotone Schein wirkt so technisch, so kühl und gefühlslos, als wäre er für batteriebetriebene Puppenkinder gedacht. Dieses Rotorange strahlt eine Zeitlosigkeit aus, die meine Verlorenheit verstärkt und doch fesselt es meinen Blick.

Nach Dutzenden dieser seltsamen Nächte fand ich, wie erwähnt, zu meinem Todesschlaf, und wusste nichts mehr vom Leid der Anderen, der Neuankömmlinge, die sich weinend im Bett wälzten und nach Hause wollten – wie ich damals nach meiner Einlieferung.

Zu dieser Zeit hatte ich emotional und rational nicht begriffen, dass mein Zuhause weg war und kein Weg mehr dahin zurückführen würde. Zwangsbedingt wurde ich zu einem *Schläfer*, der nur den geeigneten Moment abwartet, um nach Hause flüchten zu können. Mit diesem unterdrückten Fluchtreflex wartete ich weiter ab, bis die Zeit dazu käme – aber sie kam natürlich nie.

Zur gleichen Zeit schrie meine Schwester Yvonne nächtelang in der Anstalt Masans. Obwohl diese nur einen Kilometer Luftlinie entfernt lag, sahen wir uns nie. Sie weinte derart lange und intensiv, dass Claudia, die mit Irma bei den älteren Mädchen untergebracht war, im Schlafraum bei Yvonne ins Bett schlüpfen durfte, um sie zu beruhigen. Irma erzählt heute noch davon, denn diese Schreie nach unserem Papa wird sie nie mehr vergessen.

Mary hielt derweil im Waisenhaus ihre Hände schützend über Maja, die Jüngste, obwohl sie mit ihrem eigenen Verlorensein kämpfte. Wer Mary kennt, der weiss, dass sie sich nicht so einfach alles gefallen lässt: So wurde sie beim Essen vom Heimleiter derart ins Gesicht geschlagen, dass ihr Blut in die Suppe tropfte. Dann wurde sie gezwungen, diese aufzuessen. Freundinnen von Mary, die mit ihr zu dieser Zeit im Waisenhaus waren, erzählten mir noch von ähnlichen und schlimmeren Vorfällen, die ihnen und Mary widerfuhren. Natürlich wusste ich bereits davon, doch tut es mir dennoch weh, wenn ich davon höre.

Rädel und Charly drückten ihren Schmerz, von uns getrennt zu sein, so gut es ging weg und schlugen sich verloren durch ihren Alltag. Auch für sie waren die ersten Wochen und Monate brutal! Danach lebten auch sie mit dem Unausweichlichen und kämpften sich die nächsten Jahre durch ihre Leben – so gut wie es eben möglich war. Auch an Schmerz kann man sich gewöhnen!

Grosses Glück hatte ich im Kinderheim St. Josef mit den Betreuerinnen. Die Nonnen waren alle gut zu mir – auch Therese und Verena, meine beiden Erzieherinnen. Therese spielte Handorgel. Unter ihrem Stuhl versteckte ich mich und hörte der schönen Ländlermusik zu, die mich an unser Zuhause und an die Alpsommer erinnerte. Sie lachte, weil ich unter dem Stuhl, im Klang ihrer Handorgel, meine kleine Welt fand. Therese war eine Frohnatur und spielte weiter die schöne Melodie.

Therese mit uns Kindern auf einem der vielen Spaziergänge, ich bin ganz rechts im Bild. Wie immer klebe ich an Therese, die ich sehr mochte.

Oft spazieren wir mit den Nonnen und Betreuerinnen durch die Stadt oder in den Fürstenwald hoch – in Zweierkolonnen, einander die Hand reichend oder im kleinen Wagen sitzend. Einmal sehe ich ein Äffchen in einer Schaufensterauslage und will es unbedingt haben.

»Ja – wenn du nicht mehr ins Bett machst!«, sagt mir Oberin Christa, die das Zepter im Heim fest in ihrer Hand hält.

Mein Bettnässen hört innerhalb weniger Tage auf – das Äffchen erhalte ich wie versprochen. Zum Glück weiss ich noch nicht, dass ich es unter schlimmen Umständen eineinhalb Jahre später verlieren werde.

Oberin Christa ist sehr streng, aber ich mag sie. Sie ist eine aussergewöhnlich starke Persönlichkeit, das hilft mir und gibt mir Kraft. Sie ist wie ein Kompass für mich. An ihr kann ich mich etwas orientieren und wachsen. Denn hinter ihrer Strenge fühle ich eine grosse Wärme für mich – und das ist das Entscheidende. Schwester Christa lässt mich als einziges Kind in einem Einzelzimmer unterbringen. Fast unvorstellbar, denn der Platz im Heim ist knapp. Das Privileg habe ich, weil ich einer der ganz wenigen bin, die an Wochenenden nie zu Verwandten oder sonst wohin gehen können und deshalb im Heim bleiben müssen.

Ich fühle mich beschenkt. Nach Aussagen der Nonnen und Betreuerinnen von damals, von denen zwei an einer meiner Lesungen in Chur teilnahmen, war ich das einzige Kind, das zu Privaträumen des Personals Zutritt hatte. Scheinbar nahm ich mir diese Freiheit auf eine liebenswerte Weise heraus und öffnete erst Herzen und damit viele Türen.

Die damaligen Erzieherinnen schwärmten in den Gesprächen, dass ich beim Personal sehr beliebt war. Deshalb nahm mich beispielsweise neben Therese auch Verena an Wochenenden oder an freien Tagen gelegentlich mit nach Hause zu ihren Eltern.

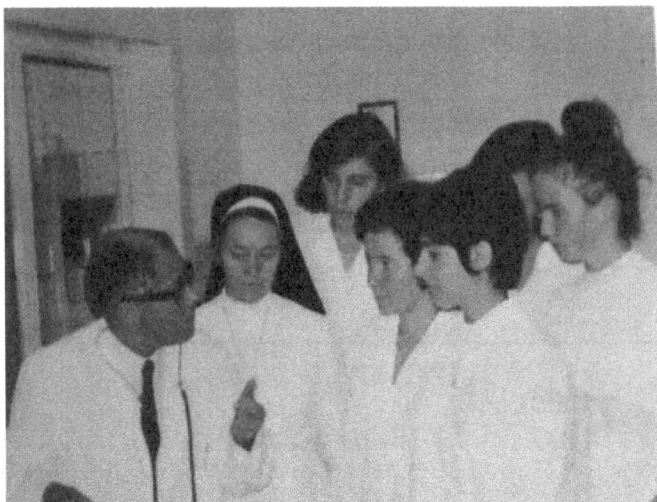

Niemand konnte sagen, welche Impfungen ich bis dahin erhalten hatte.
Zum Glück kümmerte sich ein guter Kinderarzt um mich. Krank war ich
als Kind sowieso fast nie.

Bei Regen bin ich genauso gerne draussen wie bei jedem anderen Wetter. Meine Pelerine ist wie ein kleines Schutzzelt, unter dem ich mich ein bisschen geborgen fühle. Die vielen fleischrosaroten Würmer auf dem schwarzen Asphalt, manche halb zerquetscht, verströmen einen seltsamen Geruch im Nass der Strasse. Im Regen duftet alles anders: das Plastik der Pelerine, der Rauch aus den Kaminen, das Holz eines Zauns, die Erde, Bäume und Büsche. Nebelschwaden hängen in den Bergflanken fest, verfangen sich in Baumkronen und legen sich wie Grabtücher über die Stadt. Die Kamine der alten Fabrik am Bahnhof sind dunkelnass ummantelt vom Regen. Der dunkle Asphalt wirkt still, bis ein Auto durch eine Pfütze fährt und das weissschaumige Wasser aufgewühlt zurückbleibt. Es scheint, als würde die Welt für immer in diesem Regentag so verharren. Alles nehme ich in mir auf und kann nie richtig durchatmen.

Michael, mit dem ich mich bestens verstand.

Herbst!

Ich weiss nicht, ob es der erste oder zweite ist, den ich im Kinderheim St. Josef verbringe. Birnen und Äpfel liegen angefault im warmen Gras und verströmen den Geruch von süsslicher Gärung. Der Garten ist herbstlich gefärbt, der Himmel tiefblau. Wir dürfen auf dem Heimspielplatz spielen. Da ist unser Sandkasten. Eine Schaufel liegt unter ein paar Blättern. Als ich nach ihr greife, sticht mich eine Wespe in den linken Daumen. Ich schreie, was ich schreien kann. Man hilft mir lieb, kaltes Wasser aus dem Hahn im Garten läuft über meine Hand. Laub, Sandkasten, Schaukel, Garten, welke Blumen, Erde: Es ist, als stürbe der Sommer. Das Ende eines Alpsommers, dämmert es mir. Wo bin ich denn bloss? Wo sind all die anderen hin?

Bei Lumpi, unserem Heimhündchen, finde ich eine besondere Art von Wärme. Er ist so herzig und ganz anders als die Menschen. Trotzdem kommt er mir vor wie ein alter, lieber Herr im Hundefell.

Bei Lumpi finde ich eine besondere Art von Wärme.

Irgendwann in den Monaten nach der Einweisung, wahrscheinlich im Frühling oder Anfang Sommer 1973, kam der unvorstellbare Moment, in dem mich mein Papa an der Türe des Heims abholte. Zum Glück sagte man mir erst kurz zuvor, dass er kommen würde, sonst wäre ich vor Ungeduld an der Decke geklebt und, falls er dann doch nicht gekommen wäre, unglaublich enttäuscht gewesen.

Es ist ein Sonntag. Ich wage meinen Augen nicht zu trauen, als er vor dem Eingang steht.

Papa!!!

Mein Herz fliegt ihm zu und meine Beinchen hinterher.

Papa! Mein Papa!

Papa darf mich bis zum späten Nachmittag mitnehmen. Er kommt mit seinem Moped – ein beinahe unverwüstliches, handgeschaltetes Puch –, das er antreten muss und das er ausserhalb der Sichtweite abgestellt hat. Blaugrauer Rauch tritt aus, der kleine Motor lärmt hell auf. Der Geruch dieses Rauches ist bis heute mit dem Moment verbunden, in dem ich mich auf den Gepäckträger setze. Papa weist mich eindringlich an, auf meine Füsse aufzupassen, vor allem in den Kurven, damit sie nicht ins Rad geraten. Ich klammere mich an seinem kräftigen Körper fest, damit ich nicht herunterfalle. Es fühlt sich an, als hielte ich meine ganze Welt in meinen kleinen Armen. Am liebsten würde ich nie mehr loslassen. Mein Papa hat so einen wunderbaren Eigengeruch, in dem viel Wärme liegt. Seine Hände am Lenker sind wunderschön und kräftig. Dieser wunderbare Moment, als ich mich an ihm festhalten darf, ist wie ein warmer, lichtdurchfluteter Frühlingstag, der auf einen grauen und dunklen Winter folgt.

Nur langsam kriecht das Puch die Bergstrasse hoch, etwa fünf Kilometer sind es bis nach Maladers-Sax.

Unser Haus, das mit dem Leben von uns acht Kindern früher überquoll, ist totenstill!

Ich erinnere mich an alles nur in Schwarzweiss, als hätte der 11. September 1972 alle Farben unseres Zuhauses ausgewaschen. Die leeren Betten mit den zerknitterten Laken wirken, als wären wir eben alle aus ihnen rausgeschlüpft. Es sind aber die Verlassenheit und Einsamkeit, die aus allem drücken und in welchen Papa gefangen ist. Es ist leblos, es ist unser totes Zuhause, in dem Papa alleine zurückgeblieben ist.

Papa setzt mich an den alten Holztisch, nimmt seinen *Hegel* aus der Hosentasche – er trägt immer ein Taschenmesser bei sich – und bohrt mit der Ahle ein Loch in eine Kokosnuss. Die Milch ist wunderbar süss, die Kokosnuss in den Händen zu halten ein neues Gefühl. Papa schlägt schliesslich mit einem Hammer das leere Ding auseinander und schält mir fein säuberlich den knackigen weissen Inhalt heraus.

Dieser Nachmittag ist traumhaft und unglaublich traurig zugleich. Meine Geschwister fehlen mir, doch Papa verliert kein Wort darüber. Niemals wird er darüber reden. Draussen beginnt es leicht zu nieseln. Wir ziehen uns an und gehen im Tobel unterhalb der Strasse Pilze suchen. Es ist so unglaublich steil, dass ich mich heute darüber wundere, wie wir Kinder uns damals schon wie Gämsen in den Alpen bewegen konnten. Papa zeigt mir seine geliebten Eierschwämme, die es später zum Essen geben wird, damit ich was Richtiges in den Magen bekomme, wie er meint.

Schweigend essen wir am alten Holztisch. Nun bin ich endlich wieder zu Hause und bin es doch nicht. Weil aber Papa am Tisch sitzt und er in unserem Haus in Sax für mich gekocht hat, will ich das nicht glauben – doch ich fühle es.

Als Kind ist es einfacher, an Lügen zu glauben, als keine Hoffnung in sich zu tragen.

Der Abschied nach wenigen Stunden war brutal. Ein anderes Wort gibt es nicht dafür. Auch Papa ging fast drauf, auch wenn er es nicht zeigen wollte. Seine Mimik verriet es mir – und ich fühlte seinen Schmerz. Die Art, wie er mich damals anblickte, bricht mir heute noch mein Herz, wenn ich daran denke. Noch einige solcher Abschiede würden wir beide durchstehen müssen – auch Jahre später, in anderen Situationen, als mich die Polizei vor seinen Augen festnimmt und ein weiteres Mal fortbringt.

Vor dem Kinderheim St. Josef steckte er mir einen *Fünfliber* in den Hosensack. Seine Augen waren trüb wie das Schmelzwasser im Frühling. Der Schmerz verwässerte seinen Blick – sein Herz war in acht Teile zerbrochen und würde nie mehr ein ganzes werden. Armer Papa!

Zurück im Heim wusste ich noch Tage später nicht, ob ich alles bloss geträumt hatte.

Papa war doch der Stärkste, wieso also konnte er mir nicht helfen? Meinen kleinen Beinen zu befehlen, dass sie *freiwillig* wieder ins Heim laufen sollten, weg von Papa, das war unglaublich schwer. Und dennoch schaffte ich es – wie viele Male noch in meiner weiteren Kindheit. Diese elenden Abschiede – sie schmerzten so!

Zweimal noch holte mich Papa für einige Stunden aus dem Kinderheim St. Josef. Warum er danach nicht wiederkam, weiss ich nicht. Etwas Entscheidendes musste aber geschehen sein. Auf jeden Fall sah ich ihn weder in diesem noch in einem der weiteren Heime, die auf mich warten sollten, wieder. Nur einmal noch, als ich fünfzehn war, wollte er mich mit Irma zusammen in der geschlossenen Abteilung der psychiatrischen Klinik Beverin besuchen. Davon wusste ich aber nichts, denn nur Stunden zuvor war mir endlich die Flucht gelungen.

Mehrmals versuchte ich über die Jahre hinweg, als Erwachsener mit Papa über alles zu sprechen. Doch für ihn ging das einfach nicht. Das hatte ich zu verstehen und zu akzeptieren. Nie beantwortete er auch nur eine einzige Frage zu damals und auch nicht zum Davor. Meine drei Schwestern, die in die Anstalt Masans eingewiesen wurden, erzählten mir aber, dass Papa oft an den Sonntagen vor ihrem Heim auf sie gewartet hatte und ihnen, als sie sich auf den Weg in die nahe gelegene Heiligkreuzkirche machten, eine Tasche mit allerlei Aufmerksamkeiten reichte.

Wie gesagt, leider mochte Papa nicht über die schweren Zeiten von damals reden. Da waren wir völlig unterschiedlich. Mir half es immer, dem Feind ins Gesicht zu sehen, den Monstern der Vergangenheit zu begegnen, um verstehen zu können. Die Schmerzen, die ich als Kind und Jugendlicher spürte, waren mir immer lieber, als der emotionale Einheitsbrei, den ich um mich fühlte. Schmerz bedeutete in meinem Leben ja immer, dass ich noch nicht tot war!

Drei Tage bevor Papa 1997 starb, sagte ich unter vier Augen zu ihm:

»Papa, egal warum domols allas mit üs so passieart isch – i träga diar gär nüt no! Gäll? As isch guat kho, so wias jetzt isch! I han trotzdem irgandwia a guats Läba!«, dann legte ich meinen Arm um seine Schultern. Das erste Mal, dass ich es wagte, ihn zu *umarmen*! Drei kurze, angespannte Sekunden lang lag mein Arm auf seinen Schultern, als er antwortete:

»Miar fangt so nu dr Buckel a zbissa ...«

Das Einzige, was ich in den zwölf Kinderheimjahren von meiner Mutter vernahm, stand im folgenden Brief, auf den ich bei meinen Recherchen im Kinderheim St. Josef gestossen bin. Und irgendwann bekam ich einen Pullover von ihr zu Weihnachten geschenkt, falls ich mich richtig erinnere. Er kratzte fürchterlich, aber da ich ihn schön fand, trug ich ihn, bis er mir viel zu klein wurde.

Weihnachten 1972
Dreieinhalb Monate nach meinem Heimeintritt

Der Brief von Mutter zu Weihnachten 1973

Der Briefinhalt sagt alles – es geht wieder mal fast nur um Mutter. Und wie immer mogelt sie sich mit Ausreden aus ihrer Geschichte, statt etwas zu tun und Verantwortung zu übernehmen. Ich weiss zudem, dass der Brief nicht von ihr, sondern von Sepp Sablonier geschrieben wurde. Ich las, Mamma wolle mich nicht sehen, weil ihr das danach wehtun würde, und ich hätte es ja im Heim recht und gut – was für eine traurige Sichtweise. Ich hoffe, im Heim haben sie mir damals diesen Brief nicht vorgelesen.

Vom 11. September 1972 bis Dezember 1973 änderte sich nicht viel in meinem Leben. Allmählich gewöhnte ich mich an das Kinderheim, auch wenn das nicht einfach war. All die lieben Nonnen und Erzieherinnen linderten vieles. Heute bin ich so dankbar für die damalige Unterstützung. Offen gesagt – ich bin gerührt, wenn ich an all die Bemühungen dieser Frauen zurückdenke. Danke vielmals!

Dann – nach 16 Monaten – änderte sich für mich schlagartig alles, gerade in der Zeit, in der ich mich endlich eingegliedert hatte.

Eine Familie in Haldenstein bot für mich über Weihnachten einen Platz an, damit ich nicht als einziges Kind im Heim bleiben musste.

Weihnachten 1973 im Kinderheim St. Josef in Chur

FAMILIE F. L.
HALDENSTEIN

. . .

Familie F. L. verfügte über die nötigen Beziehungen, um mich ohne amtliche Genehmigung zu sich holen zu können und mich gegen den Willen des Kinderheims St. Josef nach den Weihnachtstagen auch zu behalten. Gemäss den Aussagen der Nonnen wurden diese damals massiv unter Druck gesetzt, sodass sie mich nicht mehr zurückholen konnten. Sie mussten sich der Vormundin Frau Eggler fügen, welche den Deal hinterrücks eingefädelt hatte, ohne bei der Vormundschaftsbehörde in Arosa eine Genehmigung einzuholen. Als Vormundin hatte sie das alleinige Bestimmungsrecht über mich, so war es in der Präsidialverfügung der Vormundschaftsbehörde festgehalten.

Verwirrende acht Monate lagen vor mir, bevor ich wie ein Hund wieder an der Türe zum Kinderheim St. Joseph abgegeben wurde. Aber eins nach dem anderen …

Herr und Frau F. L. besassen ein schönes Haus in Haldenstein. Das Ehepaar hatte ein einziges Kind – einen Knaben im gleichen Alter wie ich. Eigentlich wäre das ideal gewesen für alle, denn ich war scheinbar gut untergebracht und der Kleine hatte mit mir einen Spielkameraden. Wäre ...

Vor vier Jahren rief ich Herrn F. L. an, dessen Frau schon lange gestorben ist, und stellte ihm vorsichtig einige Fragen. Ich erkundigte mich unter anderem, wieso man mich nicht ins Heim zurückgeben wollte. Ausserdem erbat ich Fotos von mir – falls vorhanden. Das Gespräch harzte, als müsste er bei jeder Antwort erst eine Bowlingkugel schlucken. Auf diese Art von Gespräch war ich vorbereitet gewesen, es war ja nicht das erste

Mal. Ich beherrsche die Balance bestens, mich nicht abwimmeln zu lassen und dabei aktiv im Gespräch zu bleiben. Mir war deshalb bewusst, dass schnell Argumente kommen, wie:

»Ach, da warst du doch noch so klein. Ach, da weiss ich gar nichts mehr davon. Warum willst du das nach so langer Zeit überhaupt noch wissen? Vergiss doch einfach die Vergangenheit – lass sie ruhen! Wem bringt das denn noch etwas?«

Und nicht zuletzt weiss ich, dass ich öfter schon belogen wurde und erst mit den nötigen Fakten die Wahrheit ans Licht bringen konnte.

Zu den acht Monaten, in denen ich noch immer wurzellos war, lieferte mir Herr F. L. ein paar ziemlich unstimmige Sätze: Mir habe es in den Weihnachtstagen 1973 so gut gefallen, dass die Familie mich auf meinen eigenen Wunsch behalten hätte, sagte er unter anderem. Widersprechen konnte ich ihm nicht, denn was ich damals wollte, weiss ich nicht mehr. Ausserdem ist schriftlich kaum etwas festgehalten. Nur zwei Protokolle habe ich gefunden, die sich teilweise auf meinen Aufenthalt bei F. L. beziehen.

Darin heisst es, dass ich nach den acht Monaten wegen erzieherischer Schwierigkeiten ins Kinderheim St. Josef zurückgebracht wurde. Die Familie sei nicht mehr bereit gewesen, weiter Verantwortung für mich zu tragen.

Während meines unangenehmen Telefongesprächs mit F. L. gab dieser jedoch einen ganz anderen Grund für mein Abschieben an:

Meinen Papa!

Er sei, sagte mir F. L., jede Woche vor dem Haus aufgetaucht, betrunken und ungepflegt, und habe ihnen sagen wollen, was sie zu tun und zu lassen hätten. Aus den Akten weiss ich aber, dass das nicht stimmen kann. Wäre es tatsächlich so gewesen, hätte ein Anruf bei der Vormundschaftsbehörde gereicht, um meinen Papa zwangsmässig in die Psychiatrie einzuliefern. Es wäre ja nicht das erste Mal gewesen. Wieder erinnere ich mich da an das Schreiben der Gemeinde Maladers, die meiner Mutter drohte, dass man sie zwangsinternieren würde, wenn sie sich nicht für Beschimpfungen entschuldigte. Die alleinige Macht lag damals in den Händen der Behörden von Maladers und der Vormundschaftsbehörde in Arosa.

Gemäss Einweisungsbericht wurde mein erster Austritt aus dem Kinderheim St. Josef auf den 9. Januar 1974 festgelegt, meinen sechsten Geburtstag. Geholt wurde ich von der Familie F. L. aber bereits an Weihnachten 1973. Da war also mit dem Kinderheim St. Josef nichts wirklich geplant oder abgesprochen gewesen.

Die erste Erinnerung, die mir durch den Kopf ging: Diese Familie musste unglaublich reich sein! Der Bruder von Frau F. L. wohnte direkt neben ihrem Haus. Er handelte mit Immobilien und war über die Jahre hinweg Multimillionär geworden. Seine Autos brachten mich zum Staunen. Vor allem faszinierte mich ein grüner Sportwagen, ein unglaubliches Ding, wie aus einer anderen Welt. Guido hiess sein Besitzer, und er war immer locker und leger unterwegs – ein smarter Typ, ein Playboy. Meist hatte er eine braun getönte Pilotensonnenbrille auf, die rechte Hand steckte stets in seiner Hosentasche. Guidos Selbstsicherheit, Lockerheit und Freundlichkeit gefielen mir. Geduldig zeigte er mir die Autos, liess mich in dem knallgrünen Sportflitzer Platz nehmen und drehte mit mir einige Runden. Amanda, seine Tochter, die gleich alt war wie ich, besass ein eigenes Pferd und sah wie eine Prinzessin aus. Ich mochte sie sehr. Guido war ein erfolgreicher Geschäftsmann, der dennoch Zeit fand, das Leben zu geniessen. Er war neben meinem Papa mein erstes grosses Vorbild gewesen. Guido wurde übrigens 1988 der Pate meines ersten Kindes. Wir wohnten zu diesem Zeitpunkt in einem seiner Häuser in Trimmis. Mit zwanzig durfte ich seinen pechschwarzen Range Rover oder einen seiner Sportwagen ausleihen, um ein paar Tage Ferien im Tessin zu verbringen. Den

Führerausweis hatte ich damals erst seit ein paar Wochen in der Tasche, aber ich brachte alle Fahrzeuge heil zurück.

Irgendwann im Frühling 1974 kamen in Haldenstein zwei riesige Pakete an – mit je einem Gokart-Tretauto darin. An die Anlieferung erinnere ich mich sehr genau. Lange Zeit konnte ich nicht glauben, dass einer der Gokarts mir gehören sollte. Natürlich konnte ich es kaum erwarten, diesen zu testen. Damals war es mit ein wenig Vorsicht noch möglich, den Haldensteiner *Schlossrank* bis zur alten Post am Hanfländerweg hinunterzufahren. Und das tat ich bei jeder Gelegenheit. Ich hatte sozusagen mein erstes Auto.

Trotz dieses für mich kaum fassbaren Reichtums war es nicht einfach, mich nach so kurzer Zeit schon wieder an einem neuen Ort einzuleben, vor allem, weil ich schnell spürte, dass ich bei Frau F. L. nicht die besten Gefühle auslöste, wieso, weiss ich noch immer nicht. Die drei waren zusammen die Familie F. L. und ich der Philipp, den man aus dem Heim geholt hatte. Dieser weitere abrupte Wechsel überforderte mich erneut, ausserdem wollte ich lieber nicht mehr dort sein.

Dann geschah etwas Seltsames.

Wie immer schlafe ich am Abend sofort ein, obwohl ich mich in meinem Zimmer absolut nicht wohlfühle. Irgendwann erwache ich – und doch nicht. Ich befinde mich in einem rätselhaften Zwischenbereich zwischen Schlaf und Wachsein. Bettdecke, Möbel – alles empfinde ich als beengend, atmosphärisch erdrückend. Ein Gefühl der Verlorenheit und Orientierungslosigkeit überkommt mich. Das Dunkel um mich wird zu einem nicht erklärbaren Tiefschwarz. Mein Stoffäffchen halte ich fest an mich geklammert – dann ist es plötzlich Morgen.

Diese oft wiederkehrenden Wachträume ängstigten mich zusehends und nahmen mich gefangen, denn in diesen Momenten fehlte mir die räumliche wie auch die emotionale Orientierung. Unmöglich hätte ich beispielsweise den Lichtschalter finden können. Das Wort *Lichtschalter* konnte ich zwar denken, aber es dennoch nicht aussprechen.

Das war der Beginn meines seltsamen Nachtwandelns.

Einmal stehe ich mitten in der Nacht im Pyjama in der Garage, als ich erwache. Frau F. L. sitzt mit gehässiger Miene auf einem Stuhl und lutscht ein Bonbon, neben ihr steht ihr Mann.

»Wie du willst, Philipp. Du kannst die ganze Nacht da stehenbleiben, wenn du uns nichts sagen magst!«

Völlig irritiert versuche ich zu verstehen, wie ich hierhergekommen bin und warum sie böse ist. Natürlich finde ich keine Antwort. Ich stehe also stumm da und warte ab. Herr F. L. geht zwischenzeitlich wieder nach oben. Seine Frau starrt mich weiter an und spielt mit ihrem Bonbon im Mund. Mein Nachtwandeln lähmt mich noch immer etwas, obschon es vorbei ist. Meine Beine schmerzen, denn Frau F. L. erlaubt mir keine Bewegung, ehe ich nicht gesagt habe, was sie hören will. Doch was ist es? Ich bin sehr erstaunt darüber, wie wütend sie auf mich ist. Wieso denn bloss?

In dieser Nacht bin ich sechs Jahre und ein paar Monate alt.

Als Kind konnte ich kaum irgendwo ruhig sitzen, das schaffte ich erst später, als ich zu lesen begann, und so war das erzwungene nächtliche Stillstehen sehr mühsam. Herr F. L. kommt nach meinem Ermessen erst nach langer Zeit in die Garage zurück. Oder war es der Keller? Seine Frau lässt nicht ab von ihrem Prozedere. Irgendwie will ich die Situation beenden, in der sie mich gefangen hält und frage, ob ich auch ein Bonbon bekommen könne, ein hilf- und nutzloser Versuch, denn sie denkt nicht daran, sondern stellt immer wieder die gleiche Frage, auf die ich keine Antwort habe, egal, wie weh mir meine Beine mittlerweile tun.

»Hast du uns nicht etwas zu sagen, Philipp?«

Wochen später folgte die schlimmste Nacht. Dazu muss ich etwas ausholen.

Weil ich 1995 als 27-Jähriger ein Haus in Haldenstein kaufen wollte, besichtigte ich an der Strasse, wo auch die Familie F. L. wohnte, ein baugleiches Objekt. Während der Besichtigung kamen die Bilder von früher in mir hoch. Im Keller wurde mir auf einmal schwindlig, meine Beine zitterten gummiartig und schmerzten, ich musste mich auf die Treppe setzen.

Mein Blick blieb an der Luke zum Heizölkeller hängen. Darin verbrachte ich damals als Kind auf einem Holzrost sehr schlimme Stunden. Der Geruch nach Öl, die absolute Dunkelheit – es fühlte sich an, als wäre ich lebendig begraben. Mein kleiner Stoffaffe fiel mir, als ich mich bewegte, durch den Rost ins Schwarz. Einen Ausgang zu finden, war mir unmöglich, denn es gab nur eine kleine Metallklappe, durch welche die Monteure für Wartungsarbeiten einsteigen konnten. Als Sechsjähriger konnte ich das nicht wissen. Dort eingesperrt, im absoluten Schwarz und ohne meinen Stoffaffen, befiel mich eine tiefe Angststarre. Es war für mich so grauenhaft, dass ich nicht einmal mehr jemanden rufen konnte. Über die Umstände und wie lange ich tatsächlich dort drinnen festsass, darüber weiss ich zu wenig und möchte deshalb nicht spekulieren. Nur so viel: Auch die längste Nacht wird irgendwann von einem Morgen abgelöst, auch wenn Spuren bleiben.

Der Sommer naht!

Die F. L.s wollen ihre Ferien auf der Insel Elba verbringen. Doch zuvor muss ich schwimmen lernen. Der ideale Ort dafür ist der Swimmingpool von Guido. Das Wasser ist sehr sauber, Sonnenlicht glitzert darin und wirft leuchtende Muster auf den blauen Boden. Ich fühle mich wie in einer anderen Welt, abgehoben, denn in Sax-Maladers wurden wir jeweils in einer *Gelta* zwischen Stall und Haus gebadet – und nun dieses Schwimmbecken, das mir so gross wie ein See erscheint. Der Schwimmgurt wird mir umgelegt, zaghaft lasse ich mich ins Nass gleiten. Frau F. L. schiebt mich in die Mitte des Pools und öffnet ohne Vorwarnung das Ventil meines Schwimmgurts. Es ist kein Sicherheitsventil, das die Luft zurückhält, und so entströmt diese langsam und gefährlich zischend. Diese Aktion, spüre ich, soll mich zum Schwimmen zwingen. Noch heute höre ich ihre Stimme:

»Philipp, jeder kann schwimmen, wenn er muss, du auch. Versuch's, du wirst es schaffen!«

Mehrmals zuvor hat sie mir die richtigen Bewegungen beibringen wollen, aber bisher vergeblich. Ich schlucke Wasser, strample wie ein Hund und ständig höre ich Anfeuerungsrufe. Panik steigt in mir hoch, denn ich habe das Gefühl, nie mehr festen Boden unter die Füsse zu bekommen. Mit Sicherheit wäre Frau F. L. in wenigen Sekunden bei mir gewesen, doch aus meiner Sicht ist sie unendlich weit entfernt, und mir steht das Wasser buchstäblich bis zum Hals. Die Angst bringt mich tatsächlich zum Strampeln. Endlich erreiche ich den Beckenrand – dann beginnt dasselbe von vorne.

Insel Elba. Meer!

Das Meer ist so überwältigend und endlos gross! Der Duft einer Brise umhüllt mich. Heissen, feinkörnigen Sand lasse ich durch meine Finger rieseln. Meine Plastikstrandschuhe sind bildschön. Blau! Das Licht ist gleissend. Die Natur duftet hier anders als in Graubünden. Über mir kreischen Möwen – diese Vögel werde ich von nun an lieben. Dass ein Meer so schön sein kann, hätte ich mir nicht ausmalen können. Und doch drückt wie ein schwerer Stein das Gefühl der Verlorenheit in meiner Brust. Ich bin hier fremd und unendlich weit fort von dort, wo es meine Familie gegeben hat. Ich will nachhause!

Tage später sitzen wir in einem Ruderboot. Wellen, die langsam, aber kraftvoll unser Boot heben und senken, ziehen durch die Weite dieses Meeres. Nun heisst es schwimmen.

»Philipp, im Salzwasser kann man nicht untergehen.«

Lieber würde ich auf dem Boot bleiben, das wie ein Korken schwebend tanzt, denn ich habe nicht die geringste Lust, ihre Behauptung zu überprüfen. Sie aber lässt mir keine Wahl und zieht mich mit ins riesenhafte Meer. Die beiden anderen bleiben sitzen. Ich habe Angst. Mein Körper ist stocksteif, als wäre ich eine Katze, die man im zehnten Stock aus dem Fenster hält. Vergeblich versuche ich, mich an Frau F. L. zu klammern. Sie schiebt mich weg, hält mich nur noch an den Händen. Die Wellen spielen mit mir, als wäre ich eine Boje. Frau F. L. lässt mich los. Vor lauter Furcht bringe ich keinen Ton mehr heraus.

»Siehst du? Siehst du, es geht ja!«

Tatsächlich! Diesmal schlucke ich kein Wasser, nur noch die Angst.

Auf dem Rückweg rudert Herr F. L. Eine Qualle kommt uns nahe. Sie sieht aus wie ein grosser Kohlrabi. F. L. versucht, sie mit dem Paddel wegzuschubsen. Giftig sei sie, sagt er, und dann schlägt er auf das glibberige Ding ein. *»Sie ist doch etwas Lebendiges!«*, denke ich. Die Wellen klatschen ans Boot. Der Strand ist nahe. Endlich!

Auf der Insel Elba – 1973

Danach geschehen unschöne Dinge.

Eines hat mit Durst zu tun, mit unsäglichem Durst. Doch da ich beinahe im Delirium war, als der Arzt von Sorico, am Comer See, endlich kam, weiss ich nicht mehr genau, wie alles abgelaufen ist. Ich weiss einzig noch, dass mir das Trinken am Wasserhahn im Wohnwagen von F. L. verboten wurde, weil die Wasserqualität im eingebauten Tank schlecht war. Ich war aber krank und brauchte unbedingt Wasser. Wer jemals richtig Durst hatte – ich meine richtig heftigen Durst – versteht, wie man sich dabei fühlt. Es war heiss am Comer See, die Hitze staute sich im Wohnwagen und ich litt unglaublichen Durst. Warum ich nichts bekam, weiss ich nicht. Ich erinnere mich nur, dass Frau F. L. wieder wütend auf mich war. Irgendwann schleppte ich mich zum Wasserhahn und trank gierig das lauwarme Nass aus dem Tank, als sich die Türe öffnete und sie hereinkam. Sie war ausser sich, als sie sah, was ich tat. Irgendwann kam dann endlich der Arzt.

In den wenigen Monaten in Haldenstein liess mich die Familie F. L. aus nicht mehr nachvollziehbarem Grund ins Kantonsspital einliefern, wo mir die Mandeln herausgenommen wurden. Etwas war nicht so herausgekommen wie geplant. Auf einmal wache ich mit grossen Schmerzen auf und versuche meinen Kopf zu heben, als ich das viele Blut auf meinem Kissen sehe. Aus Mund und Nase kommt auch noch welches. Mir tut der Hals enorm weh, ich kann kaum atmen. Eine Frau erscheint, dann reisst bei mir der Film. Das nächste, was ich noch in Erinnerung habe, sind die Mengen von Glace, die ich wegen der Schwellung im Hals essen darf.

Am 21. März 1974 wurde in Haldenstein, wie jedes Jahr, der Frühlingsumzug abgehalten. Alle Kindergartenkinder und Schüler ziehen an diesem Datum mit einem grossen, aus Heu und Stoff erbauten Schneemann durchs Dorf und ein Stück den Berg hoch. Die Buben tragen *Sennakuttali* und Kuhglocken, die Mädchen Trachten und schönen Kranzschmuck. In Masella, etwas oberhalb vom Dorf, wird dieser künstliche Schneemann verbrannt.

Seit 1995 wohne ich in Haldenstein und so erlebe ich bis heute jeden dieser Umzüge. Meine heute erwachsenen Kinder nahmen schon etliche Male daran teil und mittlerweile sind auch meine zwei kleinen Prinzen, Levi und Timmi, alt genug dafür.

Andere Erinnerungen aus der Zeit bei Familie F. L. habe ich kaum. Obwohl ich nur wenige Monate in Haldenstein war, können sich aber heute noch einige Personen des Dorfes an mich erinnern.

Frühlingsfest Haldenstein 2016

Es ist müssig zu spekulieren, welche Gründe dazu führten, dass Frau F. L. mich eines Tages im August 1974 an der Türe des Kinderheims St. Josef abgab. Hinter mir lagen seltsame Monate, in denen sich Wunderschönes mit Verwirrendem vermischt hatte. Nach meiner Rückkehr blieb ich nur noch wenige Wochen im Kinderheim St. Josef. Die nächste Station war das Waisenhaus in Chur-Masans.

WAISENHAUS CHUR

. . .

Waisenhaus Chur-Masans
Aufnahme aus dem Jahr 1972,
mit einer Föhnstimmung, die ich so liebte.

Am Dienstag, dem 3. September 1974, werde ich ins Waisenhaus gebracht. Es liegt etwas ausserhalb über der Stadt, wunderschön in den Hang eingebettet. Inmitten von üppigen Wiesen, direkt am Waldrand stehen das alte Gebäude und der baufällige riesige Stall mit den Nebenställen. Der Blick kann von dort oben frei über die ganze Stadt, das Tal mit dem glitzernden Rhein und bis weit ins Bündner Oberland auf die Gipfel des Calandas schweifen. Diese wunderbare Lage wird mein späteres Schreiben massgeblich prägen.

Vor meinem Eintritt erfahre ich, dass auch meine jüngere Schwester Maja in diesem Heim ist. Mary wurde im Sommer zuvor entlassen. Fast auf den Tag genau habe ich Maja, die ein Jahr jünger ist als ich, zwei Jahre lang nicht mehr gesehen. Das ist im Alter von viereinhalb bis sechseinhalb Jahren eine lange Zeit. Erinnerungen an ihr Gesicht schweben um mich wie die Reste eines Traumes. Ich kann es kaum erwarten, sie zu sehen. Ungeduldig lasse ich das Eintrittsprozedere über mich ergehen. Eine Erzieherin begrüsst mich und führt mich durch das Gebäude, dem man die lange Geschichte des alten Gutshofs überall noch ansieht, sie riecht und fühlt. Sie zeigt mir mein Zimmer. Das Bett vorne rechts in der abgeschrägten Ecke ist meines. Fünf weitere Betten stehen im sehr engen Raum direkt unter dem Dachstock. Man sagt mir, dass meine kleine Schwester irgendwo auf dem Areal sei – ich darf sie suchen gehen, was ich sofort mache.

Es ist ein warmer Septembertag.

Ein leichter Föhn weht, der Himmel ist mit Schleierwolken überzogen. Es duftet nach Wiese, nach Mist auf den Feldern und nach den beiden Bauernhöfen, die in etwa zweihundert Metern Entfernung ebenfalls inmitten der Wiesen stehen. Es ist später Nachmittag. Die meisten Kinder sind von der Schule in Masans oder Chur zurück. Sie sind zum Teil viel grösser als ich und starren mich an.

Schaut, der Neue!

Meine Augen suchen nach Maja.

Das Heim ist uralt und baufällig. Das stört mich nicht im Geringsten. Der Umschwung scheint mir riesig. Überall sind Kinder, die ihn mit Leben füllen. Ich kann Maja nicht finden und frage einen der Grossen, ob er weiss, wo sie ist. Er deutet mit dem Finger in eine Richtung.

Jetzt sehe ich sie!

Ein kleines, sehr hellblondes Mädchen rennt die gepflasterte Strasse mit einem Spielzeugkinderwagen zum Heim hinunter. Sie trägt weisse Strümpfe und ein Kleidchen mit einer geöffneten, dünnen beigen Jacke darüber. Sie fällt auf die Knie, rappelt sich wieder hoch. Sofort erkenne ich, dass sie Mühe hat, mit ihren Händen den Griff des Wägelchens zu fassen, da ihre Finger zusammengewachsen sind. Dann rennt sie weiter auf mich zu.

Da ist sie endlich!

Meine Schwester Maja!

Erschreckenderweise sind wir uns nun fremd geworden! Das fühle ich, als sie mir gegenübersteht. So haben wir uns nicht verlassen! Sie hat sich hier seit zwei Jahren eingelebt und ich bin der Neue. Sie scheint sich gar nicht richtig zu freuen. Hat sie mich vergessen?

Verglichen mit dem Kinderheim St. Josef geht es im Waisenhaus viel rauer zu.

Da sind viele grosse, starke Jungs – drei Köpfe grösser als ich. Als wäre ich in einen Fluss geworfen worden, zieht mich das Heimleben sogleich mit. Die Hackordnung wirft mich ans Ende, zu den Schlusslichtern, die es in jedem Heim gibt. Alles ist fremd: die vielen Räume, der Geruch, die Menschen. Die Menge der lauten Kinder will mich verschlucken. Nur einer von vielen bin ich. Und wenn ich nicht meinen Kopf aus der Masse zu strecken vermag, werde ich dieses Schlusslicht nicht mehr los. Am meisten ist sie beim Anstehen vor dem Essen zu spüren – diese Hackordnung. Nachdem die Glocke am Abend wie bei einem Alarm das Heim und das umliegende Gelände mit ihrem

Gebimmel eingedeckt hat, strömen die Heimkinder von überall her und stellen sich vor dem Speisesaal an. Die Stärksten und Grössten zuvorderst, bis die Schlange bei mir endet. Unsicher ordne ich mich ein und beobachte, was um mich herum geschieht. Es wird gerempelt, Sprüche werden gerissen. Immer wieder blickt jemand nach hinten – zu mir. Dann geht die Türe auf und wir strömen wie ein gestauter Fluss hinein.

Der alte Speisesaal im Erdgeschoss ist mit Tischen vollgestellt. Diese warten darauf, dass die Kinder sich auf ihren Platz setzen. Die Kleinen rennen, die Grossen gehen betont langsam lässig, als könnten sie vor lauter Kraftprotzerei nicht richtig laufen. So kräftig will ich unbedingt auch werden!

Der Tisch des Heimleiters steht zuvorderst am Fenster, separiert von allen anderen, als würde jemand Besonderes dort essen, ein König oder so. Mein Tisch ist der davor. Die Kinderschar beugt sich über die Teller. Es gibt trockene Polenta, Brot, Käse, Butter und grosse Tassen mit Milchkaffee. Im Speisesaal scheinen sich sämtliche Schicksale der Heimkinder zu verdichten. Alles wirkt beklemmend – keiner ist freiwillig da. Ich fühle es, wir alle bleiben nur, um sobald wie möglich zu gehen. Niemand ist hier zu Hause. Gelächter, Getratsche, Pöbeleien, Blicke und Geschichten wirken im Lärm der Bestecke auf mich ein. Alles überströmt mich. Als guter Beobachter, der ich schon immer war, sauge ich alles wie ein Schwamm in mich auf. Obwohl niemand hier zu Hause ist, lebt das Heim nur durch uns Kinder.

Eine Ansammlung von vielen traurigen Geschichten gescheiterter Erwachsener hat dieses Heim mit gestrandeten Kindern gefüllt.

Jedes dieser Kinder war an einem speziellen Punkt verwundbar. Als ich etwa zehn Jahre alt war und meine grosse Klappe nach wie vor nicht halten konnte, provozierte ich oftmals den um einiges älteren Andrea, indem ich über seine Mutter herzog. Das machte ihn rasend. Die Folge davon war jedes Mal eine wilde Verfolgungsjagd durch und um die Gebäude. Andrea schien nur noch Rot zu sehen, er wurde zu einem tobenden Tier und raste entsprechend hinter mir her. Obwohl er grösser und deutlich stärker war als ich, schaffte er es fast nie, mich zu packen, denn ich war wieselflink. Die Panik machte mir Beine. Eigentlich mochte ich Andrea, doch bei jedem grösseren Streit konnte ich mir einen Satz nicht verkneifen:

»Ich hoffe, deine Mamma stirbt bald!«

So unglaublich verletzend waren meine Worte für ihn, dass er mich in einer richtigen Raserei jagte, als hätte ich ihn soeben mit Tollwut angesteckt. Nicht immer schaffte ich es, ihm zu entkommen, um mich zwei Stunden irgendwo zu verstecken, am besten im Wald über dem Heim, bis er sich beruhigt hatte. Denn wenn er mich erwischte, dann kannte er keine Gnade. Wenn er mich doch noch schnappte – nach einer wilden Verfolgungsjagd quer über den Umschwung, am Hühnerstall vorbei, durch den grossen Garten und hinunter zum Schafstall –, dann würgte er mich, denn das war das, was ich hasste. Er würgte mich nicht so, wie es Kinder einfach mal auf dem Pausenplatz mittels *Schwitzkasten* tun – nein, er würgte mich so, als ob man jemanden töten wolle. Da half alles Strampeln nichts. Danach tat es ihm jedes Mal leid – mir meine Worte ebenso! Wir mochten uns eigentlich ja gern. In seinem Leben war seine Mutter ihm das Wichtigste und in meiner Welt hatte die meine kaum einen Stellenwert – so konnte ich nicht nachfühlen, wie sehr ich ihn mit meinen Worten verletzte. Andrea war ein sensibler, verletzter, kräftiger und sehr anständiger Junge. Wie konnte ich nur so grausame Dinge zu ihm sagen?

Einmal, ich erinnere mich, da redeten wir lange miteinander, nach einer seiner Würgeattacken. Andrea begann aus seiner Geschichte zu erzählen. Mit leuchtenden Augen redete er über seine Mamma und plötzlich bekam sie für mich ein Gesicht. Da begriff ich: Er liebt seine Mamma wie ich meinen Papa. Nie mehr beleidigte ich von diesem Moment an seine Mamma – frech aber blieb ich weiterhin.

Das Zimmer, das mir im Waisenhaus zugeteilt worden ist, mag ich nicht. Ich bin darin der Kleinste und Jüngste inmitten von sechs anderen Buben und werde dauernd angepöbelt. Der eine Junge wirft beim Einschlafen jede halbe Sekunde seinen Kopf von der einen auf die andere Seite. Dieses Reibgeräusch ist wie eine hektische Pendeluhr, die im gleichbleibenden Rhythmus die Ruhe in ihm sucht, damit er einschlafen kann. Er ist der Junge, der in ein paar Jahren unterhalb des Heimes tödlich verunfallen wird. Ich erinnere mich, dass sein Blut und seine Gewebereste so in den Strassenbelag gepresst wurden, dass wir die Spuren auf dem Schulweg noch wochenlang sehen mussten. Seine Beerdigung war verstörend, zum ersten Mal begriff ich, dass auch ich einst sterben werde.

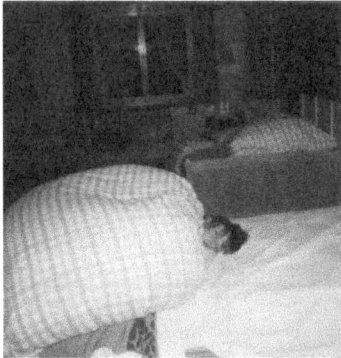

Schlafraum der Mädchengruppe

Im Waisenhaus wäre ich auch dann jede Nacht sofort eingeschlafen, wenn mein Bett ein Nagelbrett gewesen wäre. Nur an einen einzigen Traum erinnere ich mich, einen, der so eindrücklich und lebensnah war, dass ich am Morgen nicht sicher war, ob ich nicht vielleicht alles doch erlebt hatte: Es war kurz nach meiner Einlieferung, ich sah das Waisenhaus in Flammen stehen und Wölfe in den unendlichen Korridoren an allen Türen hochspringen. Im Zimmer das Feuer, draussen die Biester, ich konnte mich nicht von der Stelle rühren – dann verbrannte ich.

Ich schaffe es nicht, alle meine Erinnerungen aus der Anfangszeit im Waisenhaus chronologisch einzuordnen. Es ist, als spiele ich Erinnerungsmikado: Berühre ich eines der Stäbchen, gerät ein anderes in Bewegung. Viele meiner ersten Erinnerungen drehen sich um den Speisesaal und um die Gartenarbeiten, die wir am Mittwoch- und Samstagnachmittag zu verrichten hatten. Jäten, ernten, den Hühnerstall ausmisten oder beim Scheren der Schafe helfen. Bei den Schafen helfe ich dem Heimleiter sehr gerne. Das Festhalten und Beruhigen der Tiere beim Scheren gefällt mir. Jedes Mal muss ich lachen, wenn ich die Tiere geschoren sehe. Sie schauen dann so belämmert drein, wie ich jeweils, wenn ich im Waisenhaus einen der gefürchteten Kurzhaarschnitte verpasst bekomme.

Lindenblüten ablesen hingegen ist derart langweilig und das wird sich die nächsten acht Jahre hindurch auch nicht ändern. Da lese und lese ich stundenlang diese Dinger ab, deren Tee ich doch gar nicht trinken will, doch genau das werde ich am Abend beim Essen tun. Bei der Ernte, wenn ich jeweils einen ansehnlichen Haufen der Blüten abgelesen habe – der Korb ist meiner Meinung nach randvoll –, da drückt ein Erzieher kräftig das Ganze mit folgenden Worten nach unten:

»Luag, as het no meh Platz – viel meh!«

»Gott hätte die Linden nicht so gross machen dürfen«, dachte ich oft, *»oder aber so gross, dass niemand mich in ihnen hätte finden können.«*

Unser Lindenbaum war riesig, wenn auch nicht der grösste Baum im Heim. Der schönste Baum war sowieso der grosse Nussbaum vor dem Heim. Er wirkte so lebendig auf mich, als wäre er ein Lebewesen, das mich erfühlen konnte. Manchmal schien er traurig zu sein, manchmal rauschte er glücklich im warmen Sommerwind. Mich dünkte es, dass er zu viel vom Heim gesehen hatte. So mächtig wie er da stand, so machtlos musste er doch alledem zusehen und fühlte unsere geschundenen Herzen, wenn wir auf ihn hochkletterten, um in seinen Ästen etwas Ruhe zu finden. Ich mag ihn noch heute sehr gern und glaube noch immer, dass er mich erkennt, wenn ich vorbeikomme.

Mit Freude erinnere ich mich an die vielen warmen Sommerabende zurück, wenn es draussen langsam eindunkelte. Die Rufe von uns Kindern durchbrachen die Dämmerung, wenn wir draussen spielten und rund ums Waisenhaus herumstreiften. Der nahe Wald und die Felder waren unser Spielplatz, und unsere Fantasie liess unglaubliche Abenteuerwelten darin entstehen. Die Luft duftete nach Heu und Wiesen, Grillen zirpten. Die vielen Bäume rauschten lebendig im warmen Abendwind. Die Stadt unter uns begann zu leuchten, so nah und doch so fern, als läge sie unter einer Glasglocke. Mit der Dämmerung verwandelte sich der Wald, die Konturen verschwammen, die Farben verblassten, langsam verschmolz ich in der Dunkelheit mit meiner Umgebung. Es waren Momente voller Freiheit, in denen ich fast alles vergessen konnte. Zumindest solange, bis die Rufe der Erzieher ertönten und wir mit einem Murren auf das grosse, alte Haus zugingen, dessen Fenster gelblich erhellt waren. Diese letzten Schritte, bevor wir das baufällige Gebäude betraten, verschluckten mich zusehends, machten wieder den *Waisenhäusler* aus mir, denn im Heim standen mein Bett, mein Teil des Kastens, mein Teller – alles Dinge, die gar nicht mir und zu mir gehörten. Sowieso wäre ich am liebsten immer draussen geblieben. Alles konnte ich im Freien sein! Der Junge, dessen Papa gerade das Nachtessen zubereitete und zu Hause auf ihn wartete, war ich in meinen Vorstellungen am liebsten.

Manchmal taten wir so, als hörten wir die Rufe der Erzieher nicht. Dann kamen sie mit Taschenlampen die dunkle Wiese bis zum Waldrand hochgelaufen, um uns zu suchen. Die kleinen Lichter tanzten in ihren Händen unruhig hin und her. Ich stand hinter einem Baum versteckt und hörte sie fragen:

»Händ ihr dr Philipp kseh?«

Es gab Abende, da lief ich tiefer in den Wald und hätte am liebsten alle Bäume umarmt, weil ich wusste, dass sie mich verstehen und beschützen würden. Ich wünschte mir, sie würden mich mit ihren Ästen hoch in ihre Wipfelwelten heben, damit niemand mehr mich sehen konnte. Ich zeigte mich den Erziehern immer möglichst spät, aber doch noch früh genug, sodass sie nicht allzu sauer wurden und mich straflos ins Heim zurückbrachten – zurück in die Beengung, die Bedrückung, in die Welt, die ich selber nie gewählt hätte.

Zur Erntezeit in den Gärten zu arbeiten, wusste ich zu schätzen. Die saftigsten und aromatischsten Zwetschgen, Erdbeeren, Tomaten, Stachelbeeren und Kirschen wuchsen rund ums Waisenhaus. Wunderbar war so ein Heimgarten, hätte man doch, anstelle zu jäten, immer nur essen können! Die vollen Körbe und Schüsseln lieferte ich in der Grossküche ab. Voller Stolz zeigte ich das Geerntete vor. Gemüse und Früchte aus dem Garten waren einfach schön anzusehen. Ausserdem gab es so vieles im Garten zu riechen: die Erde, die Gewürze und Kräuter, den Naturdünger, die metallene Giesskanne, wenn ich an heissen Tagen Wasser in sie einfüllte, und das Holz im kleinen Schopf, in dem das Gartenwerkzeug lagerte. In diesem staute sich im Sommer die Hitze wie in einem Backofen. Dahinter erhob sich die warme Steinmauer, deren Anblick bei mir immer Beklemmung auslöste, wieso, das weiss ich bis heute nicht. Beim Duft der Brennnesseln, der Blumen und vor allem, wenn ich im Frühjahr oder Herbst die warme Erde umgrub, schloss ich manchmal die Augen, um alles noch intensiver zu erleben. Mit beiden Händen in die warme, frisch umgegrabene Erde zu greifen, trug so was Ehrliches, Lebendiges in sich, als wäre ich ein Teil davon.

Der Duft, den ich am meisten mochte, war jener, wenn nach einem heissen Sommertag ein feiner Regen niederfiel, der sich sogleich am Boden in Dampf auflöste. Dann war die Luft gesättigt mit allem, was mich umgab – als würde ich die gesamte Landschaft einatmen. In diesen Momenten liebte ich es, draussen zu sein – ganz alleine, um ja nichts zu verpassen. Ich wollte die feinen Regentropfen in der Sommerglut auf meiner Haut spüren und den warmen Südwind in mir aufnehmen, der mich so belebte. Oft stand ich oberhalb des Waisenhauses neben drei Bäumen nahe des Waldrandes, das weite Tal vor und jeden Gedanken an Freiheit in mir. Die Natur schaffte die lebensnotwendige Balance in meinem jungen und doch bereits so kaputten Leben.

Damals gab es viel zu wenige Betreuer im Heim, als dass wir immer unter Aufsicht hätten stehen können. Ausserdem regelten wir Kinder in dieser unserer Welt das meiste selber. Kinder sind Grenzgänger und diese lebendige Natur liess mich auf- und ausleben, vermochte sogar die emotionalen Grenzüberschreitungen, die mir widerfuhren, etwas zu lindern. Dieses Leben rund ums Waisenhaus war wie eine Zwischenwelt – zwischen Heim und einem richtigen Zuhause. In jeder freien Minute war ich bei Wind und Wetter draussen und versuchte, mit meinem Schicksal so gut wie möglich zu leben. Darin sehe ich heute auch meine Wurzeln, und es mag für Aussenstehende vielleicht manchmal verwirrend scheinen, dass ich wegen meiner intensiven Nähe zur Natur mein Lachen nie verloren habe, dass ich auch an Scheisstagen deshalb immer wieder ehrlich zu strahlen vermag, dass dies kein Auf und Ab, sondern mein Lebensweg war und ist. Nie habe ich mich vom Leid, vom Druck, vom Schmerz so dominieren lassen, dass ich freudlos gewesen wäre. Deshalb blieb ich im Grundkern ein fröhlicher, intensiver Mensch – wenn auch mit einer lebenslangen Hypothek auf den Schultern, die mal leichter, mal schwerer zu tragen ist.

Natürlich brauchte es seine Zeit, bis ich mich im Waisenhaus eingelebt hatte. Wie im Kinderheim St. Josef suchte ich nach Halt, denn in so kurzer Zeit hatte ich so viele verschiedene Orte erlebt, an denen ich am Ende doch nicht bleiben konnte. Etwas musste also an mir falsch sein, dass man mich immer wieder nicht mehr wollte und ich deshalb nun hier landete.

Meine Gruppenleiterin S. A. nahm sich meiner an. Sie kümmerte sich nach meinem Eintritt sofort um mich. Als Kind mit vielen Fragen und offenem Geist hängte ich mich sogleich an sie. Was ich damals nicht wissen konnte: Eine Praktikantin hat mir im Jahr 2015 erzählt, wie die Erzieherinnen in einer Sitzung vom Heimleiter vor mir gewarnt worden waren. Ein Bursche aus dem Kinderheim St. Josef käme in den nächsten Tagen ins Waisenhaus, sagte er, und der müsse gründlich eingespurt werden, er wisse auch schon wie. Vor der Praktikantin hatte er sich damit gebrüstet, wie er die Heimkinder körperlich züchtige und dass er schon schwierigere als mich in den Griff bekommen habe. Kurzum, das Heim solle bereit sein für diesen *Wildling* von einem Burschen. Woher genau er dieses Bild von mir hatte, weiss ich nicht.

Die Gruppenleiterin S. A. jedoch gab mir nach wenigen Wochen das Gefühl, etwas Besonderes zu sein. Das half mir, in der Masse der Kinder nicht unterzugehen. Die Frau war zwar bekannt dafür, dass sie die Heimkinder heftig und häufig schlug, doch davon spürte und wusste ich zu Beginn nur wenig. Manchmal filmte sie uns mit einer Kamera. Filmmaterial von ihr und aus dieser Zeit wird am Donnerstag, dem 19. Januar 2017, vom Schweizer Fernsehen SRF in einem Dokumentarfilm der Regisseurin Barbara Miller gezeigt.[21]

Im Herbst 2009 bin ich an die Bänder gekommen, die ich von Super-8-Filmen auf DVD überspielen liess. Am Schluss hatte ich 56 Minuten Filmmaterial, das ich zuerst ganz alleine in meinem Schreibatelier anschaute. Auf der einen Seite geben die Farbbilder über Jahre hinweg das Heimleben wieder und sind wertvolle Zeitdokumente. Auf der anderen Seite finden sich farbige Aufnahmen von nackten Kindern, für die eine Erzieherin mit Sicherheit heute ein Strafverfahren am Halse hätte.

Nach sechs Wochen im Waisenhaus kamen Mitte Oktober die Herbstferien. Diese Ferien begannen wunderbar, fast wie ein Märchen. Aber sie endeten ganz anders. Beim Packen war ich noch freudig aufgeregt und neugierig, wohin die Reise ging.

---

[21] Der Film kann nach dem Ausstrahlungstermin unter: www.philipp-gurt.ch/de/Medien angeschaut werden.

Unsere vom Heim organisierte Reise führt uns in den Süden, nach Bosco della Bella im Tessin, nahe an die italienische Grenze bei Ponte Cremenaga.

Angekommen, erkunden wir sofort neugierig die nähere Umgebung. Die Anlage verzaubert mich. Die seltsame Form der Ferienhäuschen sind paradiesisch schön. Schon auf der Fahrt hierher habe ich Palmen gesehen, doch noch mehr mag ich die alten Kastanienhaine. Am Abend braten wir Maroni am offenen Feuer. Der Heimleiter weiss genau, wann sie richtig gar sind und freut sich, dass sie mir so gut schmecken. Mit einem Kesselchen in der Hand gehen wir früh am Morgen Milch beim Hauptgebäude holen.

Nach dem Frühstück wechselt das Programm stetig: Einen Tag verbringen wir in der Ferienanlage, am nächsten starten wir zu irgendwelchen Ausflügen – vor allem wandern wir oft.

Bosco della Bella in Cremenaga

Schifffahrt auf dem Luganersee
– Faszination mit Angst gepaart

Auch der Monte Lema ist eines unserer Wanderziele. Ein zugiger, kalter Wind bläst beim Hochsteigen. Berge zu erklimmen ist ein gutes Gefühl, es erinnert mich an zu Hause. Einigen Jugendlichen im Pubertätsalter stinkt das Wandern:

»Schu wieder das huara Tschalpa!«

So eine Schifffahrt auf dem Lago di Lugano ist doch etwas ganz Besonderes. Seit meinem Aufenthalt bei der Familie F. L. in Haldenstein fürchte ich mich aber vor tiefem Wasser. Das Foto zeigt typisch, wie ich damals war: Obwohl ich wirklich eine Scheissangst verspüre, suche ich dennoch den Platz aussen, um doch so viel wie möglich erleben zu können, auch wenn ich mich mit beiden Händen festhalten muss. Hinter mir ist Sina, *Jeannettli*, eine wunderbare Freundin bis heute. An diese Aufnahme erinnere ich mich, als wäre sie vor einigen Minuten erst entstanden.

Irgendwann besuchen wir auch den Park von Swissminiatur. Eine kleine Zauberwelt! Autos, die wie von Geisterhand fahren – wie schön! Am liebsten wäre ich so klein, um in den winzigen Autos Platz nehmen zu können. Vor Begeisterung hüpfe ich überall herum, um ja nichts zu verpassen. Was habe ich doch für ein Glück, solche Ferien zu erleben!

Erster Missbrauch – Dienstag, 15. Oktober 1974:

Alles endet schlagartig, als an diesem Morgen meine Gruppenleiterin kurz vor dem Aufstehen zu mir ans Bett tritt:

»Darf ich ein bisschen zu dir reinschlüpfen?«

S. A. war in den sieben Wochen seit meinem Eintritt mein Halt geworden, sie hatte mir in der schwierigen Anfangszeit beigestanden. Zudem gab sie mir das Gefühl, nicht alleine und wehrlos zu sein, kein unscheinbares Kind, das wie ein Geist unter vielen lebt. Ihr vertraute ich schnell, wie damals im Kinderheim St. Joseph Therese, die bis zu meinem Austritt besonders herzlich zu mir gewesen war. S. A. war für mich wie Vater und Mutter in einer Person, anders kann ich dieses Gefühl nicht beschreiben. Für mich war sie weder Mann noch Frau, ein Mensch einfach, dem ich meine Hand reichen konnte, auch wenn sie oft sehr laut und wütend wurde. S. A. war 26 Jahre alt. Als sie vor dem Ferienlager eines Tages mit einem verletzten Daumen zur Arbeit erschien, sorgte ausnahmsweise mal ich für sie. Sie sei beim Klettern etwas ungeschickt gewesen, meinte sie auf meine Frage. Mich beeindruckte, wie tapfer sie war. Die Szene taucht heute fast jedes Mal in mir auf, wenn ich in den Bergen klettere und mir meine Hand verletze.

An diesem besagten Morgen also legte sich S. A. in mein Bett, während die anderen Kinder aufstanden, um sich im Badezimmer für den Tag frisch zu machen.

Vorsichtig beginnt S. A. mit Spielchen, um meine körperliche Distanz schwinden zu lassen. Wir spielen erst gemeinsames Verstecken unter der Bettdecke. Dann hat sie die Idee, Zelt zu spielen – ihre gespreizten Beine sind die Stangen. Plötzlich beginnt sie mich zu kitzeln und streichelt mir Hände, Rücken und Haare, was ich vielleicht als normal empfunden hätte, wenn zuvor Mamma oder Papa das schon mal getan hätten. Dies ist neu für mich – ich bin innerlich deswegen sehr angespannt. Auf der einen Seite ist es ein schönes Gefühl, am Rücken gestreichelt zu werden oder eben durch die Haare, auf der anderen Seite ist es beängstigend, denn ich weiss nicht so recht was damit anfangen. Wohin bloss mit den Gefühlen, die es in mir auslöst? Was bedeuten solche Gefühle? Diese ersten Streicheleinheiten verwirren mich und ehe ich emotional Zeit finde, mich damit auseinanderzusetzen, spüre ich, dass diese Berührungen sich verändern – in etwas noch Beängstigenderes, als würde S. A. die Türen in eine Welt aufstossen, die ein Kind unter gar keinen Umständen betreten sollte!

S. A. beginnt das Ameisenspiel!

Sie zeigt mir ihre zappelnden Fingerkuppen, sagt, sie werde sie jetzt in Ameisen verzaubern.

»Diese Ameisen sind sehr neugierig. Gell, Philipp? Auch ein wenig frech sind sie, richtige Lausbuben ...«

110

Sie lacht, und die Ameisen beginnen meinen Kinderkörper zu erkunden. Ich lache auch, aber aus Verunsicherung. Langsam, in kleinen Schritten, erkunden diese Tierchen meinen Kinderkörper, bis die frechen Ameisen auch in meine Pyjamahose kriechen.

»Das sind ja aber richtige Lausbuben!«, lacht sie dabei, um damit meine Anspannung zu verscheuchen.

Immer angespannter liege ich da und ich weiss, es ist falsch, was soeben mit mir geschieht, doch emotional ist kein Ausgang zu finden. S. A. verwandelt sich zusehends! Ihr Atem wirkt angestrengt, als sie mich am *Zipfeli* zu streicheln beginnt.

Bewegungslos, als wäre ich eine Puppe, liege ich da und warte ab. Dann verwandelt sie meine Finger ebenfalls in Ameisen, die eine Höhle an ihrem Körper suchen sollen. Da ich keine Ahnung habe, wo so eine Höhle denn sein könnte, ausser in Ohren, Mund und Nasenlöchern, die ich deshalb *erfolglos* bekrabble, führt sie meine Ameisen mit ihren Ameisen gemeinsam zu der zu entdeckenden Höhle.

Schon unterhalb des Bauchnabels fühle ich klar – diesen Teil des Körpers von S. A. darf ein Kind, darf ich nicht berühren!

Dann fühle ich Haare!

Wieso Haare? Ich verstehe das nicht. Die Haare gehören zu ihr und ich weiss, die Haare sind dort, wo sie ihre Unterwäsche trägt, denn unter dieser stecken meine Ameisen. Auf einmal wird es nass und glitschig, dass ich erschrecke und sofort meine Hand zurückziehe. Alles geschieht im Dunkeln unter der Decke, als gäbe es dort eine seltsame Welt, die bei Sonnenschein wie ein Spiegel am Boden zersplittert.

Nun rieche ich einen Geruch, der mir völlig fremd ist. Es stinkt nicht, aber es ist ein Geruch, der zu nichts passt, was mir in meinem jungen Leben begegnet ist. Kein Schweiss, kein Mundgeruch, kein Furz. S. A. *beruhigt* mich und zeigt mir, wie meine Ameisen den Höhleneingang bekrabbeln sollen und in welcher Geschwindigkeit.

Eigentlich schreit alles in mir: »*Schnell Philipp, lauf dervo, wäg vu dem Ort!*« Doch es geht nicht, es ist, als wäre ich gefangen. Also versuche ich es weiter. Sie ist ja mein Leuchtturm und wird mir helfen.

Meine Ameisen können das aber nicht so tun, wie sie es mir mehrmals zeigt. Ich mache es falsch! Zu verstört bin ich. Deshalb nimmt sie meine Ameisen und beginnt schnelle Reibbewegungen zu machen und steckt sie sich in die Höhle, so tief es geht. Jetzt fühle ich das Innere der Höhle! Es ist eine Art glitschiges Loch.

S. A.s Körper verspannt sich, während sie immer wieder mit der einen Hand mein sechsjähriges *Pimpeli* greift und mit der andern meine *Ameisen* hält, die sie abwechselnd aussen an der Höhle reibt, um sie zwischendurch in diese zu stecken. Ich weiss eigentlich, dass es meine Finger sind!

Auf einmal überkommt mich sehr grosser Ekel! Diese nasse Höhle mit dem Geruch und den vielen nassen Haaren soll ins Dunkle zurück, wo sie hergekommen ist. Als wäre es ein auszulöschendes Feuer auf einer Wanderung, möchte ich alles am liebsten mit Steinen und Erde bedecken und dann weglaufen!

Der Geruch ihrer Erregtheit, ihrer Höhle, ist etwas Abstossendes, Fremdes. Ich weiss, das ist alles völlig falsch. Richtig schlimm! Schlimmer, als einen Stein auf ein neues Auto zu werfen. So was darf man nicht tun!

Weiter atmet sie so schwer, als sei sie krank, und dennoch hört sie nicht mit den seltsamen Bewegungen auf. Immer wieder versucht sie, mein *Zipfeli gross zu machen*, wie sie sagt, damit ich mich auf sie legen kann. Doch wie sollte das auch gehen? Ich bin sechs Jahre, neun Monate und sechs Tage alt! Ich bin ein Kindergartenkind!

»Ach, das geht nicht!«, die Enttäuschung ist aus ihrer Stimme zu hören, zu fühlen. »Er ist einfach zu klein!«

Egal, womit sie versucht, mein *Pimpeli gross zu machen* – es geht nicht. Sie bleibt enttäuscht, ich habe sie enttäuscht und das lässt sie mich spüren!

Sie dreht sich weg von mir und macht diese Bewegungen alleine weiter! Während sie das tut, mache ich mir Vorwürfe.

Was habe ich falsch gemacht?

Deshalb versuche ich mich zu konzentrieren, um mein *Pimpeli* grösser werden zu lassen – ziehe sogar daran, bis es richtig weh tut. Habe zwar gar keine Ahnung, warum ihr das so wichtig ist. Frage sie nach kurzer Zeit, ob es jetzt *besser* wäre, um ihre Enttäuschung über mich loszuwerden. Sie greift nochmals kurz danach – natürlich geht's nicht!

Ihr seltsamer Zustand wird stärker, als sie möchte, dass ich mich mit meinem Mund der Höhle nähere. Doch schnell spüre ich, als ich mich dem nassen Etwas im Dunkeln unter der Decke mit meinem Gesicht nähere, dass es für mich unmöglich ist! Der Geruch, die Nässe und ihre getriebene Art verwirren mich!

Wohin ist meine Erzieherin, die ich bis jetzt kannte, verschwunden? In was hat sie sich verwandelt?

Still und bewegungslos liege ich neben ihr. Mein Blick geht zur Holzdecke.

Das Bett vibrierte! Sie befriedigte sich selbst – stand danach auf und ging wortlos aus dem Raum, als wäre nichts geschehen – liess mich alleine zurück mit dem Wirrwarr in meinem Kopf.

Mein ganzes Bett, mit dem nassen Fleck darin, fühlte sich seltsam beschmutzt an, als schreie meine Bettdecke das Geschehene heraus, das unter ihr verborgen soeben passiert war.

Ein Riss begann sich durch mein Innerstes zu ziehen.

Von oben bis unten – mitten durch meine Stimme und mein Herz.

Wie hätte ich darüber auch nur ein Wort verlieren können?

S. A. musste und hatte mir ja nicht mal drohen müssen, damit ich schwieg.

Erstens fehlte mir als Sechsjährigem der Wortschatz dazu. Zweitens, war das, was passiert war, eine so andere Welt, für die ein Kind noch keinen Namen hat. Die gesunde Welt der Sexualität sollte doch erst Jahre später durch Aufklärung behutsam betreten werden und sich wie eine Knospe langsam öffnen.

Pädophile, die ihre Handlungen mit Kindern damit rechtfertigen, dass Kinder sehr wohl eine Sexualität hätten und intimes Streicheln geniessen können, wenn man es denn *richtig* mache, beweisen mit ihrer Aussage einzig und alleine, wie krank sie sind.

Der erste Therapeut übrigens, bei dem ich mich mit etwa 30 Jahren nur sehr vorsichtig zu diesem Thema öffnete, meinte zum ersten Missbrauch:

»Es gibt doch Schlimmeres, als von einer jungen Erzieherin einen geblasen zu bekommen!« Dann wollte er wissen, wie sie denn ausgesehen hätte.

Auf dem folgenden Bild kann ich nun die Antwort zum Aussehen geben:

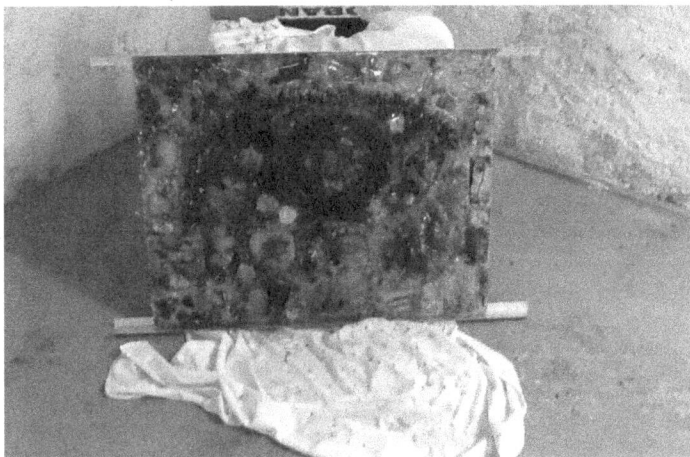

Tableaubild von Hansjörg Hahn, Chur[22]

---

[22] Die Tableaus in der Glibber-Kunsttechnik haben unter anderem das Ziel, die Gefühle von Missbrauch etwas nacherleben zu lassen. So kann man auch als nicht direkt betroffene Person einen gefühlsmässigen Zugang zum Thema Missbrauch erlangen.

Erst dreizehn Jahre später fand ich in Dr. Hansjörg Hahn einen Spezialisten, der das Geschehene wirklich verstand.

Mir als Sechsjährigem war emotional voll bewusst, dass das grundlegend falsch war, was S. A. mit mir machte, und doch konnte ich mich nur dort mit Bewegungslosigkeit wehren, wo mein Ekel zu gross wurde oder ich aktiv hätte werden sollen. Die emotionale Abhängigkeit, die Angst, zurückgewiesen zu werden und die Vorgehensweise, die sie geschickt nutzte, liessen kein Nein zu. So liess ich passiv alles mit mir machen.

Mein inneres Schweigen begann an diesem Dienstag, dem 15. Oktober 1974, und sollte viele Jahre andauern.

S. A. setzte sich nach dem Vorfall an den Frühstückstisch, als wäre nichts gewesen. Zu ihrem Schutz erzählte sie, dass ich es gewesen sei, der Zelt spielen wollte, und sie mir den Gefallen getan hätte, unter meine Decke zu kriechen. Die irritierten Blicke der Praktikantinnen prallten scheinbar ab. Ich hatte mich nach dem Missbrauch angezogen und holte mit einem Kesselchen Milch. S. A. filmte mich dabei. Im Dokumentarfilm vom SRF zeigen mich diese Bilder wenige Minuten nach dem ersten Missbrauch. Mein verlorener Blick, den ich S. A. dabei zuwerfe, sagt alles.

Ausgerechnet in dieser Ferienwoche wurde jeden Abend ein Tagebucheintrag erstellt, dies in einem Heft, das man mit Zeichnungen und Fotos von uns illustrierte.

An zwei Stellen fand ich zwar Seitenhiebe der anderen Erzieher gegen S. A., doch nichts, was auf den Missbrauch hindeutete. Niemand störte sich am Eintrag von S. A., die selbst explizit schrieb, ein Kind hätte den Wunsch geäussert, sie solle zu ihm ins Bett schlüpfen.

Als ob nichts geschehen wäre, erwähnte sie über mich lediglich in einem Beitrag, dass ich meine Tomate mit Erdbeerkonfitüre gegessen hätte. Eine andere der Erzieherinnen hielt fest, dass S. A. uns harten Milchreis ohne Getränk zum Nachtessen aufgetischt habe, damit wir in der Nacht ja nicht ins Bett pinkeln würden. Sie schrieb auch, S. A. habe jedes Kind jede Nacht zweimal geweckt und aufs Klo gesetzt.

Fast sarkastisch hat S. A. in einem ihrer Tagebucheinträge zu diesen Ferien geschrieben, dass wir am Abend müde, aber zufrieden *in unsere Höhlen robbten.*

Auszug aus dem Tagebuch

Der Missbrauch löste in mir grosse Orientierungslosigkeit aus.

Was geschah jetzt?

Die kindliche Beziehung, die ich doch so dringend gebraucht und gesucht hatte, war mit der Tat in zwei Teile zerbrochen. Auf der einen Seite gab es S. A. als Gruppenleiterin, die mich bevorzugt behandelt hatte, und auf der anderen Seite S. A. die Grenzüberschreiterin, die mit ihrer Tat alles Bisherige infrage stellte und eine normale Beziehung damit unmöglich gemacht hatte.

Das Verrückte dabei war, dass ich mich von diesem Moment an schuldig fühlte! S. A., die übermächtige Erzieherin, konnte doch nicht falsch liegen – also blieb ich übrig!

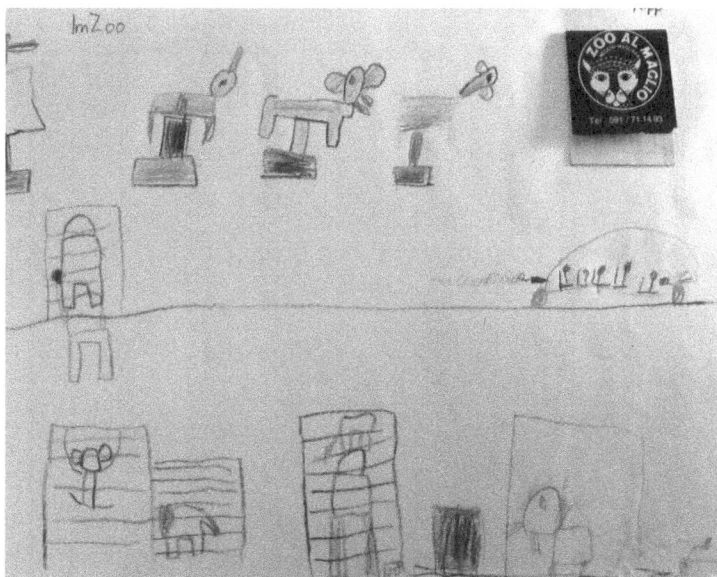

Das Bild, das ich am Tag des Missbrauchs
nach einem Zoobesuch gemalt hatte

Die mächtigen Kastanienwälder, der Monte Lema, Swissminiatur und die Ferienanlage blieben mir in wunderschöner Erinnerung. Doch mit allem vermischte sich das Gefühl des Missbrauchs. Schon wieder musste ich lernen, Schönes und Schlimmes in mir so zu vereinbaren, dass nicht das Schlimme die Überhand gewann – damit ich doch weiterleben konnte.

Mitte Oktober 2009 rief ich S. A. an.

Alles war über die vielen Jahre so fest in mir gespeichert und doch hatte ich Zweifel. Hatte ich es als Kind vielleicht übertrieben wahrgenommen – oder gar fantasiert? Ausgerechnet ich, der so klar und deutlich reden kann und in keiner Diskussion Angst hat, in die Enge gedrängt zu werden, spürte vor diesem Anruf ein beklemmendes Gefühl. Was, wenn ich falsch lag? Das waren schwere Vorwürfe, die ich erhob! Sehr schwere! Noch immer, das spürte ich so klar, wollte das Kind in mir glauben, dass es *falsch lag* und nicht die übermächtige S. A. Doch eigentlich wusste ich, dass sich meine Erinnerungen über all die Jahre hinweg nie geändert hatten.

So oder so – ich beschloss, diplomatisch vorzugehen und wählte ihre Nummer. Es klingelte mehrmals.

»S. A.«, meldete sie sich mit vollem Namen.

»Hier spricht Philipp! Philipp Gurt. Hallo S. A.!«

Ich liess ihr ein paar Sekunden Zeit, zu verstehen und legte vorsichtig nach:

»Ich nehme an, du weisst, warum ich anrufe?«

Ein weiterer Moment der Stille folgte, als wäre die Leitung tot.

»Ja, das weiss ich – ich habe all die Jahre auf deinen Anruf gewartet.«

In diesem Gespräch gab S. A. den Ablauf ihres Missbrauchs an mir so zu, wie ich ihn erlebt hatte. Sie hatte sofort gespürt, dass ich weder Wut noch Hass in mir trug, sie nicht anklagte, sondern ganz einfach endlich Klarheit wollte. Sie spürte aber bestimmt auch, dass ich mein Recht auf Antworten einfordern und nicht davon abrücken wollte. Die Antworten bekam ich, offen und ehrlich, was mich dankbar staunen liess.

Bereits am Telefon vergab ich ihr alles, nachdem sie mich um Verzeihung gebeten hatte. Sie hatte mir vor allem aus ihrem Leben erzählt, wie schlecht es ihr ergangen sei, und dass sie noch einen weiteren älteren Jungen im Heim missbraucht habe. Der Heimleiter hätte sie dabei sogar erwischt! Mehr aber sei nicht gewesen, ausser dass sie uns oft heftig geschlagen hätte, wofür sie sich damals schon mehrmals bei uns entschuldigt hatte. Am Ende unseres halbstündigen Gesprächs vereinbarten wir, dass wir uns in den nächsten Wochen in Chur am Bahnhof treffen wollten.

S. A. meldete sich nach diesem und zwei weiteren Telefonaten während der folgenden Wochen nicht. Erst Ende November

2009 erhielt ich ein Couvert von ihr, in dem mehrere Briefe steckten, die sie seit meinem Anruf geschrieben, aber nicht abgeschickt hatte.

22.10.2009[23]
Ich schäme mich – ich schäme mich abgrundtief; bin nicht in der Lage, dir jetzt zu schreiben. Die Schuld, die ich auf mich geladen habe ist gross doch nun ist sie riesig. Habe nicht den Mut dir gegenüber zu treten aber für deine Worte der Versöhnung danke ich von ganzem Herzen.

Deine Frage warum gerade du, kann ich beantworten und warum ich dich nicht gesucht habe in all den Jahren um diesen Missbrauch aufzuarbeiten auch ...

Deine Aussage, dass in dir viel positives ist, gibt mir die Hoffnung meine Feigheit zu überwinden und den Mut, mich dir irgendwann von Angesicht zu Angesicht zu zeigen.

27.10.2009
Sitze vor einem leeren Blatt und mein Kopf ist gleich leer, unfähig zu denken, dabei flossen die Gedanken heute Morgen beim Aufwachen nur so dahin. Fühle Kraft und Willen, diese mir nicht begreifbare Tat, der sexuelle Missbrauch zu benennen. Hatte Worte und Sätze für dich ohne zu viel von mir zu erzählen, versank nicht in zerstörerischer Selbstverstümmelung oder Selbstmittleid. Hörte mich als Jugendliche zum Herrn Pfarrer sagen (war damals sicher Suizid gefährdet und auf der Suche nach halt), dass ich ein Wolf im Schafspelz sei und hatte noch eine Ahnung seiner Worte vom Fell, Lamm Gottes, das ich tragen würde. Nun aber wiegt die Tat wieder so stark wie schon die letzten Tage. Ich kann mich fast nicht aufrecht halten – Beine und Arme wollen mir den Dienst versagen, muss mir über

---

[23] Die Briefe sind buchstabengetreu wiedergegeben.

den Kopf sagen, und du gehst jetzt da hindurch und bewegst dich.

05.11.2009

Seit deinem 1. Telefonanruf gibt es nun nichts mehr zu beschönigen. Ich bin eine Kind Schänderin, ein Monster und dennoch ein Mensch. Das Leben geht weiter, die Sonne scheint wie je und je; was mich manchmal sehr erstaunt, so wie deine Grösse, mir zu verzeihen. Seid deinem 2. Telefon von dir, erlebe ich Gnade. Auch das ist nicht leicht zu »ertragen« aber schön. Und nun nach dem 3. Telefon? ich bin ruhiger geworden der Alltag hat mich wieder eingeholt und doch gibt es Momente wo ich einfach nicht begreifen kann, wie ich so etwas machen konnte. Ich habe mich schon früher manchmal gefragt, was wäre wohl aus mir geworden, wenn meine Tat damals ans Tageslicht gekommen wäre. Ich bin dankbar, dass ich die Chance hatte unzählige Male mit Kindern alleine zu sein ohne dass jemals wieder nur im Entferntesten etwas ähnliches in der Luft lag. Auch wenn Micha (ehem. Nachbarskind aus Bülach) bei mir zu Besuch war und zusammen mit mir in einem Bett schlafen wollte, habe ich nicht einmal an dich und die Ferien im Tessin gedacht.

15.11.2009

... Den Missbrauch wollte ich überdecken. Ich habe nämlich am Morgentisch auch erzählt, dass wir zwei, noch im Pyjama zusammen in deinem Bett gespielt hätten und dass ich ein Zelt gewesen sei und geschwitzt hätte. Ich weiss nicht mehr wie die beiden Erzieherinnen und die Praktikantin von den Mädchen geheissen haben. Diejenige auf deinem Foto mit dem dunklen Kraushaar, hat mich dabei sehr gross und voller Fragezeichen angesehen und ich spürte auch, dass das im Tessin in meiner Abwesenheit ein Thema war; was aber von niemandem bis nach Chur ins Waisenhaus zurück getragen worden ist.

22.11.2009

Ich möchte gerne wissen wie es dir geht – wie du deinen Weg gefunden hast – wie es damals im Waisenhaus weiter ging ohne mich. Wollte eigentlich damals den Kontakt zu euch behalten doch dann merkte ich, dass ich mich zurückhalten muss ...

Meinen Weggang im Waisenhaus begründete ich damit, dass ich in Zürich in eine Schule gehen würde, wo ich lernen könnte, Kinder ohne Schläge zu erziehen. Ich schlug in Überforderungssituationen oft zu und sicher war ich auch grob und meine Hand war locker im verteilen von Haar rupfen. Das tat mir auch leid und ich habe mich beim gut Nacht sagen auch manchmal entschuldigt und darum war es ein echtes Bedürfnis von mir, nicht einfach die Erziehung die ich mitbekommen habe, weiter zu geben. Es hat jetzt keinen Sinn noch mehr meiner Erinnerungen auf dieses Blatt Papier zu schreiben ist eh schon holperig genug und in deinen Ohren sicher noch schrecklicher.

Habe etwa eine Woche lang »alle« Männer im Zug und auf den Bahnhöfen von Oben bis Unten angeschaut und mich gefragt, wie ein Mann um die Vierzig herum aussieht. Zuerst merkte ich, dass das noch schwierig ist einzuschätzen dann aber hatte ich das Gefühl, ich wüsste jetzt in etwa wer dazugehört. Dann eines Tages beim Teekauf zum Mittnehmen, bestellte ein Mann in meinem Rücken einen Kaffee im Bündner Dialekt. Ich erschrak bis auf die Knochen und konnte meinen Kopf fast nicht in seine Richtung drehen. Mein Erstarren löste sich sofort in dem Moment wo ich sah, dass er helles Haar hatte. Das gab mir sehr zu denken und ich schäme mich eigentlich auch dafür. Doch ich hab Angst dir zu begegnen und dennoch möchte ich dem nicht ausweichen. Ob es für dich gut ist, kannst nur du alleine für dich entscheiden. Wie diese Entscheidung auch ausfallen wird, ich nehme es an. Habe nicht den Anspruch, dass du mir in irgendeiner Weise behilflich sein musst. Ich bin dir dankbar dass ich nun nochmals auf mich zurückgeworfen worden bin in den Grundwerten meiner Selbstachtung. Wenn ich ab dem nächsten Donnerstag für drei, vier Tage meine Tochterpflichten erfüllt habe, werde ich mich nach einer Adresse umsehen und mit Hilfe eines Schmerzpsychotherapeuten versuchen, Selbstachtung und Fremdachtung neu zu definieren. Einfach mich und meine Ideale nochmals hinterfragen und irgendwie einen friedvolleren Umgang mit mir und dieser Diskrepanz von dem was ich sein möchte, und dem was ich bin, kreieren. Nochmals sterben lassen um vielleicht neues wachsen zu sehen – oder ich weiss auch nicht.

23.11.2009

Nun möchte ich mit dem Brief zum Schluss kommen.
Es geht mir schlecht doch das ist nur ein Mosaikstein in meinem Leben und hat nichts mit deinem Telefon zu tun. Dieser hat nur einen Stein ins Rollen gebracht und das ist mein Glück. So brauche ich diese dunkle Seite nicht mit aufs Totenbett mitzunehmen und beim wägen danach ist es eh nicht in Menschenhand. Auch wenn ich unter depressiven Verstimmungen leide ist das kein Grund zu Besorgnis denn ich möchte alt und gesund werden ...

Ein Gedicht von mir.

Erzieherin
Wollte Vorbild sein,
die Welt verändern –
hab mich verändert
und darüber die Welt verändert.

Und nun verändert sie sich einmal mehr und ich hoffe doch sehr, auch ich mich einmal mehr.

Herzliche Grüsse, S. A.

Als S. A. dazu bereit war, trafen wir uns in Chur in einem Restaurant am Bahnhof. Für dieses Treffen fühlte ich mich so gut vorbereitet, wie es eben möglich ist in solch einer Situation. Das Seltsame war, dass ich mich noch immer irgendwie schuldig fühlte, S. A. mit allem Vergangenen konfrontiert zu haben. Ein völliger Blödsinn! Dieses unterschwellige Schuldgefühl ärgerte mich, weil ich wusste, dass es endlich galt, die Lügen aus meiner Kindheit abzustreifen. Doch es hinderte mich nicht daran, an dem Weg, den ich zu gehen gewillt war, unumstösslich festzuhalten.

Vor dem Bahnhof sehe ich sie stehen. Eine unscheinbare Person, fast lichtlos, als würde niemand sie bemerken. Ich gehe auf sie zu, strecke ihr meine Hand entgegen und begrüsse sie.

Im Restaurant Steinbock sitzen wir uns gegenüber. Sie redet die ganze Zeit, während sie ihren Rucksack und ihre Jacke auf dem Stuhl neben sich ablegt. Ich unterbreche sie nicht. Es ist schwer für sie – sie braucht Zeit. Die soll sie haben. Es ist mutig von ihr, dass sie gekommen ist. Sie hat ein Recht darauf, dass ich rücksichtsvoll mit ihr umgehe. Selber fühle ich mich stark und selbstsicher und doch ist da die Vergangenheit, die alles seltsam wirken lässt.

Mit einem hatte ich nicht gerechnet – dem Ekelgefühl von damals! Wie der Churer Föhn die Wolken zurückhält, musste ich die Erinnerungen angesichts dieser vom Leben gezeichneten Frau zurückschieben. Weder Wut noch Hass noch Ärger kamen hoch – nur dieser Ekel und das Erstaunen, wie schwach meine ehemalige, mir übermächtig erscheinende Gruppenleiterin damals war und heute noch ist. Auf jeden Fall möchte ich korrekt mit ihr umgehen. Täter, die bereuen, haben ein Recht auf Menschlichkeit. Doch sollte der weitere Weg nie nachhaltig von ihnen beeinflusst werden – kein Täter kann Wunden heilen.

Offen gesagt, empfand ich etwas Mitleid mit ihr. Ihr Lebensweg, dies wusste ich aus den drei Telefonaten, war alles andere als einfach gewesen und ist es noch immer nicht. Doch genauso wie ich kein Fehlverhalten in meinem Leben mit meinen Traumatisierungen als Kind entschuldigen will, steht auch ihr nichts dergleichen zu. Dennoch – immer wieder fühlte ich das Kind in mir, das weiter versuchte, eine Brücke zu ihr zu schlagen und sich einredete, dass S. A. *in Ordnung* sei und somit auch seine Welt. Diesen Zwang, dieses Bedürfnis von damals, musste ich bei unserer Begegnung unglaublich hart in mir niederkämpfen.

Trotzdem war es mir immens wichtig, Klarheit über alles Geschehene zu erlangen. Ich wollte meinen Erinnerungen aus der Kindheit vertrauen können. Mehr nicht! Von diesem Moment an hatte ich dieses Vertrauen unverrückbar, damit ich weitere Übergriffe und Taten gegenüber mir als Kind und Jugendlichem nun aufarbeiten konnte. Ich wollte alles zu Papier bringen, damit es unauslöschlich werden und vielleicht dem einen oder anderen *Schattenkind* Mut machen könnte, seinen Weg ebenfalls zu gehen. Ein schwieriger Weg, denn es gibt viele Fälle, in denen versucht wird, die Opfer mit schäbigsten und perfiden Strategien zum Schweigen und Zweifeln zu bringen, um dem missbrauchten Kind in ihnen nochmals zu schaden. Ich gehe meinen Weg bis zum Ende!

S. A. erlebte ich als orientierungslose, suchende Person, die noch nirgends angekommen zu sein schien. Sie hatte mit ihrer Vergangenheit vermutlich mehr zu kämpfen, als ich mit meiner. Die Frau hing zwischen Erlebtem und der Zukunft irgendwo in einer schmerzenden Dunstwolke fest. Dass sie zum Gespräch kam, fand ich bemerkenswert – Respekt! Mir gegenüberzutreten war für sie bestimmt sehr schwer. Ein Schritt in die richtige Richtung für uns beide. Was S. A. betrifft, so bin ich mir nicht ganz sicher, ob sie mit allem abschliessen kann.

Manchmal ist Vergebung anzunehmen schwieriger, als sich mit dem Hass des Gegenübers ans gescheiterte Leben zu klammern. Doch ich wünsche ihr, dass sie Frieden findet. Von mir hat sie Vergebung erhalten – alles ist vergeben, aber nicht vergessen. Unser Treffen endete unspektakulär – ich brachte sie zum Zug und weg war sie.

Nachdem ich im Herbst 2010 in der TV-Sendung *Aeschbacher* zum Thema Kindsmissbrauch gesprochen hatte, erhielt ich von ihr einen bösen Brief. Sie verstehe nicht, schrieb sie darin, dass viele Opfer noch immer keine Sprache fänden und nur über andere Geschädigte ein Gesicht bekämen. Ich erhielt viele Briefe und Mails aus aller Welt. Neben einigen mit *unterirdischen* Kommentaren, las ich in der überwiegenden Mehrzahl ausser Dank auch von ungeheuren Lebensgeschichten. Fremde Menschen schrieben mir, wie viel Entsetzliches sie durchgemacht hatten und noch immer durchmachen, ohne ihr Schweigen bisher gebrochen zu haben. Dass ich die erste Person war, der sie sich mitteilen konnten, berührte mich sehr. Ihnen allen habe ich geantwortet und gesagt, dass es auch für mich enorm schwer ist, mich hinzustellen und zu sagen, ja, ich wurde als Kind missbraucht und misshandelt – emotional wie körperlich. Genau deshalb kann und werde ich nicht aufhören, dieses Tabuthema aufzugreifen, denn ich weiss, es wird vielen Betroffenen helfen. In den Augen von S. A. jedoch wollte ich nur mein damals aktuelles Buch *Menschendämmerung* promoten. Plötzlich versuchte sie, sich wieder in die Opferrolle zu rücken und mich zu verletzen, was ihr aber nicht gelang. Es bestätigte das Bild einer zerrissenen Frau, das ich von ihr hatte. Sie verstand ganz offenbar nicht, dass man zwar vergeben kann, aber dennoch nicht über das Geschehene schweigen muss. Ich hatte den Eindruck, sie wolle mich zum Schweigen bringen, wie damals, als ich noch in ihrer Obhut war. Doch ich bin kein Sechsjähriger mehr. Ich verstand ihre Reaktion nicht, denn selbstverständlich hatte ich ihren Namen in der Sendung[24] nicht erwähnt.

Über die ehemalige Heimleiterin – der Heimleiter lebt nicht mehr – habe ich von Dritten gehört, dass sie mein Outing ebenfalls verurteile. Kein Wunder, ihr Mann und sehr wahrscheinlich auch sie selbst wussten von den Missbräuchen und liessen mich und andere im Stich. Weder meine ehemaligen Vormundinnen noch diverse Mitwisser fragten nach meinem Outing in den Medien bei mir nach, wie es mir als Kind denn ergangen sei. Ein

---

[24] Der Beitrag ist auf www.philipp-gurt.ch/de/Medien zu finden.

Ekel = disgust

kleines Zeichen hätte ich zumindest von der Vormundin Edith A. erwartet, wenn ich sie nicht besser kennen würde. Immerhin hatte sie einst 15 Jahre lang die rechtliche Rolle meiner Eltern einnehmen sollen – was sie aber nicht tat. Äusserst selten hat sie mich im Waisenhaus aufgesucht, ich kann mich nur an ein einziges Mal erinnern. Ihre kalte, distanzierte Art, mit der sie mit mir damals umgegangen ist, hat sie niemals abgelegt. Sie hätte mich doch beschützen sollen! Hat sie jedoch nicht! Es scheint, als fehlten ihr immer noch der Mut und das Interesse, meinen Fall wirklich anhören zu wollen. Etwas, das viele Missbrauchsopfer erleben, ist die Schwachheit des Umfeldes, das sich auf keinen Fall reinziehen lassen will. Wegsehen ist immer der einfachere Weg für Schwache. Einmal mehr wird mir klar, wie heikel das Thema ist, das mich prägte – doch war ich nur eines von zahlreichen Missbrauchs- und Gewaltopfern im Waisenhaus von Chur.

Zurück zum Waisenhausalltag:

Meinen Ekel habe ich nach jedem Missbrauch weitgehend niedergekämpft, meine Schmerzen nach vielen Schlägen im Waisenhaus sind immer verschwunden. Am meisten tat jeweils weh, wenn ich mich in den alten Gewölben direkt neben dem Schlachtraum nackt bücken musste, um meine Prügel zu erhalten. Ich schämte mich, in dieser Stellung geschlagen zu werden. Das negativ Emotionale hat mich damals aus der Bahn geworfen, nicht die Schläge und Schmerzen. S. A. war anfänglich mein Rettungsanker gewesen und ich hatte ihr vertraut. Das Waisenhaus war bereits mein vierter Platz, zählt man die Tage vor dem Kinderheim St. Josef mit, als ich bei der Vormundin in Maladers untergebracht war. Im Kinderheim St. Josef hatte meine Überlebensstrategie bestens funktioniert – die Betreuerinnen reagierten auf mein Suchen herzlich. Sie nahmen mich sogar mit sich nach Hause und trugen mich in den ersten schweren Stunden meiner dunklen Nacht. Überall im Heim durfte ich meine Nase reinstecken – mir wurde vieles durchgelassen. Auch die strenge Oberin Sr. Christa, an deren harte Linie sich einstige Mitarbeiter noch heute erinnern, hatte immer ein mildes Lächeln für mich. Sie, Therese und Verena mochte ich besonders. Sie gaben mir ehrlichen Halt und Leitplanken. Das Kinderheim St. Josef bot mir, nicht zuletzt dank dieser Frauen, das bestmöglichste Zuhause nach dem Ende in Sax-Maladers. Mein Naturell war es schon immer, auf Menschen direkt zuzugehen. Doch keine von ihnen konnte mich leider vor dem bewahren, was in den Jahren danach noch alles auf mich zukommen sollte.

Ein Kind gibt benötigte Beziehungen doch nicht einfach auf. Ganz einfach – weil es keine Wahl hat! Ein Vater oder eine Mutter kann sich noch so beschissen benehmen, als Kleinkind suchst du ihre Nähe, immer und immer wieder. So machte ich es mit S. A. auch, weil ich sonst doch niemanden hatte. Trotz und wegen des inneren Risses suchte ich also weiter ihre Aufmerksamkeit, aber natürlich keine körperliche Nähe. Doch meine Grenzen überschritt sie immer wieder, wenn auch nicht mehr so massiv. Das taten dafür andere.

Nach der ersten Tat wurde ich wieder zum Bettnässer. Deswegen schämte ich mich sehr, obwohl ich im Schlafraum nicht der einzige war. Nach Monaten des intensiven dagegen Ankämpfens verschwand es wieder und ich wurde nicht mehr ausgelacht.

Obwohl, oder weil die meisten schlimmen Ereignisse in meinem jungen Leben im September oder Oktober geschehen sind, begann ich den Herbst auf eine besondere Weise zu lieben.

Die Bäume rund ums Waisenhaus und am nahen Waldrand boten jedes Jahr ein wundervolles Farbspektakel. So sehr mich das Heim mit den strengen Regeln und den Schlägen auch einengte, so sehr entfaltete ich mich draussen in der Natur. Es schien, als wäre ich ein Teil von ihr – als wäre Mutter Natur für mich da. Doch jeden Herbst überkommt mich seit Kindheitstagen eine seltsame, kraftvolle Melancholie, die mit Leben und Sterben gleichzeitig erfüllt ist. Lebendig traurig – so fühle ich mich dann.

Es sind diese Tage und Wochen, die ich jedes Jahr sehr intensiv durchlebe – jede meiner Körperzellen wird bestimmt von diesem intensiven Gefühl, das erst mit dem Fallen der letzten Blätter endet.

In diesen Wochen streifte ich als Kind immer gerne am Waldrand oberhalb des Waisenhauses umher. Die Farben hüllten mich auf dem schmalen Weg ein und zwischen den Bäumen sah ich die Wiesen und die Stadt in gleissendem Licht unter mir. Oft lag ein feiner Dunst über der Stadt und verlieh allem etwas Unwirkliches. Dieses Gefühl finde ich in jedem Herbst – ich lebe dann derart intensiv, als wäre ich in einer anderen Welt.

2015 – Sicht von der Wiese beim Waldhausstall
An diese Stelle habe ich eine Parkbank hinstellen lassen, welche die
Vornamen von meiner Frau Judith und mir trägt.

Früh als Kind fand ich in diesem Gefühl meine Liebe zum Wind.

Der Wind! Vor allem der Südwind, der im Churer Rheintal so unterschiedlich wehen kann, ist so lebendig, als hauche Gott mir neues Leben ein. Mein Wind ist so wandelbar: Ein laues Lüftchen, das kaum spürbar an mir zupft und leise die Blätter der Bäume über mir rascheln lässt, als wäre es nicht mehr als ein glitzerndes Licht- und Schattenspiel, wenn die Sonne durch die Blätter blitzt. Oder ein reissender Sturm, der meine Kinderbeine zum Wanken bringt und mit seinem Tosen das Tal füllt. Bäume beugen sich seiner Kraft, werden wütend in Böen geschüttelt, Blätter wirbeln durch die Luft. Tränen drängen mir deswegen in die Augen, meine Kleider flattern. Einzelne Wolken jagen durch den Himmel und mit ihnen ihre Schatten gleichsam über den Feldern hinterher. Wind ist pures Leben. Er lässt mich Lebendigkeit fühlen, lädt mich mit Energie. Manchmal aber lässt er mich leise traurig sein, dann, wenn er in der Abenddämmerung sanft vom Tal hoch zum Waisenhaus weht und mein Kinderherz umarmt. Dann trägt er ein paar Geräuschfetzen einer Stadt mit sich, deren Leben so weit von mir entfernt zu sein scheint, dass es wie hinter Glas abläuft.

Oft lege ich mich im Sommer am Waldrand in die Wiese oberhalb des Waisenhauses und blicke in den Himmel empor.

Im Sommer steigt die Wärme so herrlich aus ihr hoch und mit ihr die Düfte eines Sommertages. Wenn ich mich weit abseits des Waisenhauses hinlege, ist manchmal alles so still, dass ich in die Geräusche der Natur einsinken kann. Ein Vogel flattert durch den Wald hinter mir. Eine Biene summt. Sogar Grashüpfer höre ich neben mir im Gras. Den Duft des warmen Grases mag ich sehr. Wenn der Wind sanft über alles streift, geht's mir irgendwie gut. Diese Momente sind so, als ob es nur mich gäbe und sonst niemanden. Es ist meine eigene kleine Welt, in der ich immer wieder etwas Ruhe finde. Meine Gedanken kreisen dann hoch im Himmel, Geschichten beginnen sich zu bilden. Geschichten von einem anderen Leben, einem anderen Jungen – Geschichten von der Freiheit und dem Licht des Himmels und dem Wind, der mein Atem ist. Das Waisenhaus ist ja nur ein Ort, an den man kommt, um wieder gehen zu können. Ich kann genauso wenig zum gestrigen Tag zurückkehren, wie zu dem Ort, von dem man mich gestohlen hat.

Schnell merke ich, dass meine direkte Art nicht bei allen im Waisenhaus gut ankommt. Wenigstens finde ich so heraus, wer mich mag und zum Glück sind ein paar von den Grossen dabei, die mich beschützen: Luciano, Tarti, Clüde oder Francesco. Vor allem Luci mag mich und er ist schon fast sechzehn. Aber auch die älteren Mädchen mögen meine spezielle Art. Ausserdem erinnern sie sich an meine grosse Schwester Mary. Sie war sehr eng befreundet mit ihnen: Menga, Ursi, Rickli und Annamarie.

Singstunde mit einem Teil der Kinder. An diese Aufnahme erinnere ich mich sehr gut. Neben mir kniet meine jüngste Schwester Maja.

Trotzdem bleibe ich ein Grenzgänger und gehe auf alles und jeden zu, auch wenn ich mehr als nur einmal eine Abreibung bekomme. Beim nächsten Mal könnte es ja anders sein, ausserdem gibt es viel zu entdecken.

Der riesige, abbruchreife Stall ist ein wunderbarer Abenteuerspielplatz, auf dem wir fast endlos herumtollen und auf Entdeckungstour gehen.

Beim Spielen und beim Abbruch – 1977

Kaum ein Tag vergeht, ohne dass nicht irgendwo Ärger losbricht. S. A. ist nicht mehr nett zu mir. Sie nimmt mich zwar noch zu einer Hochzeitsfeier mit, die mich langweilt und scheinbar nicht enden will, aber es ist nicht mehr so wie *davor*.

Sehr viele Spaziergänge unternehmen wir mit unserer Gruppe. Eigentlich sind es kurze Wanderungen. Schnell einmal an einem Nachmittag die fünf Kilometer zum Mittenberg hoch und wieder zurück oder zur nahen Trimmiser Rüfi, wo wir stundenlang den Bach stauen und Steine ins Wasser werfen.

Ein Paradies für jedes Kind. Fast jeder der grossen Jungs hat schon ein richtiges Messer. Ich bekomme erst im Kindergarten meines, aber einer der Grossen schnitzt mir aus einem geeigneten Stecken jedes Mal eine Lanze. Etwas werfen ist meine grosse Leidenschaft. Vielleicht werfe ich mit Steinen und Stecken ja schlechte Erinnerungen weg? – Keine Ahnung. Alles, was sich werfen lässt, werfe ich und schnell merke ich, dass mich nur deutlich ältere Jungs darin zu übertreffen vermögen.

Trimmiser Rüfi

Dass sie uns, so oft wie möglich, draussen toben liessen, hatte für die Erzieherinnen auch einen rein praktischen Grund: Wir verbrauchten so unsere überschüssige Energie sinnvoll. Ausserdem kam wegen Personalmangels auf zwölf Kinder oft nur eine einzige Erzieherin, die durch Praktikanten unterstützt wurde.

Draussen liessen sie uns fast alles machen: auf Bäume klettern, egal, wie hoch diese waren, Tannzapfenschlachten austragen oder mit harten Dreckkugeln aufeinander ballern. Mit Messern lernten wir früh richtig umzugehen. In luftiger Höhe bauten wir Baumhütten. Nasse oder schmutzige Kleider waren kein Thema, wenn wir die Rüfi mit Steinen stauten. Für diese Erlebnisse bin ich heute sehr dankbar. Draussen waren wir wie alle Kinder: wild, immer dreckig, rauflustig und stets hungrig. Wir hatten unsere eigenen Gesetze, und das funktionierte mehr oder weniger gut. Zum Zvieri gab es meist ein Stück Brot und einen der gummiartigen, im Keller gelagerten Äpfel oder ein Rüebli. Zu trinken gab's diesen Tee, den ich so hasste: aus Lindenblüten oder gelegentlich aus Hagebutte zur Abwechslung, natürlich ohne Zucker und weder kalt noch warm. Da trank ich lieber Wasser aus einem Bach.

Oben: Wie so oft auf dem Mittenberg (da bin ich schon etwa zehn) Unten: Am Gürtel trage ich mein Jagdmesser, an den Füssen meine Lieblingsturnschuhe.

Mit Frossi und Nesa, mit dem ich mit 17 kurz zusammenwohnte. Leider starb er wenige Jahre später an den Folgen seiner Drogensucht.

Klettern mochte ich schon früh. Auf dem Bild sieht man mich mit Anna T., die mich oft gegenüber der biederen Gruppenleiterin M. T. in Schutz nahm.

Auf einer der vielen Wanderungen beim Schnitzen

Es brauchte seine Zeit, bis ich meinen Platz im Waisenhaus gefunden hatte. Ausgerechnet Martin, der Sohn des Heimleiters, wurde mein bester Freund, bis zu dem Tag, als mich die Polizei in ein anderes Heim brachte. Martin und ich waren ein seltsames Gespann. Es verband uns eine tiefe Freundschaft, wie sie nur Kinder im frühen Leben haben können. Martin, der blonde Junge, war sehr gescheit und wie ich an vielem interessiert. Stundenlang schmiedeten wir Pläne und redeten über Abenteuer, immer intensiver, immer bunter, bis unsere Augen funkelten. Als wir uns mit etwa acht Jahren die Serie *Frei geboren* im Heim anschauten, war ich von der Geschichte der Löwin Elsa restlos begeistert. Zur Familie, die in den Filmen vorkam, wollte ich unbedingt gehören. Als ich im Waisenhaus fragte, ob mich jemand nach Afrika fahren könnte, lachte man mich natürlich aus. Es blieb so nur noch eine Möglichkeit – einen Segelflieger aus Holz und Leintüchern zu bauen. Mit dem wären wir die Wiese heruntergebrettert, um den nötigen Schwung zu bekommen, der uns nach Afrika getragen hätte. Die Räder hätte ich vom Kinderwagen meiner Schwester abgeschraubt, das Holz aus dem alten Stall besorgt, die Leintücher für die Bespannung der Flügel aus der Wäscherei stibitzt. Leider blieben unsere

135

Träume Schäume. Deshalb musste mir Martin eines Nachmittags felsenfest versprechen, dass wir nie erwachsen werden würden, bloss gross, und dass wir dann in Afrika unterwegs sein würden. Auf Safari! In Afrika war ich bis heute aber noch nie.

Im Herbst 1974 kam ich in den Kindergarten in Chur-Masans, gemeinsam mit Martin, denn wir waren gleich alt.

Der Weg dorthin führte mitten durch wunderschöne Wiesen bis zur Masans-Garage, bei welcher fantastische Audis zu bewundern waren. Ich liebte diese Autos und bettelte beim Lageristen um Abzugsbilder. Heimkind zu sein, hatte manchmal Vorteile – ich bekam jedenfalls einen ganzen Stapel geschenkt. So ein schönes Auto wollte ich unbedingt einmal fahren. Also fragte ich den Garagisten, ob er einen glänzend braunen Audi für mich aufbewahren würde. Ganz bestimmt würde ich kommen, um ihn zu kaufen, sobald ich gross genug wäre. Da ich erst ein Kindergartenkind war, machte ich mir Sorgen, dass bis dahin keiner mehr vorrätig sein würde. Jeden Tag sah ich von nun an die Autos in den Farben der 70er Jahre draussen stehen, und irgendwann war mein braunes weg. Deshalb reservierte ich ein grünes.

Mein erster Wagen, den ich mit zwanzig kaufte, war übrigens ein silberner Audi 80 CD und noch immer fahre ich dieselbe Marke.

Der Kindergarten war einfach nur idyllisch schön.

Meine Kindergärtnerin mochte mich. Mit einer Engelsgeduld brachte sie mir bei, wie man die Schuhe bindet. Ich hatte sie gern, aber noch lieber war mir mein *Znüni-Täschli*. Es war mein Schatz und wunderschön. Darin befand sich oft ein Rüebli oder wieder einer dieser Gummiäpfel aus dem Heimkeller. Wenn es regnete, freute ich mich, die leuchtend gelbe Pelerine überstreifen und meine Füsse in blaue Gummistiefel stecken zu dürfen. Regen war schön – all die Tropfen, die in den Pfützen kleine

Kreise zogen, und wenn es stärker regnete, rauschten die Blätter der Bäume.

Eines Tages machte mir meine Kindergärtnerin ein unglaubliches Geschenk. Ich erhielt von ihr ein grosses Messer mit Horngriff, so eines wie es die Grossen im Waisenhaus alle besassen. Von der Grösse her war es eher ein Jagdmesser, es hatte eine scharfe, glänzende Klinge. Ich trug es in einer Lederhülle, die ich am Gurt einschlaufen konnte.

Wegen dieses Messers erhielt ich die bis dahin schwersten Prügel. Mir war nämlich nichts Schlaueres eingefallen, als es heimlich in die Sonntagsschule mitzunehmen. Auf dem Rückweg ins Heim fuchtelte ich damit vor der Kirche Masans vor dem katholischen Pfaffen herum, als wäre ich *Old Shatterhand*. Ganz wohl war mir plötzlich nicht mehr dabei, denn ich ahnte, was kommen würde.

Zögerlich machte ich mich auf den Weg ins Waisenhaus. Keines der anderen Heimkinder war mehr unterwegs, als ich mit bestimmt einer halben Stunde Verspätung die alte Tür öffnete, die ins Kellergewölbe führte.

Kaum befand ich mich im Halbdunkel, packte mich der Heimleiter, zog mir die Hose aus und schwartete mich kräftig durch. Gleichzeitig beschimpfte er mich, was ich *für an huara Tubel* wäre und was mir einfalle, mit dem Messer auf Leute loszugehen – was natürlich nicht stimmte. Vor allem erschrak ich über die Art und Weise, wie er mich abgepasst und so überstürzt sofort auf mich eingeschlagen hatte, dass ich nicht mal ein Wort hatte sagen können. Anfänglich versuchte ich, mich aus dem harten Griff des Heimleiters zu befreien, es gelang mir jedoch nicht. Ich bezog kräftig Prügel, aber es war ja weder das erste noch das letzte Mal. Die gröbsten Schmerzen versurrten ja immer schnell, nur die Haut brannte manchmal noch eine Weile.

Wie der Heimleiter seine Ablehnung und seinen Unmut zeigte, das beschäftigte mich allerdings noch geraume Zeit, denn der Mann hatte eigentlich etwas Väterliches an sich und ich hätte mir gewünscht, dass er mich beachtet.

Der untere Eingang durch den Heimkeller,
Heini mit mir bei der Arbeit

Das schöne Messer war natürlich weg, doch meine Kindergärtnerin kaufte mir nochmals eines. Diesmal schärfte sie mir genau ein, wie man damit umgeht und so gab's keine Probleme mehr.

Lustigerweise kann ich mich noch genau an den Moment nachfolgender Porträtaufnahme erinnern, als der Fotograf sie geschossen hat. Wie meist war ich schmutzig. Da ich immer etwas zum Entdecken fand, waren meine Finger selten sauber. An dem Tag, als der Fotograf in den Kindergarten kam, zogen sie uns im Heim das Beste an, was wir im Schrank hatten. Ich war sauber, doch bis ich im Kindergarten ankam, waren meine Finger wieder so schmutzig, dass der Fotograf mir vorschlug, sie in den Pullover zu stecken, vor allem die beiden, die am dreckigsten waren.

Kindergarten 1975

Das Positive am Heimalltag war, dass immer und überall jemand anzutreffen war, mit dem man reden konnte, ausser, wenn ich tiefer im Wald meine Ruhe suchte. Spannend war es, den älteren Jungs zuzusehen, wie sie ihre Machtkämpfe ausfochten. Wurfsterne waren ein beliebtes Mittel dazu. Diese wurden auf Ziele geworfen, die sie auf die alte Stallwand aufgemalt hatten.

Mit der Zeit verstand ich, bei wem ich vorsichtig sein musste und wer zu welcher Seilschaft gehörte. Vor allem mit Luci verstand ich mich bestens. Er war gross und stark und trug schulterlanges Haar. Fasziniert war ich davon, welche Streiche die Grossen ausheckten, und obwohl ich flink wie ein Wiesel war vermochte ich beim Davonrennen, wenn es denn nötig wurde, natürlich nicht immer mitzuhalten.

Im Gegensatz zum Kinderheim St. Josef wies das Waisenhaus mehr den Charakter eines Gutshofes auf, das es ja eigentlich auch noch ein wenig war. In den Kellergewölben hingen die Schlachthaken, an denen viele Tiere ihr Leben liessen. In den dunklen gewölbeartigen Naturkellern lagerten viele Vorräte: Von den vertrockneten Äpfeln, die ich all die Jahre hindurch verabscheute und trotzdem ass, da es meistens nichts Anderes zum *Zvieri* gab, bis hin zu den riesigen Gläsern mit hausgemachten, meist schimmligen Konfitüren und den übergrossen Konservenbüchsen, war dort einiges zu finden.

Eines der Heimkinder zeigte mir, wie man an Haferflocken mit Zucker gelangte. Manchmal war die Grossküche unverschlossen. Wenn nicht, kroch man durch die Durchreiche, die nicht immer von innen arretiert war. In der Spensa stand ein grosser Sack mit Zucker neben einem mit Haferflocken. Also Hand auf, Haferflocken und Zucker rein und kauen bis es feucht genug war, um es hinunterzuschlucken. Das war wirklich ausgesprochen lecker.

Alle Heimkinder brachten ihre ganz spezielle Geschichte mit ins Waisenhaus. Das Haus schaffte es nicht, uns gleich zu machen. Einer der Jungen behauptete felsenfest, seine Mutter werde ihn nächstens rausholen, bis ich begriff, dass *nächstens* in seinem Fall *nie* bedeutete. Ein Mädchen erzählte mir von ihrem reichen Götti, der sie sofort holen käme, wäre er nicht so viel beschäftigt. Zumindest werde er ihr ein fantastisches Weihnachtsgeschenk schicken. Und ich? Ich erzählte von meinem Papa, dem Besten der Besten, der irgendwann auch mich holen käme.

Meine Vormundin Edith A. erzählte mir Anfang 2016, als ich sie telefonisch auf mein Buch und den SRF-Dokumentarfilm ansprach, dass sie zu Beginn meiner Waisenhauszeit einmal einen Waldspaziergang mit mir gemacht habe. Dabei hätte ich derart positiv und schwärmerisch über meinen Papa gesprochen, dass sie sich danach verwundert erkundigen musste, ob meine Eindrücke stimmen konnten. Wenn ja – warum wäre ich dann in einem Heim? Das zeigt deutlich, wie die meisten Kinder ihre Eltern und ihr Zuhause idealisierten, wobei es auch Kinder gab, die *froh* waren, nicht mehr zu Hause sein zu müssen, weil deren Eltern sie derart stark emotional und körperlich misshandelt hatten. An zwei Mädchen kann ich mich in diesem Zusammenhang erinnern.

Weinen sah ich kaum mal einen Jungen im Waisenhaus. Wir münzten Sehnsucht und Frust in Gewalt um, prügelten uns und steckten immer wieder unsere Reviere neu ab. Seltsam war für mich, dass ich trotz des pulsierenden Lebens im Heim einsam und alleine war – wie alle anderen auch. Am Abend stauten wir Kinder uns jeweils im viel zu kleinen Badezimmer und ich hatte Mühe, mich gegenüber den Grösseren zu behaupten. Es war ein dauernder Kampf um jeden Platz.

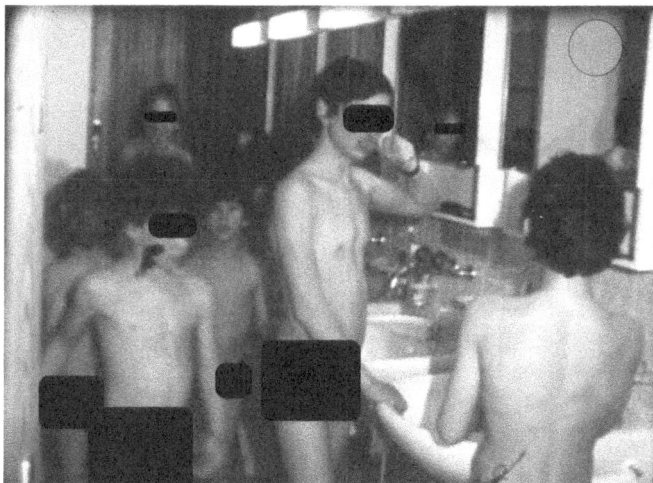

S. A. nahm dieses und ähnliche Bilder von uns auf.
Ein Bild aus dem neuen schönen Badezimmer, ich bin in der Mitte.

Lagen wir endlich in den Betten, fühlte ich mich wie in einem öden, vergessenen Bahnhofswartesaal. Irgendwann müsste eigentlich ein Zug kommen und uns mitnehmen. Jeder lag in seinem Bett, das nicht das Bett war, in das er im Grunde gehörte. Das eigene Bett – das war für mich immer eine Metapher für ein

Zuhause. Keiner von uns hatte ein eigenes Bett. Es schien mir, als fühlte ich die Zeit, die uns bedrückend umschloss. Wo würden wir alle irgendwann hinkommen? Und wann? Was würde *zu Hause* künftig für mich bedeuten? Ich fühlte, dass es für mich so etwas nie mehr geben würde – und doch wollte ich es nicht wahrhaben.

Dass die Gebäude so alt und baufällig waren, störte mich nicht im Geringsten. Den Geruch des alten Waisenhauses mochte ich sogar, eine Mischung aus Bauernhof, Küche, muffigen Kellergewölben und einer Molkerei. Die lange Geschichte des Waisenhauses steckte noch in allem – das war zu fühlen.

Mit einem kleinen Anhänger holten wir als wechselndes Zweiergespann jeden Tag frühmorgens Milch beim Bauern Würth, dessen Hof etwa 200 Meter über dem Waisenhaus lag. Im Frühling und Herbst, wenn es noch dunkel war und ein warmer Südwind wehte, war ich am liebsten eingeteilt. Chur leuchtete wie ein Versprechen unter mir. Manchmal sahen wir im ersten schwachen Morgenlicht Rehe auf den noch schlafenden Wiesen äsen. Diese Momente der Morgendämmerung empfand ich als magisch – als würde der neue Tag niemals geboren.

Auf dem Rückweg hoben sich unter uns die dunklen Silhouetten der Gebäude ab mit ihren gelb erleuchteten Fenstern, die zwischen den Zweigen der grossen Bäume durchschimmerten. Dieser Anblick löste wieder Beklemmung in mir aus, weil ich genau fühlte, was mich dort erwartete. Durch den kleinen überdachten Haupteingang trugen wir die Milchtanse in die Küche. Duft von Milchkaffee lag in der Luft. Die grossen gummiartigen Brotlaibe waren bereits aufgeschnitten, das alte Geschirr aufgedeckt. Buttermodel lagen zum Auftischen bereit. Milchkaffee und dicke Scheiben Brot mit viel Butter gab's zum Frühstück. In den ersten Jahren, als das Essen sehr schlecht war, gab es häufig trockene Polenta, die ich mit viel Milch runterspülen musste. Vor allem in der hauseigenen Konfitüre fand ich immer wieder Schimmel, entweder beim Schmieren der Brote oder beim Essen.

Das Waisenhaus vor meiner Zeit: Die Bäume sind noch klein, dahinter die Felswand, in der ich heute oft klettere.

Dann kam ein grosser Moment für mich.

Ich wurde eingeschult!

Mein Schulranzen war einer mit schwarzweissem Fell und zwei roten Rückstrahlern, die zugleich auch als Verschlüsse dienten. Ich staunte, ich freute mich unbändig. Dieses wunderbare Ding sollte tatsächlich mir gehören? Dazu erhielt ich auch noch das Etui mit dem Füllfederhalter.

Wie bereits erwähnt, fehlte gutes und genügendes Personal im Waisenhaus. Das bedeutete, dass bei Schulanlässen die jeweilige Erzieherin nur ganz kurz bei jedem *ihrer* Kinder in der Klasse sitzen konnte und deshalb noch während der Unterrichtsstunde in die nächste wechseln musste. Martin, der Sohn des Heimleiters, und ich wurden gemeinsam eingeschult und kamen in dieselbe Klasse. Fast alle anderen Heimkinder waren älter als ich, nur wenige jünger. In meiner Klasse waren wir damals dreiunddreissig Schüler.

So viele Kinder, die alle an ihrem ersten Schultag von ihren Eltern begleitet wurden! All die strahlenden und stolzen Gesichter der Eltern um mich herum. Irgendwie war ich ein Teil des Ganzen, weil ich mittendrin stand, aber zugleich doch bloss auch nur ein Betrachter. Natürlich hatte ich keine Scheu, alleine zwischen all den Eltern zu stehen, auch wenn ich mir dabei ein wenig verloren vorkam – umso genauer beobachtete ich. Es war, als würden mir die Gesichter der Mütter und Väter auch ein wenig Kraft und Freude schenken. Die Freude gehörte doch uns allen und somit auch ein wenig mir. Dennoch war da ein kleiner Stich in meinem Herzen zu spüren, denn es war nicht abzustreiten, dass ich sehr gerne auch von Eltern begleitet gewesen wäre, um in deren Augen diesen Stolz, diese Freude sehen zu können. Doch deswegen war ich nicht etwa nur niedergeschlagen, dazu gab's viel zu viel Neues und Spannendes. Es war bloss ein schön-trauriger Moment, von denen noch viele folgen würden. Auch schön-traurige Momente kann man etwas geniessen lernen, wenn man dazu bereit ist.

Der erste Schultag war nur ein gegenseitiges Beschnuppern, doch ich machte mehr daraus. Im Waisenhaus erzählte ich der Erzieherin, der Lehrer H. habe mir gesagt, ich sei heute der Beste gewesen. Noch am selben Abend wurde ich zum Heimleiter zitiert, der mir eine Standpauke hielt, was ich doch für ein *Galöri* wäre – so ein dummer Junge. Der Lehrer habe dies mit Sicherheit nicht gesagt. »Doch!«, ich insistierte, dass es genauso gewesen sei. »Ja wirklich!«, betonte ich. Darüber ereiferte sich der Heimleiter noch mehr, damit ich es ja begreifen solle. In solchen Momenten begann er zu stottern. Mein Festhalten an meiner Meinung hatte ihn einfach richtig wütend gemacht.

Heute weiss ich, dass ich damals einfach nur etwas Aufmerksamkeit erhofft hatte. Die Mütter und Väter waren doch alle so stolz auf ihre Kinder, die mit mir eingeschult wurden, ohne dass sie eine Leistung dafür hätten erbringen müssen. Ich wollte dasselbe Gefühl auch ein wenig erleben. Einfach grossartig sein und solch strahlende Augen meinetwegen zu sehen. Da es um meinetwegen ja offensichtlich nicht möglich war, begann ich schon sehr früh, die Anerkennung über gute Leistungen zu erringen. Doch gute Leistungen bringen Neid – nur das wusste ich noch nicht, denn bis heute verspüre ich selbst nie Neid oder Missgunst.

Wenn der Heimleiter damals gewusst hätte, dass ich viele Jahre später von so vielen Heimkindern das einzige bei seiner Beerdigung sein würde – wer weiss, vielleicht hätte er manchmal anders gehandelt. Der Grund, warum ich viele Jahre später zu seiner Beerdigung ging, war ein simpler: Ich wollte hinter den Menschen sehen, als Erwachsener verstehen, was denn dieser Heimleiter für einer war, dem ich so wenig *Wärme* nachsagen kann. Was, wenn er gewusst hätte, dass ich eines Tages dieses Buch schreiben werde?

Seine Worte verletzten mich damals sehr. Je mehr ich insistierte, umso mehr Gegenwind bekam ich. Das Gefühl kam in mir hoch, weinen zu müssen, doch es war unmöglich, Tränen zuzulassen. Genau das hätte ich jedoch am liebsten damals getan: Einfach mein ganzes Leid rauszuschluchzen und dabei jemandem in die Arme zu springen, um endlich Trost und Geborgenheit zu finden. Nicht wegen dem versauten ersten Schultag – wegen der vielen vergangenen, sehr schweren Tage in meinem noch so jungen Leben. Doch wie hätte das gehen sollen? Es war schlicht unmöglich, denn es war ja niemand da, der mich aufgefangen hätte. Also beharrte ich im Büro des Heimleiters weiter darauf, dass der Lehrer es wirklich gesagt habe, denn ich wollte es doch so gerne selbst glauben.

Kurz nach meinem Eintritt ins Waisenhaus fand mich Mirjam H., eine Erzieherin der Mädchengruppe, schluchzend in den Kellergewölben. Gemäss ihrer Aussage weinte ich heftig, aber leise. Als sie mich nach dem Grund fragte, hätte ich zur Antwort gegeben, dass ich darüber nicht reden könne. Bis auf dieses eine Mal, weinte ich nie mehr so vor anderen. Nur wenn der Wind heftig über die Felder zog, wollte ich immer glauben, dass er es war, der mir die Tränen in die Augen trieb.

Es ist schwierig zu beschreiben, dass in jedem einzelnen Moment meines Erlebens diese namenlose Beklemmung mitschwang – auch in der Schule, als würde etwas tief in mir alles dunkel einnebeln.

In der Primarschule war mein Klassenzimmer eines von zweien, die in einem hölzernen Pavillon untergebracht waren. Es duftete nach Holz, Bleistiften, Papier, Radiergummis und Karton. Das war das beste Schulzimmer, das ich je hatte, eines, vor dem eine alte Standpenduluhr Atmosphäre schaffte. Sie vertickte mir oft die Zeit, wenn ich wieder mal zur Strafe vor die Türe musste.

Tick, tack, tick, tack, tick, tack ...

Buchstaben faszinierten mich sofort, genauso wie das Rechnen.

Das A war der erste Buchstabe, den der Lehrer an die Tafel schrieb. Faszinierend. A wie Affe!

Im Nu lernte ich lesen und schreiben, was mir eine ganz neue Welt eröffnete. Damit fand ich Zugang zu meinem Innersten. Ausserdem merkte ich schnell, dass ich im Deutschunterricht mit den allerbesten mithalten konnte und oft sogar alleine obenaus schwang, ohne dass ich mich sonderlich dafür anzustrengen brauchte. Es war, als hätte der Lehrer mit diesem A eine kleine Schleuse in einem Stausee geöffnet, denn jetzt floss beständig etwas aus mir heraus. Lesen und Schreiben – was für eine wunderbare Welt!

Im Waisenhaus lief das Leben mit stets ähnlichen Tätigkeiten ab. Wir Kinder eroberten immer neue Waldgebiete, gruben sinnlos tiefe Löcher in den Waldboden und bedeckten diese mit Zweigen und Blättern, um so vielleicht ein Reh oder einen Jogger zu fangen. Letztere Vorstellung liess uns lauthals lachen und noch eifriger buddeln. Wir kletterten übermütig auf die höchsten Bäume und jedes Mal war es ein Wettstreit, wer es bis zum Wipfel schaffen würde. Aus Stauden, die am Waldrand wuchsen, schnitzten wir perfekte Speere. Pfeil und Bogen waren ebenfalls beliebt. Die älteren Jungs halfen mir, alles herzustellen. Am Schluss verzierten wir unser Spielzeug mit schön geschnitzten Mustern.

Jahre später, als ich etwa dreizehn war, bekamen zwei der Jungs in meiner Gruppe je einen Fiberglasbogen von ihren Müttern geschenkt, dazu Pfeile mit Stahlkappen. Lebensgefährlich, die Dinger, doch wir fanden schnell heraus, was uns allen das Adrenalin nur so in die Adern schiessen liess! Wir spannten auf der Wiese die Bögen und zielten möglichst senkrecht in den Himmel. Mit einem Zischen schnellten die Pfeile weg – weit aus unserem Blickfeld. Aufgeregt versuchten wir, sie so rasch wie möglich zu erspähen, um ihnen rechtzeitig ausweichen zu können, wenn sie wieder runtersausten. Wir mussten dabei höllisch aufpassen, denn plötzlich steckten sie sehr nahe neben unseren Füssen tief in der Erde. Ein Wunder, dass nie jemand zu Schaden kam! Aber mitunter war die Katastrophe fast absehbar, etwa, wenn ein Junge im Streit auf einen anderen zielte und auf dreissig Meter knapp dessen Kopf verfehlte.

An jedem zweiten Mittwoch- und Samstagnachmittag mussten wir im Garten und Umschwung mithelfen. Dafür bekam ich einen Franken pro Monat in einem Büchlein gutgeschrieben, das mit meinem Namen beschriftet war. Dieser Franken wurde von der Gemeinde Maladers bezahlt, die meinem Papa alles abgenommen hatte, was bei ihm noch zu holen war. Dieses geringe Taschengeld, das mich unzählige Stunden kostete, musste also mein Papa bezahlen. In den Akten der Behörde von Maladers ist das fein säuberlich vermerkt.

An warmen Sommertagen badeten wir manchmal am Waldrand im hauseigenen Schwimmbecken des Heimes.

Das hölzerne kleine Badehaus duftete nach Gummiflossen, Schwimmgurten und imprägniertem Holz. Es steht noch heute.

Der Heimleiter warf manchmal dicke Chlortabletten ins Wasser, bevor wir reinsteigen durften. Doch ich steckte jeweils bloss die Füsse rein oder spielte im flachen Bereich mit meinen Holzschiffen, die ich im Wald selber gebaut hatte.

Badhüsli – daneben das Schwimmbad

Und natürlich spielten wir oft Fussball auf der kleinen ebenen Fläche am Waldrand, weil ein richtiger Fussballplatz erst mit dem Neubau gestaltet wurde.

Und was gab's jeweils zum Zvieri?

Rüebli und Schrumpfäpfel – was sonst!

Was hätte ich alles für eine Banane oder gar etwas Schokolade mit frischem Brot gegeben!

Zur Schokolade kommt mir Folgendes in den Sinn: Schon als kleiner Junge suchte ich Wege, um an etwas zu gelangen, das eigentlich nicht für mich bestimmt war. In meine Schulklasse ging auch Reto M., er war der Sohn eines Bauern, dessen Hof unterhalb des Waisenhauses Richtung Trimmis stand. Die Familie wirtschaftete unter anderem mit Mastschweinen. Die Schokoladenfabrik, die es damals in Chur noch gab, überliess dem Bauern ihre Abfälle. Das erfuhr ich per Zufall. Zermanschtes und zerbrochenes Süsszeug wurde dem Bauern geliefert, unter anderem auch *Mohrenköpfe*, die heute Schaumküsse heissen. Ich bat Reto, uns welche abzuzweigen. Eines Tages kam er deshalb mit einer grossen Kartonschachtel die Wiese zum Waisenhaus hochgelaufen. Die Schachtel war mit einem Mix aus verschiedenen *Mohrenköpfen* gefüllt.

Reto, Martin und ich verzogen uns sofort in den Wald, bevor es andere spitz bekamen. Dann begann meine Fresserei, die Reto nicht nachvollziehen konnte. Schrumpfäpfel und Karotten ade! Ich ass und ass – ich frass. Alles, was noch irgendwo einen Platz in mir fand, stopfte ich rein, bis mir richtig, aber so richtig übel wurde. Erst dann riefen wir die weitere Meute hinzu und bald war die Riesenschachtel leer gefressen. Mit einer Zuckerüberdosis hing ich danach am Brunnen vor dem Heim und soff Wasser wie eine Kuh vom Bauern Würth. Reto musste mir beim Gehen dennoch versprechen, mir noch weitere dieser *Mohrenköpfe* zu schenken. Was er auch tat!

Da das Essen, vor allem in der Anfangszeit im Waisenhaus, meist sehr schlecht war, gingen ich und andere oft mit Hunger vom Tisch, auch, weil es zu wenig gab. Und wenn mal was Gutes aufgetischt wurde, war das Essen sowieso immer zu wenig. Dann kam es mir wie ein Wettfressen vor, um als Erster ein zweites Mal nachgeschöpft zu bekommen. Wir murrten deshalb oft.

Die Freundschaft mit Martin vertiefte sich. Mit ihm ging ich zu Fuss durch lichtdurchflutete Wiesen in die Schule. Martin brachte mir in der ersten Klasse die Himmelsrichtungen bei. *»Wie kann er bloss all die Dinge wissen?«*, dachte ich. Er war sehr intelligent und ein super Freund. Andere Freunde zu finden, war sehr schwierig für mich. Mir wurde es verboten, nach der Schule mit Mitschülern ins Heim zu kommen oder mich gar mit ihnen zu verabreden. Für Martin galt dieses Verbot natürlich nicht. Es war enttäuschend für mich, ihn zu anderen gehen zu sehen, obwohl ich doch auch gerne dabei gewesen wäre. Doch ich hatte ein genau definiertes Zeitfenster, wann ich im Waisenhaus zurück sein musste. Wenn ich mich richtig erinnere, rechnete man für mich zwanzig Minuten für den Weg ein.

Dieser Weg war für die nächsten sechs Jahre zu jeder Jahreszeit auch meine kleine Freiheit. Auch wenn sich das Heim beim

Zurückgehen in den Wiesen über mir erhob, als wolle es mich auch optisch erdrücken, so war der Weg vom Waisenhaus weg – mit der unterhalb gelegenen Stadt – ein wenig, als ob ich davonflöge. Vielleicht träumte ich auch deshalb immer davon, einen eigenen Flieger zu bauen.

Auf dem Schulweg assen wir im Sommer Sauerampfer in den Wiesen, fingen Grillen und suchten im nahen Bach etwas, das irgendwie nach Abenteuer aussehen konnte – eine Schlange etwa oder sogar einen Schatz. Wenn wir über die kleine hölzerne Brücke liefen, waren wir in Sichtweite des Heimes und ich hatte wieder einmal zu viel Zeit vertrödelt. Mit Vollgas rannte ich zum Waisenhaus, um keine Strafe zu riskieren. Das Gelächter im Speisesaal war jeweils gross, wenn ich zu spät an meinen Tisch hechtete und die abstrusesten Räubergeschichten als Gründe dafür auftischte. Der Strafe entging ich nie. Die *gute* Strafe bestand darin, dass alles, was es zu essen gab, in einem einzigen Teller zusammengemischt wurde: Suppe, Brot, Salat, Teigwaren – ein richtiger Mischmasch. Diese Strafe war aber erträglich. Die schlechte Variante war, dass ich gar nichts bekam und den anderen den Rücken zukehrend warten musste, bis die Verpflegung vorbei war. Ich wurde oft bestraft, denn es gab so viel zu entdecken auf dem Weg ins Waisenhaus.

Meine Schulnoten waren in der ersten Klasse sehr gut. Der Durchschnitt lag bei 5 ½. Da ich aber beim Schönschreiben grosse Mühe hatte, die Linien zu treffen, musste ich zum Neurologen. Der Grund war jedoch ein lachhaft einfacher: Man hatte mir mein gesundes rechtes Auge zugeklebt und mit dem linken sah ich so schlecht, dass ich die Linien schlicht nicht erkennen konnte.

Im Unterricht liebte ich Geschichten, Aufsätze, Diktate und Realien. Aber wenn der Lehrer aus einem Buch vorlas, dann hörte ich besonders gebannt zu. Diese Geschichten, die ich anfangs leider noch nicht selber lesen konnte, versetzten mich in eine andere Welt, die in meiner Fantasie so lebendig war, dass sie zu einer Art zweiter Wirklichkeit wurde. Auf jeden Fall ein Ort, um durchzuatmen und meine Schmerzen, meine Angst und meine Verlorenheit für kurze Zeit vergessen zu können.

In der dritten Klasse bekamen wir vom Lehrer folgende Aufgabe: Zu Weihnachten 1977 sollten wir aufschreiben, was sich jeder von uns am sehnlichsten wünschte – und weshalb. Wie immer ging ich solche Aufgaben mit grossem Eifer an. So schrieb ich, dass ich mir wünsche, Papa und Mamma möchten zu unserem Krippenspiel ins Heim kommen. Die Jahre zuvor war nämlich niemand von meiner Familie dabei gewesen. Heimlich wollte ich dann die beiden nebeneinandersetzen. Sie würden das Krippenspiel sehen, in dieser schönen Stimmung Frieden miteinander schliessen und mich und Maja und die anderen Geschwister alle sofort nach Hause mitnehmen.

Im Waisenhaus hielt mir der Heimleiter ein paar Tage später meinen Aufsatz aufgebracht unter die Nase. An seiner Stimmung merkte ich sofort, dass ich etwas angestellt haben musste. Er wetterte, was zum Teufel ich mir denn da überlegt hätte, solch einen Blödsinn zu schreiben. Ob ich denn noch immer nicht begriffen hätte, dass mich niemand holen würde! Er ärgerte sich masslos über meinen Aufsatz. Dass ich wirklich eine Möglichkeit sah, das Waisenhaus verlassen zu können, war für ihn völlig unverständlich.

»Der Lehrer hat uns doch gesagt, dass zu Weihnachten manchmal Wunder geschehen!«, entgegnete ich ihm. Genauso eines hatte ich mir vorgestellt. Ein Wunder! Ich liess ihn reden, am liebsten aber wäre ich davongerannt und hätte geheult.

Er behielt recht!

In den insgesamt acht Jahren kam nie jemand von meiner Familie zum Krippenspiel ins Waisenhaus. Jedes Mal blickte ich voller Hoffnung in die gefüllten Reihen, doch vergebens. Das war sehr enttäuschend für mich und schmerzte mich bis zum nächsten Tag. Vor allem, wenn ich die anderen Heimkinder mit ihren Eltern oder Verwandten sah. Das war ein Scheissgefühl, als hätte es nicht schon gereicht, dass ich Derartiges ausserhalb des Waisenhauses zur Genüge erleben musste. Der Heimleiter sorgte dafür, dass ich nur minimale Rollen bekam, obwohl ich mir eine grosse wünschte. Dass seine Kinder Maria und Josef spielen durften, verletzte mich, denn ich war überzeugt, ich wäre mindestens so gut gewesen. So war ich dann halt ein taubstummer Hirte oder mal einer von drei Sprechern mit zwei Zeilen Text oder ein wortloser und unbeweglicher Stern.

Krippenspiel in der Schule – was hatte ich für eine Rolle? Die zweite von rechts ist Simone – für sie schwärmte ich lange Zeit.

Ein paar Jahre später in der Adventszeit, ich liebte diese kleinen Feiern und durfte vorlesen. Hier sind wir in der neuen Gruppe.

Die Adventszeit fand ich übrigens immer sehr schön. Ein richtiger Zauber lag über und in allem. In der Schule durften wir aus zwei Adventskalendern einen auswählen. Jedes Jahr nahm ich den gleichen und freute mich jeden Morgen darauf, ein Türchen zu öffnen und das kleine Bild dahinter zu betrachten. Zu den Sujets gehörte immer ein Engelchen, ein richtig kitschiges, *so* übergewichtiges Ding, dass die *Weight Watchers* ihre wahre Freude daran gehabt hätten. Mit roten Pausbäcklein spielte es Harfe oder Posaune. Immer zu sehen gab es auch eine Winterzaubermärchenlandschaft, ein verschneites Häuschen mit Tannen oder Ähnliches. Es war etwas, das nur für mich persönlich bestimmt zu sein schien. An eine solche Wunderwelt wollte ich glauben. Weihnachten war wie eine Zeit ausserhalb des normalen Lebens. Eine Zeit, in der Wunder geschehen können, eine Zeit, die Herzen heilen kann. Eine Zeit der Geborgenheit, der Liebe – der Familie. Vor allem liebte ich die rührenden Weihnachtsgeschichten, die von armen Menschen handelten, die am Ende ihr Glück fanden.

Weil ich auch im Waisenhaus an den Wochenenden nirgendwo hingehen konnte, suchte man mir sofort nach meinem Eintritt eine Pflegefamilie. Für Maja hatte man bereits einen Wochenendplatz gefunden, an dem es ihr sehr gut gefiel.

FAMILIE VENTURA

• • •

Elisabeth und Andri Ventura – sie sind so wundervolle Menschen!

Weihnachten bei den Venturas – mit Michael, Daniel und Claudia

Wenige Monate nach der Einlieferung ins Waisenhaus lachte mich das Glück an:

Ein junges Ehepaar Mitte zwanzig, Elisabeth und Andri Ventura aus Chur, holte mich für ein Probewochenende ab. Die beiden kamen in einem kleinen, knallgelben Fiat 500 angefahren, der nicht grösser als eine Zündholzschachtel war, dafür so laut wie ein Panzer.

Zuerst fuhren wir zur Migros Gäuggeli in Chur, um fürs Wochenende einzukaufen. Am Kiosk bekam ich überraschend etwas geschenkt, was, weiss ich nicht mehr. Leider vergass ich in meiner freudigen Aufgeregtheit, dass ich schon lange dringend aufs Klo hätte gehen müssen.Wieder im Auto konnte ich deswegen kaum mehr sitzen.

So schnell es ging, fuhren die Venturas mit mir zur Pulvermühlestrasse 5, zu einem Block, in dem ich später, mit 16 Jahren, eine Einzimmerwohnung bezog. Ich schaffte es noch bis vors Klo, aber dann konnte ich es nicht mehr zurückhalten und pinkelte mir die Hose voll.

1975 bei den Venturas in Chur – ich liebte dieses Sofa!
Zum Glück schlief ich da friedlich im Unwissen, dass ich elf Jahre
später sechs Stockwerke darunter schlimme Monate nach der
Heimentlassung durchmachen musste.

Trotz dieses Malheurs durfte ich ab jetzt einmal im Monat bei den Venturas sein.

Das war ein unglaubliches Glück, ein Geschenk, wie sich herausstellen sollte. Das Paar war das Beste, was mir damals geschehen konnte. Zwei wunderbare Menschen, die es so gut mit mir meinten.

Andri, ein Engandiner aus Scuól, arbeitete bei der Post, Elisabeth als Sachbearbeiterin für die *Calanda Bräu*. Im Militär war Andri Hauptmann bei den Trainsoldaten. Ich bewunderte seine vielen Orden und stolzierte schon bald mit einer Hauptmannsmütze herum, die mir viel zu gross war.

Bei Venturas war ich also bestens aufgehoben, stellte aber auch dort allerlei Unfug an. Elisabeth verliess einmal kurz die Wohnung, die sich im sechsten Stockwerk befand, um im Erdgeschoss zu waschen. Einen Sechsjährigen, der so selbstständig war wie ich, den sollte man doch kurz alleine lassen können – dachte sie.

Gelegenheit und Langeweile sind die beste Entschuldigung für Streiche. Kaum war Elisabeth im Lift, legte ich eine Schallplatte von Andri auf den teuren Plattenspieler. Dieser konnte automatisch die erste Rille anpeilen, wenn man den richtigen Knopf drückte. Marschmusik ertönte! Ich zog alles an, was ich an Uniformstücken finden konnte, hängte mir eine Menge Auszeichnungen um, rückte mir die Hauptmannsmütze zurecht und drehte die Musik laut auf. So spielte ich im Wohnzimmer *Krieg und Frieden*. Ich befehligte eine grosse imaginäre Armee und ging auf Erkundungstour. In der Küche lagerte das feindliche Heer und bewachte die Vorräte, die ich zurückerobern wollte. Ich nahm mir zudem vor, möglichst viel davon zu essen, damit sie nicht wieder dem Feind in die Hände fallen konnten. Die Wohnung erzitterte unter der Marschmusik, während ich mich vorankämpfte, um noch rechtzeitig die Aprikosen- und Erdbeerquärklein aus dem Kühlschrank zu retten, damit ich diese in einer Feuerpause verschlingen konnte.

Uniformen faszinierten mich als Kind sehr. Ganz klar, ich wollte ein General werden und in den Krieg ziehen, natürlich, um die Bösen zu verjagen und die Guten zu befreien. Im Waisenhaus sah ich in der zweiten Klasse den Monumentalfilm *Krieg und Frieden* aus dem Jahre 1967. Ich glaube, die grossen Jungs liessen mich heimlich zuschauen. Nichts verpasste ich. Wenn ich mich recht erinnere, waren es mehrere Folgen. Der einzige Fernseher stand zuerst in einer der ehemaligen Knechtekammern, danach im Sing- und Spielzimmer, nachdem der Heimleiter S. A. mit einem Jungen bei sexuellen Handlungen in dieser Kammer erwischt hatte.

Auf jeden Fall sah ich all die Kriegsszenen und bekam den ganzen Ruhm mit, den die Helden aus den Schlachten nach Hause trugen. Ich sah, wie sie bejubelt wurden und wie Helden ihr Blut glorreich auf dem Schlachtfeld vergossen, um für die eine Sache zu sterben. Einen der Anführer eines Bataillons bewunderte ich besonders – einen Franzosen. Seine wunderschöne weisse Uniform mit all den Orden machte mir grossen Eindruck. So einer wollte ich auch einmal werden. Schlussendlich aber wurde ich bei der Aushebung für die Rekrutenschule als Kanonier eingeteilt und aufgrund meiner Kinderheimvergangenheit landete ich im Zivilschutz, mit ein paar langhaarigen Typen neben mir, die in einem VW-Bus hausten, Comics lasen und kifften. Ein viel zu klein geratener Typ mit einem blauen Overall und dickem Bauch versuchte, mir in militärischem Ton etwas zu befehlen. Dies drei Jahre nach all den Kinderheimen – nicht mal dieser Typ wollte mich länger in seiner Truppe haben, nachdem ich mit ihm *geredet* hatte.

Im Streifen *Krieg und Frieden* begeisterten mich ausserdem die wunderbaren Bilder, die zeigten, wie gewisse Menschen niemals aufgeben, Menschen, die das Schöne in jedem Strudel von Ereignissen zu suchen gewillt sind. Die ganz grossen Gefühle dieses Streifens liessen mich Tagträumen nachhängen. Wie gerne wäre ich ein Teil der Handlung gewesen! Es war alles so real, ich glaubte, diese Welt gäbe es wirklich irgendwo und somit auch einen Platz für mich.

Da ich während der Sommerferien verständlicherweise nicht sieben Wochen bei Venturas verbringen konnte, suchte das Waisenhaus nach einer Bauernfamilie und wurde fündig.

Auch hier hatte ich wieder unglaubliches Glück. Eine Bauernfamilie aus Schänis meldete sich, Familie Riget, deren jüngster Sohn nur ein Jahr jünger war als ich. Auch mit dieser Familie hätte ich es nicht besser treffen können, denn mir machte die Arbeit auf dem Hof viel Spass, und wenn einmal nicht, durfte ich meiner Lieblingsbeschäftigung nachgehen, dem Holzhacken. Sie vertrauten mir von Beginn an und ich kann mit meinen Fingern heute noch bis zehn zählen, obwohl ich Berge von Holz gehackt habe.

Im Laufe der ersten, aber vor allem in der zweiten Klasse, spürte ich immer klarer, dass mein Verhalten bei Lehrer H. regelrechte Abscheu auslöste, die er mir auch zeigte. Wiederholt schlug er mich. Er packte mich dabei am dichten Haarschopf, den man in den 70ern so trug, ausser der Heimfriseur war wieder mal am Werk gewesen, und schüttelte meinen Kopf heftig hin und her. Schnell lernte ich, diesen in solchen Momenten einfach locker zu lassen und zu warten, bis H.s Anfall vorüber war. Es tat zwar weh, doch der Schmerz versurrte nach und nach. Mehr haben mich sein Gesichtsausdruck und die Worte erschreckt, die mir dieser Lehrer entgegenschleuderte:

»Du bisch so an dumma Buab! Huara Waisahüsler!«

In seinen Augen sah ich seine Abscheu, die Wut und das pure Unverständnis. Sie spiegelten sozusagen wider, was er in mir zu sehen glaubte.

Natürlich stellte ich immer wieder Unfug an. Aber oft war ich einfach auch der Sündenbock, wenn wir im Kollektiv Streiche gespielt hatten, wobei ich zugegebenermassen immer mit dabei war. Als beispielsweise der Friedhof unter der Kirche Masans, der direkt an den Schulplatz angrenzte, umgestaltet wurde, grub man die ältesten Gräber aus. Knochen lagen deshalb auf Erdhaufen und wir fanden auch Totenköpfe im Friedhof. Einige Kinder spielten irgendwann Fussball auf dem gepflasterten Weg zum Pavillon – mit einem Totenkopf! Der Schädel rollte scheppernd hin und her. Ihn zu kicken – das brachte ich nicht fertig. Ich fühlte noch den Menschen, zu dem er gehört hatte, und ich fürchtete, der Totenkopf könnte aufstöhnen, würde ich ihn treten. Meine Fantasie ging wieder mal mit mir durch, wie so oft. Also schaute ich nur weiter zu, wie der Schädel hin- und hergekickt wurde. Dennoch war ich für den Lehrer danach der Anstifter – wieder dieser *huara Waisahüsler*.

Schon in der ersten Klasse fiel mir auf, dass ausser mir nur R., der bei zwei betagten Tanten wohnte, vom Lehrer hart rangenommen wurde. Kinder, die Eltern hatten, wurden niemals geschlagen. Diesen sozialen Unterschied fühlte ich ständig. Das Dumme war, dass ich trotzdem nie die Klappe halten wollte und das provozierte meinen Lehrer am laufenden Band. Ich wurde laut, wann immer er ungerecht zu sein schien und eine Angriffsfläche bot, auch wenn ich wusste, dass es dann gleich wieder auf mich einhagelte. Der Lehrer hatte es sicher nicht einfach mit mir gehabt und ich überforderte seinen schwachen Charakter.

Erste Klasse bei Lehrer H. – 1975

Schon immer war ich ein Grenzgänger, der an schwachen Figuren *rüttelte* und sich an den Aussergewöhnlichen orientierte. Niemals hat mich eine in sich gefestigte Person geschlagen oder gar missbraucht – egal, in welcher Institution ich untergebracht war.

Den Turnlehrer in Masans beispielsweise, der mit einem Porsche vorfuhr und sich dabei wie ein Gockel aufspielte, mochte ich nicht – und er mich noch weniger. In der zweiten Klasse spotteten wir alle über ihn, wenn er in seinem Schlitten vorfuhr, der bloss einen VW-Motor im Heck hatte, wie wir ja alle wussten. Pfui, ein VW-Motor in einem Porsche – das geht ja gar nicht! Das wäre ja wie ein Vollblutpferd mit Eselsbeinen. Er aber bewachte seinen Wagen in der Pause, damit die Mädchen mit ihren Fingerringen ja kein Krätzerchen hinterlassen konnten.

Es kam, wie es kommen musste.

Was alle wussten, was viele dachten – das sprach einmal mehr nur ich aus!

Als Herr Eggler mich im Turnen verbal zusammenstauchte, kam mir mein loses Mundwerk wieder mal in die Quere:

»Ihras Auto isch ja aigentlich nu a VW-Schissi! Wähhh!«

Sogleich spurtete ich aus der Turnhalle in Richtung der Toiletten, um ein wenig Vorsprung zu haben, denn Eggler in seiner zu engen Adidas-Trainingshose kam wie ein wild gewordener Stier hinter mir her. Im letzten Moment konnte ich die Klotür verrammeln, was ihn draussen brüllen liess.

»Mach sofort uf, du frecha Siach!«

Natürlich tat ich das nicht – blöd war ich ja nicht.

Die WC-Kabinen schlossen oben jedoch nicht mit der Decke ab. So hechtete er hinauf, zog mich an den Haaren in die Höhe und schüttelte mich heftig. Der war ja sowas von wütend! Wahrscheinlich aufgrund der Summe aller meiner provozierenden Sprüche während der vielen Turnstunden.

Mittlerweile stand die halbe Klasse hinter dem Lehrer und sah zu, wie er mich auf der Kabinentür liegend traktierte. Bis zum Mittag wusste jeder im Schulhaus, dass *dr Eggler und dr Philipp* so aneinander geraten waren. Natürlich auch, dass ich frech gewesen war. Zum Glück hatte ich damals so dichtes und dickes Haar, dass es kaum schmerzte.

Im Nachhinein tat Eggler der Vorfall leid. Das nahm ich jedenfalls an, denn ein paar Tage später sah er mich auf dem Weg zum Waisenhaus und fragte mich, ob er mich fahren könne.

Wow!

Die Sportsitze waren so tief geschalt, dass ich glaubte, im *Raumschiff Enterprise* zu sitzen. Kein einziges Stäubchen hätte ich im Wageninnern finden können, das paradiesisch duftete. Ich war begeistert! Bis direkt vor den Heimeingang fuhr mich Eggler. Die kurze Fahrt bis dorthin war seltsam. Ein unausgesprochenes, ungewöhnliches Friedensangebot, das ich sehr gerne annahm und durch das ich etwas sehr Wichtiges lernte: mich zu entschuldigen! Beim Aussteigen bedankte ich mich und meinte schelmisch, dass sein Porsche doch sehr schön wäre, auch mit dem Motor hinten. Von VW sagte ich natürlich nichts mehr. Er aber musste herzhaft über meine Direktheit lachen, wusste er doch, dass ich es nicht böse gemeint hatte.

Niemals wieder hat er mich gepackt oder zusammengestaucht. Im Gegenteil, es blieb nicht das letzte Mal, dass er mich in seinem Auto ins Waisenhaus fuhr. Und ich? Ich war nie mehr frech zu ihm. Dennoch – einen Porsche möchte ich bis heute nicht.

Die erste und zweite Klasse brachte ich ohne grosse Probleme hinter mich. Lehrer H. mochte mich zwar noch immer nicht, aber das beruhte ja auf Gegenseitigkeit.

1976 erhielt Andri Ventura die Stelle als Heimleiter der landwirtschaftlichen Schule Strickhof in Lindau, Kanton Zürich. Zwei Jahre war ich in Chur bei Venturas jeden Monat einmal zu Besuch gewesen und nun zogen die beiden weg.

Als Achtjähriger wurde ich nur einmal von der Erzieherin auf dem Weg nach Lindau begleitet. Von da an sass ich einmal im Monat alleine im Zug. Bis auf einmal klappte auch das Umsteigen am Hauptbahnhof in Zürich problemlos.

Zugfahren war schön und spannend. Immer wieder fragten Mitreisende neugierig, wo denn meine Eltern wären. Sie konnten es fast nicht glauben, dass ich schon alleine unterwegs war. Doch alles ging die Jahre hindurch immer gut. Sehr früh war ich selbstständig und wusste mir immer zu helfen.

Die ganze Welt trifft man im Zug. So viele Reisende gab es, mit denen ich reden konnte und sie kamen von überall her. Natürlich hatte ich keine Hemmungen, schlichtweg alle in meinem Abteil anzusprechen. Ich erzählte diesem und jenem etwas, egal, ob sie es hören wollten oder manchmal eben nicht. Die meisten freuten sich über ein Gespräch mit mir und erzählten freimütig auch aus ihrem Leben. Das war aufregend für mich.

Einen Spass mochte ich besonders: Ich starrte unverhohlen den Fahrgästen in meiner Nähe ins Gesicht, um herauszufinden, wie lange sie es aushielten, ohne wegzuschauen. Ohne eine Miene zu verziehen, blickte ich ihnen in die Augen. Eines Tages sass mir so ein Typ gegenüber, der sich nicht wie alle anderen irgendwann abwandte und nur noch zwischendurch irritiert schaute. Nein – dieser Typ blickte mich so unablässig an wie ich ihn, auch dann noch, als ich längst aufgegeben hatte. Irgendwann wurde mir das richtig unangenehm. Selber schuld, musste ich mir sagen.

Beim Zugfahren wollte ich nur zu gerne wissen, was geschehen würde, zöge ich diesen roten Hebel an der Wand des Wagens. Die Notbremse wirkte unglaublich magisch auf mich. Was? Wenn?

»Das müsste doch zu schaffen sein, diesen Hebel zu ziehen!«, dachte ich auf einer meiner vielen Monatsfahrten. Doch einer war schneller als ich – der Kondukteur!

Ein Mitreisender hatte kein Billett bei sich, deshalb zog der Beamte kurzerhand die Notbremse. Der Fahrgast tat mir leid. Sein Blick traf für einen kurzen Moment auf meinen.

»Fast nit Geld«, sagte er in gebrochenem Deutsch zu mir und lächelte mich an, als wollte er mich beruhigen, dass es nicht so schlimm für ihn wäre.

Mitten in der Linthebene musste er aussteigen. Am liebsten hätte ich ihn umarmt und ihm gesagt, dass ich ihm gerne geholfen hätte. Aber wie denn, ohne Geld? Den Kondukteur strafte ich mit dem bösesten Blick, den ich drauf hatte.

Wenn ich an heissen Sommertagen mit dem Zug unterwegs war, konnte ich die Schwellen mit ihrem warmen Teergeruch riechen. Zugreisen im Sommer und dieser Teergeruch gehörten von nun an zusammen. Im Zug sitzen hiess für mich, in Bewegung zu sein, das gleichmässige Rattern zu spüren, die vorbeifliegende Landschaft aufzusaugen und fremden Menschen mit deren Lebensberichten zu begegnen. Es gab mir aber auch Zeit, um nachzudenken, manchmal sogar still zu sein. Immer wieder fragte ich mich, wer alles in der weiten Welt im Moment lebte. Wie viele Leben werden wirklich gelebt? Wie sehen diese aus? Reisen bedeutete für mich, zu spüren dass ich lebe – in Bewegung zu sein, ein Gefühl der Lebendigkeit. Wenn der Zug an Häusern vorbeifuhr, fragte ich mich oft, was hinter diesen Mauern gerade geschah. Manchmal stellte ich mir ein trauriges Mädchen vor, das alleine in einem Zimmer eingeschlossen sass, manchmal eine glückliche Familie beim Abendessen. Ich sah, wie der Vater seinem Sohn die Butter reichte.

Nur den einen langen Tunnel beim Walensee mochte ich nicht. Jedes Mal war ich froh, wenn wir endlich wieder draussen waren.

FAMILIE RIGET

. . .

Das Fenster rechts unter dem Giebel gehörte zum Zimmer von
Niklaus und mir. Aus diesem Fenster fiel ich einmal in den Garten
und hatte sehr grosses Glück dabei.

In den Sommerferien sass ich wieder mal im Zug – unterwegs
zur Bauernfamilie Riget in Schänis.

Nur noch die drei jüngsten der acht Kinder lebten auf dem
Hof: Niklaus, Pius und Käthy. Zur Familie gehörten fünf Mäd-
chen und drei Jungs – wie bei den Gurts. Im kleinen Bauerndorf
Schänis, wo sich alle kannten, war ich sofort Gesprächsstoff.
Ich, der kleine Bündner, mit der vorlauten Klappe und dem nach
aussen hin riesig wirkenden Selbstvertrauen, fiel natürlich auf.
Fünf der sieben Wochen Sommerferien verbrachte ich auf die-
sem Bauernhof.

Rigets bewirtschafteten einen für die Siebzigerjahre typischen mittelgrossen, landwirtschaftlichen Betrieb mit Milchkuhhaltung.

Beim ersten Besuch bei Rigets
Das Brandmal, das mir im Waisenhaus böswillig zugefügt wurde, musste grossflächig eingebunden werden, weil ich ständig im Dreck herumtollte, doch dazu später mehr.

Mit *Herr* und *Frau* Riget sprach ich meine Gastfamilieneltern an.

»Dr Herr isch im Himmel. Säg aifach Vater u Muater – gäll?«, sagten sie oft dazu.

Doch das konnte ich nicht! *Vater* und *Muater* – diese Worte kamen einfach nicht aus meinem Mund. Das hörte sich so fremd an, dass ich es ein- oder zweimal unsicher versuchte, als es niemand hörte. Ich übte es im Stall und redete eine Heugabel an:

»Du Vater, du Muater.«

Keine Chance! Vor allem deshalb, weil ich glaubte, meinen Papa zu betrügen. Dabei hatten die Rigets es sehr lieb mit mir gemeint, doch ich schaffte es all die Jahre nicht. Heute aber, wenn ich bei Niklaus, Pius oder Sepp anrufe, frage ich:

»Wia gohts dr Muater?«, die mittlerweile 95-jährig ist.

Frau und Herr Riget – grundehrliche, bodenständige Menschen

Das Bauernleben war wunderbar.

In sämtlichen Sommerferien lief ich, so oft ich konnte, barfuss. In einer engen Kammer gehörte eines der beiden Betten mir, das andere Niklaus. Das Fenster ging zur Linthebene hinaus. Es war alles richtig heimelig.

Die Rigets liessen mich nicht einen Moment lang spüren, dass ich eigentlich nicht zur Familie gehörte. Die Arbeit auf dem Hof war anstrengend, aber ehrlich, und sie zeigten mir immer geduldig, wie alles ablaufen musste. Sie selbst arbeiteten noch härter als ich. Draussen sein, Stallarbeit – ich mochte beides sehr. Um aber lange etwas leisten zu können, brauchte man entsprechendes Essen. Niemals hatte ich als Kind besser und reichhaltiger gegessen, als bei den Rigets. Frau Riget konnte unwahrscheinlich lecker kochen! Schon früh-morgens standen Rösti oder Ribel auf dem Tisch, dazu frisches Bauernbrot, Kaffee und Milch.

Frau Riget hatte auf der Vorderseite des Hauses einen paradiesischen Gemüsegarten angelegt. Sie war immer bis spätabends bei der Arbeit, wie alle anderen auch.

Im Garten wuchsen Gemüse aller Art und aromatische Kräuter. Zu jedem Mittagessen gab es zuerst eine herzhafte Suppe mit sehr viel Schnittlauch und Peterli darin. Darauf folgten deftige Fleischgerichte mit währschaften Beilagen. Aus dem Keller durfte ich hauseigenen Süssmost holen.

Im Waisenhaus war das Essen bis auf wenige Male nur hässlich und einfallslos gewesen. Doch bei Rigets fand ich das kulinarische Paradies. In der Küche stand immer etwas zum Futtern. Der Holzherd war meistens warm. In den Töpfen köchelte Würziges. Zum *Zvieri* ass ich meist einen Cervelat mit frischem Brot und Senf. Danach zwei Teller mit feinstem Birchermus. Frau Riget verwendete dazu eigenen Rahm und feine Kläräpfel vom Baum neben der Scheune. Manchmal schickte sie mich zuvor noch mit einem Metallkesselchen in den Garten, um Himbeeren, Erdbeeren oder Johannisbeeren zu pflücken, die sie dann beimengte. Die Früchte waren das Einzige, was im Waisenhaus genauso hervorragend war. Die schwarzen Kirschen, die wir von den Bäumen ablasen, durfte ich in rauen Mengen geniessen und Most trinken, so viel ich wollte.

Einmal war es so viel, dass ich als Notfall ins Spital eingeliefert werden musste:

Es war ein zehnter Juli – an einem Geburtstag von Josef Riget: Seit zwei Tagen war die Kirschenernte im Gange und ich ass schon beim Ablesen, was meine Hände greifen mochten. Frau Riget, die sich immer über meine Komplimente zu ihrem Essen freute, mahnte mich lachend: Kirschen und Most, das sei heikel. Ich überhörte es.

Eine grosse Hitze herrschte in diesen Tagen. Deshalb trank ich auch beim Heuen literweise Most. Zwischendurch tranken wir alle in einer kurzen Pause auch warmen Milchkaffee direkt aus einem Metallkesselchen, doch der vermochte die Explosion nicht aufzuhalten, die sich über zwei Tage angebahnt hatte. Das Turbenloch, so hiess die Weide, die in unmittelbarer Nähe zum Bahndamm lag, etwa zwei Kilometer von Rigets Hof entfernt, glühte an diesem Tag. Die Hitze machte mir normalerweise nie etwas aus. Heuen war für mich sowieso etwas sehr Schönes. Das Heu auf dem langen Bahndamm hinter dem Turbenloch haben wir öfter erst im letzten Licht der Dämmerung eingefahren, die letzten Fuhren in der Dunkelheit, während die Lichter am Traktor leuchteten. In einer dieser warmen Sommernächte erlebte ich ja das Wunder, das zu meiner schönsten Kindheitserinnerung wurde.

Der Bahndamm lag friedlich in der zu Ende gehenden Dämmerung. Grillen zirpten. Die Nacht brach langsam an. Der Duft von Heu füllte die Luft.

Dann sah ich es!

Erst wusste ich gar nicht, was da im Bahndamm und der Wiese so leuchtete. Neugierig näherte ich mich den glühenden Lichtlein, die wie kleine Elfenwesen im Gras und in der Luft schimmerten. Was war das?

Hunderte von Glühwürmchen verzauberten mit ihrem Leuchten die Luft! Diese kleinen Geschöpfe schimmerten, als wären die Sternlein vom Himmel gefallen. Den Rechen liess ich achtlos liegen. Mit einem Glänzen in den Augen lief ich im Dunkeln den Bahndamm immer weiter entlang und konnte mich dennoch nicht sattsehen. Ich kam mir vor wie Peter Pan, der mitten durch die Sternchen fliegt, so viele Lichtlein umschwirrten mich. Es schien mir als würde ich fliegen!

Der Traktor mit den beiden Lichtkegeln wartete mit leise surrendem Motor immer weiter entfernt.

»Was?«, dachte ich, *»was kann noch schöner sein?«*

Mein Herz war erfüllt von dieser lauen Sommernacht mit den Düften, dem Zirpen der Grillen und den glimmenden Zauberwesen – ein Moment voller Zufriedenheit!

Es war und blieb der schönste Moment in meiner Kindheit.

Zusammen mit Niklaus Riget

Zurück zum heissen Sommernachmittag im Turbenloch:

Mein Bauch fühlte sich an, als explodiere er gleich. Kraftlos versuchte ich, das Heu rund um einen Baum wegzurechen. Das Ziehen in meinem Bauch hielt ich schier nicht mehr aus. Herr Riget riet mir, ich solle mich ein wenig in den Schatten setzen, doch auch dort fühlte ich mich so hundeelend, dass er mich zurück auf den Hof brachte. Der Bauch war steinhart, die Rigets riefen ihren Arzt an. Dieser entschied bereits am Telefon, ich müsse sofort ins Spital Uznach gebracht werden.

Beim Einsteigen ins Auto liess ich einen Spruch fallen, den ich in den nächsten Jahren auch auf dem abgelegendsten Hof in Schänis und auf jeder Alp im näheren Umkreis immer wieder zu hören bekam. Er war die Antwort auf einen Zuruf von Frau Riget, kurz vor der Abfahrt:

»Philipp, mär chömmand di dä morä schu go bsuachä, gäll!«, versprach sie und kugelte sich vor Lachen, als ich antwortete:

»Jo, wenn i denn no lääba!«

Mit diesem Satz wurde ich danach immer wieder hochgenommen. »Ah, das isch dä Buab us äm Bündnerland! Dä – wenn i denn no läääääba!«, dabei versuchten alle auf klägliche Weise, meinen Bündner Dialekt nachzuahmen. Unzählige Male verkniff ich mir den Kommentar: *»Jo, dä bin i. Witz 1001, du huara Heubuch!«*

Im Spital angekommen, entlud sich die Explosion zum Glück am richtigen Ort und in die richtige Richtung. Auf dem Klo hob ich beinahe wie eine Sojus-Rakete ab. Die unzähligen Kirschsteine ratterten dabei wie ein Maschinengewehrfeuer. Der Arzt vor der Türe hatte alles mitbekommen und lachte gehörig – und mir war alles sowas von peinlich!

Sicherheitshalber musste ich dennoch eine Nachuntersuchung über mich ergehen lassen. Der Bauch wurde abgetastet, dann musste ich mich auf die eine Seite drehen und die Unterhose ausziehen, weil der Arzt den Darm abtasten wollte. Pure Panik stieg in mir hoch! Die Krankenschwester, die das spürte, fasste deshalb meine Hand. Mir war klar, das war alles richtig, was sie da mit mir gerade taten, aber ich fühlte mich erniedrigt mit der Hose unten und dem Finger in mir. Ich schimpfte richtig wütend auf den Arzt ein – doch dann war es schon überstanden.

Am nächsten Tag wurde ich endlich wieder nach Schänis zurückgebracht.

Die Familie Riget war derart katholisch und fromm, dass der Papst persönlich noch etwas hätte lernen können und sich beim Eintreten ins Bauernhaus bekreuzigt hätte. Wegen des katholischen Glaubens trugen die jüngsten Riget-Söhne die Namen von Päpsten – Pius und Niklaus. Sepp war als ältester Sohn wie üblich nach seinem Vater benannt, ebenso die älteste Tochter Marie-Louise nach der Mutter. So ist es auch in meiner Familie. Mary und Rädel tragen als älteste die Vornamen unserer Eltern.

Bei heftigem Gewitter murmelte Frau Riget irgendwas von einem heiligen Dingsda, und wenn ich etwas verlor, hatte sie einen anderen Heiligen zur Hand, der mir helfen sollte. Heute gibt's bestimmt schon Apps dafür!

»Heiliger Antonius vu Padua, hilf miar suacha, was i verlora ha, kriagsch derfür zwei Franka!«

Tatsächlich kam alles wieder zum Vorschein, wenn ich dieses Sprüchlein etwa hundert Mal aufgesagt hatte – sogar meine längst verlorene Brille. Antonius, an dieser Stelle nochmals heiligen Dank, mein Geld hast du ja bereits bekommen. Diese zwei Franken, die ich dem heiligen Antonius von Padua als Lohn versprochen hatte, musste ich vor den Augen von Frau Riget in ein *heiliges* Kässeli in der Kirche einwerfen. Persönlich war ich mir sicher, dass der heilige Antonius es auch super gut verstanden hätte, wenn ich damit im kleinen Laden auf der anderen Strassenseite, bei Boses, eine Tafel Schokolade gekauft und ganz alleine gegessen hätte. Doch so war die Abmachung damals leider nicht gewesen.

Wenn ich im Sommer nicht barfuss unterwegs war, dann in Gummistiefeln, wie auch Frau Riget und die anderen. Es sah witzig aus, fand ich, wenn Frau Riget im Rock und in Gummistiefeln, die ihr meist zu gross waren, den Kühen mit einem Stecken in der Hand hinterher rannte und dabei rief:

»Chum waidli, waidli. Chum sessesse.«

Pius hatte nie sehr viel Geduld, wenn die Tiere nicht wollten wie er. Manchmal musste ich schmunzeln, wenn er sich lautstark Luft verschaffte:

»Heiligs Verdiana, jetzt lauf aber, du Süüchchaib! Wo siacht jetzt dä Chrüzchaib wieder anna?!«

Rigets besassen vier Ställe, zwei direkt neben dem Haus, einen kleinen neben Boses, etwa fünfzig Meter auf der anderen Strassenseite, und das Tenn, den grössten Stall, im Ried unten, etwa drei Kilometer entfernt in der Ebene.

Im Stall neben Boses kalberte an einem schwülen Gewitterabend eine Kuh. Dabei durfte ich wie immer mithelfen. An den Stricken, die um die vorderen Läufe des Kalbes gebunden waren, zog ich, wenn man mich dazu aufforderte. Es war immer ein magischer Moment, wenn so ein süsses Kälbchen zur Welt kam. Ein Wunder, fand ich. Ich mochte es besonders, die neugeborenen Kälblein mit Stroh abzureiben und auf der Welt willkommen zu heissen. Sie rochen noch so frisch nach Geburt und blickten alles um sich so neugierig und scheinbar verwundert an, als wollten sie sagen: *»Wo bin ich denn da gelandet?«*

An diesem Abend wurde es aber plötzlich hektisch. Das Kälblein wollte einfach nicht rauskommen. Herr Riget und Pius mussten dem Tier auf die Welt helfen. Von der Seite aus beobachtete ich angespannt ihre Anstrengungen. Herr Riget und Pius waren sehr konzentriert und ruhig bei der Sache. Sorgsam achteten sie darauf, in welchem Rhythmus die Wehen der Kuh kamen. Das Kalb steckte aber weiter fest. Etwas war wohl nicht so, wie es sein sollte. Der Kopf schaute teilweise raus – das Kalb schien tot zu sein. Nach langem Ringen flutschte es dann aus dem Mutterleib ins Stroh.

Bewegungslos lag es da, atmete nicht. Frau Riget packte das Junge und wischte den gröbsten Schleim aus seinen Nasenlöchern und aus seinem Maul. Dann begann sie das Tier solange durch ein Taschentuch zu beatmen und massierte zwischendurch das Herz, bis wir erste Lebenszeichen feststellten.

»Waidli, Philipp, waidli, gang und hol äs Ei mit Salz und Weihwasser und chumm schnäll wieder!«

Barfuss spurtete ich über die Strasse den steinigen Weg hinauf zum Hof. Der Himmel brüllte, der Sturm tobte und ich war in heiliger Mission unterwegs. Das war ganz nach meinem Geschmack. Damals war ich ja erst achtjährig und überzeugt, etwas sehr Wichtiges zur Rettung des Tieres beizutragen. Irgendein Heiliger musste vermutlich express angerufen werden, wieso sonst brauchte es Weihwasser, Ei und Salz?

Der Regen peitschte mir ins Gesicht, Blitze zuckten auf und der Donner grollte, doch ich mochte ja schon immer Gewitter und das am liebsten mitten in einer Wiese stehend. Durchnässt und ausser Atem überreichte ich alles Frau Riget. Sie gab das Ei mit dem Salz und Weihwasser der Kuh und murmelte einen Segensspruch. Das Kalb überlebte, die Kuh auch. Was für ein Segen!

Alles, was motorisiert war, interessierte mich damals – auch bei den Rigets. Einmal versuchte ich heimlich, den ausgedienten Fiat zu starten, der in einer Scheune stand, um herauszufinden, ob ich damit eine Runde auf dem Hof drehen könne. Doch ich konnte diesen nicht einmal starten. Immer wieder versuchte ich, *Motorisiertes* auszuprobieren, denn ich wurde davon magisch angezogen. In der ersten Klasse beispielsweise hatte ich ein Moped angelassen, das vor der Schule abgestellt war. Von Papa wusste ich ja, wie das ging. Momente später aber lag ich auf der Strasse, weil ich zu viel Gas gegeben hatte. Dennoch probierte ich es bei jeder Gelegenheit wieder.

Pius fuhr so wild mit dem Traktor, wie ich mir vorstellte, es bald selbst zu tun. Freudig sass ich neben ihm, wenn er zügig herumbrauste, um mir zu imponieren. Mein Staunen machte ihn stolz und verleitete ihn zu waghalsigen Wendemanövern. Einmal stand plötzlich eines der Hinterräder in der Luft. Pius hätte mich sofort fahren gelehrt, wenn meine Beine zum Gaspedal hinuntergereicht hätten. *»Blöde kurze Beine!«*, dachte ich. Stelzen ums Bein zu binden hätte helfen können, doch ich musste mich gedulden. Das fiel mir enorm schwer, denn Geduld war nie meine Stärke, weil ich auch Geduld sofort lernen wollte.

Als aufmerksamer Beifahrer merkte ich mir jede Bewegung von Pius. Das Kuppeln und Schalten, das Anhängen des Druckfasses oder wie man mit einem Anhänger enge Kurven richtig fuhr. Es gab eine Menge Hebel am Traktor, die mir zu Beginn ein Geheimnis blieben. Wenn wir mit dem kleineren Traktor – dem ohne Dach – ins Ried fuhren, genoss ich den Fahrtwind im Gesicht. Pius bretterte so um die Kurven, dass ich mich mit aller Kraft festhalten musste, worüber wir beide jeweils lauthals lachten. Rechtzeitig konnte er seinen Übermut immer wieder bremsen, nie passierte deshalb etwas. Mit geringerem Tempo fuhren wir dann über die schmale Strasse durch Felder und Wiesen, der Motor ratterte gleichmässig, die Kraft der Maschine war eindrucksvoll.

Nach jedem Mittagessen schaltete Herr Riget das kleine Radio im Eck über dem Esstisch ein. Radio Beromünster mit der für ihn wichtigen Wetterprognose für den nächsten Tag. Das musste er unbedingt hören. Kaum hatte der Sprecher die Vorhersage verlesen, schlief Herr Riget mit aufgestützten Armen am Tisch ein. Nur manchmal legte er sich aufs grüne Sofa in dem kleinen Zimmer vor der heimeligen Stube, in dem der grosse Kühlschrank und sein Arbeitstisch standen, an welchem er an vielen Abenden gewissenhaft seine Arbeit als Zuchtbuchführer erledigte. Dann lag ich, von der Arbeit erschöpft, auf dem Sofa und träumte vor mich hin, bis Herr Riget mich ins Bett schickte.

Lustig war das Baden bei den Rigets.

Wünschte ich ein Bad, musste Frau Riget zuerst einen alten Holzboiler einfeuern, denn nur über den gab's heisses Wasser für die alte Wanne. Die Einrichtungen im Bad waren uralt, aber etwas war faszinierend: eine Einlage in der Wanne, welche das Wasser sprudeln liess. Ein Sprudelbad im Bauernhaus – welch ein Luxus für mich!

»Das macht müedi Knochä wiedär muntär«, sagte Frau Riget jeweils und lachte, was sie oft und gerne tat. Sie hatte Recht! Es war so grossartig, im kalten, kleinen Badezimmer im warmen Wasser der Sprudelwanne zu liegen und zu träumen. Das wollte ich so oft wie möglich erleben, also klagte ich irgendwann über seltsame Rückenschmerzen. Wie immer lachte Frau Riget erfrischend über meine Sprüche und feuerte gerne ein.

So sehr ich die heissen Sommertage auch mochte – es konnte mir ja nie heiss genug sein –, so brachten Regentage einen anderen, besonderen Zauber mit sich. Der Regen hinterliess auf jedem Blatt feine Tropfen, brachte die Regentonne zum Überlaufen und verwandelte die Farbe der Erde in ein sattes Dunkelbraun. Der wunderbare Garten von Frau Riget wirkte dann noch lebendiger, fruchtbarer und manchmal verträumt und zeitlos schön. Das Gemüse, die Kräuter und Gewürze dufteten im Regen so intensiv. Ausserdem schmeckte die Suppe an kühlen Regentagen noch besser. Aus dem kleinen Fenster der Eingangstüre blickte ich in den Regen, der auf den gekiesten Vorplatz fiel und in Vertiefungen kleine Pfützen bildete. Die warmen Körper der Kühe wärmten an solchen Tagen den Stall, sodass beim Betreten manchmal meine Brille beschlug.

Bei Regen waren wir oft beim Zäunen. Auf dem Anhänger lagen von Hand zugespitzte Holzpfähle. Anfänglich musste ich mich überwinden, die Pfähle so ruhig zu halten, dass Herr Riget sie mit einem Vorschlagschlegel wuchtig in den Boden rammen konnte. Kein einziges Mal schlug er mir dabei auf die Hände. Dafür traf ich ihn beinahe, wenn wir die Rollen tauschten. Böse wurde er deswegen nie und ich lernte ja schnell.

Mit dem Rapid das Gras zu mähen, war eine der Arbeiten, die ich sehr mochte. Da ich schon als Kind sehr kräftige Arme hatte, war es schön, mich in die Steuerung des schweren Gerätes hineinzuspüren, auch wenn es zuerst mit mir machte, was es wollte. Herr Riget griff immer rechtzeitig korrigierend ein. Mein Blick war auf das Schneidmesser fokussiert, das im gleichmässigen Geknatter die Grashalme fallen liess. Bald lag der Duft von frisch gemähtem Gras in der Luft. Wenn wir es den Kühen verfütterten, konnte ich verstehen, dass die Tiere genussvoll kauten.

Jeden zweiten Tag brachte ich einer alten Frau, die unweit des Hofes wohnte, ihre Milch. Mit zitternden Händen stellte sie immer dieselben drei Tassen hin, die ich randvoll auffüllen sollte. Das, verriet sie mir beim ersten Mal, sei ihr Vorrat für die nächsten zwei Tage. Mit meiner lebendigen Art versuchte ich, sie in Gespräche zu verwickeln. Erzählte dies, erzählte das, bis sie grosse Augen machte.

»Jessas, nai!«, und: »Um Gottswilla, Philipp!«, rief sie dann manchmal. Es war für mich traurig zu sehen, wie einsam sie war. Deshalb wollte ich ihr ein wenig Leben von draussen in die Stube bringen, welche der Kargheit wegen der in meinem Elternhaus in Maladers-Sax ähnelte.

Sonntags kamen Rigets oft auf die glorreiche Idee, in den wenigen Stunden, die sie nicht im Stall verbringen mussten, mit dem Fahrrad eine Runde zu drehen. Auf alten Damenrädern trampelten wir in der Linthebene herum, dass es zum Gähnen war. Und dies, nachdem wir schon – wie jeden Sonntag – zu Fuss nach Rufi in den katholischen Gottesdienst spaziert waren. Am Morgen zogen sie dazu ihre Sonntagskleider an. Frau Riget sprayte ihr Haar mit irgendeinem Dingsda ein, als hätte sie eine Nebelgranate gezündet. Egal, wie das Wetter tobte, wir gingen in diese Kirche, die ja auch ohne uns immer prallvoll gewesen wäre. Kein Mensch hätte uns vermisst und der Herrgott hätte es doch sicher auch verstanden, mal eine Ausnahme zu machen. Alleine wegen meiner stillen und weniger stillen Flüche auf dem Hinweg hätte ich eigentlich hundert Rosenkränze in der zweistündigen Predigt beten müssen, um sündenfrei heimgehen zu dürfen. Die Zeit in der Kirche war so langweilig, dass ich zu sterben glaubte. Damals dachte ich noch, man könne vor lauter Langeweile tot umfallen, denn sie war für mich ein derart intensives Gefühl, dass ich sie kaum ertragen konnte. Wenn dann endlich nach der tausendsten Fürbitte und nach meinem inbrünstigen Bitten, der Pfarrer möge endlich von der Kanzel fallen, die Türen aufgemacht wurden, redeten die Erwachsenen draussen endlos weiter. Alle Leute trugen dunkle Kleider, als seien wir auf einer Beerdigung.

Nach der obligaten nachmittäglichen Rundfahrt mit den alten Fahrrädern, die heute sogar von der Rumänienhilfe abgelehnt werden würden, nutzten Niklaus und ich die Zeit, um in den kleinen Entwässerungskanälen in der Linthebene zu spielen. Auf alten Styroporplatten trieben wir durch das nur knietiefe Wasser. Heute möchte ich nicht wissen, was damals alles durch diese überwucherten und nur wenige Meter breiten Kanäle floss. Ich erinnere mich, wie unsere Haut oft teuflisch gejuckt hat und wir uns deshalb im Stall mit klarem Wasser abspülten.

Einen Streich, den ich Herrn Riget spielte, fand er erst Wochen später lustig – und das nur mässig:

Wie jeden Tag lieferten wir unsere Milch nach Schänis. Dort wurde sie aus den Tansen durch Siebe umgeleert, damit man die Menge ermitteln und auf Rigets Konto gutschreiben konnte. So laut ich konnte, damit es ja alle hörten, fragte ich Herrn Riget scheinheilig:

»Warum leerend miar jeda Tag Wasser in d'Milch, bevor miar sie dohära bringand?«

Zuvor hatte er mir erklärt, es sei nahezu eine Todsünde Milch zu panschen, als ich vor dem Stall beim Abwaschen mit dem Schlauch der Milch zu nahe kam. Die Rigets waren so korrekt, dass ihnen natürlich nie im Leben so etwas eingefallen wäre.

Die Blicke der Molkereiangestellten und der anderen Bauern ruhten plötzlich alle auf Herrn Riget und mir. Ich kleiner Teufel trieb jetzt alles auf die Spitze:

»Oh stimmt, das händ si jo ksait, darf i niamartam säga! I kumm halt nit immer so druus!«

Der Blick von Herrn Riget bringt mich noch heute so zum Lachen, dass ich mich kugeln könnte. Der arme Mann war so verdattert, dass er irgendetwas Unverständliches stotterte, was die Situation noch abstruser machte. Natürlich gab ich dann im Gelächter aller Anwesenden zu, nur Spass gemacht zu haben.

Irgendwann, in einem der ersten Sommer bei Rigets, kam die Nacht, in der ich aus dem Fenster fiel. Nachdem Niklaus und ich zu Bett gegangen waren, schlief ich sofort ein. Einmal mehr erwachte ich in einem Schlafwandler-Zustand. Völlig orientierungslos war ich in diesem Moment gefangen. Manchmal konnte ich mich an Teile danach noch erinnern, manchmal wusste ich nichts mehr. Oft steckte ich einfach irgendwo im Zimmer in einer seltsamen Verzweiflung fest. Da ich direkt am Fenster schlief, fand ich den Griff, um es zu öffnen. Es ist schwierig zu erklären, irgendwie funktionierte ja nur ein Teil von mir. Beispielsweise hätte ich niemals jemanden rufen oder etwas zu Boden werfen können, damit man mich hörte, um mich so aus diesem Zustand zu befreien. Aus irgendeinem Grund wollte ich aus dem Fenster klettern. Da geschah es! Ich fiel einige Meter tief in den Garten. Benommen klopfte ich im Pyjama an die Haustüre, als Frau Riget mit einem Aufschrei öffnete.

»Jessas nei, Philipp!«

Sie untersuchte mich, zog mir etwas Frisches über und steckte mich wieder ins Bett. Am nächsten Morgen sahen wir anhand des Abdruckes im Boden, welch unglaubliches Glück ich gehabt hatte. Zwischen einem massiven Eisen und einer Bodenplatte war ich ins weiche Erdreich gefallen.

Sieben wundervolle Sommer durfte ich bei Rigets erleben. Niemals hätte ich in der Anfangszeit gedacht, dass die Ferien bei ihnen Jahre später mit Polizei und Flucht enden würden. Es war das Sommerparadies schlechthin, das Beste, was sich ein Junge wünschen konnte. Doch die Zeit änderte mich – und bald sollte der Sturm in mir zu toben beginnen. Ein unglaublicher Sturm, der mir alles abforderte und bei dem viele ratlos zusehen mussten, wie ich ein ums andere Mal in eine Wand lief und mich dabei fast zerstörte.

Nach den jeweils fünf Wochen Sommerferien bei Rigets holten mich die Venturas mit dem Auto ab. Ich war tiefbraun gebrannt vom vielen Heuen und dem ständigen Draussensein und jedes Mal kräftiger vom Arbeiten und dem währschaften Essen.

Frau Riget gab den Venturas immer eine kleine Kiste mit Kläräpfeln mit, dazu Früchte und Gemüse.

Und mir?

Bis zu 70 Franken! Das war damals ein Vermögen für mich.

Sechs Jahre hätte ich dafür im Waisenhaus jeden Mittwoch- und Samstagnachmittag arbeiten müssen!

So gerne ich bei den Rigets war, so sehr freute ich mich auf die zwei Wochen Ferien bei Venturas in Zürich.

Ihr Leben war ein ganz anderes. Bei schönem Wetter packte Elisabeth die Badetaschen, um mit ihren Kindern und mir in die Badi zu fahren. Dort gab es saftige Pfirsiche und ihren legendären Zwieback mit einer Haselnuss-Kondensmilchmischung oben drauf. Solche Zwiebäcke habe ich noch heute dabei, wenn ich mit meinen Kindern in die Badi Chur gehe, was im Sommer 2015 etwa fünfzehn Mal der Fall gewesen ist. Und immer denke ich dabei an Elisabeth Ventura.

Den Venturas verdanke ich, dass ich wieder ein halbwegs normales Verhältnis zum Wasser habe, wenn es von der Menge her mehr ist, als ich auf einmal zu trinken vermag. Nachdem ich mich – nach den schlechten Erlebnissen bei der Familie F. L. in Haldenstein – langsam wieder herangetraut hatte, gingen die Venturas mit mir an einem herrlichen Sommertag in Zürich baden. Da war ich etwa zehn Jahre alt. Ich fürchtete mich noch immer vor dem tiefen Becken und blieb sicherheitshalber im

Nichtschwimmerbereich – aber selbst dort mit einem leicht mulmigen Gefühl.

Während ich mich durchs hüfthohe Wasser bewege, schweift mein Blick nach links und rechts. Plötzlich sehe ich vor mir einen Jungen treiben. Er ist bewusstlos, seltsam verkrümmt und sein Kopf liegt unter Wasser. Dieses Bild kann ich für ein, zwei Sekunden nicht einordnen. Ich schaue zum Beckenrand, von welchem aus ein Mann die Lage erkennt und blitzschnell durchs Wasser spurtet. Er packt den Knaben, der etwa in meinem Alter ist, und zieht ihn an einem Arm hinter sich her zum Beckenrand. Geschockt schaue ich zu, wie der schlaffe, käseweisse Körper auf den besonnten Rasen gelegt wird. Schnell eilen Neugierige und Helfer hinzu. Letztere beginnen den Buben zu reanimieren – ohne Erfolg. Eine Traube von Menschen umringt ihn jetzt. Ich sehe sein lebloses Gesicht bruchstückhaft zwischen vielen Beinen hindurch. Jemand trägt ihn Richtung Eingang zum Bademeisterhäuschen. Wie in Trance laufe ich hinterher. Dem Jungen wird jetzt eine Atemmaske aufs Gesicht gelegt. Ein Krankenwagen fährt vor, noch immer bewegt sich der Bleiche nicht. Ist er tot?

Irgendwann wird er weggebracht, ohne dass er sich wieder bewegt hätte. Die Badegäste diskutieren miteinander, ihre erschrockenen Gesichter sagen mehr als ihre Worte. Elisabeth hat alles mitbekommen und zieht mich weg. Auf dem Badetuch sitzend erklärt sie mir, dass nun Fachleute dem Jungen helfen werden. Völlig durcheinander höre ich zu. Nicht mal einen Pfirsich könnte ich jetzt essen. Mein Blick geht immer wieder zu der Stelle, an welcher der Junge im Wasser trieb. Das ganze Wasser scheint mir voll von Tod zu sein – ein Todesbecken.

Am nächsten Tag gehen Elisabeth und Andri mit ihren Kindern und mir noch einmal baden – aus gutem Grund. Noch einmal reden wir über den tragischen Vorfall. Zusammen mit Elisabeth wate ich durchs Wasser dorthin, wo der Unfall geschehen war.

Sie hatte mir Mut gemacht und half mir, den Unfall verarbeiten zu können.

Das Verrückte ist, dass ich als Kind und Jugendlicher verschiedene schlimme Unfälle gesehen habe, und oft war ich als Erster am Ort des Grauens. Menschen starben vor meinen Augen, sie verbluteten und zuckten in den letzten Atemzügen und ich stand alleine dabei und wusste nicht, was zu tun war. So war es auch damals – ich war etwa zehn Jahre alt –, als ich nicht, wie vorgeschrieben, durch die Wiese zum Waisenhaus ging. An diesem Mittag schlenderte ich auf der Deutschen Strasse, als vor dem Restaurant Oldtimer ein Pinzgauer, der mit Soldaten vollbesetzt war, in einen stehenden Lastwagen krachte. Schlagartig war überall viel Blut, sogar jenes aus dem Kopf des Fahrers auf der Kippladefläche des Lastwagens.

Einen Moment lang herrschte unglaubliche Stille, dann begannen die Soldaten zu stöhnen. Einige waren übel eingeklemmt. Menschen strömten schockiert aus dem Restaurant. Nach kurzer Zeit erreichten die ersten Rettungskräfte den Vorplatz, auf dem einige Soldaten in ihren Kampfanzügen lagen. Aus der Fahrerkabine konnte man die Verunfallten nicht befreien. Das Dach musste aufgeschnitten werden. Ein kräftiger Polizeibeamter mit Armen so stark wie Krane, zog auf dem hinteren Teil des Daches liegend einen der Soldaten hoch. *Was für ein Held!*«, dachte ich voller Bewunderung. Krankenwagen um Krankenwagen fuhr heran, man brachte die Opfer ins nahe Kantonsspital.

An diesem Mittag erschien ich viel zu spät im Speisesaal. Es gab nicht mal Ärger, denn von den Fenstern aus hatten alle auf die Strasse unterhalb des Hangs und damit auf die Unfallstelle gesehen. An diesem Mittag gab es Lasagne.

Zurück zu den Venturas: Sie boten mir ein wunderbares Gastzuhause bis zu dem Moment, in dem ich aus jedem Heim entwich, mein Leben auf dem Kopf stand und ich immer wieder zur Fahndung ausgeschrieben wurde.

Kaum konnte ich lesen, hatten sie mir unzählige Bücher und Kindermagazine gekauft, die ich alle verschlang. An gewissen Wochenenden begann ich schon im Zug nach Zürich zu lesen. Bei den Venturas angekommen, setzte ich mich ins Wohnzimmer und las das gesamte Wochenende durch. Ich tauchte so intensiv in die Geschichten ein, dass ich das Gefühl hatte, alles selbst zu erleben. Elisabeth versorgte mich ständig mit neuem, tollem Lesestoff. Wie sehr sie mich mochte, spürte ich, als sie mir nach und nach alle Bände von *Fünf Freunde* kaufte. Diese gab sie dann an ihre Kinder weiter, als sie mein Alter erreicht hatten. Doch ich war es, der sie neu gekauft lesen durfte.

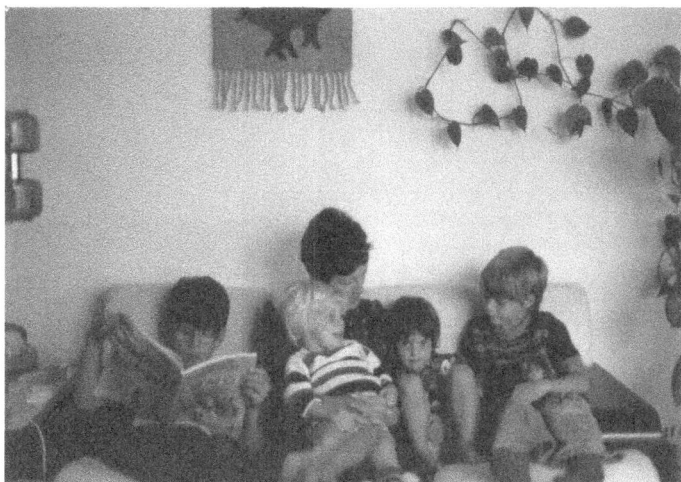

Lesen bei den Venturas und ...

Bei den Venturas war immer alles gemütlich und schön. Nur ein einziges Mal hörte ich Elisabeth laut werden. Da war ich vierzehn und benahm mich wie ein Gestörter, weil ich emotional von ihrer liebenswerten Fürsorge überfordert war. Elisabeth hatte eine zauberhafte Art, mit Dingen umzugehen, die fragwürdig bis grenzwertig waren. Sie lachte dann jeweils und sagte:

»Aso nei, Philipp – aber so öppis au.«

Wenn es hingegen eine klare Ansage brauchte, sagte sie immer in einer ganz ruhigen, freundlichen Art *nein*. Meist erklärte sie auch warum.

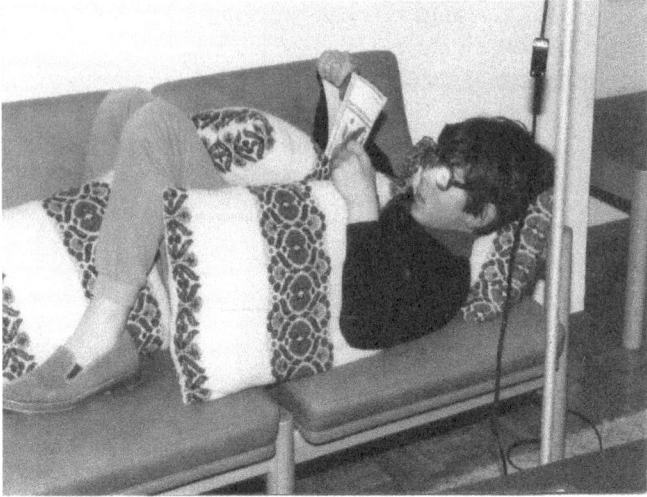

... im Waisenhaus auf der Sitzgruppe

Dank der Familie Ventura trug ich im Heim fast immer tolle Klamotten. Schon damals liebte ich Kleidung. Elisabeth war es, die mir T-Shirts, Hosen, Schuhe und Pyjamas kaufte. Sogar die *Nichtwaisenhäusler* in der Schule fanden meine Sachen cool, vor allem meine Adidas-Turnschuhe und T-Shirts.

Der Sonntagsbrunch war jedes Mal ein Erlebnis. Quärkli und Joghurts von der Migros standen für mich auf dem Tisch. Oh mein Gott, diese Dinger liebte ich genauso wie den feinen, frischen, selbstgemachten Zopf! Tags zuvor durfte ich Elisabeth jeweils beim Backen helfen und den Zopf mit Eigelb bestreichen. Als wären wir alle etwas Besonderes, richtete sie den Tisch schön her. Der Duft von heissem Kaffee lag in der Luft. Honig gab's immer in einem kleinen Gefäss, das wie ein Bienenstock aussah. Andris Eltern wohnten in Scuol im Engadin und hielten neben Schafen auch Bienen.

Zusammen verbrachten wir die nächsten Jahre immer wieder ein paar Tage in Scuol. Die Lämmer liebte ich sehr. Sie zu streicheln tat mir im Herzen so gut. Ihre feine, gekrauste Wolle war so flauschig anzufassen und ich fand, dass die Lämmer wunderbar dufteten.

April 1975 – als Siebenjähriger bei den Venturas in Scuol.

Nonno[25] Ventura half ich liebend gerne bei der Honiggewinnung. Ich durfte die Zentrifuge drehen, bis der Honig wie süsses, leuchtendes Gold herausrann. Immer wieder bekam ich die leeren Waben zum Kauen. Ihre spezielle Konsistenz und die wunderbare Süsse bleiben mir unvergesslich in Erinnerung.

Der Bruder von Andri fuhr das Heu aus den Bergen ein. Zuvor hatten wir es in anstrengender Handarbeit in den stotzigen Wiesen zusammengenommen und in grossen, braunen Leinentüchern zu Ballen gepackt. Diese verluden wir auf einen Schilter oder auf einen Aebi. Mit der übervollen Ladung holperten wir über steile Bergstrassen hinunter ins Dorf. Zuoberst auf den

---

[25] Grossvater

Ballen sass ich, nachdem ich versichert hatte, nicht herunterzu-
fallen. Die Fahrt inmitten der Engadiner Berge war als würde
ich fliegen – ich fühlte mich so unbeschwert und frei. Meine
Arme und Hände waren kräftig, nicht eine Sekunde verlor ich
den Halt auf dem Gefährt. Der Tag war heiss, die Bergwiesen
atmeten noch immer diese Wärme aus. Der Duft von Heu umgab mich. Diese Arbeit mochte ich, sie verschaffte mir eine angenehme körperliche Müdigkeit und Vorfreude auf das Essen
danach. Wenn ich beim Heuen die Flasche an den Mund setzte,
um endlich zu trinken, glänzten die aufsteigenden Luftblasen im
Gegenlicht der Sonne. Ich konnte mein Glück oft kaum fassen,
in einer so wunderschönen Gegend wie dem Engadin mit so
herzensguten Menschen die Ferien verbringen zu dürfen. Und
dennoch – ich fühlte mich wie überall einsam und verloren. Es
schien, als hätte sich etwas Schlimmes in mir eingenistet, das
nicht einfach verschwinden würde. Jeden Tag gab es diese Momente, in denen ich dagegen ankämpfen musste. Kein einziger
Tag in meiner Kindheit war frei von diesem Gefühl, auch nicht
im Engadin. Schönschlimme Tage – wobei ich das Schöne
krampfhaft in den Vordergrund schob.

Andri arbeitete viel. Das Büro war sein zweites Zuhause und
pedantisch ordentlich. Alles war perfekt beschriftet – jede Akte,
jede Mappe. Das machte mir Eindruck und daher halte ich dies
heute ebenso. Als ich etwa zwölf war, leitete Andri ein grosses
städtisches Kranken- und Altersheim in Zürich mit dreihundert
Mitarbeitern. Dort gab es viel Neues zu entdecken. Natürlich
schlich ich mich in jeden mir verbotenen Raum. Wenn mich
jemand vom Personal erwischte, dann prahlte ich, dass Andri
Ventura sozusagen mein Pflegevater und ausserdem der Chef
des Hauses sei, weshalb ich doch auch ein bisschen einer sein
müsse. Wirklichen Unfug stellte ich hier jedoch nicht an.
   Mich berührte besonders, wie liebevoll Andri mit *seinen* betagten Menschen umging. Liefen wir gemeinsam durch die zahlreichen Flure, nahm er sich immer viel Zeit, um mit den Be-

wohnern zu sprechen, hörte ihnen zu, machte Spässe, fragte nach ihrem Befinden. Mir gegenüber betonte er immer wieder deren Bedürfnisse und wie sich diese am besten erfüllen liessen. Unbescheiden wie er manchmal war, meinte er hin und wieder, dass er in einem Heim, wie jenem, das er führe, ganz gerne ein betagter Mensch wäre. Die Reaktion der bescheideneren Elisabeth war immer dieselbe:

»Aso nei, Andri!«, dann lachte sie.

Elisabeth war es, die sich vorwiegend um mich kümmerte. Sie gewährte mir viel Freiraum, setzte mir jedoch auch immer wieder Grenzen. Vor allem aber wusste sie meine Stärken zu fördern. Sie und Andri verloren nie ein böses Wort und doch funktionierte ich bei ihnen bestens. Elisabeth war sehr darauf bedacht, dass es uns allen gut ging – und das tat es auch.

Elisabeth Ventura hatte immer viel Zeit für ihre Kinder und mich. Auf dem Bild ist die Uhr zu sehen, die ich zu Weihnachten bekam und die ich über alles liebte.

Mit Andri durfte ich wunderbare Filme anschauen, beispielsweise *Der Wilde Westen* oder *Die Kanonen von Navarone*. Gelegentlich besuchten wir auch Hockeymatches. Der Spengler Cup in Davos war jedes Jahr wunderbare *TV-Pflicht*.

Elisabeth liebte ihre Kinder: Daniel, Michael und Claudia. Ein wenig war ich der grosse Bruder. Als Michael, der Jüngste, noch klein war, trank ich meinen Sirup aus einer seiner Schoppenflaschen und verdrückte all die feinen Breimüsterchen, welche Elisabeth mir auf meinen Wunsch hin lachend anrührte:

»So a grossa Buab mit Schoppafläscha und Babybrei! Aso nei Philipp – jo, wenns dr Spass macht!« Die warmen Griess- und Früchtebreie waren aber auch äusserst lecker!

Besonders ist mir in Erinnerung geblieben, wie zärtlich Elisabeth ihren Kindern durchs Haar strich. Diese Momente saugte ich richtiggehend in mich auf, ohne mir was anmerken zu lassen. Wendete sich eines der Kinder schon nach kurzer Zeit ab, weil etwas anderes seine Aufmerksamkeit weckte, sagte ich mir immer: *»Wie kann man freiwillig so etwas Schönes nicht wollen?«* Hätte es aber jemand bei mir gemacht, wäre ich völlig überfordert gewesen. Berührungen waren mir sehr lange Zeit unangenehm.

Meine einzige Streicheleinheit in der Kindheit war der Heimfriseur. Wenn mir mit Bürste oder Kamm durch mein Haar gefahren wurde, dann waren es eben der Kamm oder die Bürste, die mich berührten und das waren keine Wesen. So konnte ich es geniessen, natürlich ohne es zu zeigen. Manchmal dauerte das Haareschneiden länger, vor allem, wenn sich eine Erzieherin mal Mühe gab und es genau nahm. Das waren schöne Momente, wenn der Kamm mich berührte. Zulassen konnte ich auch, dass der Heimleiter mich gelegentlich in seine Wohnung zitierte und mir dort mit Alkohol oder sonst etwas übel Riechendem den Hals säuberte. Dazu goss er von der Flüssigkeit etwas auf einen Wattebausch und rubbelte mir dann ein wenig grob auf der Haut herum. Zwischendurch zeigte er mir die schwarz gewordene Watte und meinte, dass ich am Abend wohl besser im Stall bei den Schweinen schlafen solle. Dennoch mochte ich diese Prozedur, weil ich der Einzige war, dem der Heimleiter den Hals säuberte. Dafür musste er sich jedes Mal etwas Zeit nehmen und das berührte mich. Ich hatte das Gefühl, ihm ein wenig wichtig zu sein – obwohl mein Hals wirklich sehr dreckig war.

Zurück ins Waisenhaus:

Die beiden ersten Schuljahre brachte ich ohne weitere Probleme hinter mich. In dieser Zeit wurden wir auf die erste heilige Kommunion vorbereitet. Diese elend langen Sonntagvormittage, die wir deswegen im Gottesdienst der Heiligkreuzkirche verbrachten, waren sehr mühsam. Der einzige Vorteil war, dass die Kirche aus einem modernen Betonwirrwarr bestand, als habe jemand mit Klötzen ungeschickt *Tetris* gespielt. Deshalb gab es viele Nischen und Räume, in denen wir uns herumtrieben, wenn es uns gelang, aus dem Gottesdienst zu schleichen. Der Pfarrer sang nämlich elend lange Fürbitten, in die wir zu gemeinschaftlichen Wiederholungen einstimmen mussten. »Gott, erhöre uns ...«, seine Stimme hörte sich an, als habe er beim Fussball einen Schuss zwischen die Beine bekommen. »Mutter Gottes, erhöre uns ...«, irgendwann hatten wir vom Dasitzen einfach nur die Nase voll. »Mutter Gottes, erbarme dich unser ...«

Erste heilige Kommunion – ich hasste diese Schuhe!

Irgendwann mussten wir *Erstkommuniönler* kollektiv zur Beichte antreten und sassen in dieser düsteren Endzeitkirche wie die

Hühner auf der Stange vor den Beichtstühlen. Durch ein Gitter blickte ich den Priester an. Er ermunterte mich, alle meine Sünden zu beichten. Okay, ich wollte es richtig machen, um mal heiliggesprochen zu werden und legte los. Da ich nicht wirklich verstanden hatte, was Sünden sind, und glaubte, dass damit Ungehorsam gemeint wäre, listete ich entsprechend viel davon auf und erfand noch einige Dinge dazu, die sich spannend anhörten. Der Pfarrer bat mich mehrmals, nicht so laut zu reden, goutierte aber meinen Willen zur *Entsündigung* mit eifrigem Kopfnicken. Irgendwann meinte er dann, dass dies nun schon reichen würde, andere wären auch noch dran. Als ich den Beichtstuhl verliess, lachten draussen meine Klassenkameraden, da ich so laut gesprochen hatte, denn sie konnten vieles mitanhören.

Erst durch die biedere christliche Gruppenleiterin M. T. wurde mir der christliche Glaube etwas näher gebracht, wenn auch auf teils sehr fragwürdige Art. Sie zwang uns, aus der Bibel vorzulesen, bevor es das Essen in der Gruppe gab. Die Zusammenhänge der ausgewählten Stellen verstand ich überhaupt nicht. Der Stoff war zu trocken, um ihn interessant zu finden. Freiwillig durften wir hingegen am späteren Mittwochnachmittag die Bibelstunde in Chur besuchen. Ich war offen für Neues, sowieso neugierig und freute mich darauf. In der ersten Stunde stand eine immerwährend strahlende Frau vor uns, mit so viel Freundlichkeit im Gesicht, dass ich schon fast misstrauisch wurde. Sie brachte mir einen schneeweissen Stoffhandschuh und bat mich, diesen anzuziehen. Ausgerechnet ich, der ich immer dreckige Hände hatte! Als ich ihn überzustülpen versuchte, brachte ich meine Finger nicht hinein. Etwas steckte im Handschuh! Auf Geheiss klaubte ich es mühsam heraus:

Meine Sünden!

Auf eingerollten Zetteln, die zum Vorschein kamen, standen Beispielsünden. Man erklärte mir, dass ich so, wie ich sei, nicht zu Jesus kommen dürfe. Ich wäre nicht rein genug. Das erinnerte mich an Sprüche der christlichen Gruppenleiterin M. T., die sich jeweils über mein Gutenachtgebet ärgerte. Da wir von ihr gezwungen wurden, eines aufzusagen, wählte ich immer das kürzeste:

»Ich bin klein, mein Herz ist rein, soll niemand drin wohnen, als Jesus allein!«

»Du bist weder klein, noch ist dein Herz rein!«, ereiferte sie sich dabei. Wenn sie mit mir unzufrieden war, drohte sie damit, dass es nach meinem Tod im Himmel eine Art grossen Fernseher geben werde, der alles anzeige, was ich im Leben angestellt hätte. Sobald der letzte Mensch gestorben wäre, werde dieser Film gezeigt, damit alle alles von mir sehen könnten.

Naja, dann bin ich ja gespannt, wie mein *Pimpeliwaschen* durch sie *ankommen* wird, wenn es einst über den himmlischen Bildschirm flimmert!

In der Bibelschule wollte mir schon wieder jemand weismachen, dass dieser Gott mich nicht so haben wolle, wie ich bin. Ich wehrte mich und behauptete, es müsse einen Gott geben, der mich so will, wie ich bin! Gott sei doch Liebe, nicht Strafe. Wer mich nicht so wollte, wie ich war, war nicht besser als die Menschen um mich herum. Nach wenigen Besuchen ging ich deshalb nicht mehr in die Bibelstunde. Der schneeweisse Handschuh passte ohnehin nicht zu meinen stets schmutzigen Händen. Heimlich aber sprach ich zu meinem Gott im Himmel, der uns Kinder gerne hatte – auch solche mit dreckigen Händen und lauter Klappe. In solchen Momenten fühlte ich seine Nähe. Die christliche Erzieherin begriff so vieles nicht. Sie verstand auch nicht, dass Maja und ich Geschwister sein konnten. Maja, der blonde Engel, der niemandem etwas zuleide tat, und ich, der schwarzhaarige Teufel, der von morgens bis abends mit ungezügelter Energie durch den Tag stürmte. Es stimmte schon, Maja und ich waren völlig unterschiedlich – und sind es noch heute.

Im Waisenhaus hatte ich mich relativ gut eingelebt. Im Alltag funktionierte ich nach aussen recht gut und hatte zunehmend gelernt, mit meinem inneren Leiden umzugehen. Natürlich gab es in so einem grossen Heim etliche Zwischenfälle – einige betrafen auch mich:

Einer der älteren Jungen goss mir einmal einen Krug siedend heissen Kakao über den Rücken. Die ganze rechte Seite war danach mit Blasen bedeckt, die Haut brannte höllisch. Damals wurde solch eine Wunde gepudert, weil sie nässte. Die Verbände wurden täglich gewechselt, was schmerzhaft war, denn sie klebten schnell am verletzten Fleisch fest. An manchen Tagen war mein T-Shirt schon nach kurzer Zeit durchnässt vom Wundwasser. Es dauerte wochenlang, bis alles verheilt war. Das war eine mühsame Zeit, hatte aber auch Vorteile. Ich bekam nämlich sehr viel Anerkennung, wenn ich einen Verbandswechsel über mich ergehen liess, ohne dabei mit der Wimper zu zucken.

Ein weiterer Vorfall geschah im Sommer: Wie so oft spielten wir beim kleinen Schwimmbad am Waldrand Fussball, nur mit Badehose bekleidet. Unvorsichtig rannte ich in den Metallzaun, sodass mir ein abstehender dicker Draht durch den Oberschenkel stach und etwa zehn Zentimeter seitlich wieder aus dem Fleisch trat. Es blutete ziemlich. Da die Spitze wie eine kleine Harpune aussah, konnte ich den Draht nicht rausziehen. Die anderen Kinder eilten die Wiese zum Waisenhaus hinunter, um Hilfe zu holen. Der Heimleiter machte kurzen Prozess und riss das Ding raus. Im Heim versorgte er dann die Wunde, eine dicke, lange Narbe blieb zurück. Die Aufmerksamkeit, die mir der Heimleiter beim Verarzten schenkte, mochte ich jedoch.

Bei einem weiteren Vorfall hatten die älteren Jungs abseits des Heims ein Feuer angefacht. Wie immer war ich mit dabei, denn ich genoss es, wenn sie mich in alles miteinbezogen. Und wie immer musste ich mich in Szene setzen. Die Buben legten Eisenstäbe ins Feuer, um sie zum Glühen zu bringen. Erst machten wir Brandlöcher in ein paar alte Holzplanken. Dann fand es einer lustig, mich zu packen, weil ich wieder mal frech war, um mir ein Brandmal zu verpassen. Der glühende Stab bohrte sich tief in mein rechtes Handgelenk, es rauchte und stank nach versengtem Fleisch. Die Wunde musste intensiv behandelt werden.

Als der Heimleiter sie sah, schimpfte er mit dem Jugendlichen, der dies getan hatte. Dass er sich so für mich einsetzte, war ein sehr schönes Gefühl. Das war die Narbe wert.

Mein vorlautes Mundwerk konnte ich auch in der Schule nicht halten. Lehrer Mattli, welcher die dritte und vierte Klasse leitete, schlug mich im Gegensatz zu Lehrer H. nie. Er mochte mich. Doch wenn ich es mit meinen Sprüchen übertrieb, flog schon mal meine Brille quer durchs Klassenzimmer. Beleidigend war ich zwar nie, aber immer vorwitzig. Mattli beliess es dann bei ein paar Ohrfeigen oder er warf den Schlüsselbund nach mir – nichts Schlimmes für mich, alles im grünen Bereich, im Verhältnis zum Waisenhaus. Eigentlich war der Lehrer sonst ausgesprochen freundlich, was er mir auch immer wieder zeigte. Ich mochte ihn wirklich. Oft lachte er über meinen frechen Humor, seine Lachfältchen gefielen mir. Am meisten lachte er, als ich auf einer Schulreise einen weissen *Tüttikratta* im Gebüsch fand. Als ich checkte, was das für ein Ding war, band ich mir den BH mithilfe der anderen Kinder um und wanderte unter grossem Gelächter aller weiter.

Dritte und vierte Klasse bei Herrn Mattli

Während dieser Jahre erlebte ich wieder und wieder verschiedene sexuelle Übergriffe durch zwei Frauen. Wer bereits tot ist, kann nicht nochmals sterben – dennoch, ich litt jedes Mal. Körperlich und emotional unterschieden sich diese Taten. Die einen waren glasklar als solche zu erkennen: Wenn eine Erzieherin an einem Kinderpenis lutscht und sich selbst befriedigt, gibt es keinen Spielraum zur Interpretation. Ebenso, wenn ich meine kleine Hand tief in ihre Scheide schieben musste oder sie mir im Intimbereich Schmerzen und sich selbst damit Lust bereitete. Daneben erlebte ich einiges im Grenzbereich, das ich nicht einzuordnen schaffte – abgesehen davon, dass mir mein Gefühl damals klar signalisierte, dass ich dies nicht wollte.

Ein Beispiel: Die christliche Gruppenleiterin M. T., die anstelle der entlassenen S. A. ins Waisenhaus gekommen war, bestand beim Duschen darauf, mir meinen Kinderpenis am Schluss immer gründlich einzuseifen. Lange Zeit glaubte ich deshalb, ich sei unfähig, mich selbst richtig zu waschen. Die Gruppenleiterin meinte, der Beweis dafür sei doch, dass der Heimleiter mir alle paar Wochen noch immer den Hals mit Alkohol säubern müsse. Meine Haare und meinen Rücken wusch sie mir aber in der Dusche nie. Wieso kümmerte sie sich ausschliesslich um meinen Kinderpenis? Das wöchentliche Einseifen empfand ich als Übergriff, die Art und Weise als sehr speziell. Ich liess es lange widerwillig geschehen – insgesamt mehrere hundert Male. Es fühlte sich seltsam an und ich glaubte, diese Nähe sei nicht normal, doch war ich mir nicht sicher, wie ich es einordnen sollte. Mit elf, zwölf Jahren protestierte ich immer vehementer dagegen, dann hörte es endlich auf. Danach verdrängte ich dies viele Jahre völlig. Weshalb die Gruppenleiterin mich auf diese spezielle Weise zwangsgewaschen hat, weiss ich bis heute nicht. Ich brauchte ihre sonderbare Hilfe nicht. Sie beschämte mich!

Meine eigenen Kinder konnten sich ab drei Jahren selbst im Intimbereich waschen. Es genügte, dass ich ihnen etwas Flüssigseife in die Hände gab und ihnen sagte, was sie machen sollten. Danach einfach mit der Brause gründlich abduschen. Fertig – sauber!

Als ich diese Erzieherin telefonisch über mein Buchprojekt informierte, sagte sie, sie habe den *Blick*-Bericht über mich auf meiner Internetseite gelesen und fühle sich wegen dem *Peniswaschen* angesprochen. Dass ich mich beim Waschen wehrte, daran könne sie sich zwar noch gut erinnern, aber sie habe sich nie eines Missbrauchs schuldig gemacht. Sie frage sich vielmehr, ob ich psychische Probleme hätte. Ausserdem frage sie sich, ob ich Schuld am Selbstmord ihrer Vorgängerin sei, da ich diese mit meinen Missbrauchsvorwürfen konfrontiert hätte. Dass S. A. alles in mehreren Briefen gestanden hatte, wollte sie nicht wahrhaben. Ausserdem ist zu diesem Zeitpunkt sowieso unklar gewesen, ob es sich hinsichtlich des Selbstmordes nicht nur um ein Gerücht handelte.

Es gibt viele Arten, Opfer immer wieder zum Schweigen zu bringen – bei mir aber zieht keine davon! Ich gehe meinen Weg bis zum Ende. Diese ehemalige Erzieherin wollte mich tatsächlich dafür verantwortlich machen, wie Täter oder Täterinnen mit ihren Schandtaten umgehen. Falls sich eine Täterin oder ein Täter wegen dieses Buches umbringen sollte, liegt das nicht in meiner Absicht und schon gar nicht in meiner Verantwortung. Ich trage auch zu keiner Täterhetze bei. Doch ich habe das Recht, als ehemals *öffentliches* Kind, meine Stimme zu allen schlimmen Vorkommnissen zu erheben. Ich bin ja gerne bereit, allen zu verzeihen, die mir Übles angetan haben, wenn sie es ehrlich meinen und auf mich zukommen – auch dieser uneinsichtigen Erzieherin. Vergeben kann ich immer – doch vergessen nicht.

S. A., die Frau, die angeblich Selbstmord begangen hatte, ist übrigens noch am Leben. Wahrheit legt jeder auf seine eigene Weise aus, das spürte ich einmal mehr.

Nach diesem unerfreulichen Telefonat war mir wieder bewusst, wie oft und schnell Missbrauchsopfer als Lügner, Nestbeschmutzer oder Familienzerstörer angeprangert werden. Kein Wunder, dass so viele Opfer, die von Mitgliedern der eigenen Familie oder des nahen Verwandten- oder Freundeskreises missbraucht worden sind, zwangsweise schweigen müssen. Schweigen sie nicht, werden die Opfer in den Augen derer zu Tätern gestempelt, die der Ansicht sind, durch das Outing werde das harmonische Umfeld zerstört. Ich kann absolut jedes Opfer verstehen, wenn es sich – meist erst im Erwachsenenalter – sehr gut überlegt, ob es einen Onkel oder den besten Freund des Vaters anzeigt, mit dessen Familie alle zusammen jedes Jahr so tolle Ferien am Meer verbringen. Mit einer Anzeige gerät ein Gefüge ins Wanken, das sich meist auf die ganze Familie auswirkt. Ausserdem kann – abgesehen von dem Opfer – kaum jemand anderes glauben, dass der liebe Onkel oder wer auch immer, das wirklich getan haben soll. Zudem liegen die Taten oft viele Jahre zurück, denn Missbrauchsopfer benötigen Zeit, um zu begreifen, dass es passiert ist und sie nicht schuld daran sind. Ihnen wird jedoch vom betroffenen Umfeld in den allermeisten Fällen die Schuld an den Konsequenzen auferlegt, welche die Offenlegung der Taten mit sich bringt. Auch ich bekam und bekomme derlei noch immer zu spüren. Egal, ich gehe da durch. Die wahren Freunde lernt jeder erst im Sturme kennen und somit hat auch der sein Gutes!

Diese Erzieherin, die uns doch den christlichen Glauben predigen wollte, hat nicht einmal in unserem kurzen Gespräch Mitgefühl gezeigt oder gefragt, wie ich als Kind mit allem umgegangen bin. Stattdessen meinte sie, ich solle sie nicht mehr telefonisch belästigen. Welch eine sarkastische Aussage! Sie fühlt sich wegen eines von mir anständig geführten Gesprächs belästigt, hat jedoch ihrerseits jahrelang meinen Kinderpenis gewaschen – gegen meinen Willen! Auf ähnliche und auf viel schlimmere Reaktionen müssen sich Missbrauchsopfer gefasst machen. Kein leichter Weg – aber ein gangbarer!

Als ich etwa acht Jahre alt wurde, kam mir im Waisenhaus ein Mann zu nahe. Nicht der Heimleiter, der hat mich niemals sexuell belästigt. Das perfide daran ist, dass sich mir der betreffende Erzieher mit *vertrauensbildenden Massnahmen* näherte:

Durch Gespräche!

Er war ein Schmeichler, gab mir das Gefühl, wichtig zu sein und, dass er alles aufnähme, was in meinem Kopf abginge. Das Ganze nahm so schleichend seinen Anfang, dass sich Grenzen, die jedes gesunde Kind haben sollte, fast unmerklich auflösten. Seine Annäherungsversuche erfolgten in beinahe distanzlosen Schritten, sodass ich es irgendwann kaum glauben konnte, in welche Richtung alle zusammen dennoch führten. Von aussen betrachtet passierte anfänglich ja nicht viel und dennoch zu viel:

»Hey, das hast du aber toll gemacht, Philipp!«, sagte er bisweilen und legte einen Arm um mich. Noch nie zuvor wurde ich so gelobt, geschweige umarmt. Es war zwar auch keine Umarmung, dennoch seltsam nahe. Trotzdem konnte und wollte ich ihn nicht wegschieben, denn vielleicht meinte er es ja tatsächlich gut mit mir. Oder? Er war doch wie ein grosser Freund und eine Respektsperson in einem! Immer wieder lobte er mich und legte dabei seine Hand anerkennend auf meinen Rücken – bei jedem Lob ein wenig tiefer. Eines Tages fühlte ich seine Hand plötzlich kurz auf meinem Po liegen, als wäre es ein Klaps, der einen irritierenden Tick zu lange dauerte. Seine Augen strahlten mich dabei an, als er mich ein weiteres Mal wegen etwas lobte:

»Hey, Philipp, du hast das wirklich super gemacht! Toll! Du bist wirklich gut! Du bist wertvoll!«

Diese Art von Klaps kam nun immer wieder. Die Schranken fielen weiter. Ich wollte es nicht wahrhaben, obwohl ich es plötzlich genau fühlte: Dieses verdammte Scheissgefühl, dass im Guten das Schlechte mit verwoben ist. Schon wieder!

Wochen und Monate vergingen mit dieser Art von *Handauflegen*, mit so viel Lob gemischt, dass ich mich des Lobes wegen etwas aus meinem grauen Alltag emporgehoben fühlte.

Eines Tages redeten wir im grossen Stall, kurz bevor dieser abgebrochen werden sollte. Irgendwo im Giebel – es roch nach Mäuse- und Rattengift – packte er seinen Penis aus und zeigte ihn mir. Dazu redete er etwas, woran ich mich nicht erinnern kann. Immer noch muss ich den Brechreiz zurückhalten, wenn ich mich an die für Kinderaugen monströs aufgeblähte Eichel erinnere. Das Verrückte ist, ich hätte davonrennen können. Er hatte mich ja nicht mit körperlicher Kraft zurückgehalten. Das Netz, in dem ich gefangen war, konnte niemand sehen und ich schon gar nicht erklären. Er spielte mit seinem Penis herum und redete weiter. Dann zeigte er, indem er sich einen Zeigefinger in den Mund steckte, was ich mit seinem Penis tun solle.

»Wieso?«, dachte ich. *»Wieso will jemand, dass ich so etwas Ekliges tue? Diese dicke, geschwollene Eichel, aus der schon seltsamer Saft tropft, soll ich in den Mund nehmen? Nein! Unmöglich!«*

Doch wie kam ich da wieder raus? Das Netz hielt mich weiter gefangen. An meiner Mimik musste er gesehen haben, was in mir vorging. Erst versuchte er, mich mit einer gespielten Riesenenttäuschung zu manipulieren, dann mit *Entgegenkommen*: Ich solle den Penis nur eine Sekunde in den Mund nehmen, dann wäre er auch schon zufrieden und alles vorbei. Das würde ich doch sicher schaffen. So ein kluger und starker Junge, der vor nichts Angst habe. Oder?

Erst dann fühlte ich, wie ein weiteres Kartenhaus in mir zusammenfiel. Nun erkannte ich all die Lügen und das zerbrechliche Gebilde, auf dem seine ganze Scheinheiligkeit beruhte, obwohl ich ja eigentlich alles schon wusste. Doch noch konnte ich nicht davonrennen, denn gleichzeitig stürzte auch all das Lob ein – mein Bild, an das ich so gerne glauben wollte, ja musste. Massiv bedrängte er mich weiter, sein Ton änderte sich laufend. Zwischen Druck, Lob und Schuldgefühlen wogte er hin und her!

Bis dahin war ich es gewohnt, dass man sich von mir und an meinem Körper nahm, was man wollte. Auch, als sich eine Erzieherin irgendwann mit ihrer nassen Scheide auf mein Gesicht setzte und ich dabei fast kotzen musste, oder wenn es *nur* meine Hände waren, die dann auf Befehl etwas für mich Schlimmes tun mussten.

Doch selber diesen *Monsterzipfel* in den Mund zu nehmen? Unmöglich!

Er musste es bemerkt haben und bot mir einen weiteren *Ausweg* an.

»Okay, dann zeige ich an dir, was du hättest machen müssen. Du brauchst rein gar nichts zu tun, dann ist ja gleich alles vorbei.«

Das war für mich so, als ob man jemandem drohen würde, er bekäme gleich sein rechtes Bein abgeschnitten und möchte ihm dann, sozusagen als Entgegenkommen, *nur* einen Fuss amputieren. Wie gesagt – stillzuhalten, das war ich gewohnt.

Als ich ihm mein acht Jahre altes *Pimpelchen* zeige, schaut er es an, als wäre es etwas Unglaubliches. Mit zitternden Händen beginnt er es zu halten und betrachtet es eingehend. Dann reibt er damit über seine Lippen und schliesst dabei die Augen. Die Bartstoppeln stechen mich. Doch kaum hat er mein *Zipfeli* im Mund, bekomme ich so einen heftigen Pinkelreflex, dass ich aufschreie.

»As goht nit! Hör uf! I muass brünzla!«

Das scheint ihm unheimlich zu gefallen, denn er wünscht, dass ich das in seinem Mund machen soll.

Was?!

In den Mund *Bisi* machen?!

Nach einigen Versuchen kommt das *Bisi*. Mit erhobener Hand zeigt er mir, wann er zwischendurch eine Pause braucht, um schlucken zu können. Dabei befriedigt er sich und atmet so schwer durch seine Nase, dass ich glaube, er bekomme zu wenig Luft. Auf einmal keucht er ganz seltsam – aus seinem Zipfel spritzt ekliges Zeug auf meine Schuhe.

Als er fertig war, hatte er in mir sein Bild eines fürsorglichen Menschen zerstört. Er war doch ein Mann! Wieso benahm er sich trotzdem wie die Erzieherinnen? Und wieso habe ich mich fangen lassen, obschon ich doch eigentlich wusste, dass etwas nicht stimmen konnte? Ich war schuld!

Fassungslos starrte ich ihn an und dachte: *»Du bist einer der Bösen und ich einer der Dummen!«* Im Gegensatz zu den Erzieherinnen drohte er mir eindringlich, dass er mich totschlagen oder irgendwo abseits lebendig in einem Erdloch vergraben werde, würde ich auch nur einen Ton zu jemandem sagen. Er wusste um meine Angst vor Erdlöchern, denn in der ersten Klasse war Folgendes geschehen:

Aus Langeweile buddelten wir Heimkinder hinter dem Waisenhaus sinnlos tiefe Erdlöcher. Luci war nicht da, um mir beizustehen und meine freche Klappe war wieder mal zu gross. Drei der Grossen steckten mich deshalb in ein tiefes Loch, legten ein Brett darüber und schaufelten Erde darauf. Sie holten mich erst raus, als sie es nicht mehr lustig fanden.

Aus Angst und Wut drehte ich durch und schlug auf sie ein, als ich endlich wieder befreit war. Sie aber hielten alles für einen gelungenen Scherz und lachten sich beinahe kaputt. Sie konnten ja nicht wissen, wie lange ich in Haldenstein im Ölkeller im Dunkeln eingesperrt war. Meine Angst war mir so gut anzusehen, dass sie von nun an drohten, mich sofort wieder in ein solches Loch zu sperren, wenn ich frech wurde.

Deshalb drohte mir nun auch dieser Pädophile damit, weil er den Vorfall im Waisenhaus logischerweise mitbekommen hatte. Seine Einschüchterungen wunderten mich, denn ich hatte keinen Gedanken daran verschwendet, es jemandem zu sagen. Wie hätte ich dies auch sagen können?

Von diesem Moment an ging ich auf Distanz zu ihm.

In den Tagen und Wochen nach der Tat passte er mich in für ihn günstigen Momenten ab und wiederholte seine Drohungen. Auf einmal fühlte ich, wie schwach er war, und da kam wieder meine grosse Klappe zum Zuge: Ich drohte ihm Monate später damit, dass ich alles dem Heimleiter erzählen würde, wenn er mich nicht endlich in Ruhe liesse. Doch er verschwand sowieso bald aus dem Heim.

Als ich fünfzehn war, versuchte sich mir ein weiterer Pädophiler zu nähern – meine körperliche Abwehrreaktion war derart übertrieben, dass ich den Typen viel zu stark verletzte und über mich erschrak, doch davon später mehr ...

1977 wurde der alte Stall abgebrochen, das Heim erweitert und renoviert. Doch zuvor artete noch ein Streich von uns Kindern aus. Nach schlimmen Streichen logen wir jeweils alle oder wir vereinbarten, dass jeder einen anderen beschuldigte, damit niemand mehr schlau wurde, wer denn nun wirklich der Schuldige war. Das ging meist auf, doch diesmal nur bedingt.

Zum Waisenhaus gehörten neben dem riesigen alten Stall noch zwei Pferdeställe, wenige Meter entfernt auf der anderen Strassenseite. Auch dort tollten wir oft herum und stellten allerlei Unfug an. An jenem späten Nachmittag rauchte Menga, eines der ältesten Mädchen, heimlich eine Zigarette. Da schon mal Feuer vorhanden war, wollten wir damit ein Spinnennetz samt der dicken Spinne darin in Flammen aufgehen lassen. Die alten Spinnweben dahinter waren aber derart dicht, dass auch das Heu zu brennen begann. Wir gerieten in Panik, versuchten den Brand vergeblich zu löschen und rannten schliesslich weg. Einfach raus und sich auf dem Areal verteilen, so tun, als ob nichts geschehen wäre. Wäre da nicht der Sturz von Menga im Stall gewesen, der eine Hirnerschütterung zur Folge hatte.

Innert Minuten begann der Stall zu qualmen und die ersten *unschuldigen* Kinder schrien. Die alarmierte Feuerwehr raste heran, hatte aber keine Chance, etwas zu retten. Deshalb konzentrierte sie sich darauf, wenigstens den nur wenige Meter entfernten grossen Stall vor Schaden zu bewahren, sonst wäre dieser und damit das ganze Heim ein Opfer der Flammen geworden.

Natürlich war es äusserst spannend, die Löscharbeiten zu beobachten, wäre da nicht das bedrückende Gefühl von kollektiver Schuld am Rumoren gewesen. Klar war, die *Verhöre* würden sicher bald beginnen. Da ich, wie alle anderen auch, *unschuldig* war, sollte mir nicht allzu viel geschehen. Menga konnte sich ausserdem wegen des Sturzes an rein gar nichts mehr erinnern. Umso besser! Nie kam man uns auf die Schliche. Tja, wer wohl alles beteiligt gewesen war?

Streiche waren an der Tagesordnung. Einige konnten die Erzieher und der Heimleiter mit einem Augenzwinkern zur Kenntnis nehmen, andere wiederum nicht.

Zwei von unterschiedlicher Sorte erzähle ich hier.

Ich beginne mit dem Streich, der nur ein paar Schläge zur Folge hatte. Bevor der Heimleiter den neuen Hühnerstall und einen Schafstall selbst baute, befand sich der alte Hühnerstall weiter oben in der Wiese. Mit Ursi, einem sechs Jahre älteren Mädchen, schlichen ein paar von uns in die Spensa und klauten Schnapsfläschchen und Brot. Den Schnaps träufelten wir auf Brotwürfel und tränkten sie so gehörig. Damit begannen wir, die immer hungrigen Hühner zu füttern. Es war ja so lustig, sie besoffen zu sehen! Leider bewegte sich danach eines nicht mehr – dafür S. A. umso schneller, als sie dahinter kam, was passiert war. Sie war ja bekannt dafür, dass sie sehr unzimperlich zuschlagen konnte und das tat sie auch diesmal.

Jahre später, als ich etwa zwölf war, liess der Heimleiter sechs oder sieben Jugendliche für zwei Stunden an einem Sonntagnachmittag allein. Ich zählte auch dazu. Der Heimleiter war mit seiner Familie abwesend und unsere Erzieherin hatte auswärts etwas sehr Wichtiges zu erledigen.

»Ja klar, wir werden brav sein!«, schworen wir bei allen Heiligen, die ich von Rigets her kannte. Wir hätten alles versprochen, um das Waisenhaus mal sturmfrei für uns zu haben. Zu unserer Entschuldigung muss ich sagen, dass ein zum Gähnen langweiliger Sonntagnachmittag im Frühling vor uns lag. Die Sonne schien mild aus einem milchig blassblauen Himmel, ein lauer Föhn streifte durchs Rheintal und über die Wiesen zum Waisenhaus hoch.

Kaum war die Erzieherin fort, versammelten wir uns vor dem Haupteingang. Wir wussten alle, es würde mächtig Ärger geben, doch es musste einfach sein! Diese Chance bekämen wir nie wieder! Das ganze Waisenhaus nur für uns und keiner da, der uns beobachtete. Hätten wir Baumaschinen gehabt, wir hätten die Gebäude dem Erdboden gleich gemacht.

Als erstes stürmten wir den Hühnerstall und jagten die Hühner auf der Wiese und im Gehege umher. Ein riesiges Geflatter und Gegacker begann. Schon lange geisterte die Behauptung im Heim herum, dass ein geköpftes Huhn noch ein rechtes Stück weit rennen könnte! Auch durch unsere Wiese?

Das schien doch unmöglich! Umso mehr war das doch einen Versuch wert, um es herauszufinden, dachten wir. Kurz besprachen wir die Lage und bestimmten, wer das Huhn auf dem Scheitbock köpfen und wer es danach sofort auf der Wiese losrennen lassen sollte. Es gab ja so viele Hühner, und auch wenn sie des Heimleiters Lieblinge waren, würde ein einzelnes wohl kaum vermisst werden. Sofort meldete ich mich, um es ohne Kopf in die Wiese zu stellen und ihm einen Schubs zu geben. Doch wer sollte es köpfen? Immerhin, es war ein Huhn und damit ein Lebewesen! Es ohne Kopf rennen zu sehen, wollte jeder von uns, doch für den finalen Schlag meldete sich auf Anhieb niemand. Jeder wollte dem anderen den Vortritt lassen. Somit beschlossen wir, zuerst die Axt zu holen.

Noch während wir alle das Tatwerkzeug holten, schrie einer auf!

Die Überreste eines rohen Eies klebten an seinem Kopf.

Wer hatte es geworfen?

Natürlich meldete sich keiner. Zoff lag in der Luft und zur Sicherheit bewaffneten sich jetzt alle mit Eiern. Rohe Eier in der Hand zu behalten, wenn man das Resultat vor dem inneren Auge bereits sieht, falls man es werfen würde, ist aber ein Ding der Unmöglichkeit.

Eine wilde Eierschlacht begann – jeder gegen jeden. In den vielen Gelegen suchten wir immer neuen Nachschub. Nachdem jeder ein paar Treffer abbekommen hatte, sammelten wir in den T-Shirts, die wir zu einem Beutel machten, soviel wir tragen konnten, und begannen, auf das Heim zu ballern. Fassade, Türen, Fenster – erst aussen, dann auch innen! Bei jedem Wurf, der ein noch wesentlicheres Ziel traf, brüllten wir vor Lachen und stachelten uns gegenseitig an. Um den Heimleiter besonders zu ärgern, bewarfen wir auch seine absoluten Lieblinge, seinen grössten Schatz – seine Schafe.

Zwei Lehrlinge, die soeben zurück ins Heim kamen, schlossen sich uns an. Sie brachen die Türe des Heimleiterbüros auf. Darin lag das konfiszierte Luftgewehr, das der Heimleiter von einem der Grossen eingezogen hatte – aus gutem Grund natürlich! Auch ich hatte einen Schuss zuvor abbekommen. Als Erstes durfte jeder ein paar Schüsse auf die verhasste Bürotür abfeuern – Bolzen und Kugeln. Danach marschierten wir wie John Wayne durch die Gänge und schossen herum, immer wieder ein anderer. Ungefähr 500 Schuss beinhaltete eine Munitionsdose! Das nächste Ziel waren dann wiederum die Schafe. Durch die dicke Wolle drang bestimmt nichts. Natürlich konnten die Tiere nichts dafür, dass sie die Lieblinge des Heimleiters waren und er für sie extra zwei schöne Ställe gebaut hatte, wogegen er für uns keinen Finger rührte. Man denke an das Bad am Waldrand, das meist gelblichbraun verdreckt war. Wir wollten bei den Schafen noch ein paar Spezialeffekte erzielen und motzten sie auf. Im Bastelzeug fanden wir, was wir brauchten: Ballone, die wir mit Farbe und Wasser füllten und gegen die Tiere schmissen. Ein Schaf nach dem anderen bekam so einen farbenfrohen Hippie-Look verpasst. Heute würde so eine Aktion vermutlich als Kunst gepriesen. Auf jeden Fall kugelten wir uns am Boden vor lauter Lachen.

Sämtliche Grenzen des Tolerierbaren hatten wir schon lange überschritten. Wir waren getrieben von Gruppendynamik und fühlten uns für nichts verantwortlich. Jeder war ja nur dabei, einfach ein Mitläufer, keiner war ein Anreisser.

Apropos Tierliebe des Heimleiters: Unter dem Hühnerstall warf immer eine Katze ihre Jungen. Eines dieser Kätzchen *adoptierte* ich und streichelte es jedes Mal, wenn ich nach der Schule ins Heim zurückkam. Unter uns Kindern hatten wir den Wurf aufgeteilt und genossen es, unsere Lieblinge zu verschmusen. Eines Tages aber war keines der Tierchen mehr da. Einer der älteren Jungs führte uns zu ihnen.

In den Kellergewölben, dort wo die Fleischerhaken hingen, lagen die abgeschlagenen Köpfe der Tiere und ihr ganzer Rest. Auch mein Kätzchen war tot! Noch im Laufe des Tages verscharrte der Heimleiter die Kadaver in einem Erdloch unter den Zwetschgenbäumen vor dem alten Kellereingang. Wir hatten die Kätzchen erst wenige Wochen, dennoch schmerzte es sehr, sie so tot daliegen zu sehen. Meines war mir wirklich ans Herz gewachsen und ich hatte im Waisenhaus bereits angefragt, ob ich es behalten könnte. Es war so wunderschön dreifarbig! Bei einem weiteren Wurf schlug der Heimleiter die Jungen am Zwetschgenbaum tot. Noch so viele Jahre später steigen Erinnerungen daran in mir hoch.

Der Raum mit den Fleischerhaken war mir nicht nur wegen der Schläge, die ich dort bekam, unheimlich, auch nicht nur wegen der toten Katzen, sondern auch wegen der Schafe, die wir mit den Farbbeuteln geärgert hatten. Zu den Schafen gehörte auch Gizzimek, der Ziegenbock. Der war so gierig beim Fressen, dass er immer seinen Kopf durch den groben Maschendrahtzaun streckte und diesen wegen der Hörner nicht mehr zurückziehen konnte. Deshalb blökte er so laut, bis ihn jemand erneut befreite. Heute würde ich ihn als Freak bezeichnen. Ausserdem stank er grausam. Wir alle mochten ihn aber sehr.

Als wir eines Tages am Mittagstisch versammelt waren, beklagten wir uns alle über das Essen, das Fleisch war sehr zäh und stank fürchterlich. Plötzlich weinte eines der kleinen Mädchen, ich glaube, Jeannettli (Sina) war es, weil wir alle im Begriff waren, den Gizzimek zu verspeisen. Den Gizzimek?

Das ging ja gar nicht! Der war doch fast einer von uns. Da ich mein Stück Fleisch eh nicht zerkauen konnte, nahm ich die Strafe in Kauf, das Essen während der nächsten Mahlzeiten kalt vorgesetzt zu bekommen, anstatt unser Maskottchen zu essen. Die meisten Jungs rannten nach dem Essen sofort in das Kellergewölbe. Der Kopf von Gizzimek lag noch dort! Seine toten Augen vergesse ich nie mehr! Ungeachtet unserer Proteste wurde uns das Fleisch noch mindestens zweimal aufgetischt.

Zurück zum Ende des ausufernden Streichnachmittages:

Wir hatten selbstverständlich nicht bis in alle Konsequenzen durchgedacht, was dieser Streich nach sich ziehen würde. Der Heimleiter kam noch vor der Erzieherin zurück. Unser Anblick sagte ihm mehr als jedes Geständnis. Voll von Eierresten an den Kleidern und in den Haaren, dazu Farbe an den Händen und den Schafen – wir brauchten gar nichts zu sagen.

Määääh!

Um etwa fünf Uhr kehrte auch die Erzieherin zurück und nachdem wir alle Unschuldsschwüre geleistet und darauf bestanden hatten, wir seien nur Opfer der anderen in der Gruppe gewesen, musste ich wie oft bei Strafen schon um 18 Uhr und ohne Nachtessen ins Bett. Am nächsten Tag kam zu unserem Schrecken die Polizei wegen der blöden Bürotür. Sie befragten uns alle, doch soviel ich weiss, hielt jeder dicht.

Jetzt wieder zurück, zum Abbruch des alten Stalls, der war etwas total Spannendes für uns. Wir beeilten uns nach der Schule, um möglichst viel davon mitzukriegen. In jeder freien Minute schauten wir dem Bagger zu, wie er den alten Stall und den Zwischentrakt abriss. Soviel Schutt und Staub gab es!

Der grosse Stall ist weg.

Das uralte Hauptgebäude wurde renoviert, und was soll ich sagen? Das neue Waisenhaus wurde optisch wunderschön!

Mein Fenster, das war das Beste daran – mit Blick Richtung Chur.

August 2016 – Blick aus meinem damaligen Fenster

Die neuen Lampen und unsere Möbel beeindruckten mich. Alles war in den tollen Farben der Siebziger gehalten. Unglaublich, soviel Freundlichkeit! Eine weitere Neuerung: Nur noch das Mittagessen nahmen alle gemeinsam im Speisesaal ein. Frühstück und Abendessen gab's in neuen Gruppen, die jetzt über je eine kleine Küche und über Essecken mit schönen Tischen verfügten. Anfangs waren wir etwa zwölf Kinder in *meiner* Gruppe, die in Mädchen und Buben aufgeteilt war. Sogar in jedem Stockwerk gab's nun einen Fernseher! Der Nachteil war bloss, dass unser Gerät in einem Kasten eingeschlossen war. Unsere Gruppenleiterin – die christliche, biedere und alte Jungfer – war unglaublich altmodisch eingestellt. Einmal pro Woche liess sie uns für eine halbe Stunde fernsehen.

Die *Heidi*-Serie!

In der Not frisst der Teufel Fliegen. Na gut, dann schauten wir eben *Heidi*!

So konservativ die Gruppenleiterin war, so cool waren einige der Praktikantinnen und Praktikanten, die sich regelmässig abwechselten. Billy und Anna waren Geschenke für mich! Auch der rotbärtige Pierre, der zwar nie seinen Jähzorn unter Kontrolle hatte, aber viel Sport mit uns trieb, war super. Mit ihm fuhr ich oft Velo. An Heinz, den christlichen Erzieher, habe ich nur die besten Erinnerungen, auch an seinen alten Deux Chevaux. Heinz war ein sehr liebenswerter Erzieher, der uns mit grosser Gelassenheit und Umsicht betreute. Seine christliche Lebenshaltung war im Umgang mit uns sehr positiv zu spüren. Schade, dass er schon bald wieder weg war. Ihn vermisste ich!

Tage, Wochen und Monate zogen ins Land.

Noch immer waren wir bei jedem Wetter viel draussen.

Viele Stunden blickte ich am Abend aus meinem Fenster auf das verheissungsvoll beleuchtete Chur. Es waren Momente der stillen Einkehr. Die beiden Zimmergenossen schliefen schon längst. Es war mir, als stünde die Zeit still. Die Lichter der Stadt glimmten hinter den dunklen Wiesen. Im Sommer öffnete ich leise mein Fenster und sass aussen auf dem Fensterbrett. Vor der Höhe hatte ich keine Angst. Es waren ja nur zwei Stockwerke, und darunter befand sich der Garten. Das Gefühl, das ich an solchen Abenden und Nächten in mir trug, war eine Mischung aus Traurigkeit, Einsamkeit, Sehnsucht, Träumen und Schönheit – der Mond, die Sterne und die Berge verschmolzen mit mir. Es war ein Gefühl, als suchte ich nach einem verlorenen Moment in mir, den ich aber nicht hätte beschreiben können – als wäre mir etwas Kostbares gestohlen worden. Irgendwo da draussen wäre es vielleicht noch zu finden. Wenn im Waisenhaus in der Nacht alles ruhig wurde, all die bewegten Kinderseelen schliefen, da war es mir, als gäbe es das Waisenhaus nicht mehr. Alles wirkte dann irgendwie friedlich, als wäre es ein anderes Leben. Der dunkle Garten, der sich unter mir abzeichnete, schlief genauso. Die Spritzkanne, die ich doch noch am Nachmittag in der Hand gehalten hatte, lag noch genau dort, wo ich sie abgestellt hatte. Und doch schien diese in der Nacht nun eine andere zu sein. In der Stille und dem Frieden meiner Nacht gehörte sie nicht mehr zu mir, zu meinem vergangenen Tag. In diesen Nächten wurde mir sehr bewusst, dass ich völlig alleine war – egal wie laut auch das Leben am Tag im Waisenhaus aus jeder Ecke dröhnte – egal wie laut ich war. Der Einzige, der auf mich achtgeben und für mich kämpfen würde – das war und blieb ich!

Es war, als wollte ich die Zeit in diesen Nächten, mit dem Lichterglanz der Stadt Chur, in meinen Augen anhalten. Für immer! Weinen konnte ich nicht. Wieso auch? Wem hätte das denn genützt? Tränen hätten mich nur schwach gemacht! Jeder Tag wollte durchgestanden und durchlebt sein. Es waren wundervolle, traurige Abende mit mir allein und der Natur, die anstelle eines lieben Menschen ganz nah zu mir rückte – mich ein Teil des Ganzen werden liess. Wenn dann ein lauer Nachtwind ans Fensterbrett wehte und der Vollmond alles in ein so samtenes, blaubleiches Licht tauchte, fühlte ich mich genug getröstet, um ins Bett zu gehen. Der nächste Morgen und mit ihm dieses hässliche Gefühl, noch immer da zu sein, löschte wieder alles von Neuem aus.

Natürlich war nicht jede Nacht ruhig im Waisenhaus. Aus dem dritten Stock auf den Betonplatz vor dem Eingang zu pinkeln, das war nämlich lustig, wenn es mehrere gleichzeitig taten. Wir standen zu dritt vor den geöffneten Fensterflügeln und hielten uns nur am Fensterrahmen fest. Wenn einer gefallen wäre, hätte dies tödlich geendet, aber wir übersahen diese Gefahr. Solchen Unfug stellten wir in der dritten Klasse an. Eines Nachts endete jedoch ein Streich blutig – für mich. Gemeinsam mit anderen Buben schlich ich mich zu den Mädchen, um sie zu erschrecken, natürlich im Stockdunkeln. Alles lief nach Plan, aber plötzlich hörten wir, wie im unteren Stockwerk eine Tür aufging.

Der Heimleiter drehte seine Runde!

Schnell flüchteten wir durch den finstern Gang zurück, doch im Gedränge verlor ich die Orientierung und prallte mit dem Kopf in den grossen Holzpfeiler. Erst schlug es mich benommen zu Boden, doch noch immer vom Fluchtreflex getrieben, stand ich auf, bis ich merkte, dass ich an der Stirn ziemlich blutete. In diesem Moment ging das Licht wie ein greller Blitz an und der Heimleiter kam auf mich zu.

Alles klar! Der Philipp wieder mal!

Die Wunde ging bis auf den Knochen, ein klaffender Schlitz. Natürlich schimpfte der Heimleiter drauflos, während wir zum Verbandsmaterial gingen. Mein Pyjama war beschmutzt und das Gesicht rot vom Blut. Sein Anblick machte mir nichts aus, aber als ich kaum mehr etwas sehen konnte, weil es mir in die Augen lief, wurde mir schon ein wenig mulmig zumute. Dazu surrte meine Birne heftig. Der Heimleiter versuchte, die Blutung mit Drücken und Pressen zu stoppen und zeterte währenddessen weiter. Mit schmerzendem Kopf und noch immer blutender Wunde schickte er mich schliesslich ins Bett. Obwohl ich an alldem selbst schuld war, hatte ich gehofft, er bemerke, dass ich keinen Pieps von mir gab, als er auf der Wunde herumdrückte und den Verband grob anlegte. Ein Irrtum! Ihn von mir zu überzeugen klappte nicht – nie.

Alleine im Bett, im Dunkel des Zimmers, kroch Angst zu mir unter die Decke. Ein hässliches Verlorensein und tiefe Kälte umklammerten mein Herz. Niemand fragte mich, wie es mir ging, niemand versuchte mich zu unterstützen. In dieser Nacht fühlte ich mich elend. Es fehlte mir ein Papa am Bett, der ein kleines Nachtlicht brennen liess und hin und wieder nach mir geschaut hätte. Vielleicht hätte er auch mein Haar gestreichelt, sodass ich mich wunderbar aufgehoben gefühlt hätte.

Deshalb liebe ich Nachtlichter. Meinen Kindern habe ich schon etliche gekauft.

*Die ganze Zimmerdecke leuchtet in verschiedenen Farben –
wie ein Sternenhimmel!*

Ein Jahr später, im Sommer, als ich dreizehn war:

Mit Pierre, dem Erzieher, der gerne Velotouren unternahm, war ich auf einer längeren Tour. Auf der Abfahrt von Thusis nach Cazis machten wir ein Rennen. Auf dem Gepäckträger war sein Rucksack geschnallt, der sich plötzlich löste. Da ich nur wenige Meter hinter ihm fuhr, rammte ich das Ding und überschlug mich heftig. Benommen lag ich auf der Strasse. Diesmal war es die rechte Stirnseite, die kräftig blutete. Ein Auto mit deutschen Touristen hielt an. Irrtümlicherweise fuhren diese mich zum Notfall der Psychiatrischen Klinik Beverin, dorthin, wo ich später – mit 15 Jahren – von der Polizei auf Geheiss der Vormundschaftsbehörde zwangsinterniert wurde. Nach diesem Irrtum brachte man mich zum Notfall ins Spital Thusis. Ohne einen Mucks liess ich mir die Wunde mit sieben Stichen nähen. Der Arzt lobte mich, weil ich so ruhig und tapfer war. Doch als sie mir davor ein Tuch übers Gesicht legten, damit nur die

211

Wunde in ihrem Blickfeld lag, fühlte ich grosse Angst. Nicht wegen dem Nähen oder den Schmerzen – wegen des Tuches über meinem Gesicht! Wenn ich gekonnt hätte, wäre ich aufgestanden und weggerannt. Es war ja bloss so ein blödes Tuch über meinem Gesicht! Doch wieso erschreckte mich das dermassen?

Mein Velo war kaputt, der Heimleiter musste uns mit dem orangen VW-Bus abholen. Noch immer brummte mein Schädel heftig, als er eintraf, ich war ja kurz weggetreten und mir war noch richtig schlecht. Eigentlich hoffte ich, dass er angesichts meines dicken Verbandes ein paar anerkennende Worte verlieren würde oder dass er zumindest *»Wie geht's?«* fragen würde. Sein Interesse aber galt nur dem defekten Vorderrad meines Velos. Er schüttelte seinen Kopf. *»Typisch Philipp!«*. Dabei trug ich an dem Vorfall doch nicht die geringste Schuld! Auf dem Weg zurück ins Heim verlor er kein Wort, nicht mal, als ich ihm von den sieben Stichen meiner Naht erzählte.

An diesem Abend sass ich frustriert beim Nachtessen, mit einer Trophäe an der Stirn, die keiner der Erzieher sehen oder kommentieren wollte. Ich hatte einfach eine weitere Narbe mehr, und zudem ein Velo, das ich lange nicht mehr fahren konnte, weil ich kein Ersatzrad bekam.

Bis ich in die Oberstufe kam wechselten sich in meiner Gruppe, die von M. T. geleitet wurde, sehr viele Praktikanten ab.

Billy, eine neue, war witzig und sie begegnete meinem ungestümen Temperament mit Humor und Freundlichkeit. Niemals *berührte* sie mich und so war sie mir nah. Ihr verdanke ich so viel! Mit ihr machte sogar das Wandern Spass. Wie schon mehrmals erwähnt, waren wir oft in den Bergen unterwegs. Wir wanderten von Graubünden ins Ferienlager nach Olivone im Tessin und ein anderes Mal durchs Rhonetal im Wallis. Im Lager im Wallis war ich glücklich, dass ich neben Billy gehen durfte. Sie nahm mir das schlechte Gefühl, bloss ein Schatten zu sein und liess mich aufleben. Wie auf dem folgenden Bild zu sehen ist, mochte sie ebenfalls keine Wanderschuhe:

Die Jacke ist mir zu klein, weil es die meiner Schwester ist. Sie hatte darin gefroren, weil der Reissverschluss kaputt war, sodass wir tauschten. Links neben mir ist Martin zu sehen – mein Freund aus Kindertagen. Rechts ist die Greina-Hochebene, die mich unglaublich faszinierte. Dies war die Auftaktwanderung. In drei Tagen sind wir von Graubünden an den Lago Maggiore, ins Tessin, gewandert.

Ich hasste Wanderschuhe und der Heimleiter liess es mir immer durchgehen. Es gibt kein einziges Bild, auf dem ich Wanderschuhe trage.

Bei einer dieser Wanderungen kamen wir vom San Bernardino Richtung Calancatal beim Aufstieg zum Pass di Passit vom Weg ab und gerieten in gefährlich steiles Gelände. Wir irrten herum, bis es eindunkelte. An einer kaum begehbaren Stelle musste der Heimleiter jedes Kind einzeln führen. Rechts ging's beinahe senkrecht ein Tobel hinunter zu einem Bachbett – und ich marschierte in meinen ausgelatschten Halbschuhen. Dennoch fühlte ich mich keinen Moment unsicher. Mein Vertrauen in meine *Geländegängigkeit* und diesbezüglich in den Heimleiter war unerschütterlich. Ich war sogar stolz, die gefährliche Stelle als erster zu passieren und die anderen dabei zuschauen zu lassen. Der Heimleiter hielt mich dabei sogar an meiner Hand!

Irgendwann erreichten wir den Bach in dem sich stetig verengenden Tal. Links und rechts schossen dicht bewaldete Berghänge empor. Mittlerweile war es stockdunkel. Wir hangelten uns nur mühsam zwischen Bäumen, Gestrüpp und Felsen dem Bach entlang. Der Heimleiter ging meist erst ein Stück voraus, um den Weg zu erkunden, dann folgten wir ihm. Angst verspürte ich keine, doch ich dachte, wir würden ohne Hilfe von aussen den Weg wohl kaum finden. Wir waren ja viele Kinder, darunter auch welche im Kindergartenalter. Es schien aber, als schützten mich die Berge. Es war auf spezielle Weise schön in dieser kalten dunklen Herbstnacht – weit weg von allem unter einem klaren Sternenhimmel – wie Gestrandete gemeinsam einen Weg zu suchen. Die ausserordentliche Situation verband uns in diesem Moment. Wir waren ein Team, keine Heimkinder mehr. Allerdings verspürten wir bald riesigen Hunger.

Weil wir auf dem Zeltplatz nicht erschienen, wurden Rettungskräfte alarmiert. In der Dunkelheit tauchten irgendwann erlösend ihre Lichter vor uns auf. Die Männer des Trupps führten uns sicher aus dem Tal hinaus. Der Heimleiter, erfuhr ich später, hatte eine mächtige Standpauke bekommen, was ihn, als angeblichen Kenner der Berge, bestimmt sehr schmerzte.

Zum Glück war das alles am ersten Wandertag der Ferien passiert und wir noch fit, da wir öfters mehrere Tage unterwegs waren. Tagwache war jedes Mal um 5 Uhr, Ablaufen um 6 Uhr. Vor allem die Praktikanten, die es nicht wie wir gewohnt waren, so viel zu gehen, waren kaputt und stöhnten öfters unterwegs. An gewissen Tagen wanderten wir über 30 Kilometer durch die Berge. Das ist für eine derart gemischte Gruppe einfach nicht gut. Ich selber vermochte diese langen Etappen problemlos zu bewältigen, aber für die Kleinsten unter uns waren sie einfach zu viel.

Apropos Nacht und Berge: Als ich etwa 13 war, überlegte sich der Heimleiter Strafen für mich, bei denen er mich nicht zu schlagen brauchte, was eigentlich lobenswert ist. Als Nesa und ich eines Nachmittags aus dem Heim ausgebüxt waren und mit dem Zug nach Thusis fuhren, um uns am Heinzenberg eine Hütte zu suchen, wurden wir wegen Ladendiebstahls von der Polizei in Gewahrsam genommen. Wir hatten Essen geklaut, das wir in die Hütte mitnehmen wollten – fast nur Süsses im Wert von etwa zwanzig Franken. Der Heimleiter holte uns mit dem orangen VW-Bus in Thusis ab. In der Gruppe liess mich die Gruppenleiterin ihren ganzen Unmut fühlen. Sie schaute mich und Nesa an, als wären wir Verbrecher. Wie immer musste ich ohne Nachtessen um 18 Uhr ins Bett gehen.

Mitten in der Nacht wurden Nesa und ich vom Heimleiter geweckt. Erst verstand ich gar nicht wieso, denn ich musste mir meine Schuhe anziehen, aber keine Jacke. Draussen war es kalt, Schneegraupel und Regen fielen in diesen ersten Frühlingstagen. Die Fahrt ging etwa zehn Kilometer weit nach Tamins. Dort stiegen der Heimleiter und wir aus dem Bus, der von einem Erzieher zurückgefahren wurde. Jetzt wurde uns befohlen, auf Umwegen etwa 15 Kilometer ins Waisenhaus zurück zu rennen. Die Idee des Heimleiters war es, dass wir ohne Jacken derart frieren würden, dass allein dies uns ins Traben bringen würde.

Er gab das Tempo vor, bei dem ich natürlich ohne Probleme mithalten konnte. Die letzten drei, vier Jahre hatte ich regelmässig an Orientierungsläufen teilgenommen und ich war zudem generell sehr fit. Als der Heimleiter merkte, dass wir ihm mit Leichtigkeit folgen konnten, deutete er immer wieder herrisch auf Stellen an der Bergflanke, einen Baum etwa oder einen Fels, um die wir dann einen Umweg machen mussten. Immer wieder schickte er uns die Hänge hoch, während er unten wartete, damit es uns so richtig schlauchen würde. Schneeregen klatschte in mein Gesicht. Die Luft war kühl und roch nach Wiese und Holz. Die Nässe auf meinem Gesicht fühlte sich frisch und wohltuend an. Die Bäume auf dem Calanda hoben sich ab, als schliefe der Wald. Die Lichter im Tal schimmerten. Ein Güterzug ratterte in der Ferne durch. Ich fühlte mich sehr lebendig.

Klitschnass, aber ohne einen Moment gefroren zu haben, kamen wir irgendwann im Waisenhaus an und durften wieder ins Bett schlüpfen. Der Versuch, uns anders als mit Prügeln zu bestrafen, war eigentlich sehr nett gewesen. Der Heimleiter schien Fortschritte zu machen. Endlich mal eine anständige Strafe.

1978 – meine elf Jahre ältere Schwester Mary war einundzwanzig und mittlerweile volljährig. Deshalb insistierte sie bei den Behörden, mich wenigstens an einem Wochenende im Monat zu sich holen zu dürfen. Das wurde ihr zugebilligt und endlich war es soweit.

Vom Aufenthaltsraum der Gruppe aus konnte ich direkt auf die schmale Strasse blicken, die zum Waisenhaus hochführte. Deshalb sassen Maja und ich schon lange zuvor am Fenster und warteten ungeduldig auf Mary und Irma.

Endlich fuhr ein Auto die Strasse hoch, in dem ich zwei junge Fräulein erkannte.

Tatsächlich, sie waren es!

Als sie ins Haus kamen, spürte ich sofort, wie ablehnend sie sich gegenüber den Erzieherinnen gaben. Mary, die vor lauter Stolz die Nase immer ein wenig höher trägt als andere, würdigte die biedere Gruppenleiterin M. T. keines Blickes, sondern fokussierte sich nur auf uns.

Irma zischte der Erzieherin zu, dass sie besser in die Psychiatrie passen würde, anstatt in ein Kinderheim, als diese meinen Schwestern in herablassender Haltung einige Standpunkte klarzumachen versuchte.

Mary – eine Kämpferin und Kriegerin!

Was war das für ein besonderer Moment, mit meinen zwei grossen Schwestern davonzufahren!

In der vollgestopften Migros Gäuggeli, in der ich auch vor vier Jahren mit den Venturas beim ersten Besuch einkaufen gegangen war, holten auch wir uns etwas.

Süsse Berliner!

Bei meinen Schwestern gab es immer Berliner, wenn die Geschäfte diese im Sortiment führten. Gemeinsam verputzten wir zwei Tüten voll davon. Dieser samtweiche, luftige Teig mit der süssen Himbeerkonfitüre – am liebsten hätte ich in einem der Dinger geschlafen.

Mit Marys damaligem Mann Ruedi, der mit seinem Bruder eine Garage führte, fuhren wir während den Wochenenden mit den tollsten Schlitten durch die Gegend. Mary hatte damals bereits eine dreijährige Tochter. Mit sieben war ich somit schon Onkel geworden.

Oft sassen wir an den Sonntagen in Gartenbeizen und liessen es uns gut gehen. Am Samstagabend durfte ich fernsehen und immer etwas Spannenderes als die *Heidi*-Serie im Heim schauen. *Scacciapensieri*, diese italienischen Trickfilme, waren urkomisch und meine Favoriten.

Die *Sprache*, die Mary redete, war mir vertraut, sie war ein Stück von unserem Zuhause. Mary und Irma öffneten mir langsam wieder die Türen zu meiner verlorenen Familie.

Ein Jahr später – ich war elf – holte mich auch meine Schwester Claudia an einem Sonntag ab! Auch sie war, wie Mary und Irma, eine dunkelhaarige Schönheit. Yvonne und Maja sind blond.

Zu Fuss, da Claudia weder Führerausweis noch Auto besass, liefen wir an diesem Sonntagmorgen im Regen in die Stadt zur Salvatorenstrasse. Dort bewohnte sie mit ihrem Freund eine kleine Einzimmerwohnung, übriges vom Bau her genau die gleiche, wie die, welche ich mit siebzehn, ein paar Blöcke weiter unterhalb, selber bewohnen würde. Den ganzen Tag lagen wir in der engen Wohnung im Bett, draussen regnete es und wir schauten coole Filme, die im Waisenhaus verboten gewesen wären. Claudia fütterte mich mit Melone, Berlinern und allem, worauf ich sonst noch Lust hatte.

Auf dem Rückweg ins Waisenhaus wurde ich still und traurig. Da war er wieder, dieser Druck im Herzen, wenn ich von einer meiner Schwestern wieder zurück ins Heim gebracht werden musste. Diese beiden Welten waren so verschieden und doch gab es beide. Das Schwierigste war immer, meinen Beinen zu befehlen, dass sie *freiwillig* zurückzugehen hatten.

Den Heimalltag konnte ich wieder fühlen, bevor ich durch die grosse Eingangstüre trat. Die seltsame unsichtbare Macht, die mich dorthin zurück zwang, war kaum zu ertragen. Warum gehorchte ich ihr denn überhaupt? Das fragte ich mich jedes Mal, etwa eine Stunde, bevor die Wochenenden bei meinen Geschwistern zu Ende gingen. Die Uhr rückte jeweils gnadenlos voran.

»Philipp, miar müand bald los!«

Und da war er wieder, dieser elende Abschiedsschmerz, den ich mir nicht anmerken liess. Meistens dauerte es ein, zwei Tage, bis ich mich wieder aufs Heim eingestimmt hatte. Das waren schwierige Tage für mich.

In Begleitung einer Erzieherin traf ich zu jener Zeit erstmals wieder meinen Papa in Chur. Eine Begegnung von nur wenigen Sekunden, denn der Lastwagen, in dem Papa Beifahrer war, blockierte die Strasse beim Postplatz nur kurz, damit mein Papa eilig eine Zwanzigernote aus der Hosentasche kramen konnte. Er knüllte sie zusammen und warf sie mir zu.

»Gisch denn dr Maja au d'Hälfti!«, rief er mir zu, bevor der Lastwagen sich schon wieder in Gang setzte. Ich war wie erstarrt – da war er wieder, mein Papa, mein Held! Und weg war er wieder, als wäre er nicht da gewesen. Die Erzieherin ordnete sofort an, ich müsse das Geld im Waisenhaus abgeben. Blöde Gewittergeiss!

Ob Irma oder Mary mich damals aus dem Waisenhaus abholte, spielte von ihrer Fahrweise her gesehen keine Rolle. Irma brauste mit ihrem braunen Toyota Corolla, genauso wie Mary, wie eine Henkerin durch die Stadt und hatte dabei immer eine Zigarette im Mundwinkel hängen wie James Dean. Die Kommentare meiner Schwestern galten all den Autofahrern, die nicht so zügig wie sie unterwegs waren und das waren schlichtweg alle:

»Du huara Tubel – fahr amol, du huara Galöri! Grüaner wirds nümma oder passt dr Pfarb nit?! Kauf dr kschieder as Trottinett!« Das waren nur einige der *Schmeicheleien*, die sie im Minutentakt laut werden liessen. Natürlich fand ich's cool, zwei Rallyefahrerinnen als meine Schwestern zu haben.

Als ich etwa elf oder zwölf war, holte mich Irma alleine ab. Sie machte ein Geheimnis daraus, wohin wir fahren würden. Viele Kilometer fuhren wir die Berge hoch bis nach Hinterrhein. Der Schnee lag hoch, das enge Tal vor uns war tiefwinterlich eingeschneit. Wir parkten am Strassenrand und warteten – auf was, sagte Irma mir nicht. Sie lächelte nur.

Auf einmal brauste ein Traktor heran. Darauf sass ein kräftiger junger Typ mit Halstuch.

Rädel!

»Kennsch na no?«, lachte Irma und ebenso Rädel, als er meine grossen Augen sah. Beinahe hätte ich Rädel die Hand gereicht, so verunsichert war ich. Da war er also wieder, mein grosser Bruder Rädel, stark und kräftig. Er konnte einen Traktor fahren, so wie ich es auch gerne bei Rigets machen würde, denn zu dieser Zeit durfte ich nur im Kriechgang mit dem Ladewagen das Heu aufnehmen.

Es war etwas absolut Besonderes, meinen grossen Bruder vor mir zu sehen, dass ich es noch immer fast nicht glauben konnte – und so starrte ich ihn auch an.

In einer gemütlichen Beiz assen und tranken wir etwas zu dritt. Ich wusste gar nicht recht, was ich sagen sollte und sass fast scheu am Tisch – ausgerechnet ich, der sonst lebendig und laut wie ein Sturmwind war. Ich war einfach nur unglaublich stolz, dass ich tatsächlich so einen grossen, coolen Bruder hatte, und starrte ihn weiter die ganze Zeit an!

Mein Bruder Rädel!

Auch als ich meinen Papa zum ersten Mal etwas länger sah als damals, als er mich als Fünfjähriger im Kinderheim St. Josef abgeholt hatte, wusste ich nicht, was ich sagen sollte. Kein Wunder, denn die Umstände waren für einen Zehnjährigen bedrückend. Jemand vom Waisenhaus begleitete mich in die Psychiatrische Klinik Waldhaus in Chur. Beim Empfang holte mich ein Pfleger ab und führte mich durch viele Gänge in die geschlossene Abteilung. Ich verstand kein bisschen, warum alle Türen und Fenster hermetisch abgeriegelt waren. Nach einigen Türen erreichten wir einen gesicherten, fensterlosen Raum, in dem mein Papa sehr aufrecht an einem kleinen Tisch sass. Der Pfleger verliess den Raum und verschloss die Türe hinter sich.

Stille drückte im abgeriegelten Raum. Da sass mein Papa vor mir, seine wunderschönen Hände wie zum Gebet gefaltet auf den Tisch gelegt und brachte nur ein kurzes »Hoi!« heraus. Er strahlte wie immer diese charismatische Aura aus, aber diesmal war sie gepaart mit etwas, als ob er sich über den Ort der Begegnung etwas schämte. Seine Körperhaltung sprach aber: *»Ich bin kräftig, stolz – sei unbesorgt, Philippli, es geht mir gut.«* Doch ich fühlte, dass ich ihm leid tat als Sohn, der ihn so vorgeführt zu sehen bekam. Ich verstand natürlich nicht, warum man ihn wie einen Schwerverbrecher derart eingesperrt hatte. Diese Anstalt, dieses Verschlusszimmer, machte es uns beiden schwer, aufeinander zuzugehen. Papa brach die Stille:

»Wia häsch in dr Schual?«

»As goht guat.«

»Tuasch recht im Heim?«

»Isch allas guat, Papa.«

»zMajali, hetts si au recht?«

»Jo, dia hets sicher recht.«

»Heschara d'Hälfti geh vu dena zwänzig Franka?«

»Jo, sicher, dangga nomol.« Ich sagte ihm extra nichts davon, dass die doofe Erzieherin das Geld sofort eingezogen hatte.

»Tuasch a biz recht, denn bisch irgendwenn dussa. As Türli goht aswo immer offa! Denk dra!«

»Jo, machi doch, Papa.«

Verwirrt verliess ich die Klinik. Es tat weh, Papa eingesperrt zurückzulassen. Dass er irgendwann einmal mich, knapp fünfzehnjährig, in so einer Klinik eingesperrt besuchen würde, das hätte ich damals für unmöglich gehalten!

Während meinen Wochenenden bei Mary traf ich zwei Jahre später meinen Papa wieder – eine weitere seltsame Begegnung:
Im Restaurant *Bahnhöfli* in Reichenau waren Papa und Rädel schon ziemlich betrunken. Etwas verloren sass ich bei ihnen am Tisch neben meiner Schwester Yvonne. Diese hatte ich bereits zuvor – das erste Mal nach 1972 – wiedergesehen, als ich ein Wochenende bei Mary verbrachte. Mary und Ruedi waren damals im Ausgang gewesen und Yvonne schaute zu den Kindern und mir. Die Kleinen waren im Bett, als Yvonne und ich am runden Tisch zu Abend assen. Yvonne verschlang eine ganze Packung hartgekochter Eier, bestreut mit viel Aromat. Sie bat mich, falls Mary fragen sollte, wo die sechs Eier hingekommen wären, zu sagen, dass ich auch drei gegessen hätte. Eier interessierten mich aber seit längerer Zeit nicht mehr. Im Waisenhaus gab es ein paar Monate zuvor nämlich diese grauenhaften Curry-Eier, konkret: trockenen, harten Reis mit Eiern, die in grossen Schüsseln in wässriger Curry-Sauce wie Kuhaugen schwammen. Dieses Essen hasste ich abgrundtief, doch wie immer wurden wir gezwungen, es hinunterzuschlingen. Zwei Eier wurden mir zwangsgeschöpft, obwohl ich mich weigerte und nur Reis mit Sauce wollte. Nachdem ich eines der Dinger runtergewürgt hatte, weil ich den Rest nicht – wie schon öfters am Abend, am nächsten Morgen, am nächsten Mittag, am nächsten Abend nochmal vorgesetzt bekommen wollte, versuchte ich, auch das zweite zu vertilgen. Doch das stank und hatte eine seltsame Farbe. Unsere biedere Erzieherin drohte mir, dass ich es dann eben noch tagelang anstelle von anderem Essen vorgesetzt bekäme und ich dazu noch lange in den Nachmittag hinein am Tisch sitzen bleiben müsste. Es war doch aber Mittwochnachmittag und wir wollten nach dem Essen alle in die Rüfi nach Trimmis laufen, um dort im Bachbett zu spielen – also würgte ich das Ei hinunter.

Zwei Stunden später wurde mir in der Rüfi derart schlecht, dass ich heftigen Brechdurchfall bekam. Das war bis heute das einzige Mal in meinem Leben, dass ich erbrechen musste. Bis dahin hatte mein Magen alles toleriert und würde es auch noch in den sehr schwierigen Jahren tun, die bald folgen sollten. Von da an weigerte ich mich standhaft, diese hässlichen Curry-Eier zu essen – egal, welche Strafe ich deswegen erhielt.

M. T., die uns viel von Jesus und Nächstenliebe predigte und uns zwang, die Bibel zu lesen, stellte beim nächsten Mal die Curry-Eier extra in den Gruppenkühlschrank, um sie mir drei Tage lang nochmals auftischen zu können, sogar zum Frühstück. Doch nun gewann ich jedes Mal, ich weigerte mich standhaft. Das tat ich auch, wenn man mir Sulzpasteten vorsetzte. Dieses dickmassige, eklige Geschludder bekam ich einfach nicht hinunter. Irgendwer steckte mir immer etwas anderes zu essen zu oder ich stahl ein Stück Brot aus der Küche und ass es auf dem Schulweg.

Glücklicherweise bekamen wir wieder mal Unterstützung durch eine Praktikantin. Als der vierjährige Fredy mit seiner achtzehnmonatigen Schwester ins Waisenhaus eingewiesen wurde, ass er kaum etwas ausser Brot mit Butter. Giuditta P. kümmerte sich um ihn und bemühte sich, ihm das Essen langsam näherzubringen. Nur M. T. versuchte es erneut mit ihrer Zwängerei. Sie steckte ihm einen Löffel voll Gerstensuppe in den Mund. Fredy würgte sofort alles wieder in den Teller zurück. M. T. löffelte dasselbe nochmals in ihn rein. Da riss der Praktikantin der Geduldsfaden. Sie packte den Teller und warf ihn zwei Meter durch die Luft in die kleine Gruppenküche. Nach diesem Eklat strich sie Butterbrote mit Schmelzkäse darauf und schnitt diese in kleine Würfelchen – und Fredy ass!

Wegen der Curry-Eiergeschichte mochte ich also am Abend bei Mary zu Hause keine Eier. Yvonne nach so vielen Jahren endlich wiederzusehen, das war aufregend genug. Vom Aussehen her hätte ich sie aber nicht mehr erkannt. Seltsam, die eigene Schwester wiederzusehen und sie für eine Fremde zu halten.

Im *Bahnhöfli* Reichenau war ich froh, dass auch Yvonne am Tisch sass, denn die Stimmung von Papa und Rädel begann allmählich zu kippen. Nach zwei Stunden waren sie zünftig besoffen. Der Wirt weigerte sich, weiteren *Kafi Lutz* zu bringen, denn er meinte, die beiden seien randvoll. Rädel fing deswegen an, Kaffeelöffel Richtung Theke zu werfen und dann flogen auch schon die ersten Gläser. Natürlich erschrak ich darüber, liess es mir aber kaum anmerken. Papa versuchte, vom alten Ofen in der Beiz das Rohr aus der Wand zu reissen, doch es schien, als hielte eher der Ofen ihn fest als umgekehrt, so betrunken war Papa bereits.

Innert Kürze artete das Ganze weiter aus. Schimpfworte, Flüche und Drohungen schwirrten durch die Luft. Mir wurde wirklich mulmig zumute, denn mir war klar, dieses Verhalten musste Konsequenzen haben.

Der Wirt hatte logischerweise die Polizei gerufen.

Zwei Beamte versuchten Rädel zu fassen, doch dieser wehrte sich, so dass sie Verstärkung anfordern mussten. Am liebsten hätte ich Papa und Rädel angebrüllt, sie sollten mit dem Scheiss aufhören. Ich orientierte mich aber an Yvonne, die das Ganze eher gelassen beobachtete und sich nur zwischendurch ein paarmal einmischte:

»Kumm, hör jetzt uf, Rädel – das bringt doch nüt! Lass üs zahla und goh!«

Doch Rädels Augen waren trüb vom vielen Alkohol und Papa benahm sich wie ein Zombie, er rüttelte immer noch am Ofenrohr, das aber genauso wenig nachgeben wollte wie er. Rädel wurde immer wütender, während die beiden Beamten in sicherer Entfernung auf Verstärkung warteten. In seinem Zorn wischte Rädel mit der einen Handfläche die restlichen Gläser vom Tisch, wobei er sich die Pulsader aufschnitt. Das Blut spritze aus der Wunde, sein Geruch vermischte sich mit dem des Alkohols.

Die Verstärkung rückte an!

Doch Rädel machte klar, der Erste, der ihn zu fassen versuchte, bräuchte danach ein neues Gesicht. Taser, diese elektronischen Schockgeräte, gab es damals noch nicht. Der Alkohol und der Blutverlust zeigten bei Rädel aber bald Wirkung. Die vier Beamten waren clever genug, noch ein paar Minuten abzuwarten. Rädel wurde allmählich matt und lallte nur noch. Der Zugriff erfolgte schnell und weg war mein Bruder samt Papa. Langsam ging ich zur Theke und entschuldigte mich beim Wirt. Er tat mir leid. Der hintere Raum, in dem wir am Schluss alleine sassen, bot ein Bild der Verwüstung. Die Stühle und Tische waren umgekippt, Scherben lagen überall, das Ofenrohr war doch noch kaputt.

Am nächsten Tag nahm mich Yvonne in die *Bierhalle* in Chur mit, eine Beiz, in der ich noch viel erleben würde. Rädel sass mit einem Verband am Handgelenk in Feierlaune mitten unter den Gästen. Papa war schon wieder betrunken und Rädel auf dem besten Weg dazu. Da fühlte ich zum ersten Mal grossen Widerstand gegen Alkohol in mir aufsteigen. In den nächsten Jahren sollte sich der deutlich verstärken, denn ich erlebte richtige Exzesse.

Das einzige Mal, dass ich Mutter während meiner Heimzeit sah, war, als ich etwa elf oder zwölf Jahre alt war.

Irma holte mich an einem Sonntag ab, nicht mit ihrem Corolla, ein VW-Bus parkte dort, wo der Pferdestall gestanden hatte, der in Flammen aufgegangen war. Irma wartete vor dem Bus auf mich, damit ich überhaupt begriff, dass sie es war. Wie immer war ich in Lichtgeschwindigkeit aus dem Heim gerannt und stand vor ihr. An ihrem Gesicht sah ich, dass mich etwas Spezielles erwartete. Sie konnte sich ein diebisches Lächeln nicht verkneifen.

Als ich in den VW-Bus einstieg, sass dort ein hagerer Mann am Steuer, auf dem Zweiersitz daneben eine blonde Frau. Ich setzte mich auf Irmas Schoss, weil ich nirgendwo sonst Platz fand.

Alle Blicke waren auf mich gerichtet.

Die etwas füllige Frau lächelte milde, während auch sie meine Reaktion abzuwarten schien. Wie aus einem anderen Leben tauchte ein Gefühl in mir auf, wer sie sein könnte. Doch ich war mir nicht sicher, ahnte es aber.

»Waisch nit, wär das isch?«, fragte Irma etwas vorwurfsvoll.

Mir war klar: Wenn ich jetzt Mamma sagen und mich irren würde – wie blöd würde ich dastehen?

»A Tanta?«

»Bisch an huara Tubel! D'Mamma, denk!«, lachte Irma.

Also doch!

Mamma!

Nachdem ich jetzt wusste, dass sie es wirklich war, wich die seltsame Stimmung erst recht nicht von mir. Was erwartete man jetzt von mir?

»Hock doch ihra uf da Schoss!«, forderte mich Irma auf.

Doch ich wollte das auf keinen Fall. Irma war mir so nah und ich liebte sie so sehr, wie man eine grosse Schwester nur lieben kann. Alles an ihr mochte ich, sogar ihren Zigarettengeruch, natürlich auch ihr Auto und ihre derbe Sprache! Irma war der Inbegriff von Wärme und Nähe! Sie war es, die Maja und mich eines Nachmittags aus dem Heim holte, mir mein erstes Fahrrad, eine herrlich warme Daunenjacke und Handschuhe kaufte.

Sie schob mich auf Mutters Schoss!

Oh, mein Gott!

Tiefe Beklemmung ummantelte mich, obwohl doch ein warmes Lächeln Mutters Gesicht umspielte. Sie schien sehr ruhig und gelassen zu sein, fast ein wenig amüsiert über mein Verhalten.

Die Fahrt führte uns nach Reichenau, wo wir an der Mündung der beiden Rheine fischen wollten.

Eine grosse rote, im Schottenmuster gehaltene Decke wurde auf dem Boden ausgebreitet. Büchsenfleischkäse, Brot und allerlei Leckeres ausgelegt. Zwei Fischerruten wurden ausgeworfen und ich sass mitten in dieser Szenerie und fühlte mich wie ein Angezogener an einem FKK-Strand.

Die blonde Frau machte mir Angst. Trotz des Lächelns strahlte sie eine innere Kälte aus. Ihr neuer Mann, Sepp Sablonier, mit dem sie 1972 durchgebrannt war, war mir fremd, doch er schien ein freundlicher Mann zu sein.

Das war das erste Mal, dass ich mich nach dem Waisenhaus sehnte und damit nach dem Ende dieses Ausfluges. Diese Beklemmung hinderte mich daran *richtig* zu essen. Fast scheu nahm ich das, was man mir reichte, und ass es schweigend.

Das war also meine Mutter?

Endlich war der Ausflug vorüber. Eines wusste ich ganz genau: So schnell wollte ich diese Frau nicht wiedersehen. Sie kam auch nie wieder!

DER STURM
ZIEHT AUF

· · ·

Schulhaus Masans ade! Mit dem Lehrer Tscharner hatte ich in der
fünften und sechsten Klasse ein gutes Auskommen gehabt.
Nicht mal zwei Jahre nach dieser Aufnahme sass ich im gesichertsten
Jugendgefängnis der Schweiz. Wie kam das alles?

Chur 1981:

Vom beschaulichen Schulhaus Masans wechselte ich mit dem
Übertritt in die Oberstufe in die Stadt Chur, dazu kam ich in die
Pubertät – eine explosive Mischung!

Da meine schulischen Leistungen scheinbar schon in Masans
abgenommen hatten, wurde ich im Schulhaus Stadtbaumgarten
in die 1. Real eingestuft – damals hiess diese noch Werkschule.
Dort wartete Lehrer Item auf mich!

Das Schulhaus war riesig im Vergleich zu dem in Masans. Es gab viel mehr Schüler und alle waren gleich alt oder ein bisschen älter als wir Neuankömmlinge. Ein paar wunderschöne ältere Mädchen gab es zudem, die sich schon schminkten und nach Parfüm dufteten. Keine Sekundarschüler – mir war klar, wir alle hier waren schulische Verlierer! Aber was soll's!

Noch immer mochte ich Deutsch und Geschichte, liebte Aufsätze und Diktate, verabscheute aber die Chemie mit all den hässlichen Flaschen mit giftigem Zeug. Ehrlich gesagt war es mir auch egal, warum eine grüne Tinktur sich in eine rote verwandelte, wenn der Lehrer eine gelbe reinleerte. Hingegen die Geschichte vom Schmied von Göschenen – die war sehr spannend und lehrreich. Wie dieser sein Leben meisterte, trotz aller Schwierigkeiten! In diesen Stunden gehörte Lehrer Item meine ganze Aufmerksamkeit. Kein Wort wollte ich verpassen.

Item war ein Lehrer, der kurz vor seiner Pension stand, aber schon so aussah, als hätte er sie vor Jahren verpasst. Sein schlohweisses langes Haar, das er um seine Glatze gewunden hatte, umschloss seinen immerwährend roten Kopf. Auffallend war auch seine knalldunkelrote, ins leicht Bläuliche verfärbte Knollennase, die aussah wie ein Riesentrüffel. Als wäre er ein Handwerker, trug er immer eine Art langärmlige, graue oder blaue Berufsschürze mit zwei grossen Taschen, in die er oft seine Hände steckte.

Jedes Mal, wenn ich einen der Mitschüler von damals zum ersten Mal wiedersehe, fällt meist der Satz:

»Der Item, der hasste dich ja wirklich. Da hast du kräftig eingesteckt!«

Aber grundlos wurde ich ja nicht bestraft. Meiner unachtsamen Art, menschliche Schwächen blosszustellen, wenn jemand versuchte, auf mir rumzutrampeln, war dieser Lehrer nicht gewachsen.

In der Schule ging das Gerücht herum, er sei ein *Alki* und saufe deshalb heimlich. Seine Flasche hätte er, eingewickelt in Zeitungspapier, im Papierkorb des Schulzimmers versteckt. Während des Unterrichts schickte er meist einen von uns los, um ein Brötchen zu kaufen – gegen zu viel Magensäure, wie er immer betonte. Andere behaupteten, wegen dem übermässigen Saufen. Auf jeden Fall erhielt ich die stärkste Abreibung von ihm, als er mich eines Tages wieder mit einem Spruch zum Thema *Waisenhüsler* und wegen meiner Herkunft aus Maladers/Sax vor der ganzen Klasse beleidigte – von *Jenischen* und *Spenglern* würde ich abstammen. Einige Male hatte ich dies wortlos hingenommen, doch nicht dieses Mal. Deshalb gab ich ihm folgende Antwort:

»Jawohl, Schnapsnase!«

Totenstille herrschte im Klassenzimmer!

Wegen einer früheren Strafe sass ich damals schon längere Zeit in der ersten Bank, direkt vor ihm. Item hielt einen Moment inne, als müsste er erst glauben, was er da gehört hatte. Dann hinkte er wie ein Zombie auf mich zu und trat vor mein Pult. Ich war schon darauf gefasst, dass er mit der Rechten ausholen würde und war bereit, den Schlag abzuwehren. Doch er umschloss mit beiden Händen wie in Zeitlupe meinen Hals und begann mich zu würgen. Dabei schüttelte er mich so heftig, dass sein weisses Haar in langen Strähnen nach unten fiel. Dazu liess er irgendwelche Verwünschungen los, als wäre er ein Exorzist! Einen kurzen Moment lang glaubte ich: *»Dä versuacht mi jetzt umzbringa!«* Gleichzeitig dachte ich witzigerweise: *»Was für a hässlicha Vogel isch er doch!«* Der dunkelrote Kopf, die blaurote Knollennase, das schlohweisse lange Haar ... Angst fühlte ich keine, nur Erstaunen darüber, wie er an mir schüttelte und rüttelte als wäre ich ein Gummibaum. Sein Gesichtsausdruck hatte etwas Irres, aber auch etwas Verzweifeltes.

Erst als die Mädchen plötzlich zu kreischen begannen, liess er mich allmählich los. Als wüsste er nicht genau, was er nun tun sollte, trat er langsam hinter das lange, massive Lehrerpult und musste sich erst einmal setzen. Er murmelte vor sich hin, dass es ihm richtig schlecht geworden wäre vor Ärger. Tatsächlich sah er so aus, als wäre er gewürgt worden!

Als ich ihn wie ein Häuflein Elend dort sitzen sah, vergass ich seine bösen Worte und empfand nur noch Schuldgefühle und Mitleid. Meistens war ich ja selbst schuld, wenn ich Prügel bezog, so auch heute. Hätte ich doch seine Beleidigungen einfach schweigend hingenommen.

Minutenlang sass er einfach dort und schnaufte wie ein Nilpferd mit Asthma nach einem Hundertmeterspurt. Kein Wort sagte er mehr und ich glaubte, alle verurteilten nun mich, denn wegen mir litt jetzt der Lehrer Item. Dann schickte er mich mit fast geflüsterten Worten ins Waisenhaus zurück.

Dort wartete der nächste Ärger deswegen auf mich.

In einer Parallelklasse lernte ich Eveline S. kennen. Sie hatte ebenfalls eine bewegte Geschichte und kannte meinen Papa. Mit ihr begann ich die Schule zu schwänzen. Wir zogen durch die Gassen von Chur, klauten Mopeds und verbrachten viel Zeit zusammen. Obwohl sie ein sehr hübsches Mädchen war, war sie mehr wie eine Verbündete.

Eines Morgens standen wir vor dem Schulhaus und fragten uns: rechts oder links? Mit rechts war die Schule gemeint, mit links die Altstadt.

»Links für mächtig Ärger«, meinte sie.

»Ich weiss«, antwortete ich ihr. »Ich kann aber nicht mehr anders.«

In meiner Klasse war ich nicht der Einzige, der in Schwierigkeiten steckte. A., die mich sehr oft gegen Lehrer Item unterstützte, war ebenfalls eine Grenzgängerin. Sie war drogensüchtig. Doch genau sie war es, die sehr menschlich mit mir umging und mich verstand. Dabei fühlte ich ihren eigenen Schmerz. Dieser strahlte so tief aus ihr heraus, dass es auch mir wehtat. Ihre Verletztheit, ihr wundes Herz beschäftigten mich, doch sie war in einer anderen Welt gefangen als ich.

Im Stadtbaumgarten kam ich neben dem Rauchen auch zum ersten Mal mit Drogen in Berührung. Wir benutzten einen

Wundspray. Wir bauschten unsere Pullis oder Shirts am Bauch zusammen und sprayten eine Ladung voll von dem Zeugs hinein, um es dann sofort tief einzuatmen. Für etwa fünf Sekunden kam dann dieser Flash! Alles hörte sich seltsam an, die ganzen Empfindungen waren anders, vor allem das Gehör war sehr sensibel. Als der Spray in der Pause die Runde bis zu mir machte, musste ich natürlich zum Angeben eine weit grössere Menge in mein Shirt sprühen als die andern – obwohl ich mich davor fürchtete. Die Augen meiner Kumpels Stoffel, Tschaler, Senn und Co. lachten bereits, als ich alles in mich reinsog.

Wow!

Wie ein Hammer traf mich dieses seltsame Gefühl und ausgerechnet in diesem Moment schrillte die Pausenglocke! Einen Bruchteil einer Sekunde lang glaubte ich, ohne dass ich eigentlich noch zu denken vermochte, dass ich durchdrehen würde. Jeder Ton bohrte sich tief in mich hinein und das Gefühl, ohne Körper über dem Boden zu schweben, machte mir Angst. Dazu schien die Zeit stillzustehen. Die vorausgesagten fünf Sekunden dehnten sich zu scheinbar endlosen Stunden. Es war mir noch immer hundeelend, als ich mich in der Klasse hinter mein Pult schleppte.

Im Stadtbaumgarten bezog ich auch eine emotional schmerzhafte Niederlage bei einer Rauferei. Ein Kerl aus einer anderen Klasse und ich gerieten aneinander, aus welchen Gründen, das weiss ich nicht mehr. Spätestens seit Senn, dem Tschaler mit seinen Rockerstiefeln ins Gesicht getreten hatte, wusste ich, dass hier andere Regeln galten als in Masans. Deshalb liess ich nichts anbrennen und schlug gleich zu, als es losging. Der andere ging zu Boden und damit war der Kampf eigentlich erledigt.

Eigentlich ...

Ein paar Minuten später, als ich bereits vor dem Parkhaus stand, hatte er sich aufgerappelt und nahm mich von hinten in den Würgegriff. Mit Mühe und Not konnte ich mich abdrehen und zu Boden fallen lassen, in der Hoffnung, er würde loslassen. Das tat er aber nicht, denn er wusste haargenau, dass ich ihm nochmals ein paar Schläge verpassen würde, wenn ich freikäme. Ich schaffte es nicht, mich aus seiner Umklammerung zu lösen. Wie immer bei Schulraufereien stand schnell eine Gruppe Schüler im Kreis um uns Streithähne herum. Mir war es so peinlich, mich nicht freiwinden zu können. Doch es wurde noch peinlicher, obwohl Agi es nur gut meinte. Sie kniete sich zu mir runter und sagte in aller Ruhe:

»Philipp, dini rechti Hand kasch jo no a biz bewega, dass as langt, ihm fescht und direkt in d'Nasa zbocksa, dass er losloh wird und denn schlosch na platt!«

Sie hatte absolut Recht! Mit zwanzig Zentimeter Ausholbewegung hätte ich ihm mit meiner Kraft die Nase brechen können, doch ich schaffte es gefühlsmässig nicht, ihm direkt ins Gesicht zu schlagen.

Ich weiss nicht, wie lange wir so verkeilt am Boden lagen, auf jeden Fall gingen nach und nach alle anderen weg, auch Agi, denn sie schien von mir enttäuscht zu sein.

Dieser Streit sollte vier Jahre später einen unerwarteten friedlichen Abschluss finden, nachdem ich in verschiedensten Erziehungsheimen gelernt hatte, mich heftig zu prügeln und zwar mit brutalen Gegnern, die auch Messer gegen mich einsetzten, dass ich in der Notfallaufnahme landete.

Im Frühsommer ging's mit der Klasse auf einen Ausflug, der für mich verwirrend endete. Mit der Rhätischen Bahn fuhren wir durch Graubünden, um irgendwo eine kurze Wegstrecke zu Fuss zurückzulegen. Item konnte ja nicht weit gehen, da er so stark hinkte. Ich war es von den Waisenhausausflügen her gewohnt, lange Strecken zu wandern, und so war dies eigentlich nur ein Spaziergang für mich. Doch in der Klasse maulten einige schon nach einer halben Stunde Fussmarsch. A. kam auf die Idee, Pilze zu essen, da gewisse davon eine psychedelische Wirkung hätten, wie sie aus Erfahrung wusste. Also streiften wir links und rechts neben dem breiten Weg durch den nahen Wald. A. zeigte auf einen Pilz, der eine phänomenale Wirkung haben sollte, und ass kleine Stücke davon. Wie viele ich probierte, weiss ich nicht mehr. Jedoch weiss ich noch, dass ich mich danach sehr seltsam fühlte. Irgendwann nahm das so zu, dass ich während einer Rast ganz allmählich das Bewusstsein verlor. Dieses Gefühl, über Minuten hinweg erst unruhig zu werden und danach machtlos wegzutreten, war verwirrend für mich. Da ich etwas abseits zusammenbrach, bekam Item das alles nicht mit. Als ich wieder zu mir kam, wahrscheinlich nach nur wenigen Sekunden oder höchstens Minuten, war es mir noch immer komisch zumute und ich erzählte ihm, was los war. Item wurde ungehalten und meinte, ich wäre nur zu faul, den Rest der Strecke zu gehen. Beim Weitergehen wurde mein Zustand alles andere als besser und ich war erleichtert, mich endlich in den Zug setzen zu können.

Während der nächsten Wochen ging es mir immer wieder schlecht, sodass ich auch mal in der Schule kurz eine geistige Absenz hatte. Als Item endlich begriff, dass ich nicht simulierte, schickte er mich ins Waisenhaus zurück und riet mir, die vier Kilometer zu Fuss zu gehen und mein Velo zu schieben, damit ich nicht plötzlich stürze.

Dieser Heimweg wollte und wollte nicht enden. Immer wieder wurde mir derart schlecht, dass ich beinahe das Bewusstsein verlor. Mühsam schleppte ich mich die vier Kilometer zum Heim hoch, was Ewigkeiten dauerte. Als ich es endlich geschafft hatte, legte ich mich auf mein Bett. Es war verwirrend, meinen Körper so zu erleben. Was verdammt war denn bloss los mit mir? Reichte es denn nicht, dass ich jeden Tag mit den psychischen Auswirkungen meines Lebens zu kämpfen hatte? Dass es viele Tage gab, an denen ich innerlich fast verzweifelte und nach aussen stark bleiben musste? Mittlerweile schleppte ich mich in diesem Zustand seit zwei oder drei Wochen durch meinen Alltag.

An jenem Morgen kam der Heimleiter in mein Zimmer und fuhr mich im orangen VW-Bus zum Arzt. Natürlich machte er deswegen einen *sauren Stein* und gab mir das Gefühl, schuld zu sein. Seine Worte dazu unterstrichen meinen Eindruck.

In Chur verschrieb mir Dr. Knoblauch ein Medikament gegen meinen zu niedrigen Blutdruck. Das schien die Erklärung für meine Zustände zu sein, doch ich glaubte das nicht wirklich. Da niemand mit mir darüber redete, was das alles zu bedeuten hatte, blieb ich weiterhin unsicher, ja richtiggehend ängstlich. Wie verordnet, schluckte ich das Medikament, das mir von da an jeden Morgen eine Erzieherin gab. Dennoch, immer wieder klappte ich fast zusammen. Ich dachte, das alles käme vom Rauchen und hörte kurzzeitig damit auf. Von da an machte ich einen Bogen um irgendwelche Pilze.

Nach einem Jahr Werkschule bei Item wurde ich in eine Kleinklasse ins Schulhaus Florentini strafversetzt – zu einem Lehrer, der Kettenraucher war und sogar während der Stunde kurz eine rauchen ging. Der Lehrer sah so abgewrackt aus, dass ich mir nicht sicher war, ob sie ihn uns nicht als abschreckendes Beispiel vorgesetzt hatten. Dreimal ging ich hin, dann blieb ich dem Unterricht fern, egal, wieviel Ärger mich im Waisenhaus deswegen erwartete. Den konnte ich mittlerweile erstaunlich gut wegstecken. Natürlich suchte ich weiter den Kontakt zu meinem Papa, ich wusste ja, wo ich ihn finden konnte.

Anstelle von Mathe büffeln, stiess ich deshalb an einem Nachmittag die Türe zur *Bierhalle* auf, in der ich erst einmal zuvor kurz mit Yvonne gewesen war – nach dem besagten Vorfall im *Bahnhöfli* Reichenau.

Eine eigene Welt tat sich mir auf!

Noch kannte mich keiner in den einschlägigen Beizen der Churer Altstadt. Etwas unsicher betrat ich die düstere Spelunke. Paula, die füllige, etwas resolute Serviertochter, kam auf mich zu, denn normalerweise verkehrten hier keine Jugendlichen und wenn, dann sowieso nicht alleine. Höflich frage ich nach Papa, sage ihr, wie er etwa aussieht, denn ich sehe ihn an keinem der Tische. Paula fällt fast aus allen Wolken, als ich sage, dass ich der jüngste Sohn von ihm sei. Dann zeigt sie auf einen Tisch, rechts hinter dem Eingang, den ich nicht direkt einsehen kann, da ich nur wenige Schritte ins Lokal getreten war.

Am Tisch liegt ein Mann, einen Arm auf dem Tischblatt ausgestreckt, das Haar zerzaust und feucht, das Gesicht hinter dem andern Arm versteckt. Ein voller Aschenbecher steht vor ihm. Eine Zigarette steckt verglüht zwischen seinen Fingern, deren Fleisch ist angesengt. Sein Gesicht zeigt zu der mir abgekehrten Seite, sodass ich um den Tisch herumgehen muss.

Papa ist blass. Er liegt in einem Rotwein- und Biergemisch. Sein Hemd ist nass. Sein schulterlanges Haar streiche ich ihm aus seinem Gesicht. Ich fühle seinen Puls, er ist schnell und schwach. Ich versuche, ihn ein wenig aufzurichten – keine Reaktion. Ganz nah halte ich meinen Mund an sein Ohr und versuche, ihn mit Worten zu wecken:

»Papa, i bins, dr Philipp!«

Dann versuche ich es mit ein wenig Rütteln.

Nichts passiert.

Die erloschene Zigarette nehme ich ihm aus seinen Fingern und bitte Paula um etwas Wasser und ein Taschentuch. Damit benetze ich seine Wunde. Schweigend bleibe ich bei ihm sitzen. Die Blicke der anderen nehme nicht wirklich wahr. In Abständen versuche ich, ihn über die nächsten Stunden hinweg zu wecken.

Plötzlich hebt er seinen Kopf. Seine Augen sind getrübt und verwirrt. Er scheint nicht zu wissen, wo er ist, noch wer ich bin. Als sässe der Nebel aus den Alpen in seinem Kopf fest, sieht er mich nicht. Aggressiv beschimpft er mich plötzlich mit schwacher Stimme. Er weiss gar nicht, wer ich bin, glaubt, ich wolle ihn bestehlen.

»Papa – i bin's doch! Dr Philipp! Hey, Papa!«

Einen Moment zögert er, als wäre in ihm eine verblasste Erinnerung wachgeworden, die nun klarer wird. Sein Blick wird warm und herzlich:

»Philippli?«

Ganz nah zieht er mich zu sich heran. Er riecht sehr stark nach Alkohol. Immer wieder hustet er, dass es mir selbst wehtut. Es scheint mir, als wären seine Lungen gefüllt mit Auswurf, den er im Rausch nicht rausbekommt, da ihm die Kraft dazu fehlt. Wiederholt bitte ich ihn, richtig abzuhusten, damit das rasselnde Geräusch in seinen Lungen verschwindet. Mehrmals zeige ich es ihm vor. Er schafft es nicht! Sein Blick ist so fremd, es scheint mir, als müsste er mich durch einen Vorhang hindurch suchen. Dann beginnt er, mir in mühsamen Worten etwas zu erzählen – Wort um Wort, als müsste er für jedes einzelne kämpfen, um es herauszubringen. Er erzählt mir, dass er Krebs im Endstadium und deshalb nur noch wenige Wochen zu leben habe. Seine Lungen seien voll von diesem Krebs. Immer wieder hustet er schwach. Dieses Rasseln hört sich grauenhaft an! Das muss von diesen Metastasen kommen, von denen er erzählt.

Ein Schock für mich!

Ob ich etwas Geld hätte, fragt er mich.

So gebe ich ihm meine einzige Zwanzigernote, die ich zuvor von Eveline gepumpt hatte. Danach versinkt er wieder in seinem Rauschzustand.

Verwirrt ging ich ins Jugendhaus am Bienenweg in Chur. Endlich hatte ich meinen Papa wieder und nun würde er nur noch wenige Wochen leben!

Mit irgendwelchen Aussteigerfreaks, die ich von anderen Besuchen her bereits teilweise kannte, redete ich darüber, während sie sich mit LSD vollluden. Sie meinten, sie müssten mit mir einen Kontaktkanal zum Jenseits aufbauen, damit ich Papa gleich begrüssen könnte, wenn er denn drüben sei. Eine hübsche Dunkelhaarige erzählte mir, sie unterhalte sich auch regelmässig mit ihrem verstorbenen Vater. Als Einziger, der sich nicht auf einem Trip befand, sass ich plötzlich mitten im Kreis und hielt die Hände von irgendwelchen total verladenen Leuten, von denen ich nur die Hälfte kannte. Normalerweise hätte ich gedacht: *»Was für ein Scheiss!«* Aber in der Not frisst der Teufel Fliegen oder eben LSD. Eigentlich sah ich es den Gesichtern der Typen an, dass dieser Kontaktkanal nur funktionieren würde, wenn auch ich eines dieser kleinen Dinger fressen täte, was ich aber nicht vorhatte.

Die hübsche Dunkelhaarige, deren Namen ich bald als Tattoo auf meiner rechten Hand tragen würde, hiess Iris. Beim Aufstehen nach der Zeremonie stellte sie sich vor mich hin. Ihre blauen Augen leuchteten. Sie schien Italienerin zu sein. Sie umarmte mich und wollte mich nicht mehr loslassen. Ich schätzte sie auf sechzehn. Ich wusste nicht, was sie auf ihrem Trip an mir sah, doch es gefiel ihr anscheinend. Sie lud mich ein, mit ihr an einem der nächsten Abende etwas zu unternehmen.

Am nächsten Nachmittag schwänzte ich erst recht die Schule. Jetzt, da ich wusste, dass Papa bald sterben müsste, wollte ich wenigstens noch seine Nähe erleben. Als ich in die *Bierhalle* eintrat, empfing mich wie tags zuvor Paula. Sie sah mir an, dass es mir nicht gut ging. Sie fragte nach dem Grund und ich erzählte ihr, was mir Papa offenbart hatte.

Papa sass ganz hinten rechts vor einem Zweier Roten, mit dem Rücken an die Holzwand gelehnt. Er schien nüchtern zu sein. Paula bat mich kurz zu warten, als sie sich dem Tisch von Papa näherte und ihm mit dem nassen Wischlappen heftig ins Gesicht schlug. Dabei traf die eine Lappenspitze Papa am linken Auge, so dass ihm ein Stücklein Augenweiss herausgeschlagen wurde.

So erfuhr ich, dass alles gelogen war und wie Papa im Rauschzustand sein konnte. An meinen Besuch tags zuvor konnte er sich nicht mehr erinnern – auch nicht an die zwanzig Franken. Ich setzte mich neben ihn und bestellte ein Passaia. Es war schön, neben ihm zu sitzen. Er musterte mich. Beide schwiegen wir. Eigentlich waren wir uns fremd.

Iris traf ich immer wieder, meist kurz nach der Schule. Ihre Art faszinierte mich. Obwohl sie wie eine Italienerin aussah, war sie immer sehr ruhig und relaxt drauf. Es war, als würde ich als Bündner Bergwind auf eine Frühlingswiese in der Toskana treffen. Manchmal sassen wir irgendwo auf dem Boden, mit dem Rücken an eine Mauer angelehnt, und redeten. Sie trug immer coole, etwas zerschlissene Jeans, doch ihr Gesicht war das, was mich nicht mehr losliess. Es waren Momente wie ausserhalb meiner Zeit.

Eines Abends blieb ich in der Stadt und ging nicht ins Waisenhaus zurück. Jemand von meiner Familie überzeugte mich, dass ich aber gehen müsste, und so kehrte ich gegen 21 Uhr doch noch zurück. Wieder dieser Weg durch die dunklen Wiesen, die ich mochte, ja liebte, wenn da nur nicht die Silhouette des Waisenhauses über mir gewesen wäre, mit den hell erleuchteten kleinen Fenstern, hinter denen Kinder lebten, deren Hintergrundgeschichten alle traurig waren. Der Anblick des Heimes war manchmal für mich, als würde eine Welle auf mich zurollen und mich dann verschlucken!

Im Schnitt war ich diesen Weg zweimal täglich während acht Jahren gegangen, seit ich in Chur zur Schule ging, aber nur noch selten. Dieser Weg hatte viele Gesichter. Es gab lichtdurchflutete, heisse Sommertage mit meinem besten Freund Martin. Während sieben Jahren gingen wir diesen Weg oft gemeinsam, dies von der Kindergarten- bis zum Ende der Primarschulzeit. Im Winter, wenn der Schnee schon lange lag und sich gesetzt hatte, blies der eiskalte Nordwind in den Nächten über das Weiss und liess die oberste Schicht gefrieren. Dann versuchte ich, wenn ich im Dunkeln gegen 19 Uhr von einem Besuch bei meinen Schwestern zu Fuss ins Heim zurückkehrte, ganz vorsichtig, um nicht einzusinken, über diesen harten Schnee zu gehen. Die Nächte waren klar, der Wind blies scharf von Norden wie tausende kleine Messer. Mein Atem wölkte sich. Die Sterne funkelten. Bäume hoben sich dunkel wie tote Gerippe in den weiten Wiesen ab. Manchmal warf der Mond meinen Schatten in den Schnee. Das knirschende Schrittgeräusch mochte ich. Genauso die eisige Kälte, die mein Gesicht lähmte. In solch hellen Winternächten hob sich das Waisenhaus noch klarer ab. Im Schnee folgte ich meist nicht dem Pfad, den wir Kinder durch die Wiese getrampelt hatten – mitten durch diese Wiese zog es mich. Oft blieb ich stehen, drehte mich um, schaute auf die Lichter der Stadt unter mir, dann aufs Waisenhaus. Ich wusste nicht, wohin ich gehörte. Zu wem? Zu was? Wer war ich eigentlich?

Vor allem zu Beginn der Pubertät fühlte ich mich wie ein Baum, den jemand ohne Wurzeln aus der Erde gezogen hatte und der nun dringend einen Topf suchte. Es schien, als würde ich die Himmelsrichtungen verlieren, die mir Martin in der ersten Klasse beigebracht hatte. Das für mich einzig Konstante war damals die Natur: der Wind, das Wetter, die Berge. Es schien mir, als suchte ich mich auf dem Weg ins Heim jedes Mal selbst. Das Waisenhaus war doch nicht mein Zuhause! Doch wo war es? Wo war ich zu Hause?

Wo?

Dort, wo mein Papa, meine Geschwister waren?

Wo?

Es schien mir, als würde mein Innerstes diese finale Frage unbedingt beantwortet wissen wollen – egal, welche Konsequenzen es mit sich bringen würde! Meine Suche nach meinem Zuhause und nach jemandem, der mich liebt, so, wie ich bin!

In jener Wiese fühlte ich in all den Jahren diese Zerwürfnisse aufkommen und ich war froh, als an jenem Abend der eiskalte Wind mir die Tränen in die Augen trieb und mich dabei umarmte. Das gab ein wenig das Gefühl von Wärme in mir.

Als ich nach 21 Uhr *freiwillig* zurückkehrte, sagten die Blicke aller genug. Diesmal war es schlimmer, als wenn ich direkt eine Standpauke erhalten hätte, das spürte ich.

Während ich die Zähne putzte, kam Jeannette zu mir. Sie war ein Jahr älter als ich und das tapferste Mädchen, das ich kannte. Mit ihr hätte ich mich nie angelegt. Wenn sie und ihre Schwester Mirjam stritten, sah das aus, als würden zwei tollwütige Katzen einander zerreissen. Die Fetzen flogen nur so! Jeannettes

Blick und ihre Worte hätten mich fast, aber nur fast zum Weinen gebracht, wäre da nicht die dicke, grosse Staumauer in mir gewesen, die alles zurückhielt:

»Philipp, warum tuasch du diar das a! Kriagsch doch jedasmol nu no meh Ärger!«

Ihre Anteilnahme hätte mich beinahe ins Wanken gebracht. Ausgerechnet Jeannette – uns beide hatte doch nie etwas Näheres verbunden, obwohl wir schon einige Jahre in derselben Gruppe aufwuchsen. Eigentlich glaubte ich, dass sie mich nicht mochte. Sie zeigte mir immer wieder mal ihren Unmut, wenn ich in der Gruppe rebellierte. Und dann diese einfühlsamen Worte! Am liebsten hätte ich ihr gesagt, dass ich mich so verloren und einsam fühle wie ein Kompass ohne Nadel, dass ich nicht mehr weiss, wer ich bin und was in meinem Kopf vorgeht. Was überhaupt Zeit ist ... Dass ich orientierungslos verloren bin und dass ich so ein seltsames Gefühl in mir drin trage, das mir jeden Tag, wirklich jeden Tag im Hintergrund mein Leben zur Hölle macht. Dass ich ausserdem nicht mal weiss, wie der Ort aussehen könnte, zu dem ich hin möchte, geschweige denn, wo dieser sich befindet. Dass mir die dunkle Heimfassade mit den hell erleuchteten Fenstern auf dem Nachhauseweg so richtige Scheissangst macht. Dass mir das Davonlaufen so unglaublich schwer fällt, doch es wäre wie ein starker innerer Drang, etwas zu suchen – endlich anzukommen. Doch wo?

Ich schaute sie nur kurz an, lächelte selbstsicher wie immer:

»Das macht miar doch nüd. Söllands halt! I verschwinda so schnell i kann eh grad wieder!«

Und genau das tat ich. Doch diesmal kam ich nicht freiwillig zurück!

Ein Punkt in mir war überschritten. Ich konnte nicht mehr bleiben. Es war nicht etwa so wie damals, als ich in der vierten Klasse in der Nacht aus dem Fenster bei Jeannette und Mirjam stieg, um auf den Zwischentrakt zu klettern und von dort über eine Mauer und die Treppe zu verschwinden. Damals, als Batista noch im Waisenhaus war, der irgendwann, nachdem er einige Male entwischt war, nie mehr zurückgekommen ist. Damals war alles ein Abenteuer gewesen. Am nächsten Mittag erwischten sie mich in Maladers, als ich bei Öhi Steffi zu Mittag gegessen hatte und später in Richtung Chur lief.

Nun begann ich mich noch mehr in der Stadt herumzutreiben und fand dank meiner Kontaktfreudigkeit schnell meinen Platz in der Szene. Verschiedene Leute gewährten mir Unterschlupf. Mehr schlecht als recht schlug ich mich durch diese Tage, im Wissen, dass die Polizei nach mir fahndete. Iris traf ich öfters. Sie verströmte etwas, das mich anzog. Nicht ihre Schönheit alleine war es – mehr ihre Art zu reden. Wie sie die Dinge betrachtete. Sie war auch *high* wunderbar. Und sie war oft *high*.

In der Drogenszene von Chur, die sich damals hauptsächlich im *Bratpfännli* abspielte, fand ich mehr oder weniger Gleichgesinnte, die auch keinen festen Schlafplatz hatten und zur Not in der *Villa Kunterbunt* pennten. Dieser Name hatte aber rein gar nichts mit dem Inneren oder Äusseren des Hauses im Lindenquai zu tun, wie ich beim Eintreten leider schnell feststellen musste – im Gegenteil. Wie ich später erfuhr, hatte ein Junkie auf einem LSD-Trip diese Bruchbude so getauft. Das abbruchreife Gebäude, in dem nur in der grossen Wohnstube ein wenig Ordnung herrschte, war im ersten Moment ekelerregend und im zweiten noch schlimmer. Überall lag Unrat herum. Im ganzen Gebäude roch es dumpf säuerlich nach Abfall. Die alten verschimmelten Tapeten hingen als heruntergerissene Streifen wie Zungen in die Räume, die sanitären Anlagen waren braungelb verdreckt, ausserdem musste man aufpassen, nicht ins Fixerbesteck zu treten. Der untere Stock war auch für Obdachlose nicht mehr bewohnbar. Alle, die länger in der *Villa Kunterbunt* hausten, litten an Hautproblemen, die wahrscheinlich von den verschmutzten Matratzen herrührten. In der Küche tropfte ständig dieser quietschende Wasserhahn. Der Strom war abgestellt. Kochen konnte man nur auf einem kleinen gusseisernen Herd. Die alten Holzfenster, von denen die weissgelbliche Farbe schichtweise abblätterte, schlossen nicht richtig. Der Autolärm vom nahen Obertor rauschte hinein, so wie im Winter die Kälte einsickerte. In den Wintermonaten 1982/83, in denen ich zum ersten Mal dort Unterschlupf fand, war der alte grüne Kachelofen die einzige Wärmequelle im gesamten Haus. Meist fror ich. Irgendwo fand ich eine alte stinkende Decke, in die ich mich einhüllen konnte. Obwohl an die zehn Personen regelmässig dort schliefen, fühlte sich selten jemand fürs Brennholz zuständig. So wurde nach und nach alles Brennbare durch das kleine gusseiserne Ofentor geschoben, inklusive der letzten Holzstühle und alten Bettgestelle.

Unter diesen seltsamen Typen und jungen Frauen war ich beinahe der *Normalo*!

Gulliver, der Älteste unter ihnen, war wahrscheinlich Mitte fünfzig. Seine hellbraunen, gekrausten Haare reichten bis zu den Schultern. Er trug einen witzig zerzausten Bart. Ein oberer Schneidezahn fehlte ihm, in diese Lücke steckte er meist seine Zigarette, was beim Sprechen lustig wirkte, er aber fand es praktisch. Ausser einmal, da döste er im Suff weg, bis die Glut beinahe die Lippen erreichte. Völlig verstört schreckte er hoch, wusste erst gar nicht recht, was das Glühende war, das er mit den Händen aus dem Gesicht schlug und fluchte lauthals auf Holländisch.

Zu ihm gehörte ein Hund. Er hiess einfach nur Hund. Da dieser taub war, musste man zuerst in sein Blickfeld treten und gestikulieren, damit er reagierte – falls er überhaupt Lust dazu verspürte. Hund war eine Mischung zwischen Hirtenhund und Golden Retriever mit weissem Fell. Gulliver meinte öfters, es wäre ein Segen, dass Hund nichts höre, denn deshalb sei dieser auch so relaxt. Gulliver wusste viele Geschichten zu erzählen, auch über Hund, sodass lange trübe Winternachmittage mit ein bisschen Marihuana und ein paar Flaschen Rotwein im Nu durchgestanden waren, wobei ich stets der einzige Nüchterne im Haus war. Seinen Hund hatte Gulliver als Welpen gefunden.

Auf dem Strassenstrich von Amsterdam war er ihm zugelaufen, einen Tag nachdem er sich bei einer Tschechin den Tripper geholt hatte, wie er später schmerzhaft herausfand.

Im Waisenhaus hätten mich die meisten als originellen und fantasievollen Jungen beschrieben. Gullivers Geschichten faszinierten mich vielleicht deshalb so. Gulliver war ein Typ, der mir Geschichten aus der ganzen Welt erzählte, während draussen der Schnee fiel. Er war sich seines Alters nicht wirklich sicher. Dokumente besass er schon längst keine mehr. Auf seine vielen Leben, die er schon gelebt hatte, verteilt – er glaubte felsenfest an Reinkarnation – spielte ein Ausweisverlust weiss Gott keine grosse Rolle, sagte er lächelnd. Gulliver hatte in seinen früheren Leben schon als Fischerjunge in Frankreich gelebt, in Russland war er der Sohn einer Mamochka[26], die ihn windelweich prügelte. Und während des Amerikanischen Bürgerkriegs war er Pastor gewesen, hart an der Front, vielleicht konnte er deshalb kein Blut sehen. Und jetzt war er ein Holländer mit einem gehörlosen Hund. Was soll's? Er hatte schon schlechtere Leben geführt und weitere würden noch folgen. Mit etwas Glück könnte er Hanfbauer in den Bündner Bergen sein, mit einer schönen Bäuerin an seiner Seite, die hervorragend kochen könnte, hoffte er lachend. Als er mir erzählte, wie er als Fischerjunge im Meer kläglich ersoffen sei, fühlte ich dies wie vieles am eigenen Leib, so stark enstanden die Bilder dazu in meinem Kopf.

Irgendwie tat es mir gut, unter all diesen Aussenseitern beinahe als Streber zu gelten. Streber deshalb, weil ich keinen Alkohol trank und alle Drogen dankend ablehnte. Mo, ein Südafrikaner, bot mir immer wieder LSD an und schwärmte von Bewusstseinserweiterungen. Ein anderer, Geissenpeter, hatte oft eine grauenhafte Laune und das Gefühl, dass dies alle anderen unbedingt mitbekommen müssten. Vor allem an mir liess er sie häufig aus, meist dann, wenn ich ihn mit meinen Sprüchen aufzumuntern versuchte. Er war sehr geizig, denn wenn er mal eine Fertigsuppe zum Anrühren mitbrachte, hätte er mir niemals auch

---

[26] Im Russischen: Mütterchen

nur einen Löffel voll davon abgegeben. In dieser Zeit hatte ich fast ständig Hunger.

Oft ekelte es mich, auf den vollgekotzten und verpissten Matratzen zu schlafen, die überall Flecken hatten – auch von Blut. Deshalb versuchte ich, mich in einer Ecke ein wenig sauber einzurichten, nahm das, was am wenigsten vergammelt war und versuchte den Rest auszublenden. In diesen Tagen und Wochen ging's mir dreckig und dennoch kam nie der Gedanke in mir hoch, zurück ins Waisenhaus zu gehen, um in einem saubereren Bett zu schlafen. In diesem wäre es wenigstens warm gewesen.

Mit der Zeit gewöhnte ich mich an die üblen Gerüche und die abgewrackten Gestalten in der *Villa Kunterbunt*. Vor allem Sabi, eine 26-Jährige, war fürchterlich anzusehen, wenn sie auf Heroin war. Hatte sie auf dem Strassenstrich in der *Pulvermühle* genug Geld für einen Schuss aufgetrieben, zitterte sie manchmal derart, dass sie das Zeug nicht im Löffel aufkochen konnte, ohne dabei etwas zu verschütten, erst recht nicht, wenn sie auf Entzug war, was sie als *uf am Aff* bezeichnete. Sie krümmte sich dann vor Schmerzen und eine tiefe Unruhe trieb sie umher, als hätte sie glühende Kohlen in ihren Schuhen. Auf dem Kornplatz wankte sie mir eines Tages entgegen. Sie kam aus dem öffentlichen WC, in dem sie zuvor am Boden liegend das letzte bisschen aus sich gekotzt hatte. Ihre Jeans waren vollgepisst, sie stank nach Erbrochenem, ihre schmutzigen Hände zitterten, als sie sich an einer Zigarette festhielt. Es schien mir, als vibrierten ihre Augen, in denen eigentlich so viel Wärme schwebte, doch dahinter gab ihr Schicksal wie ein riesiges Pendel unaufhörlich den Takt vor. Sie bettelte mich um Hilfe an, ich solle ihr einen *Schuss* besorgen. Es fehlte ihr ein Hunderter. Bis ich diesen aufgetrieben hatte, schrie sie manchmal auf vor Schmerzen. Ihre geballte negative Energie, die sie aufwendete, um an Stoff zu kommen, erschlug mich beinahe. Endlich war es soweit, wir hatten das Heroin, doch sie konnte keine koordinierten Bewegungen mehr ausführen. Ich musste ihr das Gift zubereiten und es ihr spritzen. Das war nicht so einfach, wie es klingt. Ihre Arme, Handgelenke, Fussgelenke und teilweise der Hals waren schon so oft durchstochen worden, dass harte Narben zurückgeblieben waren. Wenn der *Sugar*, wie sie das Heroin nannte, endlich aufgeköchelt und in die Spritze gezogen war, musste ich sie einige Male stechen und die Spritze vorsichtig zurückziehen, bis ich sicher war, eine Vene erwischt zu haben. Und dann – peng!

Das Zeugs wirkte schnell und ihre hellblauen Augen, die oft so verwässert aussahen, veränderten sich, bekamen einen seltsamen Glanz.

Eigentlich war Sabi eine sehr schöne sechsundzwanzigjährige Blondine mit einem liebevollen Lächeln, für das man sie gleich beschützen wollte. Ihr Lächeln strahlte etwas aus, das sie noch immer in sich trug. Sie war eine liebenswürdige junge Frau gewesen, doch ihre Vergangenheit hatte sie zu schwer verletzt – damals, als sie ein kleines Mädchen war. An ihren seelischen Verletzungen würde sie bald sterben, das wusste ich zwar noch nicht – aber ich ahnte es.

Eines Abends, als ich mich in der Dunkelheit auf einen Spaziergang zur Kälberweide aus der *Villa Kunterbunt* gewagt hatte und zurückkam, lag sie in meinem *Bett*, dem saubersten.

Sie war *high* und guter Laune.

Sabi forderte mich auf, zu ihr in die Wärme zu schlüpfen.

Sie war nackt!

Als sie meine unsichere Reaktion bemerkte, lachte sie:

»Du heschas also no nia kmacht? Jöööö, isch das nit süass! Kumm, i helf dr, das kriagand miar zämma schu hera!«

Das war irgendwann im Januar 1983, am 9. war ich fünfzehn geworden, ohne es registriert zu haben.

Mein erstes Mal erschien mir, als hätte ich mit verbundenen Augen Fastfood gegessen – schon war es vorbei und ich wusste nicht, wie ich es zu werten hatte. Das war also Sex? Nur das? Es war mehr so ein flüchtiges Gefühl gewesen – als hätte ich *untenrum* niesen müssen!

Im Sommer zuvor hatte ich mit einem Mädchen im Waisenhaus ein erstes gegenseitiges Kennenlernen erlebt. Ich war verliebt wie man halt mit vierzehn verliebt sein kann. Der erste unsichere Kuss, das erste Mal, dass ich ein Mädchen an gewissen Stellen berührte, aber über den Kleidern, und dass ich davon Herzklopfen und einen trockenen Mund bekam. Als mich meine Angebetete dann eines Nachts bat, sie in ihrem Bett zu besuchen, hätten die Streicheleinheiten unter den Kleidern weitergehen sollen. Hätten!

In dem Moment aber, als ich sehr vorsichtig meine Hand in ihr Höschen steckte, fühlte ich erst die Haare, dann ihre feuchte Scheide – und da kam mir blitzartig mein erster Missbrauch *in den Sinn*, als ich das Ameisenspiel spielen musste. Als hätte mich ein Stromschlag getroffen, zog ich meine Hand zurück und näherte mich diesem Mädchen nie mehr auf diese Weise. Bald darauf hatte sie einen anderen Freund.

Sabi berührte ich *untenherum* deshalb nicht mit meinen Händen. Sowieso ging alles so schnell vorbei, als wäre es nicht wirklich geschehen. Sie lachte liebevoll und kuschelte sich an mich. Ich liess sie gewähren, ohne damit wirklich etwas anfangen zu können. Das Schönste dabei war, dass es ihr scheinbar guttat.

Sabi kam am nächsten Tag nüchtern auf mich zu und wollte mit mir reden. Sehr liebevoll erklärte sie mir, wie eine Frau funktioniert und was Sex in ihren Augen bedeutet. Sie zeigte mir ihren Körper sehr detailliert, als wäre ich im Anschauungsunterricht der Sexualkunde und sie eine Puppe. Die liebevolle, verständliche Art liess mich etwas mehr verstehen. Zum ersten Mal sah ich *die Höhle*, die mich als Sechsjähriger und später so geekelt hatte, denn die Missbräuche fanden immer unter einem Deckbett oder in der Dunkelheit statt. Bis dahin wurde ich ausserdem nicht wirklich aufgeklärt, denn als es die biedere Gruppenleiterin mit bestem Willen eines Abends mal versuchte, lachten wir Jungs so laut auf, als sie von einem *Lusttröpfchen* sprach, dass sie das Buch laut zusammenklappte und nie mehr davon redete.

Bei den Venturas bekam ich mit etwa 14 Jahren einen Modekatalog in die Hände und blieb auf der Unterwäscheseite hängen. Dort gab es Bilder von Wäsche, unter der die Weiblichkeit dezent zu sehen war. Das war der erste Moment in meinem Leben, in dem ich ein Gefühl von Sexualität in mir fühlte. In den Tagen danach entdeckte ich meinen Körper und sehr schnell auch, dass ich mir selber Lust bereiten konnte.

Obwohl Sabi sich sehr viel Mühe gab, mir die Sexualität weiter nahe zu bringen, war es, als ob eine Glasscheibe zwischen uns läge. Mein Körper funktionierte zwar, aber der Moment des Höhepunktes erlosch wie ein kurzes Farbenspiel am Nachthimmel. Es blieb nur Dunkelheit zurück.

Andere machten in der *Villa Kunterbunt* keinen Hehl aus ihrer sexuellen Freizügigkeit. Mo und die rothaarige Lisa schliefen mitten im Raum zusammen. Es störte sie keinen Moment, wenn wir anderen uns ebenfalls dort aufhielten. Lisa bat mich einmal sogar, ihr eine Zigarette anzuzünden und sie ihr zu geben, als sie eine Pause einlegte. Splitternackt, auf dem Rücken liegend, nahm sie diese von mir entgegen, während Mo sich in dieser Zeit um Mareth bemühte, die ebenfalls im Liebesspiel mitmischte. Mit der Zeit gewöhnte ich mich an den Anblick, wie Mo die Frauen in der *Villa Kunterbunt* glücklich machte. Manchmal lag ein derartiges Knäuel aus Leibern auf mehreren zusammengeschobenen Matratzen, dass ich mit ihnen Mikado hätte spielen können. Der farbige Mo schien nimmermüde zu sein. Als ich seinen erigierten Penis sah, glaubte ich meinen Augen nicht zu trauen. Das Ding war so mächtig, es hätte eine eigene Identitätskarte gebraucht!

Als die 20-jährige Lisa mir eine Freude bereiten wollte – wie sie das nannte – bekam ich es mit der Angst zu tun, denn ich hatte ja mehrmals gesehen und gehört, was sie und Mo alles angestellt hatten. Ausserdem hatte ich im Vergleich mit Mos afrikanischem Lustschwengel *nur Bündnerdimension*!

»Du bist ja sooo süss!«, hörte ich Lisa sagen. Meine Unsicherheit schien alle im Raum zu amüsieren.

Lisa zeigte mir nach und nach Dinge, die ich nicht mal auszusprechen vermochte, und Mo lobte meine Lernfähigkeit! Körperlich begann es mir Spass zu machen, doch die Einsamkeit in mir verstärkte sich danach noch viel mehr. Wenn Lisa, Sabi oder Mareth mich beim Sex liebkosten, war es, als schaute ich aus der dritten Dimension zu. Es war, als wäre meine Haut aus dickem Glas oder mit viel Wachs bedeckt. Nicht, dass ich keine Lust auf Nähe gehabt hätte, so war es nicht. Es war aber, als wären meine Rezeptoren für diese betäubt. Doch mich freute es, dass sich zumindest die Frauen in meiner Nähe sehr wohlfühlten. Ihre Gesichter verrieten ihre Gefühle, und so hatte auch ich etwas davon.

Das Essen war meist ein sehr grosses Thema in der *Villa Kunterbunt*. Als Gulliver einmal von der Gasse zurückkam, zauberte er aus einer Einkaufstasche Zutaten für ein leckeres Birchermus hervor, welches wir gemeinsam zubereiteten.

Es war ein Festmahl!

Wir hatten nur noch einen einzigen etwas verbogenen und dunkel verfärbten Esslöffel. Sabi hatte alle anderen als Fixerbesteck verbraucht. So sassen wir also in der Runde und löffelten abwechslungsweise das Müesli. Wir gurrten dabei wie zufriedene Tauben im warmen Schlag. Brüderlich und schwesterlich teilend leerten wir die Schüssel, bis unsere Bäuche prallvoll waren. Danach wurde die grosse Wasserpfeife *Big Martha* angeheizt. Ein Ritual! Sie bestand aus einem Labyrinth von Schläuchen und hellblauen Glaskörpern mit Wasser darin – ein mit vielen Motiven verziertes Kunstwerk aus Indien. Auch dazu wusste Gulliver Geschichten zu erzählen, denn er war mal drei Jahre auf Indienreise gewesen. Das war das Eindrücklichste, was er je erlebt hatte. Seit dieser Reise waren für ihn auch die Bündner Kühe heilig. Muuuhhh! Wenn mir einer der drei Schläuche gereicht wurde, wollte ich kein Spielverderber sein und zog daran, ohne jedoch zu inhalieren. Müde lagen wir danach im dichten Qualm der Wasserpfeife auf unseren Matratzen – wie zufriedene kleine Buddhas. Hund döste völlig relaxt zwischen uns, seinen Kopf auf das Bein von Gulliver gelegt. Der schwarze *Afghan*, das Beste, was zu der Zeit an Haschisch in Chur zu bekommen war, hatte seine Wirkung nicht verfehlt.

Eines Morgens hörten wir in der Früh Geräusche.

Die Polizei! Eine Razzia!

Zum Glück schlief ich wie immer in meinen Kleidern und trug meine Schuhe. Während die Beamten sich durch den Müll im unteren Stock mühten, kletterte ich durchs Fenster und verschwand in der Kälte. Jetzt hatte ich ein weiteres Problem. Es war Tag, es war kalt, ich hatte kein Geld und seit Tagen kaum etwas gegessen. Wohin jetzt? In der Altstadt versteckte ich mich in Hinterhöfen, bis ich gegen Abend jemanden von der Szene traf. Zu dieser Zeit kannte mich übrigens jeder und jede unter dem Namen Pipo. Das Mädchen bat mich zu warten und kam dann mit einem braunblonden Typen zurück, der eine Wildlederjacke trug. Ich sah sofort, dass ihm ein Arm fehlte. Er schien nett zu sein. Am Pfisterplatz hatte er eine kleine Wohnung.

Perfekt?

Es war eine einfache, aber sehr saubere Altbauwohnung. Christian rauchte erst mal gemütlich einen Joint, dann braute er uns in einem hinduistischen Teekännchen einen warmen Tee und kratzte seinen Bart.

Todmüde schlief ich danach sofort ein.

Am Morgen erwachte ich in dem Moment, als Christian mit Gipfeli und warmer Milch an mein Bett trat. Ich staunte, wie er alles mit bloss einem Arm bewerkstelligen konnte. Was für eine liebenswerte Geste, mir das Frühstück ans Bett zu bringen!

War er schwul? Oder warum tat er dies?

Ohne weiter nachzudenken, verputzte ich alles im Nu.

Die nächsten Tage versteckte ich mich in der Wohnung und machte nichts anderes, als auf den Pfisterplatz hinauszublicken.

Im kleinen Schwarz-Weiss-Fernseher lief um 17:30 Uhr die Kindersendung *Spielhaus*, die erste Sendung am Tag. Wie langweilig! Da wäre sogar *Heidi* noch besser gewesen!

Weitere Tage versteckte ich mich bei Christian, der sich sehr herzlich um mich bemühte und ganz offenbar keine Hintergedanken hatte. Er wollte sogar bei meiner Vormundin für mich vermitteln. Er verstand meine Situation und machte mir einen Vorschlag. Christian kannte einen Ort, wohin ich flüchten und an dem mich bis zu meiner Volljährigkeit niemand finden könnte. Das hörte sich super an, also plante er alles.

Als es soweit war, erklärte er mir ganz genau den Weg, den ich zu fahren und zu gehen hatte. Mehrmals musste ich alles exakt wiederholen, damit er sicher war, dass ich mich unterwegs nicht verlaufen werde. Ein langes Wegstück müsste ich abseits der Strassen gehen. Es war Winter und meine Schuhe waren nicht tauglich für diese Jahreszeit. Es durfte also nichts schiefgehen.

Am nächsten Tag setzte mich Christian in den Zug und ich verabschiedete mich dankend. Er war so gut zu mir gewesen! Danke dir lieber Christian!

Meine Reise führte mich ins Toggenburg. Mit Umsteigen kam ich irgendwann an der Zielstation an. Es schneite, Nebel hing in den Berghängen fest. Jetzt hiess es, zu Fuss den Bauernhof zu finden, einen Hof, der von Aussteigern betrieben wurde und der weit abseits lag. Wenn ich etwas nicht besitze, so ist es die Gabe der örtlichen Orientierung. Im Disneyland musste ich dreizehn Jahre später meinen damals fünfjährigen Sohn Patrick immer fragen, wo wir abbiegen mussten, um diese oder jene Attraktion zu finden. Es war mir ein Rätsel, wie der Knirps alles exakt fand, ohne eine Sekunde zu zögern.

Willig stampfte ich durch kniehohen Schnee und sah kaum etwas von den Landschaftsmerkmalen, an denen ich mich hätte orientieren sollen. Meine Füsse waren eiskalt, bald wusste ich nicht mehr, wo ich mich befand. Der Schnee und der Nebel drohten mich zu verschlucken. Als ich bereits mit dem Gedanken spielte, meinen Fussspuren wieder zurück zu folgen, bevor diese zur Gänze zugeschneit wären, tauchte vor mir der dunkle Umriss eines Hofes im diesigen Gestöber auf.

Ich wurde sehr freundlich aufgenommen!

Es war tatsächlich ein abgelegener Hof, mit Leuten, die sich fast ausschliesslich selbst versorgten. Das Leben auf dem Hof war einfach. Gerne half ich beim Einfeuern und bei sonstigen Kleinarbeiten. Bei Rigets hatte ich viel gelernt. Das Essen war einfach, aber schmackhaft. Die Leute mochten mich, fast so, als wäre ich ihr verlorener Sohn. Bei ihnen war ich absolut sicher vor dem Zugriff der Polizei, denn nur eine einzige Person ausserhalb wusste, dass ich dort war.

Immer wieder schneite es in den folgenden Tagen, was mir noch mehr das Gefühl vermittelte, am Arsch der Welt verschwunden zu sein.

Im Bauernhaus war es angenehm warm und sauber, genug zu essen hatte ich auch, sogar immer interessierte Zuhörer für alles, was aus mir sprudelte. Aber dennoch – nach zwei, drei Wochen wurde meine innere Unruhe so gross, als wäre ich noch im Waisenhaus. Niemand von ihnen verstand, warum ich wieder fort musste. Ich eigentlich auch nicht, denn mit Sicherheit war die Fahndung nach mir intensiviert worden. Warum also das sichere Schiff verlassen?

Da fühlte ich zum ersten Mal, dass ich einem höheren, unlogischen Zwang Folge leisten musste.

Es ging schon lange nicht mehr ums Waisenhaus – es ging um mich! Darum, mich selbst zu finden! Meine Wurzeln, meine Identität! Dieser Drang würde womöglich mein junges Leben zerstören. Die enorme Kraft, die dazu fähig war, verspürte ich in mir, als wäre ich auf Entzug, sprich *auf dem Aff.* Wie ein Vogel, der seine Flügel sucht – so fühlte ich mich.

Es tat mir leid, meine Helfer enttäuschen zu müssen. Sie winkten mir nach, als ich an einem grauen Morgen in den schneebedeckten Wiesen verschwand. Dieses Beklemmungsgefühl umschloss mich wie der Nebel – ich wäre so froh gewesen, wenn ich einfach mal richtig hätte schreien oder leise weinen können. Alles rauslassen, um mich danach in den Schnee zu legen und darauf zu warten, dass mich jemand erlöst – und wenn es nur die Kälte gewesen wäre.

Es gab niemanden, der mich wirklich liebte, sodass ich es hätte spüren können. Der Vorteil dabei war, dass ich noch mehr zum Kämpfer wurde, noch mehr dazu lernte, um mich alleine durchzuschlagen.

Doch wo gehörte ich denn hin?

Vielleicht, dachte ich, würde ich bei Papa oder meinen Geschwistern in Chur Antworten finden. Deshalb musste ich dorthin zurück!

In Chur tauchte ich wieder bei verschiedenen Personen der Szene unter.

Dann trat Heidi in mein Leben!

Ausgerechnet eine Heidi, obwohl ich diesen Namen seit dem Heidi-Film nicht mehr ausstehen konnte. Sie sah zum Glück völlig anders aus als das Heidi im Film. Sie war achtzehn, schwarzhaarig, sehr modisch gekleidet und eine Schönheit. Mit einer blonden Freundin sass sie eines Tages in der *Bierhalle* und schenkte meinem angetrunkenen Papa etwas Geld. So kamen wir ins Gespräch. Warum Heidi von Beginn weg von mir als Person derart fasziniert war, dass sie deswegen mit dem Gesetz in Konflikt kam, weiss ich nicht. Dass sie deswegen verhaftet werden sollte, hätte sie bestimmt auch nie gedacht. Es war der Beginn einer sehr speziellen Freundschaft, fast ein bisschen wie die von *Bonnie und Clyde.*

Zu Beginn trafen Heidi und ich uns fast nur beiläufig. Mein Papa und sie mochten sich. Heidi fing da schon an, sich über mich zu erkundigen. In der Szene kannte man mich mittlerweile ja bestens. In unseren Gesprächen erfuhr sie dann noch mehr und von mir und ich von ihrem Leben.

Heidi hatte einen Ausbildungsplatz in einem Krankenhaus und kaum war ihre Schicht zu Ende, zogen wir gemeinsam los. Sie hatte andere Kontakte als ich, was den Vorteil brachte, dass ich so andere Schlafplätze fand, als die bisherigen. Immer wieder unterstützte sie mich auch mit Geld oder kaufte mir etwas Kleines, um mir eine Freude zu machen.

Heidi war eine Revoluzzerin. Immer wieder versuchte sie, eine Lösung für mich zu finden. Von einer Flucht ins Ausland bis zum Verstecken auf einer Alp kam ihr fast alles in den Sinn. Sie wollte mir helfen, dieses auch in ihren Augen verdammte System zu besiegen. Sie und ihre blonde Freundin waren wie alle ihre Freundinnen, die ich noch kennenlernen sollte, grosse Fans von Boy George. Bei jeder Gelegenheit drückte sie in jeder Jukebox dessen Lieder. *Do you really want to hurt me* war nur eines von denen, die ich bald auswendig kannte. Mein Favorit aber war *Heartbreaker* von Dionne Warwick.

Immer wieder nahm ich das Risiko auf mich und hielt mich in der *Bierhalle* oder den andern Beizen auf. Papa war meist betrunken und lag wie ein Häuflein Elend halb auf dem Tisch, oder er feierte lautstark mit anderen Alkoholikern. Wenn mir jemand ein Getränk bezahlen wollte, bestellte ich immer ein Passaia in einer Stange. Dieses Getränk liebte ich über alles und das hatte seinen Grund: Als ich etwa zwei Jahre zuvor mit einem kleinen Trupp vom Waisenhaus eine Velotour unternahm, kamen wir nach Stunden auf dem Rückweg in Reichenau an. Das Restaurant *Bahnhöfli* kannte ich ja seit Papa und Rädel in diesem randaliert hatten. Am Brunnen vor dem Haus wollten wir Wasser trinken, als ich die Stimmen meiner Schwestern hörte.

Mary und Irma sassen draussen im Sonnenschein und tranken etwas. Ich erhielt von der Erzieherin die Erlaubnis, mich für maximal fünf Minuten zu ihnen zu setzen. Als sie mich fragten, was ich trinken wolle, sah ich die Tischreklame von Passaia. Das Getränk sah so exotisch fruchtig aus, also bestellte ich es. Man muss sich das mal vorstellen: Ich hatte einen Riesendurst und bekam in Anwesenheit meiner beiden Schwestern ein herrlich süssfruchtiges, eiskaltes Getränk serviert! Deshalb stand in den Beizen für die nächsten Jahre immer ein Passaia, in ein Stangenglas eingeschenkt, vor mir.

Vor allem in der *Bierhalle* soffen viele gestrandete Menschen sich die Hucke voll und versuchten, ihren Kummer zu ersäufen: Da waren Orlando B. und seine beiden Geschwister, Mössli, die Schwestern Corina und Marlies, die gemeinsam auf den Strich gingen, die zwei etwa 50-jährigen Hauser-Brüder, die so gerne Roger Whittaker hörten. Ausserdem waren da noch Hase, Kunigunde und Ferdi, Hitsch B., der mit Charly in Kalchrain sass, und Eiseli, der wegen eines Unfalls ein breites, plattgedrücktes Gesicht hatte, in dem die Nase nur noch ein kleiner Höcker war. Auf dem Karussell hatte ihn eine Schiffschaukel mitten ins Gesicht getroffen. Als ich zum ersten Mal die etwa 50-jährige Annelie sah, die in einer Winternacht im Rausch liegengeblieben war, wobei ihr alle Finger erfroren, musste ich erst einmal leer schlucken. Mit den beiden rotnarbigen Fäustlingen schaffte sie es irgendwie, eine Zigarette aus der Schachtel zu klopfen und sogar anzuzünden. Meist war sie besoffen und hatte dann eine Stimme wie ein Räuber. Auch sie konnte, wie alle anderen, Glas um Glas in sich hineinschütten, um zwischendurch wankend im Klo zu verschwinden. Gelegentlich machte sie sich einen Spass daraus, Männer zu erschrecken, die neu in der *Bierhalle* waren. Zu diesem Zweck verbarg sie ihre Hände unter dem Tisch und fragte die Typen, ob sie ihnen schnell einen gratis runterwichsen dürfe. Dann erst hob sie die verstümmelten Hände grölend in die Höhe!

Priska, eine dunkelhaarige Schönheit, verzauberte jeden in der Beiz, bis sie zum ersten Mal den Mund öffnete. Ihre Zähne waren nur schwarze Ruinen. Öfters sassen auch Junkies mit ihren Hunden in der *Bierhalle* und schoben Pillen umher. Ronni, der Wirt, hatte mit seinem Team, zu dem Paula, Anita und Therese gehörten, mehr als genug zu tun, um Ordnung zu schaffen. Es war so eine richtige Spelunke, in der aber vom Richter bis zum Streuner alles ein- und ausging.

Im Zigarettenqualm stieg der Lärmpegel beinahe unerträglich an, während der Alkohol in Strömen floss. In der Anfangszeit hoffte ich noch naiv darauf, dass ich mich im Gewühl unter einem der Tische rechtzeitig verstecken könnte, falls plötzlich Fahnder kämen. Ronni informierte mich jedes Mal, wenn ich die Beiz betrat, ob sie an diesem Tag schon einen Blick reingeworfen hätten. Sicherer fühlte ich mich deswegen nie – zu Recht, wie sich später noch zeigen sollte.

Immer wieder gab's Streit in der *Bierhalle*. Papa taumelte wie so oft beinahe besinnungslos hin und her. Er wurde laut. War ein Streit geschlichtet, drohte an einem anderen Tisch bereits ein neuer loszubrechen.

Als Papa sich mit zwei Typen anlegte – Rädel war nirgends zu sehen – und aufstand, um auf beide loszugehen, schob ich mich vor ihn, um ihn zum Hinsetzen zu bewegen. Erst wollte er mich aggressiv zur Seite schieben, dann aber blickte er mich an und sagte lächelnd, als könnte er es nicht für möglich halten:

»Du hesch jo Angscht, Philippli! Galöri! Muasch sicher kaini ha. Denna nütiga Siacha kumm i schu Maischter! Hey, miar sind doch Gurta!«

Ja, ich hatte tatsächlich Angst um ihn. Er war in meinen Augen zu betrunken, um den beiden Schläge auszuteilen. Ich hatte da bereits meine Erfahrung machen müssen, denn eine Woche zuvor sassen wir spätnachts in der *Cava Grischa* – Rädel, Papa, Charly, Reto mit Irma und ich. Als ein paar Tiroler Holzfäller eine brennende Zigarette zu unserem Tisch spickten, ging's richtig los. Zuvor waren einige Provokationen hin und her geflogen – alle waren schuld und doch niemand. In diesem Moment sprangen Rädel und Charly auf. Reto, mein Schwager, war Hockeyspieler und trug deshalb schon früh ein Gebiss, welches er schnell Irma in die Hand drückte. Dann legten sie richtig los! Die anderen waren in der Überzahl. Rädel, Charly und Reto schlugen sich aber problemlos durch, als Papa, völlig betrunken wie er war, sie unterstützen wollte. Ich eilte ihm hinterher, als einer der Tiroler ihm wie aus dem Nichts einen Schlag mitten auf die Stirn versetzte. Papa fiel vor mir hin wie ein abgeschossener Bock. Immer wieder versuchte er, für ein paar Sekunden aufzustehen. Es war ihm derart schwindlig, dass ich ihn mit dem Oberkörper auf einen Tisch legen musste, wo er benommen liegenblieb. In der Toilette wollte ich Wasser für ihn holen, als plötzlich der Typ von zuvor vor mir stand. Eine Sekunde blieb er vor mir stehen, ich war unsicher, ob ich nicht gleich auch eine einfangen würde. Dann aber ging er mit einem Lächeln an mir vorbei.

Eine Viertelstunde später sassen die Tiroler mit uns am Tisch und soffen gemeinsam mit Rädel, Charly und Reto, während Papa zwei Stunden ausser Gefecht war. *Die fidelen Mölltaler* erklangen, es wurde getanzt und geschunkelt, die Stimmung war bis um vier Uhr in der Früh ausgelassen fröhlich.

Genau wegen dieser Erfahrung wollte ich Papa diesmal zurückhalten. Einer der Typen wurde dann plötzlich aggressiv gegen mich, fing an mich zu beschimpfen, wahrscheinlich, um Papa weiter zu provozieren. In diesem Moment kam der kleine Gräfli dazu. Wie Rädel war er ein Muskelpaket, aber einen halben Kopf kleiner als mein Bruder. Der grosse Typ kannte zu seinem Pech Gräfli noch nicht, als dieser sich vor ihn hinstellte und ihn aufforderte, mich in Ruhe zu lassen. Der Grosse wollte mit seiner Rechten zum Schlag ausholen, als ihn die harte Rechte von Gräfli am Kinn traf. Wie ein Baum krachte dieser zu Boden, während Gräfli ruhig wieder Platz nahm, als hätte er sich soeben am Zigarettenautomaten eine Schachtel rausgelassen. Sein Gegner schaffte es auch nach mehreren Versuchen nicht mehr, alleine aufzustehen. Sein Blick war verwirrt, er hatte nicht mal wahrgenommen, was passiert war, so schnell ging alles. Der Andere verzog sich zurück an seinen Tisch und zahlte uns eine Runde. Gräfli und Rädel haben sich übrigens nie geschlagen, beide hatten zu grossen Respekt voreinander. Es wurde öfters spekuliert, wer die Oberhand behalten würde. Ich war erleichtert, dass sie sich nie schlugen, denn Gräfli war ein wirklich feiner Typ und Rädel hätte ihn halbiert. Papa kam an diesem Abend noch ein-, zweimal auf mich zu, hielt seine Hände an mein Gesicht und wiederholte, dass ich doch keine Angst haben müsse. Er konnte es einfach nicht verstehen.

Mit der Zeit gewöhnte ich mich besser an die Gewalt, die blutüberströmten Gesichter, wenn jemand mit einem Bierhumpen zugeschlagen hatte, und bückte mich immer rechtzeitig, wenn Gläser in unsere Richtung flogen. Nur einmal, als ein Rocker mit einem Messer auf einen anderen losging, hat mich Rädel blitzschnell vor die Türe gestellt, ehe er drinnen eingriff. Der langhaarige Typ landete mit einer grossen Wunde im Gesicht vor der Türe, wo ihn der Notarzt abholte. Rädel hatte kurzen Prozess gemacht. Es gab tatsächlich niemanden, der diesbezüglich meinem Bruder überlegen war. All die Jahre nicht!

Morgens herrschte in der *Bierhalle* oft Katerstimmung, bis der steigende Alkoholpegel der Stammgäste für neue Aufregung sorgte. Halb angeheitert meinte Papa an einem Morgen, dass wir nun die beste Suppe essen gehen werden, die es in Chur gäbe.

Wir folgten der Plessur, bis wir in Richtung Hof zu einem Gebäude kamen, das von Nonnen geführt wurde, es war eine Art Kloster. Wenn Papa halb besoffen war, machte er die meisten Sprüche. Als die eine Ordensschwester öffnete, sagte er:

»Warme Schwester, hätten Sie für uns eine barmherzige Suppe?«

Sie kannte ihn und ging auf seinen Spruch gar nicht ein. Sie lächelte bloss freundlich und bat uns herein. Als sie die Treppe vor uns hochstieg, machte mein Papa allerlei Spässe hinter ihrem Rücken und tat so, als würde er ihr an den Po greifen, so dass ich nur mit Mühe ein lautes Lachen verkneifen konnte.

Die Suppe war wirklich hervorragend, wie auch das hauseigene Brot. Nach dem Essen verabschiedeten wir uns dankend. Die Nonne meinte, wir wüssten ja wo der Ausgang sei und liess uns die Treppen alleine hinuntergehen. Ich traute meinen Augen nicht, als Papa einen goldenen Engel klaute, um ihn in der *Bier-*

halle zu verkaufen. Erst schimpfte ich leise mit ihm, bis er zur Antwort gab, dass Engel ja für alle da wären, ausserdem würde der Bischof sicher noch einige am Lager haben. Es sei doch nur barmherzig, dass wir als Bedürftige nun auch einen hätten. Luki kaufte ihm das Ding mit einer 50er-Note ab.

Papa zeigte mir auf meiner Flucht, wo man günstig an gutes Essen kam. Aber er veräppelte mich auch gerne mal. Als ein Bekannter von ihm aus einem alten Plastiksack einen in Papier eingewickelten Fleischmocken hervorholte, packte er sein Sackmesser aus und schnitt mir Scheiben davon ab. Zuvor hatte er mich losgeschickt, um frisches Brot zu kaufen. Das Fleisch sah aus wie Mostbröckli oder Bündnerfleisch. Auf der Flucht war ich, was das Essen betraf, das Gegenteil von heute. Ich ass alles. Auch die noch warmen Schweineschwänzchen, die Papa beim Metzger besorgte und die noch einige Borsten hatten. Deshalb probierte ich auch das Fleisch aus dem schäbigen Plastiksack. Papa wollte nicht verraten, was es war – ich sollte es selbst herausfinden. Als ich auf das Pferd und alle andern essbaren Tiere getippt hatte, fing er an zu bellen.

Ein Appenzeller Hund!

Das war es also!

Der Typ, der uns das Fleisch gegeben hatte, war ein Bauer aus dem Appenzeller Land. Er schlachtete auch Hunde. Das ging ja gar nicht! Papa bemerkte mein Erstaunen. Das Fleisch in meinem Mund landete sofort in der nahen Plessur. Er fand das urkomisch. Ob er nicht nur ein Scherz gemacht hatte – darüber liess er mich im Unklaren. Nun aber sollte Papa mal meinen Humor kennen lernen!

Einige Tage später drückte er mir einen Fünfliber in die Hand und bat mich, in die Untergasse zur Metzgerei *Ryffel* zu gehen, um Fleischanschnitte zu kaufen, damit wir etwas fürs Mittagessen hatten. Ich sollte bei der Bestellung aber unbedingt erwähnen, dass es für ihn sei, dann gäbe es mehr als üblich. Mir war die Bettelei ehrlich gesagt peinlich, aber ich fügte mich und auf einmal kam mir eine Idee. Als ich mit dem Fleischpaket zurückkam, machte mein Papa grosse Augen. So viel hätte er für fünf Franken noch nie erhalten, meinte er und freute sich. Wie ich das denn gemacht hätte, wollte er wissen, denn ihm hätte der Geizkragen von Metzger immer weniger gegeben.

»Aifach bsundars nett kfrogat«, gab ich ihm zur Antwort.

Er begann zu essen. Immer wieder murrte er dabei erst leise, dann immer lauter, die Qualität sei mager, ja eher schlecht, ja sehr schlecht! Irgendwann riss ihm der Geduldsfaden, also packte er das Fleisch wieder ein und forderte mich auf, dem Schelm die Meinung zu geigen. Ich aber wollte keinen Streit und sagte, dass ich lieber in der *Bierhalle* auf ihn warten würde.

Papa schmiss an der Fleischthéke das Paket vor den Metzgermeister Ryffel:

»Hendr kmaint, iahr könnt min Junior pschiessa, ha? Das isch jo nüt als huara Schundwar, wo ihr do ipackt hend!«

»Ah, das isch din Junior ksi? Er het ger nüt dervo ksait. Er het nur kfrogat, ob er Reschta für sin Hund könnti ha!«

Papa kam stinksauer zurück, konnte sich aber ein Lachen nicht verkneifen.

»Aha – schämsch di wega miar? I bin doch kai Hund!«

Als die Geschichte in der Beiz die Runde machte, brach ein riesengrosses Gelächter los und jetzt bellte ich Papa an.

Papa wusste um vielerlei Vergünstigungen. Tage zuvor hatte er mich zur Heilsarmee geschleppt, um eine Tasche Lebensmittel zu bekommen. Er ging alleine hin, dann ich, damit wir zwei Taschen erhielten. Die Taschen deponierten wir beim Wirt in der *Bierhalle* und gingen dann schnurstracks zur Caritas. Dort erhielten wir einen 50-Franken-Gutschein für Esswaren im damaligen *Vilan* an der Bahnhofstrasse. Zuerst aber mussten wir einige Fragen beantworten, was mir zuwider war. Papa aber beherrschte die Rolle perfekt und immer wieder hustete er ein wenig beim Reden. So konnte er sich als arm und krank darstellen.

Etwas später, als sein Zustand von angeheitert auf betrunken gewechselt hatte, wollte er unbedingt den Gutschein einlösen.

Das hätte ich mir niemals so anstrengend und peinlich vorgestellt, wie es dann kam.

Papa, ein wenig zwischen den Regalen herumtorkelnd, kaufte ein, vor allem Käse, Wurst und Teigwaren. Ich musste derweil zusammenzählen, was alles kostete, denn er wollte keinen einzigen Franken dazuzahlen. Da ich nicht wusste, dass es kein Retourgeld geben würde, liess ich es bei einigen Franken unter fünfzig gut sein. Als Papa dies bei der Kasse realisierte, braute sich Unheil zusammen. Immer wieder liess er alle warten und holte noch etwas dazu oder er legte etwas wieder in die Regale. Und doch verfehlte er die Limite von 50 Franken um wenige Rappen. Wieder von vorne! Was ich anschleppte, um genau in der Limite zu bleiben, passte ihm nicht. Besoffen konnte er so was von stur sein! Die Geduld aller war am Ende, aber Papa trieb weiterhin seine Spässe mit den Wartenden. Er konnte in seinem Zustand ohne Probleme einer Frau um die Vierzig ins Gesicht sagen, dass sie ihren *Chabis* besser *büschla* sollte, denn ihr Mann falle ja bereits der Verkäuferin in den Ausschnitt. Oder er bettelte jeden an, und wenn er nichts bekam, meinte er einfach, der Typ sei ein Hungerleider.

Als die Kassiererin dann endlich die fünfzig Franken auf dem Display hatte, glaubte er, wir seien beschissen worden und er wollte, dass ich alles nachrechne. Dabei hatte er ein Stück Bündnerfleisch im Wert von etwa fünfzig Franken in seiner Jackentasche verschwinden lassen. Es dauerte seine Zeit, bis ich ihn zum Gehen bewegen konnte. Ich hatte die ganze Zeit Angst, dass wir auffallen und dadurch die Polizei auf den Plan rufen könnten.

Aus diesem Grund entstand ein paar Monate später dann die hässlichste Szene, die mir Jahre später noch leid tat. Noch immer, oder besser gesagt, schon zum x-ten Mal wieder auf der Flucht, wollte ich mit Papa zu Rädel, der unweit der *Bierhalle* in der Bankstrasse wohnte. Papa war zünftig verladen und machte in den Gassen einen Riesenradau. Beim Kornplatz sah er, dass die Hintertüre der Bäckerei ein wenig offen stand, und zog mich hinein. In der Backstube drückte er mir mehrere Eierkartons in die Hand, ich schätze, es waren mehr als 300 Eier. Dem nicht genug, suchte er in der Backstube weitere nützliche Dinge, fand aber nichts. Draussen bat ich ihn, sich zu beeilen, denn es wirkte seltsam, ein Betrunkener mit einem 15-jährigen Burschen in Begleitung und mit so vielen Eierkartons in den Händen. Doch Papa machte noch mehr Lärm und quatschte unzählige Leute an. Sein Versuch, sich schwankend eine soeben erbettelte Zigarette anzuzünden, dauerte elend lange. Bis die Flamme und die Zigarette eins wurden, war meine Geduld langsam erloschen. Unruhig sah ich mich um, denn am Kornplatz war der Sitz der Stadtpolizei. Meter um Meter rang ich Papa ab, denn wäre ich allein zu Rädel vorausgegangen, wäre er bestimmt irgendwo wieder abgetaucht. Das hätte mich beunruhigt. Wie immer sorgte ich mich sehr um meinen Papa. Er kannte in solchen Zuständen keine Grenzen und deshalb empfand ich eine grosse Verantwortung für ihn, was mich viele Jahre belastete.

Etwa dreissig Meter entfernt vom Hauseingang von Rädel, der sich im Innenhof des Restaurants *Ticino* befand, setzte sich Papa mitten auf der Poststrasse auf den Gehsteig und weigerte sich weiterzugehen. Wieder einmal glaubte er, etwas verloren zu haben und begann, all seine Taschen zu durchsuchen. In mir stieg die Angst hoch, gleich erwischt zu werden, denn das Bild, das wir beide abgaben, würde dies problemlos rechtfertigen. Weiss der Geier, was mich geritten hatte! Nachdem ich etliche Male versucht hatte, ihn zum Aufstehen zu bewegen und er sich ungeachtet der Situation weigerte, trat ich ihn, nicht stark, doch war es ein Tritt an sein Bein und ein weiterer Tritt seitlich an seinen Hintern.

Völlig verdattert, als wäre für ihn der Mond auf die Erde gekracht, blickte er mich an.

»Du hesch mi tatsächlich kschlaga?«

Auf einmal wirkte er nüchtern, fast so, als hätte sich der Alkohol in seinem Erstaunen verflüchtigt. Meine Geduld war nun endgültig erschöpft und der Wut gewichen. Ich steuerte den nächsten Container an und warf alle Eier hinein. Papa liess ich achtlos sitzen und klingelte bei Rädel an der Eingangstüre. Papa kam langsam dazu. Als wir die Treppe hochgingen, meinte er nur, dass ich *a huara Tubel* wäre, denn mit den Eiern hätten wir uns lange Zeit sattessen können. Als Rädel von Papa erfuhr, dass ich ihn getreten hatte, warf er mich gleich wieder auf die Strasse.

Ich brauchte Zeit, bis ich all die Aktionen von Papa verstand – und von denen gab es unzählige.

Als einer seiner Kumpels in den ersten Wochen meiner Flucht im Suff gestorben war, gingen wir zu dessen Beerdigung. Papa brachte es fertig, nicht mal zum Begräbnis in nüchternem Zustand zu gehen. Als der erste Teil des Begräbnisses vor der Kirche vorbei war, mochte er nicht mehr zur Abdankung hineingehen. Alleine draussen, sah er, dass die Schaufel des Totengräbers neu war. 25 Franken bekam er dafür in der *Bierhalle*.

In solchen Situationen war Papa durch nichts zu beeinflussen, egal, was ich tat und sagte. Als wir ein anderes Mal in einem Geschäft waren, sah er ein *Bügelbrett*, das er einer seiner Töchter schenken wollte. Mehrmals erklärte ich ihm, unter der Plastikfolie sei eine Bockleiter und kein Bügelbrett. Im Rausch begriff er das nicht mehr und brachte das vermeintliche Bügelbrett zu Irma, die ihn aufklärte und meinte, dass sie sowieso nichts Gestohlenes wolle.

Nüchtern hingegen war Papa immer sehr korrekt, freundlich und höflich und sehr auf Anstand und Rücksicht bedacht.

Doch zurück zur jener Zeit nach meinem Aufenthalt im Toggenburger Bauernhof:

28. April 1983, Part I:

In Chur hielt mich gegen 22 Uhr abends ein Mann mitten auf der Brücke beim Obertor an, ein Zivilfahnder, vermutete ich. In den nächsten Monaten, würde ich dann einen sicheren Instinkt entwickeln, um solche auf Anhieb zu erkennen.

Der Mann wollte wissen, wer ich sei. Geistesgegenwärtig antwortete ich ihm:

»Peter Caplazi!«

»Strasse?«

»Cadonaustrasse 23.«

Gleichzeitig bat ich ihn, er solle bitte ja nichts meinen Eltern sagen, da sie bis Mitternacht auswärts wären und Patrica, meine älteste Schwester, mich ausnahmsweise in die Stadt gelassen habe. Ich hätte ihr aber versprechen müssen, um 22:30 Uhr zu Hause zu sein. Frech fragte ich, wer er sei, denn meine Mami wäre sehr fürsorglich und hätte mich schon mehrmals davor gewarnt, mit fremden Männern in der Stadt zu reden – man könne ja nie wissen. Das wäre grundsätzlich lobenswert, gab er zur Antwort und erklärte mir, dass er ein Zivilfahnder sei und dass nach einem Schüler gefahndet würde, dessen Beschreibung grundsätzlich auf mich passe. Nur deshalb hätte er mich angesprochen. Da man noch kein Foto vom Gesuchten hätte, müssten die Fahnder jeden möglichen Jungen ansprechen.

Ich zeigte mich sehr interessiert und wollte seinen Ausweis sehen, den er auch prompt zückte.

»Wow, ein richtiger Fahnder also«, tat ich begeistert. Als ich dann aber seine Waffe sehen wollte, wurde es ihm zu bunt. Mit einem tiefen, sympathischen Lachen verschwand er und mahnte mich, rechtzeitig zu Hause zu sein.

29. April 1983, Part II:

Am nächsten Nachmittag hing ich, nachdem ich in der Kälte in einem Treppenhaus geschlafen hatte, wie ein hungriger Wolf in der Snackbar herum, wo mir jemand eine Portion Pommes spendierte. Um diese in Ruhe essen zu können, verdrückte ich mich in den dunkleren Teil hinten, wo die Spielautomaten standen. Von dort sah ich die beiden in die Snackbar kommen. Unauffällig versuchte ich, mich an ihnen vorbei zu stehlen, da packte mich einer an Arm und Schulter.

Es war das erste Mal, dass mich die Polizei festnahm. Da war ich fünfzehn. Viele Male sollten noch folgen.

Bei der Kantonspolizei in der Kasernenstrasse angekommen, brachten mich die beiden zum Erkennungsdienst. Dort begegnete mir im Flur der Beamte vom Abend zuvor. Er lachte tief und meinte nur: »Soso, Peter Caplazi also, eins zu eins, gell?«

Bis heute treffe ich diesen ehemaligen Beamten immer wieder in der Stadt und freue mich, mit ihm ein paar Worte zu wechseln.

Fingerabdrücke wurden von mir genommen, Fotos geschossen, ich wurde durchsucht und musste mich nackt machen. Es fühlte sich alles an, als hätte ich ein schlimmes Verbrechen begangen.

Eine Beamtin kam herein und fragte nach Drogen. Drogen? *Brunette Doppel* rauchte ich. Ich trank ja nicht mal Alkohol, höchstens mal eine Überdosis Passaia, wenn jemand in der *Bierhalle* die Spendierhosen anhatte. Bis auf den Wundspray, den wir im Stadtbaumgarten inhaliert hatten – und diese Scheissgiftpilze – war ich immer clean. Die Frau glaubte mir rein gar nichts. Ihren Namen weiss ich nicht mehr, nur noch, dass sie *a huara Zwetschka* war. Sie meinte irgendwann, sie hole den Drogenhund, wenn's denn sein müsse, und ich könne mir nicht vorstellen, wie dieser vor Freude um mich herumwedeln würde, weil ich so nach Drogen stinke. Wenn ich damals mit Leuten aus der Szene zusammensass, die einen Joint nach dem anderen pafften, geriet dieser Geruch logischerweise in meine Kleider.

Bis zu meinem Abtransport wurde ich in eine Zelle gesperrt.

Panzermilchglas und eine unüberwindbare Stahltüre.

Da sass ich also!

Würde dies ab jetzt mein Leben werden? Flucht, Polizei und Drogenkommunen?

In der Zelle glaubte ich, kaum Luft zu bekommen und musste mich sehr zusammenreissen, um mich ruhig zu halten. Als mich ein Beamter endlich herausliess, verfrachteten mich zwei Fahnder in ein ziviles Polizeifahrzeug. Sie fuhren mich zurück ins Waisenhaus – vor den Haupteingang.

Doch ich durfte nicht wie erwartet aussteigen. Irritierenderweise musste ich mit einem der Beamten im Wagen bleiben. Ausgerechnet eine der weissen Schachteln mit den Apfelsymbolen, in denen die Schrumpfäpfel lagerten, wurde in den Kofferraum geladen. Es war, als würde ich von diesen Scheissäpfeln bis zur letzten Sekunde verspottet. Ein paar Gesichter schauten neugierig aus den Fenstern, auch das von Jeannette, die mir eines Abends gut zugeredet hatte. Ich weiss nicht mehr, ob der Heimleiter etwas zu mir sagte, denn an den Abschied kann ich mich nur sehr vage erinnern. In meiner Vorstellung wünschte er mir alles Gute.

Es dunkelte bereits ein, als wir Richtung Unterland fuhren.

Vorne rechts sass Hartmann, der Fahnder, den ich auf den ersten Blick nicht ausstehen konnte und auf den zweiten erst recht nicht. Natürlich wollte ich wissen, was nun mit mir geschehen würde.

Die Antwort lautete, dass ich an einen Ort käme, wo es mir gutgehen würde – ein offenes Heim im Unterland.

Doch dort erwartete mich etwas ganz anderes.

Etwa fünfzehn Verhaftungen standen mir da noch bevor.
Das Beste: Als Beruf steht vermerkt Schüler.

PLATANENHOF

. . .

Der Platanenhof ist neben Tessenberg in Prêles die am meisten gesicherte Institution für Jugendliche in der Schweiz.

Die gesamte Anlage mit den offenen Gruppenhäusern

29. April 1983:

Als wir nach fast zwei Stunden Fahrt im Dunkeln beim turmähnlichen Bau vorfuhren, sah ich, wie sich der eine Beamte im Erdgeschoss anmeldete und dabei in eine Schleuse treten musste. Ich sagte dem Beamten, der mich im Wagen bewachte, ich fühle mich belogen, denn das hier sähe aus wie ein Gefängnis. Aufgrund seines Blickes schien ich ihm leid zu tun. Ich glaube, die beiden Beamten wussten zuvor selbst nicht, wohin sie mich bringen mussten.

Die Schleuse beeindruckte mich in dem Sinne, dass man wegen mir so viel Aufwand betrieb. Die erste Türe öffnete sich von innen elektronisch gesteuert. Erst als diese sich automatisch verriegelt hatte, öffnete von innen jemand mit einem separaten Schlüssel die zweite. Diese Person hatte wiederum keinen Schlüssel für die äusserste Türe. Die Aufsichtsperson, die hinter Panzerglas die äusserste Türe elektronisch öffnete, konnte selbst nicht beide Türen öffnen.

Das Gebäude roch förmlich nach Sicherheit!

Eine kleine Frau in brauner Manchesterhose, flankiert von zwei Männern, nahm mich in Empfang. Der eine Beamte der Kantonspolizei wünschte mir spürbar ehrlich alles Gute, bevor beide gingen. Meine Effekten hatten sie zuvor dem Wachpersonal übergeben, ich musste nur noch die Übergabe quittieren. Nun befahl man mir, mich auszuziehen. Es nützte nichts, obschon ich ausrief, dass die Polizisten in Graubünden keine Idioten seien und mich schon gefilzt hätten, bevor sie mich in die Zelle sperrten. Nachdem sie meine Kleider und mich durchsucht hatten und sich somit überzeugt hatten, dass ich nichts Gefährliches, auch keine Drogen, auf mir trug, konnte ich mich wieder anziehen.

Nach dem Eintrittsprozedere eskortierte man mich gegen 22 Uhr in meine Zelle.

Das gesamte Gebäude war hermetisch mit Panzerglas und Gittern gesichert. Der Platanenhof schien mir fast klinisch sauber und neu zu sein.

Meine Zelle war klein: ein Bett an der Wand, ein WC und ein Brett unter dem Fenster als Tisch. Das einzig Bewegliche war ein Stuhl. Das Licht konnte ich in der Nacht selbst einschalten. An der Wand gab es einen Alarmknopf und einen Drehschalter für drei Radioprogramme.

Meine Originalzelle von damals oder mein Zimmer mit Gitter?
Wie immer hatte ich auch Glück: Mein Fenster eröffnete mir eine
schöne Aussicht ins Grüne.

Am Morgen war ich noch auf der Gasse anzutreffen gewesen, dann in Polizeihaft, vor drei Stunden vor dem Eingang zum Waisenhaus Chur und nun in dieser Zelle mit verdrahtetem Panzerglas, das bei Erschütterungen Alarm auslösen würde – obschon es ja gar nicht einzuschlagen war.

An diesem Abend legte ich mich in meinen Kleidern und bei eingeschaltetem Licht aufs Bett und schlief sofort ein, ohne auch nur ein einziges Mal in der Nacht zu erwachen.

Am nächsten Morgen wurde ich aus der Zelle in den Aufenthaltsraum geführt und durfte mit den anderen Insassen frühstücken. Von meiner Zelle bis zu diesem Raum wurde eine schwere Türe nach der anderen aufgeschlossen und hinter mir wieder verschlossen. Alles war massiv und hermetisch verriegelt. Wenn ich aus den Panzerglasfenstern blickte, glaubte ich, dass draussen der Frühling in einer anderen Welt Einzug halten würde. Ich konnte mir nicht vorstellen, dass der Duft eines blühenden Busches bis zu mir hereindringen könnte.

Die kleine Frau M., die mich am Vorabend in Empfang genommen hatte, mochte ich nicht. Das hatte weniger mit ihrer Funktion, als mit ihrem Auftreten zu tun. Die Beamtin verursachte bei mir ein unbehagliches Gefühl, vielleicht, weil sie mich immer wieder vor das Entweder-Oder stellte. Und hinter dem Oder standen dann Aufseher, die es für sie richteten.

Im Aufenthaltsraum traf ich erstmals auf die anderen Häftlinge. Eine geballte Ladung Probleme und Aggressivität war an einem einzigen runden Tisch versammelt. Ich glaube, wir waren in diesem Teil des Gebäudes zu acht inhaftiert. Die anderen beäugten mich, als ich mich setzte. Alle waren sie einige Jahre älter als ich.

Natürlich hatte ich Hunger und war überrascht, wie gut das Frühstück schmeckte, aber noch mehr, als danach jedem fünfzehn Zigaretten pro Tag abgegeben wurden. Fast unglaublich war auch, dass wir im Aufenthaltsraum rauchen durften. Der kam mir vor wie ein U-Boot. Aus diesem Ding würde ich keinen Weg nach draussen finden, dessen war ich mir sicher.

Um einmal am Tag für eine halbe Stunde frische Luft zu bekommen, gab es da so eine Art Käfig.

Dort, wo das Glas war, standen eine Handbreit auseinander Beton-
pfeiler. Ich nannte es den Affenkäfig *und fragte mehrmals provokant, ob*
ich wenigstens eine Banane da draussen essen dürfe.

Am kommenden Abend folgte ein weiteres Entweder-Oder von Frau M. Als ich mich standhaft weigerte, vom Aufenthaltsraum in meine Zelle zu gehen, ordnete sie die Zwangseinschliessung an. Zwei Männer, die wie sie in unserer Abteilung Dienst leisteten, trugen mich in die Zelle. Ich wehrte mich nicht, liess mich – wie einst Gandhi – einfach tragen. Es war fast lustig: Vor jeder Türe mussten sie mich ablegen, aufschliessen, durchtragen, ablegen, zuschliessen.

Wieder schlief ich wie abgeschossen ein. Ich hatte mich wieder geweigert, meine Kleider auszuziehen. Das Licht liess ich eingeschaltet, die Schuhe zog ich aus.

Am nächsten Morgen war meine Verwunderung gross. Ein Erzieher weckte mich vorwurfsvoll und zeigte auf die äussere Scheibe des Panzerglases, die diverse Einschläge aufwies. Ich hatte so wenig Ahnung wie er, wusste nicht, wie das geschehen sein konnte. Als sie mich deswegen in die verbale Zange nahmen, insistierte ich, dass ich tatsächlich nichts mitbekommen hätte, egal, wie oft sie behaupteten, diesen Lärm hätte ich hören müssen. Da nur die innere der beiden Panzerglasscheiben über Alarmdrähte verfügte, lösten die Einschläge in der äussersten Glasscheibe keinen Alarm aus. Wie hätte ich den Typen klar machen sollen, dass ich einen *Todesschlaf* schlief? Ich war frustriert, da man mir keinen Glauben schenkte.

Erst einige Wochen später erfuhr ich von Heidi, dass sie zusammen mit Daniel P., der ebenfalls einmal im Platanenhof gesessen hatte, versucht hatten, mich irgendwie zu befreien. Dass in dieser Nacht einzig in meiner Zelle Licht brannte, erachteten sie als Zeichen von mir und warfen Steine hoch. Es blieb nicht die einzige Scheibe, die wegen mir beschädigt wurde.

Nach dem Frühstück und dem Verteilen der Tagesration an Zigaretten wurde ich in das unterste Stockwerk geführt – in die Schreinerei. Wiederum ging Türe um Türe auf und zu. Das Geräusch des Schlüsselbunds hörte ich noch lange in meinem Kopf nachrasseln.

Die Arbeit löste meinen Druck etwas, denn der Leiter der Schreinerei verstand es hervorragend, mit meiner Situation umzugehen. Er war es, der mir viel mehr vermitteln konnte als Frau M. Leider erinnere ich mich nicht mehr an seinen Namen, doch damals war er für mich wie eine Sauerstoffflasche in diesem U-Boot. Ich bekam endlich wieder etwas Luft. Noch heute denke ich dankbar an diesen Mann zurück. Danke!

Es erstaunte mich, dass wir in meinem Bereich alle gemeinsam zu Mittag assen, flankiert von mehreren Betreuern. An die Namen der anderen Jugendlichen kann ich mich nicht erinnern, nur daran, dass dem einen die Haare ausfielen, wenn er an ihnen zog. Er zeigte den Betreuern die Haare in seiner Hand und wurde daraufhin zu einem externen Arzt gebracht. Natürlich wollte auch ich einen Arzttermin, um entwischen zu können, und war verblüfft, dass der *Haarausfalltyp* wieder zurückkam. Abhauen hätte er nicht können, keine Chance, erzählte er mir. Dazu sei er zu gut bewacht gewesen, ausserdem käme er ja sowieso bald raus. Er hätte ja eine Perspektive! Eine was?

Wann ich rauskommen würde, davon hatte ich keine Ahnung. Mein Papa sass übrigens zur selben Zeit in der Strafanstalt Realta wegen kleinkrimineller Vergehen. Auf gut Deutsch gesagt: Er stahl im Suff mal da und mal dort etwas. Deshalb waren wir beide gleichzeitig inhaftiert.

Nur an zwei der Insassen kann ich mich noch erinnern. Das hängt damit zusammen, dass ich mich mit den Typen gar nicht abgeben wollte. Man darf nicht vergessen, dass im Platanenhof die Schlimmsten der Schlimmen zusammen sassen. Jugendliche, die teils schwerste Gewalttaten verübt hatten – auch Tötungsdelikte – und wegen ihres Alters in keine Strafanstalt für Erwachsene eingeliefert werden konnten. Auch wenn ich nicht straffällig geworden war, sass ich unter ihnen. Natürlich wollte ich mich nicht unterkriegen lassen, aber ganz ehrlich, es hatte ein paar echt miese Visagen in meiner Abteilung. Ausserdem war ich mit fünfzehn Jahren der *Kleine*, nicht nur vom Alter her, denn zwei oder drei Jahre Unterschied fallen in diesem Alter auch körperlich ins Gewicht.

Ich zitiere aus einem Protokoll:

Verhalten in der Gruppe: Philipp wird mit seinem frechen Maul, seinen komischen Geschichten über den Vater und seinen provokanten Sprüchen nicht akzeptiert. Er hat immer das letzte Wort ...

... als ihm XXXX ins Gesicht schlägt, reagiert Philipp mit den Worten, ich habe keine Angst, schlag noch einmal, diesmal aber auf die andere Seite. Philipp verhält sich distanzlos ...

Jeder Insasse war in seiner eigenen Welt gefangen. Es gab kaum ein Gespräch, in dem nicht eine geballte Ladung Aggression und Frust am Nächstbesten abreagiert wurde. Ständig ging jemand auf jemanden los. Solche Jugendlichen kannte ich bis dahin nicht. Im Waisenhaus war ja immer ich der Schlimmste gewesen!

Auch im Platanenhof konnte ich mein freches Mundwerk nicht immer halten, doch ich wurde von Beginn weg dauernd herausgefordert, weil ich der Jüngste und Kleinste war. Der Konflikt, der im obigen Protokoll erwähnt wurde, lief nicht ganz so ab wie beschrieben. Vor allem hatte er eine üble Fortsetzung.

Der eine Grosse nannte mich bei Tisch wieder mal Kleiner, beleidigte mich und drohte mir wiederholt mit Schlägen. Als ich verbal reagierte, schlug er mich sofort ins Gesicht und ich ging kurz zu Boden. Doch ich stand wieder auf und stellte mich vor den Kerl hin, mit dem Bibelzitat, dass man nach einem Schlag zwar auch die andere Wange hinhalten solle, er aber die Bibelstelle *Auge um Auge, Zahn um Zahn* besser nicht vergessen solle. Die Sätze kannte ich noch aus dem Zwangsbibelunterricht im Waisenhaus. Erst dann griff das Aufsichtspersonal ein, sonst hätte ich bestimmt kräftig Prügel eingesteckt.

Der Typ, der mich geschlagen hatte, war gross und fast weisshaarig – eine Art *Heino-Zombie*. Sein Blick wirkte krank, ihm traute ich alles zu. Ausserdem machte er keinen Hehl daraus, dass er die Hübschen unter uns am liebsten alle in den Arsch ficken würde. Und da ich den geilsten Arsch von allen hätte, würde ich der Nächste sein. Darauf entgegnete ich, wenn er sich selbst einen blasen wolle, wäre ich ihm jederzeit bei der Amputation seiner sicherlich so was von hässlichen Lustgurke behilflich, damit ich sie ihm auch gleich selber in die Fresse stecken könne.

Von da an mussten immer wieder die Aufseher einschreiten. Der Typ konnte es nicht lassen, mir bei jeder Begegnung im Gang zu drohen, wenn wir uns, von jeweils einer Wachperson geführt, begegneten.

Noch heute frage ich mich, wieso man mich Tage später mit diesem gestörten Typen zum Duschen eingeteilt hatte! Bis zu diesem Zeitpunkt hatte ich, bis auf ein paar Rempeleien, keine grösseren Probleme gehabt, wenn ich jeweils zu zweit mit einem der anderen im Baderaum war.

Ich hatte zwar diverse Schlägereien meines Bruders und anderer Raufbolde in irgendwelchen Kneipen mitbekommen, aber ich wusste nicht, wie man sich in solchen Situationen richtig wehrt. Selbst hatte ich nur einmal richtig heftig Prügel bezogen, damals im *Bratpfännli*, als ich zum Schluss auch noch in den Brunnen geworfen wurde. Papa sagte mir in jener Nacht, ich solle nie lang herumreden, sondern es wie Rädel machen. Der Erste, der zuschlage, der gewinne in der Regel. Und ja nicht zu früh aufhören! Mutig dranbleiben, bis der Angreifer im wahrsten Sinne des Wortes geschlagen sei. Im Unterschied zu Rädel und meinem Papa hatte ich aber damals vor einer Schlägerei Respekt, auch davor, selber zuzuschlagen und den anderen damit zu verletzen. Noch war ich zu weich für so etwas – doch das änderte sich zwangsläufig schnell. Papa hatte meine Angst bei Schlägereien beobachtet und meinte nur, bevor ich am Boden läge und zusammengeschlagen würde, sei es eben doch besser, den anderen zu Boden zu schicken.

Der Schlag, den ich während des Essens im Platanenhof erhielt, hatte mich nicht voll getroffen, weil ich noch ein wenig ausweichen konnte. Dennoch haute es mich kurz um. Mein Stolz liess es nicht zu, Einschüchterung zu zeigen. Nach aussen markierte ich immer den Starken, den Unbeeindruckten. Obwohl ich kleiner war, so war ich doch kräftig und vor allem sehr schnell.

Als ich das Grinsen des Typen sah, als er mit mir in den Waschraum trat, liess dies meine Anspannung steigen. Sie schlossen uns ein, einzig ein Milchglasfenster aus Panzerglas liess etwas gedämpft das Licht vom Innenhof herein. Vor der Türe warteten die Aufseher.

Natürlich beeilte ich mich, um als erster aus einer der beiden Duschkabinen zu kommen. Im vom Dampf beschlagenen Spiegel sah ich, dass mein Gegner sich mir von hinten näherte.

Sein Duschwasser lief noch.

Mein Handtuch hatte ich mir eng um meine Hüfte gebunden.

Er trug keines – dafür einen Steifen!

Mein Körper spannte sich, als er durch das Rauschen des Wassers flüsterte, dass ich jetzt einfach kurz stillhalten solle. Wenn nicht, würde er mich totschlagen. Und das ginge verdammt schnell, das wisse er aus Erfahrung, denn umsonst wäre er ja nicht hier und bekäme jeden Morgen diese Tabletten.

Noch hatte mich nichts von ihm berührt!

Das mag jetzt kitschig wirken, doch ich hörte in meinem Innern die Stimme meines Papas und die von Rädel:

»Philipp, nit reda! Sofort schlo und zwor so fescht as nu kasch und immer in da Grind, bis dr andari sich nümm bewegt! Suss bisch du dä, wo am Boda liegt! Kai Angscht, du bisch a Gurt!«

Panik stieg in mir hoch. Ich glaubte, meine Beine würden einknicken. Tausend Dinge schossen mir durch den Kopf. Plötzlich zuckte dieser ganz kleine Blitz in mir auf, der alles auslöste, als wäre er der Zünder gewesen, der meine Angstwolke in Kampfgeist explodieren liess. Vor dem inneren Auge sah ich, wie Rädel seine Angreifer zu Boden schlug, und es schien mir, als fühlte ich seine Kraft und seine Bewegungen nun in mir.

Blitzschnell drehte ich mich um und schlug sofort nach oben dem Typen ins Gesicht und packte ihn an den hässlichen, weissen Haaren, um seinen Kopf so fest wie möglich aufs Lavabo zu schlagen, was aber nicht richtig gelang. Zum Glück zeigten meine Faustschläge aber Wirkung. Der Boden war rutschig vom Dampf und er fiel glücklicherweise mit dem Kopf heftig an das Lavabo. Dennoch erwischten mich noch einige seiner Schläge.

Doch er bekam deutlich mehr ab. Blut, Wasser und Dampfgemisch – ich spürte keinen körperlichen Schmerz. Ich hatte das Überraschungsmoment bestens genutzt. Nur wenige Sekunden dauerte alles, dann kam der Aufseher. Aber selbst da schlug ich noch wie eine Furie weiter auf meinen Gegner ein. Papa und Rädel wären stolz auf mich gewesen!

Von da an hatte ich, der kleine Bündner, mehr Ruhe und keiner schlug mich je wieder ins Gesicht. Der weisshaarige Grosse drohte zwar weiter, doch ich strafte ihn mit Schweigen. Nun hatte ich meinen Platz in der Rangordnung.

Egal, wo ich hinkam, überall war eine gewisse Tagesstruktur vorgegeben. Nach und nach konnte ich mich daran gewöhnen, eingeschlossen zu sein. Aber niemals konnte ich mich damit abfinden. Nach dem allabendlichen Einschluss schaute ich immer aus dem Zellenfenster, das so hermetisch abgesichert war, dass nur ein etwa zehn Zentimeter schmaler Flügel aufgemacht werden konnte. Durch diesen Spalt steckte ich meine Nase, um das Draussen erschnuppern zu können. Von einer meiner Zellen konnte ich auf einen nahen Bauernhof blicken, der zum Gebäudekomplex der offenen Heimanlage gehörte. Eigentlich sah draussen alles sehr idyllisch aus. Die Heimkinder im offenen Bereich hörte ich manchmal Fussball spielen. Ansonsten wartete ich in der Zelle bis ich müde genug wurde, um zu schlafen. Wie immer liess ich meine Kleider an.

Nach etwa zweieinhalb Wochen kam die Nacht, die mich fast durchdrehen liess. Hätte ich einen Strick gehabt, ich hätte mich aufgehängt.

Wie üblich falle ich sofort in meinen *Todesschlaf.*

Irgendwann erwache ich mit einer tiefen, seltsamen Unruhe.

Das ist völlig ungewohnt für mich. Einen Moment versuche ich, im Bett liegenzubleiben und warte darauf, dass mich der *Todesschlaf* wieder ausknipst. Das geschieht irritierenderweise aber nicht.

Was ist los?

Meine innere Unruhe steigert sich derart, dass ich beginne, in der kleinen Zelle auf und ab zu gehen.

Das Licht, das ich anknipse, wirkt künstlich, tot. Das komische Gefühl, das in seltsamen Schüben durch meinen Körper peitscht, kann ich nicht niederkämpfen. Was zum Teufel ist das? Auf einmal bekomme ich kaum Luft. Ich versuche, durch den kleinen Spalt beim Fenster zu atmen – es hilft nicht. Ich drehe den Schalter am Radio – Geklimper ertönt. Ich schalte es sogleich wieder aus.

Diese Stille!

Mit meinem Fingernagel kratze ich am Holz – Totenstille! Wie ein Tier gehe ich vier Schritte hin und her, bis ich es nicht mehr aushalte und den Notfallknopf drücke. Es muss jetzt einfach jemand kommen, um mir zu helfen.

Ich warte – vergeblich!

Auch nach mehrmaligem Drücken des Notfallknopfes kommt keine Hilfe. Es scheint mir, als sei ich lebendig begraben, eingesperrt in dieser sterilen Zelle, die nur aus beengenden und kahlen Wänden besteht, auf die da und dort ein Häftling einen Spruch gekritzelt hat: *Gott schuf die Monster und nannte sie Erzieher!*

Ich stehe kurz vor dem Durchdrehen!

Es scheint, als würde ich innerlich auseinandergerissen, ein Gefühl, das ich so nicht kenne – als würde ich in einem Sarg tief ins Erdreich abgesenkt und die Grube danach sofort zugeschüttet.

Wenn der Knopf die Wache nicht alarmiert, dann müssen es die Alarmdrähte im Panzerglas schaffen!

Mit beiden Händen packe ich den Stuhl und schlage wie wild in die massive Scheibe. Dabei schreie ich, als wollte ich ein Monster töten. Keine Chance, das Panzerglas ist zu massiv. Nur Haarrisse bilden sich, doch kein Alarm geht los. Wieder und wieder schlage ich weiter darauf ein – sinnlos, ergebnislos. Die Scheibe hält problemlos stand. Ich bin völlig ausser Atem.

Nun fühle ich mich erst recht hoffnungslos eingesperrt.

Jetzt will ich einfach nur noch sterben – nichts mehr sein, nichts mehr fühlen. Ich weiss nicht, wie ich mich jetzt töten könnte, doch es fühlt sich in mir an, als geschähe dies nun sowieso. Ich muss nur noch etwas warten, denn mit so einem Gefühl kann niemand mehr leben. Instinktiv schalte ich das Licht aus. Verzweifelt sinke ich zu Boden, krieche unter das Brett beim Fenster. Nicht mal mein Stolz lässt mich noch stehen! Noch nie zuvor habe ich so etwas getan, immer habe ich irgendwie Kraft gefunden und weitergekämpft. Doch diesmal geht es nicht mehr. Alles ist zu Ende – ja, ich will sterben. Diese verfluchte Nacht soll mich verschlucken und ja nicht mehr ausspucken.

Keine Ahnung wie lange ich im Dunkeln so verharre. Plötzlich formen sich Worte aus diesem Gefühl heraus. Worte, die eine Verbindung in mein Innerstes schaffen. Ein Ventil in allerhöchster Not:

Ich sitze hier alleine im Dunkeln wie ein Tier, das nur noch gefüttert wird. Ohne Zeit. Ohne Macht. Doch in ungebrochener Kraft. Warm rinnt mein Blut aus neuen Wunden. Die alten Narben sind dick und stark geworden, so stark, dass nun endlich Flügel, grosse starke Flügel daraus wachsen, die mich eines Tages hinaus in den Gegenwind, über die drei weissen Birken hinweg, hoch ins Blau tragen werden. Unter mir dann der silbern gleissende Fluss inmitten grüner Wiesen. Und wenn dann in den dunklen Nächten die Monster wieder an meiner Türe scharren, so wird die endlich gefundene Liebe mein Herz umhüllen und es ruhig und kräftig schlagen lassen.

In der Dunkelheit sah ich dabei die Wiesen oberhalb des Waisenhauses, sah die drei Birken, die vor dem Waldrand in den Himmel wachsen und unter denen ich bei Wind viele Male gesessen hatte, nur um ihr lebendiges Rauschen zu hören. Da ich den Sommer liebte, sah ich mich über diesen Bäumen schweben, so wie ich es mir viele Jahre zuvor schon vorstellte – schon damals, als ich in der ersten Klasse mit Martin einen Flieger bauen wollte, um abzuheben. Während ich mir ausmalte, über die Birken in den Himmel zu steigen, verwandelte sich die Landschaft im Churer Rheintal in ein wunderschönes Märchenland – einem Auenland gleich, voller Frieden und Ruhe! Dann schlief ich am Boden liegend ein.

Am nächsten Morgen wurde ich zusammengeschissen, weil ich böswillig eine teure Fensterreparatur verursacht hatte. Das war schon die zweite Scheibe, die wegen mir repariert werden musste. Ich hatte erneut die Zelle zu wechseln.

Mein Vorwurf, die Wache sei schlichtweg nicht erreichbar gewesen, interessierte niemanden. Ebenso wenig meine Frage, was denn passiert wäre, wenn es gebrannt hätte. Mein Schuldenkonto wurde mit 1700 Franken belastet. Die könne ich dann während der Lehre abstottern, sagte man mir dazu lapidar.

Zum Thema Geld und Platanenhof:

Mit dem, was ich in der Schreinerei symbolisch verdiente, hätte ich mir heimintern einiges an *Fressalien* kaufen können. Man brauchte bloss ein Bestellformular auszufüllen. Auf Süsses hätte ich zwar immer Lust gehabt, aber ich bestellte nie etwas, sondern sparte das Geld. Etwa 70 Franken kamen so zusammen. Das war damals ein ganz hübsches Sümmchen für mich. Bei meinem Austritt fragte man mich dann aber trocken, ob mir nie jemand gesagt hätte, dass kein Geld ausbezahlt werden könne. Mein Verzicht wurde leider nicht belohnt. Somit ist mir der Platanenhof bis heute etwa 70 Franken schuldig. Mit Zinsen runde ich die mal auf einen Hunderter auf.

Einmal in der Woche durften alle Häftlinge gemeinsam einen Videofilm anschauen. Das gab immer ein Gerangel – nicht vom Platz her, sondern von der Stimmung. Diese war vor und nach dem Film angeheizt. Einer der Filme, den wir uns gemeinsam anschauten, trug den Titel *Konvoi* – nichts als Fernfahrerfreiheit,

Highways, machomässige Machtkämpfe und coole Bräute. Danach fühlte ich mich noch aufgeladener und spürte erst recht, wie ich von allem weggesperrt war. Als sich der Bildschirm am Ende wieder verdunkelte, wurde ich zurückgerissen ins beengende Hier und Jetzt. Ausserdem hatte ich noch immer keine Ahnung, wie lange ich bleiben musste. Ich wusste bloss, dass sie niemanden länger als drei Monate behalten durften.

Die Tage reihten sich scheinbar endlos aneinander. Die Arbeit in der Schreinerei gab mir zumindest Luft und dessen Leiter machte mir Mut. Das Schlüsselklirren der Aufseher, die blauen Türen, das Panzerglas und die Gitter wurden bald zu meinem Alltag.

Mein Papa hatte oft zu mir gesagt:

»Irgendwann geht immer ein Türchen auf. Vergiss das nie!«

Nach etwa drei Wochen öffnete sich eines Tages unverhofft die Schleuse für mich!

Ein anderes Heim stand mir bevor, in dem ich nur noch nachts eingeschlossen werden sollte.

LANDERZIEHUNGSHEIM
ALBISBRUNN

· · ·

16.05.1983
Hausen am Albis

Aufnahme vom Juni 1984: Drei der Gruppenhäuser sieht man im Bild nicht, somit auch nicht die S 2, meine *Station.*

Der gesamte Komplex: Oben links sieht man die drei Stationen S 1–S 3. Unten rechts wird die neue Turnhalle gebaut. Die Tennisplätze sind das einzige, was nicht dazu gehört.

Eintritt:

Kopie aus den Akten des Albisbrunn

16.5.83

I. Eintritt

Philipp wird von Frl. Schmuziger und einem Sozialarbeiter zu uns gebracht. Sie treffen kurz nach 17.00 hier ein. Philipp hat nur sehr wenig Kleider. Der Grossteil der Kleider ist ihm zu klein. Frl.Schmuziger sagt, dass wir mit Philipp all die Kleider anschaffen sollen, die er benötigt. Als es dann Zeit zum Abendessen ist, verabschieden sich Frl.Schmuziger un der Sozialarbeiter.
Bis zu diesem Augenblick ist Philipp noch recht ruhig. Dann wir er aber zunehmend betriebsam. So möchte er unbedingt seinen Bruder anrufen.Dieser Wunsch ist mir verständlich, da Philipp im Platanenhof nicht telefonieren konnte.
Da ich im Moment nicht von der Gruppe konnte,schicke ich einen Burschen mit, damit dieser Philipp zeigen kann, wo im Haupthaus die Telefonkabine ist. Kurz vor 2o.00 erscheint Philipp wieder auf der Gruppe. Inzwischen ist für Philipp ein Telefon gekommen. Es meldet sich eine Gabi. Philip telefoniert mit ihr in meinem beisein. Das Telefon ist belanglos. Frage dann Philipp,wer diese Gabi sei. Er sagt, dass das ein Freund von ihm gewesen sei, der Bobi heisst. Ich müsste mich verhört haben. Der habe so eine hohe Stimme, dass man meint, es sei ein Mädchen. Mir kommt die Sache komisch vor. Da fällt dann Philipp ein, dass er seine Zigaretten im Haupthaus habe liegen lassen. Gehe mit ihm dann zum Haupthaus. Er beginnt auszurufen. Sagt, dass er wieder in den Platanenhof möchte. Erst habe es geheissen, hier sei er frei, und nun komme ständig jemand mit ihm mit. Möchte ihm erklären, warum ich jetzt mitgehe. Er untbricht mich ständig.Sage ihm, er möge doch einmal zuhören. Nachdem diese Aufforderung nichts nützt, nehme ich ihn ganz leicht am Schopf. Nun meint er,ich dürfe ihn nicht an den Haaren reissen. Sage ihm, dass ich ihn nicht gerissen habe und er mir einfach einmal zuhören soll. Er ist dann ruhig.

284

Fortsetzung 16.5.83

Die Zigaretten sind nicht mehr auffindbar. Vermutlich hat sie schon jemand bei der Telefonkabine weggenommen. Am Rückweg zum Haupthaus beginnt er wieder zu «täubeln» und sagt, er möchte alleine in die Gruppe gehen. Gebe darauf weiter keine Antwort und marschiere voraus. Philipp erscheint dann auch kurz nach mir im Haus. Er geht auf sein Zimmer. Als ich ihm wenige Minuten später sagen möchte, dass es Zeit zum Waschen sei, merke ich, dass sein Zimmer abgeschlossen ist. Reagiere im Moment nicht darauf und rufe nur, dass er sich waschen gehen soll. Es geht dann etwa 5 Minuten, bis er kurz aus dem Zimmer kommt und wieder verschwindet. Er möchte wohl sehen, wie ich reagiere. Warte dann noch eine Weile und gehe wieder zu ihm vors Zimmer. Es ist verschlossen. Fordere ihn auf, die Türe zu öffnen. Er macht das auch, hat aber Angst, von mir geschlagen zu werden. Frage ihn, wie er auf die Idee komme. Er sagt, als Strafe, weil er abgeschlossen hat. Sage ihm, dass dies für mich kein Grund ist. Mache ihn darauf aufmerksam, dass wir nicht möchten, dass er das Zimmer abschliesst. Sollte er sich nicht an diese Weisung halten, könnte es passieren, dass wir die Türe aufbrechen. Die Kosten habe dann er zu tragen. Versuche ihn in ein Gespräch zu verwickeln, um ihn zum Mitmachen zu bewegen. Es geht eine Zeit lang, dann fordert er, dass ich das Zimmerfenster aufschliessen soll. Sage ihm, dass nachts alle Zimmerfenster abgeschlossen sind. Da es immer wieder zu Entweichungen (nächtlicher unerlaubter Ausgang) kam, denen wir nun so vorbeugen müssten. Er sagt, dass er das Fenster auch einschlagen könne. Sage ihm, dass ich dies für möglich halte, er dann aber die Kosten tragen müsse. Er wird immer lästiger und «bubelig». Sage ihm, dass ich auf sein kindisches Verhalten nicht eingehe, und verlasse das Zimmer. Er schliesst sich wieder ein und versucht, die Rollladenschiene zu demontieren. Dies gelingt ihm nicht. Er nimmt sodann sein Sackmesser und versucht, den Fensterrahmen auseinander zu schrauben. Lasse ihn eine Zeit lang machen. Nach 10 Minuten gehe ich nochmals zu ihm. Er macht die Türe sofort auf. Sage ihm, dass ich sein Verhalten nicht so recht verstehe. Auf der einen Seite protestiert er über geschlossene Fenster, auf der anderen Seite sperrt er sich ein. Er überlegt dann und meinte, das sei immer so, wenn er an einem neuen Ort sei. Es habe ihm einfach durchgedreht. Fordere ihn auf, die Schrauben wieder einzudrehen. Er tut das auch. Das Fenster ist nicht beschädigt. Philipp wird zunehmend ruhiger. Er geht sich dann waschen. Er zeigt mir an seinen beiden Füssen zwischen den Zehen eine offene Stelle. Es sieht nach Fusspilz aus. Gebe ihm eine schmerzlindernde Salbe. Philipp sagt, dass er bald zum Arzt müsse, er habe es mit dem Blutdruck. Er möchte dann von mir ein Beruhigungsmittel, damit er einschlafen kann. Sage ihm, dass ich keines habe und es ausserdem nicht gut finde. Meine, dass es besser wäre, wenn er sich nicht so in alles hineinsteigern würde. Er fragt dann noch, ob ich in der Nähe schlafe, falls nachts etwas sei oder er mich brauche. Sage ihm, dass ich im Haus neben dem Office wohne und ausserdem noch 9 Knaben in der Gruppe seien. Er könne also ruhig schlafen. Bis 22:30 Uhr mache ich Kontrollgänge – es ist alles ruhig.

23:15 Uhr
Wir erhalten ein Telefon von auswärts. Ein junger Mann teilt uns mit, dass er soeben einen Funkspruch aufgefangen habe. Es sei jemand ins Heim eingedrungen. (XXXXX hat sein Amateurfunkgerät hier und damit Hilfe angefordert.) Gehe rasch in die Gruppe. Einige Burschen sind wach. Es zeigt sich folgendes Bild: Im ersten Zimmer neben dem Waschraum ist die Scheibe eingeschlagen. Ob von innen oder aussen, ist noch nicht klar. Als Instrument diente ein Campingbeil. Durch das entstandene Loch ist Philipp entwichen. Es ist nicht klar, ob er die Scheibe eingeschlagen hat oder ob sie von aussen zertrümmert wurde.

Rufe dann Hr. Dr. Häberli an, der sofort erscheint. Er avisiert die Polizei. Hr. Dr. Häberli lässt Philipp gleich ausschreiben.
Visum: Schütz

Meine Sicht:

Natürlich war Heidi am Telefon gewesen. Sie war es ja, die mir mit zwei ihrer volljährigen Freunde im Platanahof zur Flucht verhelfen wollte. In der Telefonkabine versuchte ich, meinen Papa in der Strafanstalt Realta zu erreichen. Wollte wissen, wie es ihm geht – seine Stimme hören.

Da Heidi nun sicher war, dass ich im Albisbrunn war und ebenso sicher, dass der Anruf mitgehört wurde, konnte sie nicht sagen, wann sie mich rausholen wollten. Ebenso wenig wusste sie, in welchem der vielen Gebäude ich mich befand. Die von mir verlangten Beruhigungstabletten wollte ich unbedingt, da ich Angst hatte, am neuen Ort wieder so zu erwachen wie in der Nacht im Platanenhof. Die Angst davor sass mir noch immer im Nacken – wie das Beklemmungsgefühl, das nie wich.

Direkt über dem Eingang war mein Zimmer.

Sofort schlief ich am Abend dennoch ein, bis mich plötzlich Hamdi, der kleine Türke, weckte. Wir alle waren ja nur innerhalb der Gruppe eingeschlossen, um aufs gemeinsame WC gehen zu können. Da ich wie immer meine Kleider beim Schlafen anbehielt, schlüpfte ich nur in meine Schuhe. Hamdis Zimmer lag auf der Rückseite im Hochparterre. Ein grosser junger Mann sprach leise durch das schmale, offene Fensterchen zu mir. Er stellte sich mir als Daniel P. vor, ein Freund von Heidi. Er sagte, in der Nähe würde sein Wagen stehen und Heidi warte darin auf mich.

Durch das damals schmale Fenster reichte er mir ein Beil.

Eine Sekunde zögerte ich, dann begann ich, die Scheibe einzuschlagen. Heute weiss ich, welches Glück ich hatte, mich nicht verletzt zu haben, als ich mich im Licht der Taschenlampe durch das zertrümmerte Fenster zwängte.

Draussen eilte ich hinter Daniel P. durch den Wald, bis wir einen Feldweg erreichten, auf dem sein oranger Renault stand.

Heidi sass im Wagen. Sie lächelte mir im schwachen Licht zu, das anging, als P. die Türe öffnete. Heidis wunderschöne Augen leuchteten mich an. Sie glänzten, als wäre ich etwas Besonderes. Ihr pechschwarzes Haar verzauberte sie – als wäre sie ein Engel.

Über Schleichwege fuhren wir nach Adliswil in die WG von Heidi. Dort erst erfuhr ich, wie sie mich aus dem Platanenhof herausholen wollten. Daniel P. war früher selbst Insasse gewesen und hätte eigentlich wissen sollen, dass dies unmöglich war.

Heidi machte in ihrem Bett Platz für mich. So schlief ich in der Wärme, bis es hell wurde. Sie duftete wie immer unwahrscheinlich gut.

Am nächsten Morgen ass ich in der Gemeinschaftsküche drei Bananen, während andere WG-Bewohner in Unterwäsche durch die Wohnung schlurften. Die WG befand sich in einem Haus direkt neben der Sihl. Im Sonnenschein spazierten Heidi und ich später am Fluss entlang. Wie immer war ich unter dieser Glocke aus Beklemmung gefangen. Und genau deshalb sah ich das helle Glitzern des Flusses, hörte sein Rauschen, fühlte die warmen Sonnenstrahlen auf meiner Haut. Mir war klar, die Fahndung nach mir würde in den nächsten Stunden beginnen. Spätestens ab diesem Nachmittag musste ich vorsichtig sein.

Doch hier in Zürich würde mich ja mit Sicherheit nicht gleich ein Beamter erkennen. Heidi und ich zogen deshalb mit einer ihrer Freundinnen mitten durch die Grossstadt. Vanessa war wie Heidi achtzehn und somit drei Jahre älter als ich. Sie beide legten grossen Wert auf Kleidung und hörten noch immer die Musik von Boy George – *Do you really want to hurt me?*

Musik zu hören war für mich, als würden sich meine Gefühle in Töne verwandeln und meine ganze Umgebung prägen.

Foto vom Eintritt ins Albisbrunn, das wegen meiner Flucht erst im Herbst 1983 aufgenommen wurde

Wochen zuvor, vor der Zeit im Platanenhof, hatte ich mit Iris zusammen zwei Songs von Frank Duval gehört. Die gingen mir derart unter die Haut, dass ich fühlte, wie sich mein Lebensschmerz in Musik verwandelte: *Todesengel* und *Give me your love* – so die Titel der Songs. Beide Musikstücke erzeugen noch heute bei mir die Gefühle von damals, denn über Monate hinweg hatte ich sie oft gehört. Oft war Iris auf LSD, wenn wir uns der Musik völlig hingaben. Manchmal aber war sie *clean* und hielt meine Hand. Wie so oft war sie sehr still – so still, dass diese Stille mehr sagte als meine vielen Worte. In ihrer Nähe konnte ich in solchen Momenten ebenfalls schweigen und streichelte zum ersten Mal in meinem Leben eine Hand. Der Blick von Iris, der irgendwo in die Ferne zu schweben schien, schmerzte mich sehr. Ich wusste alles von ihr, ohne dass sie es mir richtig sagte. Manchmal legte sie ihren Kopf seitlich an meine Schulter. Ihre Jeansjacke schien mir wie eine zweite Haut von ihr. Wenn sie *high* war, leuchtete ihr Blick wie ein schöntrauriger Sonnenuntergang. Oft verlor ich mich in ihren Augen, wenn sie für wenige Stunden alles vergessen konnte. Ich beschützte sie in diesen Momenten ihres geliehenen Friedens, in dem ich neben ihr Wache hielt, denn wenn sie von ihrer Himmelsleiter in die unerträgliche Gegenwart fiel, war ich für sie da. Dieser Übergang zurück war sehr schwierig für sie, bis sie den Eingang ins Schneckenhaus wieder gefunden hatte, dauerte es. Seltsam, alle meine Bekannten, die Drogen nahmen, akzeptierten mich, obwohl ich als *Cleaner* eigentlich nicht dazugehörte. Manch einer zeigte mir seine Bewunderung über die Tatsache, dass ich alles ohne Drogen auszuhalten vermochte, dass ich so kompromisslos *clean* blieb und dennoch all die Schmerzen aushielt, die mich doch gefangen hielten und zu zerreissen drohten. Irgendwie aber hätte ich mir deshalb hin und wieder auch solche Himmelslichteraugen wie die von Iris gewünscht. Doch ich sah immer das Ende der schönen Reise und wusste instinktiv und hundertprozentig sicher: Heroin, das auf mich unglaublich verlockend wirkte, hätte mich schon mit dem ersten Schuss süchtig gemacht und innert Monaten getötet. Wäre ich meinen Monstern nur ein einziges Mal auf so eine Weise entronnen, hätte ich danach keine Kraft mehr für meinen Kampf bündeln können.

Denn eine Himmelsleiter wie die von Iris, das wusste ich, entpuppte sich als Falltür in die Hölle. Hunderte Male liess ich die Drogencocktails deshalb an mir vorüberziehen – und manchmal war ich sehr nahe dran, mir eine Nadel in eine Vene zu stechen und mich endlich abzuschiessen – weg von allem, vorbei und weg! So sehr wünschte ich das Ende!

Den Namen von Iris hatte ich mittlerweile auf meine Hand tätowieren lassen. Eiseli, den Typen mit dem Schiffschaukelgesicht, hatte ich dazu überreden können. Erst wollte er nicht, da er Angst vor den Reaktionen von Rädel und Papa hatte. Trocken meinte ich, wenn er es nicht täte, würde ich behaupten, dass er mich im Rausch geschlagen habe. Widerwillig tätowierte er mich, meinte danach aber nur, wenn Rädel dies je erfahre, so würde dieser ihm zur Strafe einen Arsch auf die Stirn tätowieren.

Iris sagte kein Wort, als sie ihren Namen auf meiner Hand sah. Sie lächelte bloss und schüttelte leicht ihren Kopf, dann lehnte sie sich an mich und streichelte meine Hand mit ihrem Namen darauf. Sie war ein unglaublich schöntrauriges und starkes Mädchen gewesen, das ihren Kampf ins Leben zurück leider verlor. Ein Schattenkind, welches das Licht suchte und doch so sehr fürchtete – wie ich. Niemals werde ich sie vergessen, niemals!!! Und dies nicht nur wegen des Tattoos auf meiner Hand.

Die nächsten Tage auf der Flucht wechselten Heidi und ich immer wieder mal die Unterkunft. Ein Bekannter von ihr fuhr uns mit seinem Wagen tief in der Nacht durch Zürich. Musik plätscherte aus dem Autoradio. Ich sass auf dem Hintersitz, links Heidi, rechts Vanessa, ihre zahnspangentragende Freundin. Beide fingen an, mich zu küssen. Heidi konnte so unglaublich gut küssen, dass ich fast einen Knoten in der Zunge bekam. Vanessas Zahnspange hingegen schlug mir immer gegen die Vorderzähne. Unser Fahrer lachte und drehte die Musik lauter. Vanessa kam nach und nach so richtig in Fahrt. Ich gefiel ihr, das spürte ich sofort. Es war eine ungewöhnliche Mainacht: Der Duft der Nachtluft, das Parfüm der beiden Girls, die Nachtfrische, die durch das geöffnete Fenster hereinströmte. Ich lebte in meiner eigenen gefangenen Welt und beide wussten in ihrem tiefsten Innersten, dass ich nicht der Typ war, der sich einfangen liess. Doch vielleicht war es genau dies und meine direkte Art, die anziehend wirkte. Heidi hätte alles für mich getan. Mir war schon damals schleierhaft, warum sich so viele Freunde in Heidis Umfeld für meine persönliche Sache einsetzten. Beim Fahrer zuhause, ich weiss seinen Namen nicht mehr, weiss nur, dass er ein wohlerzogener Typ aus gutem Hause war, schauten wir zwei Tage lang Videos, darunter auch *Konvoi*, diesmal aber in geliehener Freiheit. Vanessa wich in diesen Tagen keinen Millimeter von mir. Auch sie kam, wie der Fahrer, aus gutbürgerlichem, aber viel zu strengem Elternhaus und war deshalb ausgebüxt. Meine wilde, ungestüme und direkte Art gab ihr das Gefühl, aufzuleben. Heidi hingegen war eine Mischung aus grosser Schwester mit Helfersyndrom und temporärer Liebhaberin. Wegen ihrer innigen Freundschaft mit Vanessa – sie waren wie Zwillingsschwestern – entwickelte sich schnell eine Dreierbeziehung zwischen uns. So schliefen wir zu dritt in einem Bett und zu viert lebten wir in den Tag hinein. Wenn wir Hunger hatten, assen wir, egal, welche Uhrzeit gerade war. Videoschauen war damals ein nicht für alle erschwingliches Vergnügen, aber da unser Fahrer über Geld verfügte, ging's uns allen auch darüber hinaus sehr gut. Doch egal, was ich tat, dieses seltsame Gefühl, mein Leben sei nicht *richtig*, konnte ich nie abstreifen. Es schien mir, als hätte ich einen Stahlreif um meine Brust, der mir kein freies Atmen ermöglichte. Mir war irgendwie bewusst, dass alles ein zeitlich beschränktes Erleben war, das sehr abrupt in einer Polizeizelle enden würde. Mit Sicherheit!

Nach einer Woche des Herumirrens in Zürich und im Kanton Aargau, in immerwährender Orientierungslosigkeit, zog es mich erneut nach Chur.

Ich hatte Heimweh! Nach was auch immer ...

Selbst wenn Papa noch im Gefängnis sass – ich musste einfach nach Chur! Charly war vielleicht ja dort anzutreffen, denn er war schon mehrmals aus der Anstalt Kalchrain entwichen. Vanessa war traurig, denn ich wollte alleine nach Chur. Nur für ein paar Tage, versicherte ich ihr, dann würde ich zurückkehren. In der Zwischenzeit müsse sie sich sowieso mal zu Hause zeigen.

Die Sonne schien warm, als wäre es schon Sommer, als wir auf der Autobahn Richtung Bündnerland fuhren. Heidi begleitete mich, sie wollte mich nicht alleine ziehen lassen.

Endlich tauchte *mein* Chur in der Talsenke auf.

Mit dem Fahrer verabredeten wir, er solle uns beide in zwei Tagen wieder abholen. Wir würden am vereinbarten Treffpunkt auf ihn warten.

Bei Silvia, der Freundin von Charly, erfuhr ich, dass mein Bruder im Moment nicht auf der Flucht sei, Papa aber bald entlassen würde. Wir schliefen in der ersten Nacht bei jemandem, den Heidi in Chur kannte.

Am nächsten Tag, Dienstag, den 24. Mai 1983, wollte ich sie mit einem Frühstück überraschen. Deshalb ging ich in der Früh los, um *Gipfeli* zu kaufen. Zwei Fahnder nahmen mich jedoch fest, ich wurde ins Polizeikommando gebracht und dort in eine Zelle gesteckt.

Protokolliert wurde in diesem Zusammenhang ein Anruf des Polizeibeamten Rehli, dass die Polizei mich nach der Festnahme am liebsten sofort wieder ins Albisbrunn zurückbringen wollte, um mir eine erneute und auch längere Polizeihaft zu ersparen. Dr. Häberli, der Heimleiter vom Albisbrunn, wollte aber zuerst den Einvernahmeinhalt wissen, etwa, ob ich versprechen könne, im Albisbrunn zu bleiben. Der Polizeibeamte Rehli liess ausrichten, dass ich gesagt habe, ich könne es nicht versprechen, das mit dem Bleiben. Und dass ich eigentlich am liebsten in Chur bleiben wolle. Die Kantonspolizei brachte mich am Nachmittag zu Fräulein Schmuziger und einem Sozialarbeiter in die Vormundschaftsbehörde in Chur. Keine halbe Stunde später war ich ihnen entwischt.

Heidi finde ich aber nicht mehr. Sie ist bestimmt der Meinung, dass ich entweder noch in Haft sitze oder bereits von der Polizei ins Albisbrunn gebracht werde. Dennoch hoffe ich, dass der Fahrer, wie vereinbart, am nächsten Tag um 16 Uhr in der Nähe des Zollhauses parkt.

Die folgende Nacht schlafe ich kaum. Wieder mal eines dieser unbequemen Treppenhäuser, dazu Hunger und Durst – wie schon so oft. Es scheint, als hätte ich in diesen Tagen keine Glückssträhne. Keine Viertelstunde, nachdem ich tags darauf durch die Stadt schleiche, werde ich von anderen Fahndern erwischt. Und es sollte noch blöder kommen!

Man kennt mich allmählich beim *Empfang* im Polizeikommando. Einvernahme, dann Zelle. Die meisten Beamten sind nett, zwei aber sind einfach nur richtige Arschlöcher und lassen es mich spüren!

Diesmal werde ich kurz vor Mittag von Herrn Zillner und Fräulein Schmuziger bei der Kapo aus der Zelle abgeholt.

Nach etwa zwei Kilometern müssen wir beim vorletzten Lichtsignal an der Ringstrasse anhalten. Sofort steige ich aus dem Wagen und renne davon. Ich weiss, der Sozialarbeiter leidet an Asthma. Ausserdem bin ich ein sehr schneller Läufer.

Flink verschwinde ich zwischen den Wohnblocks des Rheinquartiers. In einem weiten Bogen versuche ich in Richtung Altstadt zu gelangen, als der Beamte Rudolph, der ausgerechnet in einer dieser Strassen wohnt, mit seinem Polizeihund eine Runde dreht. Er hat mich eine halbe Stunde zuvor auf dem Polizeikommando gesehen und ruft, als er mich in etwa zwanzig Meter Entfernung sieht, er hetze den Hund auf mich, falls ich weglaufen würde. Ich bleibe sofort stehen, denn im Kindergarten wurde ich von einem Schäferhund vor dem Restaurant *Krone* gebissen. Rasch ist der Fahnder samt seinem Hund bei mir. Unglaublich, Rudolph will mir doch tatsächlich Handschellen verpassen! Ich denke, dass einer von uns beiden spinnt, doch mit Sicherheit nicht ich! Er ist zweimal so schwer und so gross wie ich – ich bin erst 15-jährig! Frage ihn, ob er auch Kindergrösse im Sortiment hat. Wegen meinem Einwand lässt er es widerwillig bleiben und bringt mich ins Kommando zurück. Dort meint er noch, ich hätte viel Glück gehabt, denn sein Hund sei so was von scharf!

Die Verwunderung der Beamten ist gross. Was macht denn der Philipp schon wieder hier? Zum dritten Mal innert zwei Tagen?

Von diesem Tag an wurde ich ausschliesslich von Beamten der Kantonspolizei zurückgeführt.

26.5.83

Potokoll der Vormundschaftsbehörde, verfasst von Frl. Schmuziger, die während dreier Monate Frl. Edith A. vertrat:

Nachdem uns Philipp entwischt ist und von der Polizei aufgegriffen wurde, läuten mir zwei verschiedene Fahnder an. Was denn eigentlich los wäre, man habe Philipp ja schon wieder erwischt. Polizeichef Soliva persönlich ruft dann kurz darauf nochmals an. Er ist sehr ärgerlich, sagt, sie würden Philipp jetzt selbst nach Albisbrunn bringen, aber wenn der morgen wieder da sei, könnten ja wir selber einmal für eine Woche nach Albisbrunn ...

Ein weiterer Eintrag zu diesem Datum von Frl. Schmuziger:

Zwei Telefongespräche mit Dr. Martig vom Kinderpsychiatrischen Dienst: Ich schildere Herrn Dr. Martig die Situation und dass ich zunehmend ratlos bin. Dr. Martig hatte während der Vorabklärungen im Kinderpsychiatrischen Dienst Kontakt mit Philipp. Auch wenn Philipp auf der Flucht war, hat er sich ab und zu bei ihm gemeldet oder Dr. Martig hat ihn im Jugendhaus gesehen. Auch er ist ziemlich ratlos. Betreffend der Platzierung nach Albisbrunn hatte er Bedenken, weil Philipp in Chur doch sehr verwurzelt ist und da seine Sippe hat. Sporadisch findet er

dort doch wieder Unterstützung und erlebt Zusammengehörig-
keit, auch wenn dies für ihn keinen wirklichen Halt darstellen
kann. Dr. Martig erlebte Philipp als sehr hin- und hergerissen ...

In einem Telefongespräch, dass ich im März 2016 mit dem damaligen Fräulein Schmuziger führte, äusserte sie sich dahinge-
hend, dass sie damals fürchtete, ich könnte mir das Leben nehmen. Mein Zustand sei derart gravierend gewesen, meine Orientierungslosigkeit so ausgeprägt – sie hätte sich tatsächlich grosse
Sorgen gemacht. Doch auf der anderen Seite wäre ich ein sehr
cleverer Junge gewesen, der schwer zu berechnen gewesen sei.

26.5.1983 Dr. Häberli/Heimleiter Albisbrunn
Philipp wird polizeilich zugeführt ...
Herr Schütz kommt mit Philipp dann zu mir, geht es doch da-
rum, ein paar Fragen zu klären, bevor er wieder davonläuft.
Philipp ist müde, er hat offensichtlich diese Nacht nicht viel
geschlafen. Er sei nicht bereit, mir auf die Fragen Antwort zu
geben, die er bereits der Polizei gegenüber beantwortet habe.
Mache ihm aber klar, dass ich von ihm Antworten erwarte, und
vor allem möchte ich einige Dinge von ihm wissen, bevor er hier
wieder verschwindet. Weil ich morgen den ganzen Tag weg bin,
frage ich Philipp, ob er am Samstag noch hier sei, damit ich mit
ihm sprechen könne ...

26.5.1983, am Abend desselben Tages.
Ich entweiche schon wieder!
Die Müdigkeit fühle ich nicht mehr, als ich mich durch die
Gegend schlage, die ich kaum kenne. Es ist dunkel. Getrieben
von meiner tiefen Unsicherheit und Unruhe komme ich irgendwann völlig kaputt bei Heidi an. Wie ich zu ihr gefunden
habe, weiss ich nicht mehr genau. Die nächsten Tage gehen im
Wirrwarr der Ereignisse unter. Wir sind mal da und dort. Es
scheint mir, als stecke ich zwischen zwei Riesenfelsblöcken
fest, die immer stärker auf mich drücken. Immer wieder bringt

Heidi mich in neue Verstecke. Vanessa will mich unbedingt treffen, doch ich fühle mich innerlich so leer, wie die Hände eines erfolglosen Bettlers. Nach aussen hin wirke ich wie ein Getriebener, der immer wieder die Kraft findet, um weiterzugehen, Als wäre ich ein Junkie *auf dem Aff.* Vanessa, so scheint es mir, hält sich an mir fest – sie möchte ein Teil meiner Freiheit sein, die ich doch gar nicht besitze. Ihre Berührungen empfinde ich, als wäre mein Körper betäubt oder aber eingeschlafen. Meine Haut fühlt sich an, als wäre sie mit einer dicken Wachsschicht bedeckt. Doch Vanessa scheint seltsamerweise bei mir geborgen zu sein. Etwas, das ich in meinem Leben noch oft von Frauen hören werde, sagt sie mir damals:

»Philipp, du hast so eine Wärme in dir.«

Das überraschte mich total, denn ich empfand mich nie als *warmen* Menschen. Papa hingegen war so einer! Er strahlte so viel Wärme aus, war sehr charismatisch, hatte wunderbare Hände und ein so gütiges Lächeln.

Heidi und Vanessa sehen aber etwas in mir, was ich selber nicht sehe. Vanessa redet immer wieder von dieser inneren Wärme. Ich und Wärme? Im tiefsten Inneren suche ich doch nur mein Zuhause! Ich stecke derart tief in meiner eigenen Welt fest, dass ich nicht realisiere, wie auch Heidi mittlerweile vor der Justiz wegläuft. Sie muss ebenfalls untertauchen. Vanessa tut mir leid. Ich fühle, wie kalt ihr Zuhause sein muss – obschon sie Eltern hat. Ich versuche, ihr etwas aus meinem Innern zu schenken, doch es scheint mir, als wäre ich ein trockener Eimer.

In diesen Tagen unternehme ich alles, damit man für mich eine Pflegefamilie in Chur findet. Deshalb rufe ich während der Flucht meine Vormundin Frl. Edith A. an, respektive in derer Abwesenheit Frl. Schmuziger. Ich will wissen, ob sie schon etwas erreichen konnte. Sie verneint, auch das Waisenhaus hätte keinen Platz mehr für mich. Also tauche ich wieder unter.

Die nächsten drei Wochen sind sehr anstrengend.

Ich treibe mich in den einschlägigen Kreisen herum. Verstecke mich bei Silvia, der Freundin von Charly. Zwischendurch findet mich Heidi wieder. Mit dem Fahrer und Vanessa verbringen wir wieder Zeit im Grossraum Zürich. Doch nie halte ich es an einem *sicheren* Ort lange aus und ich verlasse angenehme Schlafplätze, obwohl es mir dort an nichts fehlt. Zeitweise halte ich mich in meiner Not wieder in der *Villa Kunterbunt* auf. Ich lebe tageweise wieder zwischen Fixern, Obdachlosen und Aussteigern. Dort hat jeder seine Geschichte. Stieger erzählt mir von meinem Bruder Charly, der mit ihm in Kalchrain ist. Charly trage immer mehr Tattoos – unter anderem einen riesigen Wikinger auf dem Rücken, dem der Kopf fehlt. Da er einen fast so starken Körper wie Rädel hat, schlage er sich im wahrsten Sinne gut durch den Alltag dieser Arbeitserziehungsanstalt. Schon an seinem zweiten Tag habe der Führer des Rudels Charly das Tablett mit Essen aus den Händen geschlagen, da er unwissentlich nicht in der hierarchisch korrekten Reihenfolge für die Essensausgabe eingestanden war. Charly schlug diesen aber sofort derart brutal nieder, dass ihm von da an der Respekt aller gewiss war. Stieger schien darüber beruhigt zu sein, da er sich deswegen als Bündner auch geschützt fühlte.

Mit der Zeit kenne ich die Szene – und sie mich. Erschreckend, wie Drogen Menschen zerstören, und doch, als ich mich in diesen Tagen kurz zu Rädel flüchte, kann auch ich die Finger nicht davon lassen.

Mit einem Riesenhunger setze ich mich an den Tisch. Brigitte kann, genau wie Silvia, die besten Älplermakkaroni zubereiten – mit viel Käse, gebratenen Zwiebeln und heisser Butter darüber. Auch Charly ist wieder mal auf der Flucht. Mit seinen vielen Tattoos, darunter einem Revolver auf der rechten Hand, sieht er aus wie ein wilder Knastbruder. Wir drei Brüder können eine grosse Schüssel dieser Teigwaren zu dritt wegputzen, ohne mit einer Wimper zu zucken.

Charly hat *schwarzen Afghan* dabei und baut einen riesigen Joint, eine richtige Rakete. Rädel steht zwar nicht wirklich auf das Zeug, doch hin und wieder mal – warum nicht? Bis jetzt hatte ich solches Zeugs nie angerührt, auch in der *Villa Kunterbunt* nicht, wo ich manchmal riesige Mengen härtester Drogen gesehen hatte. Doch meine Brüder fordern mich wieder mal heraus. *»Isch jo kai Heroin!«*, rechtfertige ich es vor mir selbst. Also lasse ich mir den Joint mit der Glut voran in meinen Mund stecken und Charly bläst mir den Rauch direkt in die Lungen. Das wiederholen wir viele Male, bis die Wirkung wie ein Hammer einfährt.

Es war einfach zu viel!

Mir wird erst seltsam und dann richtig schlecht. Meine Emotionen geraten völlig durcheinander. Seltsame Gefühlswallungen schiessen in mir hoch. Mir ist, als wäre ich auf einem schlechten LSD-Trip.

Somit liess ich auch von diesem Zeug die Finger.

Da auch Charly in diesen Tagen – wie ich – nicht sicher sein konnte, jeden Moment verhaftet zu werden, fuhren wir mit Rädel, Brigitte und Silvia an den Crestasee.

Brüder für immer

. . .

Der kleine Crestasee liegt ruhig im fahlen Licht des Morgens vor mir. Die Wasseroberfläche ist spiegelglatt, so als schlafe der See noch. Die Luft ist frisch, das Gras nass vom Tau, der wie unzählige kleine Glasperlen alles bedeckt. Vögel zwitschern munter in den Bäumen, die das Ufer säumen. Meine beiden älteren Brüder Rädel und Charly schlafen, in ihre Decken gehüllt, unter freiem Himmel. Die letzte Nacht war kalt, ich friere. Ein paar Bierflaschen im Harass neben mir sind noch voll. Ich mag kein Bier. Um Mitternacht hatten wir im eiskalten See kurz gebadet, nackt – das war lustig. Ich mochte nicht zugeben, dass mir das Wasser zu kalt war. Wenn man zwei ältere, muskulöse und wild tätowierte Brüder hat, ist man als Jüngster immer herausgefordert – vor allem, wenn man wie ich ein Grenzgänger und verbal inkontinent ist.

Immer wieder auf der Flucht zu sein, hatte bei mir sichtbare Spuren hinterlassen. Ich war dünner geworden. Manchmal hatte ich in einem Treppenhaus oder sonst wo nur zwei bis drei Stunden Schlaf gefunden. Fünf Stunden am Stück waren perfekt für mich, vor allem dann, wenn ich Glück hatte und für ein paar Tage eine Bleibe fand, vielleicht sogar eine mit einem Bett für mich allein.

Im Unterbewusstsein drückt die Verhaftung, die irgendwann zwangsläufig kommen muss, wie all die vergangenen Male. Dennoch lasse ich mir nichts anmerken – fast nichts. Über Schwächen reden wir sowieso nicht, doch Brüder wissen von einander fast alles. Meine reissen wie immer Sprüche, so auch in der Nacht zuvor beim Baden.

»Tauch richtig unter, du huara Tussi – oder häsch Angscht vum Wasser? Wäsch di aber denn nit zfescht suss sind mora alli Fisch tot!«

Mit meinem Mundwerk kontere ich das sofort:

»Wenn i eu zwei Schnecka aluaga, hani zKfühl, i hegi sieba Schwöschtara!«

Rädel, mein ältester Bruder, ist 21 Jahre und eine richtige Kampfmaschine. Mir erscheint er wie aus Stahl, unbezwingbar, gehärtet – ein geballtes Gemisch aus Muskeln, Selbstvertrauen und martialischen Tattoos. Was gäbe ich nicht alles, um so einen Körper zu haben! Und was für Rädels Mut, seine Stärke! Sein übermächtiger Schatten erdrückt mich beinahe. Sein brandschwarzer Toyota Celica mit dem Regenbogen, der schräg vom Heck übers Dach zur Fahrerseite verläuft, ist beeindruckend. Rädel sagt mir selten etwas Nettes, aber er würde jedem, der mir Leid zufügt, den Schädel einschlagen. Ihn als Bruder zu haben, das kommt einem Schutzzauber gleich. Vor allem in obskuren Churer Beizen profitiere ich davon, dann, wenn ich mit meiner grossen Klappe stärkere Typen aufmische, die stets auf Streit aus sind und bloss auf einen wie mich warten. Wenn so einer mich verprügeln will, greift im letzten Moment Rädel ein, der unauffällig an einem anderen Tisch gesessen hat und gibt ihm Prügel. Bis jetzt sind solche Aktionen fast immer gut ausgegangen für mich – und für meinen Bruder sowieso. Na ja, bis auf einmal, da kamen Rädel und Charly zu spät:

Meine Brüder hatten mich vor einigen Monaten vorgeschickt, um die Stimmung im *Bratpfännli* anzuheizen. Statt, wie vereinbart, in wenigen Minuten nachzukommen, gerieten sie in der *Bierhalle* in eine Schlägerei. Diese Verspätung trug mir ein blutiges Gesicht und ein zerrissenes Leibchen ein. In der Gasse vor dem Lokal hatte ich zuvor versucht, etwas Zeit zu gewinnen und die drei Angreifer auf Distanz zu halten. Nach einem wilden Handgemenge schmissen mich diese jedoch in den Brunnen beim Obertor. Das war der Moment, in dem meine Brüder auftauchten und kurzen Prozess mit ihnen machten. Die anderen hatten nicht den Hauch einer Chance, konnten kaum einen Schlag landen und schauten im Nu ebenfalls lädiert aus dem Brunnen.

In der *Bierhalle* kümmerte ich mich danach um mein zerschundenes Gesicht und versuchte meine Kleider in der Toilette trocken zu föhnen. Der Spott von Rädel war mir sicher:

»Du bisch aber a nütiga Hund! Das sind jo nu drei dera hura Krüppali ksi. Hen jo kum allei laufa könna. Wega so nütiga Haschbrüadara im Brunna zlanda – i würd mi schäma! Seg jo niamartam, dass du min Bruader bisch.«

Papa sass auf der Fensterbank vor einem Zweier Roten, hörte uns zu und schmunzelte milde. Sein warmes Lächeln tröstete mich ein wenig. Nüchtern verlor er nie viele Worte:

»Hetsch na doch direkt a Box in Tschnorra geh. Du bisch eina wia der Öhi Steffi zMaloders doba. No lang wella umaschnorra bis aini am Grind hesch. I seg der ais, min Liaba: Du bisch fürs Alter huara stark und flink. Bisch jo a rechta Gurt! Bim nögschta Mol aber nit zögara, wenns unuswichlich wird, und nit ufgeh. Drum kriagt der Rädel nia Prügel.«

Wie wichtig meine Niederlage Anfang 1983 für mich war, und wie wertvoll Papas Rat wenige Wochen später sein würde, konnte ich in dem Moment damals aber noch nicht ahnen, denn die Jugendheime wie Platanenhof und Albisbrunn, in denen brutale Gewalt alltäglich war, standen mir damals noch erst bevor.

Versunken in meine Erinnerungen sitze ich noch immer am Crestasee, der so friedvoll vor mir liegt. Es würde mich nicht erstaunen, wenn plötzlich ein Reh am Ufer auftauchen würde, um in der Morgendämmerung zu trinken. Ein Boot liegt vertäut am Holzsteg, von welchem aus ich als Kindergartenkind einst junge Fische mit Brot füttern durfte. Die kleinen Tiere faszinierten mich derart, dass ich unbedingt eines näher betrachten wollte. Deshalb schöpfte ich mit beiden Händen eines aus dem Wasser und hob es nahe an mein Gesicht. Zu dieser Zeit sah ich sehr schlecht, weil man mir das gesunde rechte Auge zugeklebt hatte, um das schwächere Linke zu stärken. Das Tierchen glänzte unglaublich silbern – ich war entzückt. Meine Freude machte mich unachtsam. Das Fischchen zappelte auf einmal so heftig, dass es auf den Holzsteg fiel.

1973 – mit meiner Augenklappe im Churer Kinderheim St. Josef

Erschrocken versuchte ich es aufzuheben, aber es gelang mir nicht, so sehr ich mich auch bemühte. Plötzlich bemerkten mich die anderen Kinder, mit denen ich auf einer *Kindireise* war, und starrten mich fassungslos an.

Was hatte ich bloss getan? Schlimm, so etwas Wundervolles einfach fallen zu lassen! Das Fischchen wand sich wie verrückt, und ich wollte, dass alles endet. Deshalb trat ich auf das arme Tierchen. Alle um mich starrten erst auf das zerquetschte Etwas, dann auf mich. Die Kindergärtnerin – ich weiss ihren Namen nicht mehr, sie mochte mich gerne – kam hinzu. Sie schimpfte nicht, denn mein Gesichtsausdruck liess sie vermutlich ahnen, wie verzweifelt ich gerade war. Mit etwas Wasser spülte sie das tote Etwas in den See.

Bis heute kann ich keine Sardinen essen, ohne dass ich mich dabei an dieses Ereignis erinnere. Aber zugleich erinnere ich mich an diese wunderbare Kindergärtnerin in Chur-Masans, die für mich viel Gutes getan hat.

Am heutigen Frühsommermorgen stehe ich wieder an diesem Ort, acht Jahre trennen mich von damals. Acht Jahre, in denen viel geschehen ist – zu viel. Alles beklemmt mich, trotz traumhafter Natur. Von jedem Baum und Grashalm scheint etwas Seltsames auszugehen – wie ein falscher Ton, der aus einem sonst wunderbaren Musikstück penetrant heraussticht.

Ich weiss, man wird mir meine Brüder wieder wegnehmen, indem sie mich holen kommen! Uns wird wieder eine Macht auseinanderreissen – die Macht, die keinen Kopf hat, keine Hände, keine Ohren und kein Herz – die Macht, mit der man nicht reden kann. Das weiss ich, weil es immer so war. Dieses Etwas kann ich nicht besiegen, ich kann nur kurzzeitig vor ihm davonlaufen, aber meist nicht mal das, wenn sie mich an einen gesicherten Ort wegsperren. Ich bin 15-jährig, die Polizei sucht mich und meinen Bruder Charly schon länger. Wie immer werden sie uns finden und fortschaffen – wohin diesmal?

An diesem Morgen drückt wie immer diese Urbeklemmung in mir, die ich mit mir trage, seit ich zu denken und fühlen vermag. Wie eine Art Hintergrundrauschen hat mich das alles nie mehr losgelassen, obwohl ich lange Zeit keinen Namen dafür finden konnte.

»Gott«, denke ich, »lass die verdammte Zeit stillstehen, oder lass mich und meine Familie für alle anderen unsichtbar werden. Und wenn das nicht geht, lass wenigstens mich ganz allein auf dieser Erde zurück – nur mich. Wie schön wäre das! Gott, bist du da?«

Das Geräusch eines sich nähernden Wagens lässt mich aufschrecken. Schnell wecke ich meine Brüder, wir müssen weiter – schon wieder.

Mit Charly verbrachte ich die nächste Nacht auf der Kälberweide oberhalb von Chur. Es war saukalt. Immer wieder mussten wir in der Nacht aufstehen, um uns zu bewegen. Dann redeten wir miteinander. Noch immer waren wir diese Brüder – wie damals in Sax auf dem Nachhauseweg. Und noch immer war da ein Gefühl der Unsicherheit. Dieses Gefühl besagte, das Leben wolle uns nicht in Ruhe lassen. Der Nachthimmel war klar und die Sterne funkelten herrlich. Die Lichter der Stadt leuchteten unter mir, so als wäre die Stadt geschmückt. Mit einer Flasche starkem Alkohol entfachten wir im Morgengrauen ein kleines Feuer. Die Wiese war vom Tau schlierenhaft silbern überzogen. Ich fühlte mich ausgelaugt, müde und hungrig. Endlich ging die wärmende Morgensonne auf und warf ihre Strahlen in die Wiese. Nun glänzte der Tau wie tausende kleine Bergkristalle hell auf.

Wohin? Wie weiter?

Es war klar, unsere Zeit war begrenzt, wir würden uns wieder verlieren. Charly bedeutete mir sehr viel. Jenes Erlebnis im Jahr 1972, als wir beide auf dem Nachhauseweg waren, hatte uns für immer zusammengeschweisst. Auch in ihm fühlte ich diese Ohnmacht, diese Ruhelosigkeit. Auch er konnte sich nicht ins System einpassen – er suchte und fand doch keine Ruhe. Ich hätte weinen können, als ich seinen Schmerz an diesem Morgen fühlte!

Charly entwendete in den Tagen danach einen teuren Mercedes und baute einen gröberen Unfall mit grossem Sachschaden. Verletzt wurde dabei niemand. Es war der Mercedes eines Richters! Als Charly wieder in Kalchrain sass, versteckte ich mich in der kleinen Wohnung bei Silvia, bis die Fahndung es erfuhr. Als die Beamten an die Türe klopften, kletterte ich aus dem Fenster, drückte mich eng an der Fassade entlang und sprang dann auf die Obere Gasse hinunter. Dabei verletzte ich mich am Sprunggelenk.

30.5.1983 Protokoll der Vormundschafsbehörde (Frl. Schmuziger):

Philipp meldet sich telefonisch!

Er wolle ins Büro kommen; ob wir die Fahndung zurückziehen könnten. Wir teilen ihm mit, dass wir dies nicht tun werden, hingegen könne er aus unserem Büro wieder gehen, wenn er wolle. Philipp kommt dann tatsächlich am Nachmittag um 14:30 Uhr. Er sieht sehr schlecht aus, ist blass und zittert! Im Schlupfhaus ist er nicht gewesen, gibt an, er habe keine Lust gehabt. Nach Albisbrunn will er nicht. Frau Anderes versucht ihm aufzuzeigen, dass, wenn er immer ausreise, bald nur noch eine geschlossene Anstalt in Frage komme, von der er dann noch viel weniger Gelegenheit habe, nach Chur zu kommen. Sie geht einerseits auf die Widerstände von Philipp ein, anderseits besteht sie darauf, dass er nach Albisbrunn muss. In der kurzen Zeit, die er dort verbracht habe, könne er auch nicht beurteilen, wie das Heim sei und was er dort für Möglichkeiten habe. Philipp verlässt aufgebracht das Büro, bleibt aber dann im Flur unten, offenbar sehr unschlüssig, ängstlich hin- und hergerissen, stehen. Nach einer Weile klopft er dann wieder. Er will wissen, ob es denn eine Wohngemeinschaft in der Nähe gebe, ob nicht doch noch eine Pflegefamilie in Frage käme, oder ob er vielleicht noch ins Waisenhaus zurückkehren könnte. Er sehe jetzt ein, dass er dort eine Chance verpasst habe. Er bringt für seine Situation einen Vergleich: Wenn man durch einen Fluss schwimmt, obwohl gerade daneben eine Brücke ist, und ein Krokodil beisst einen ins Bein, dann wird man doch das nächste Mal die Brücke benutzen. So gehe es ihm, anders könne er es nicht sagen. Eine Wohngemeinschaft in der Nähe gibt es auch nicht. Hingegen erklärt Frl. Anderes sich bereit, Herrn Nigg vom Waisenhaus noch anzufragen. Philipp wartet darauf zwei Stunden lang, bis Frl. Anderes Herrn Nigg erreichen kann. Herr Nigg gibt dann aber leider den Bescheid, dass eine Gruppe im Waisenhaus in der nächsten Zeit geschlossen werde. In einem Jahr aber, wenn Philipp die Lehre im Raume Chur machen möchte, könne ein Wiedereintritt ins Waisenhaus überprüft werden. Philipp erklärt daraufhin, er wolle es sich nochmals überlegen, ob er nach Albisbrunn zurückkehre. Frl. Anderes schlägt vor, ihn morgen hinzufahren. Sie begleitet Philipp dann noch ein Stückchen hinaus.

1.6.1983 (Protokoll Frl. Schmuziger)

Philipp ruft im Büro an. Möchte Frl. Anderes sprechen. Sie ist aber nicht da und wird voraussichtlich erst wieder anfangs Juli zu erreichen sein. Philipp erkundigt sich, wo überall nach ihm gefahndet werde. Ich kann ihm da keine Auskunft geben. Ich biete Philipp an, per Zug mit ihm ins Albisbrunn zu fahren. Wenn er von der Polizei erwischt wird, werde ich wenn möglich mitfahren, um in Albisbrunn an einem Gespräch teilnehmen zu können. Philipp will es sich überlegen, will mir später wieder anläuten. Er versucht, Frl. Anderes doch noch zu erreichen.

2.6.1983 (Protokoll Frl. Schmuziger)

Ich habe nichts mehr von Philipp gehört. Gestern habe ich noch bei der Familie Lazzarini angerufen. Herr Zillner gab mir diese Familie als sehr tragfähige Pflegefamilie an. Frau Lazzarini sagt mir aber, sie könne sich nicht mehr vorstellen, einen 15-Jährigen aufzunehmen. Sie fühle sich dieser Aufgabe nicht mehr gewachsen. Ich beschliesse dann, ein Inserat in der Bündner Zeitung, im Tagblatt und im Amtsblatt aufzugeben. Ich hoffe nur, dass Philipp das Inserat nicht liest. Ich möchte aber noch weiterhin nach einer Pflegefamilie suchen, weil ich eigentlich nicht glaube, dass die Lösung Albisbrunn funktionieren wird. Es handelt sich aber dabei lediglich um Vorabklärungen, die ich Philipp gegenüber nicht erwähnen möchte.

Philipp ruft mich an. Er hofft immer noch, dass es ausser Albisbrunn noch eine andere Möglichkeit in Chur gäbe. Ich kann ihm keine solche anbieten. Ich versuche ihn wieder dazu zu bringen, dass er freiwillig mit mir nach Albisbrunn kommt. Er wehrt sich sehr, sagt, er hasse Herrn Schütz ...

31.5.1983 *Nachtrag: Telefon von Frau Anderes mit Herrn Dr. Häberli. Frau Anderes beschreibt die vorangegangenen Begebenheiten. Sie fragt auch nach, was es mit der Ohrfeige auf sich habe, die Herr Schütz Philipp gegeben haben soll. Es stellt sich heraus, dass Herr Schütz lediglich in freundschaftlicher Weise Philipp am Haar gezaust habe. Philipp machte daraus offenbar ein Drama, behauptete, Herr Schütz habe ihn geschlagen. Herr Schütz erwiderte darauf, dies sei in keiner Weise so gemeint gewesen, hingegen würde er sich nicht scheuen, ihm auch einmal eine Ohrfeige zu geben, wenn er es für nötig halte.*

17.6.1983

In der Hoffnung, endlich wieder mal etwas zu essen zu bekommen, hielt ich mich kurz bei Silvia auf. Sie machte mir ein paar Älplermakkaroni. Doch die Fahndung war diesmal vorbereitet. Als ich auch diesmal aus dem Fenster steigen wollte, nachdem es an der Türe geklopft hatte, sah ich in der Gasse unten Pepi, den *Familienfahnder*, zu mir hochschauen.

Der Polizeikommandant Soliva brachte mir nach der Verhaftung wieder einmal etwas zu trinken und zu essen in die Zelle und redete mir gut zu. Er hat mich immer sehr menschlich behandelt und mich in die grösste der Zellen einschliessen lassen. Dafür war ich ihm schon damals und noch heute sehr dankbar.

Wieder bringen mich zwei Beamte der Kripo ins Albisbrunn.

An diesem Abend versuchte ich wieder zu entweichen. Diesmal wollten einige aus der Gruppe dabei sein. Um schneller nach Zürich zu gelangen, versuchten wir im Dorf Hausen ein Auto zu stehlen. Wir fanden einen unversperrten Saab 95. Erst versuchten wir es mit Anstossen, dann mit Kurzschliessen, aber dann bemerkten uns Anwohner und riefen die Polizei. Somit war es besser, sofort ins Heim zurück zu flüchten und uns in unsere Betten zu legen, was wir auch taten.

Am nächsten Tag, dem 18.06.1983 entweiche ich alleine.

Eine Woche später, aus den Akten vom 25.6.1983 von Albisbrunn:

Tel. von Philipp an den Heimleiter Dr. Häberli.

Philipp möchte freiwillig zurückkommen. Ein »Höherer« hätte ihm gesagt, dass, wenn er ins Albisbrunn zurückkehre, er sofort in ein geschlossenes Heim versetzt werde. Philipp will vorerst am Montag zurückkehren. Erkundigt sich, was er machen solle, wenn ihn zuvor die Polizei schnappe. Diese solle mich anrufen. Meint dann, dann könnte er ja gratis zurückfahren. Mache Philipp darauf aufmerksam, dass die Polizei kein Taxi-Unternehmen wäre und er die Transportkosten zu berappen habe. Philipp fragt dann irgendwie echt: »Warum verhindert Gott nicht, dass ich immer wieder davonlaufe?«

Fast drei Wochen später – noch immer auf der Flucht:

11. Juli 1983

Philipp wurde in Chur verhaftet. Frau Anderes erkundigte sich sofort im Platanenhof, ob Philipp aufgenommen werden könnte. Dort war alles besetzt. Das AH Basel ist Frau Anderes doch etwas zu abgelegen.

Eigentlich wurde ich in diesem Fall aufgrund des Wetters festgenommen, wenn man es genau nimmt.

Seit ich zu denken vermag, liebe ich es, wenn an heissen Sommertagen die ersten Regentropfen auf den erhitzten Boden fallen. Alles beginnt dann so wunderbar zu duften in dieser fast magischen Stimmung. Die Luft scheint voller Energie zu sein. In der Nähe des Obertors hielt ich mich etwas abseits und, wie ich glaubte, auch ausserhalb des Sichtfeldes anderer auf. So stehend, sah ich fasziniert dem Fallen der ersten dicken Regentropfen zu. Der heisse Asphalt verdampfte diese sogleich wieder, die nahe Plessur rauschte. Der Wind zog an, eine Frau auf ihrem Fahrrad hielt ihren Sommerhut fest. Eine leichte Böe riss an mir, die Bäume rauschten im Wind. Mein Schmerz war wie immer da, doch nun das Leben ebenso! Ich hätte vor Angst und vor

Glück gleichermassen schreien können. Jede Sekunde fühlte ich derart intensiv, als fliesse das gesamte Leben in mich hinein. Mein Fühlen war – wie gewohnt in solchen Momenten – derart stark, dass ich beinahe jedes Detail wahrnahm: die Mauer vor der Plessur mit einigen Flickstellen darin, aus welchen der Mörtel bröckelte, die rostfarbenen Schienen der Arosa-Bahn, der weissgraue Eisenzaun, der den kleinen Garten hinter mir umschloss, die Sträucher darin, die schiefe Dachrinne, die zwei losen Ziegel der kleinen Garage, die Werbung vor dem Kiosk beim Obertor, die Telefonkabine, die Blumen vor dem Restaurant Zollhaus, der halbvolle Abfallkorb aus Metallgitter, der kleine Plastiksack, der im Wind über die Strasse gefegt wurde, der Hund, der am Boden schnüffelte ... Fast schien es mir, als wäre ich alles zusammen – so intensiv waren meine Gefühle.

Die beiden Fahnder konnte ich aber nicht sehen. Von beiden Seiten näherten sie sich mir durch die hinteren Häuserreihen, auf dass kein Entkommen möglich war, und vor mir floss die Plessur.

Im zivilen Einsatzwagen hatte sich die Sommerhitze gestaut. Wie immer wurde ich hinten eingesperrt, nachdem man mich durchsucht hatte. Ich fragte die Beamten, ob sie vorne ein wenig das Fenster öffnen könnten, damit man den Sommerregen riechen könne. Die beiden sahen sich verdutzt an, fast so, als hätte ich sie gefragt, ob ich ihre beiden Waffen haben könnte. Mit einem Achselzucken kurbelte Sigron sein Beifahrerfenster etwas herunter. Da war er wieder – dieser Regensommerduft gemischt mit Polizeifunk.

Von der Zelle ging es zur Familie Riget nach Schänis. Das war eine riesige Überraschung! Noch im Sommer zuvor war ich bei ihnen gewesen. Doch seit dieser Zeit war so viel geschehen – als wäre es in einem anderen Leben passiert. Alles schien sich verändert zu haben und ich merkte nicht, dass ich ein Anderer war. Mutter Riget, Vater Riget, der Hof – alles wirkte unruhig. Es fühlte sich an, als sässe ich auf einer heissen Herdplatte, egal, wo ich mich gerade aufhielt. Nichts schien mehr dieselbe Bedeutung zu haben: der Baum mit den Kläräpfeln, der Stall, der Traktor, das feine Essen ...

Mutter Riget drückte mir einen kleinen Kessel in die Hand und bat, ich solle wie immer am Bahndamm Johannisbeeren sammeln gehen, sie mache mir ein Birchermus. Früher hätte ich dafür einen ganzen Acker von Hand umgegraben – und nun?

Im Stall schnappte ich mir eines der Frauenvelos und fuhr zum Bahndamm, zu der Stelle, wo mich die Glühwürmchen so fasziniert hatten. Doch auch dieser Zauber war weg! Vergeblich versuchte ich, mich zu erinnern – ich versuchte es wirklich. Es tat richtig weh in mir drin, so gehetzt fühlte ich mich. Als würde jemand einen Gewehrlauf auf mich richten und jeden Moment abdrücken, falls ich nicht in Bewegung blieb.

Eine Handvoll Beeren fand den Weg in das metallene Kesselchen, bevor ich dieses achtlos zu Boden stellte. All die wunderschönen Erinnerungen bei Rigets waren erloschen in mir – als hätte jemand eine Kerze ausgeblasen. Mit welchen Augen hatte ich im letzten Sommer die Kirschen gesehen und freudig gepflückt, und sie wie einen Schatz in verschiedene Schüsseln in der Küche gekippt? Als hätte ein Sturm fast alles in mir zerstört und nur noch einige rauchende Erinnerungsruinen stehengelassen, war alles in mir weg.

Mit dem Fahrrad radelte ich ins nahegelegene Ziegelbrücke, um bei Marieluise, einer Tochter von Rigets, mit einer Räubergeschichte Geld für ein Zugbillett zu erhalten.

20.07.1983 – zehn Tage später
In den nächsten zehn Tagen zog ich mit Remo C., der drei Jahre älter war als ich, herum. Er wurde ebenfalls polizeilich gesucht, denn er war aus der Anstalt Knutwil entwichen. Wir hielten uns mehr schlecht als recht über Wasser und schliefen in Treppenhäusern. Eines Nachts stiegen wir ins Jugendhaus ein. In den Schränken fand ich ein paar trockene Berliner, in der Küche angebräunte Bananen sowie einen Beutel mit Eisteepul-

ver, das ich mit Wasser anrührte. Auf der Couch schlief ich nach dem Essen ein.

Um sechs Uhr in der Früh verschwanden wir schnell wieder.

Zwischendurch besuchten wir Remos Mutter, die in der Nähe des Rosenhügels wohnte. Jedes Mal gab sie uns eine Lebertrankapsel, nachdem wir etwas gegessen hatten. Etwas unwohl war mir schon, wenn ich diese bernsteinfarbene Kapsel schlucken musste.

Tag und Nacht waren Remo und ich unterwegs. Nirgendwo fanden wir Ruhe. Langsam war ich am Ende, wusste nicht mehr, was ich tun sollte. Noch immer hoffte ich auf eine Pflegefamilie, obwohl diesbezüglich niemand etwas versprechen konnte. Dennoch, ich stellte mir das alles so wunderbar vor! Jemanden zu haben, der mich wollte, mich gern hatte, nach der Schule auf mich wartete. Deshalb rief ich erneut meine Vormundin an. Sie versprach mir freies Geleit, wenn ich zur Besprechung in ihr Büro komme. Remo und ich gingen deshalb zum Büro des Sozialdienstes, um verschiedene Möglichkeiten, so auch die Frage nach einer Pflegefamilie für mich, zu besprechen. Während des Gesprächs tauchten plötzlich zwei Beamte der Kantonspolizei auf und nahmen uns beide fest.

Frau Edith A. meinte schelmisch, dass sie mir zwar freies Geleit zugesichert hätte, aber nicht Remo C. Dass die Beamten nun gleichzeitig auch mich verhafteten, dafür könne sie wahrhaftig nichts. Im Nachhinein nehme ich ihr das nicht mehr übel. Ich hatte sie ja auch mehr als nur einmal verarscht.

Es lief ab, was schon viele Male ablief: Polizeikommando, Kleider weg, filzen, Drogen suchen, keine Drogen finden, Befragungen zu allen möglichen Diebstählen oder Delikten, die ich nicht begangen hatte. Dass wir in der Unteren Gasse beim Früchtestand Martenzini über Mittag mal drei Melonen unter dem Abdecktuch gestohlen hatten, sagte ich natürlich nicht. Auch nicht, dass dabei der ganze Stand zusammengebrochen und das Gemüse sowie die Früchte auf die Strasse gerollt waren. Das war aus meiner Sicht ja kein Diebstahl, sondern diente der blossen Ernährung und somit einem elementaren Grundbedürfnis. Im Stadtpark verspeisten wir die drei Melonen auf der Bank, auf der ich öfters mit Papa sass, wenn er mir etwas Besonderes zu essen gab.

Hier erlebte ich auch einen der allerschönsten Momente mit meinem Papa. Er hatte frisches Brot gekauft und den besten Gorgonzola, den es weit und breit gab, besorgt. Im Sonnenschein setzten wir uns auf die Bank. Papa – er war nüchtern – öffnete sorgsam das Papier, in das der weiche Käse eingewickelt war und legte diesen neben sich auf die Bank. Die grosse Klinge seines Sackmessers wischte er am Hosenbein ab. Dann schnitt er mit seinen wunderschönen, sehr männlichen und *warmen* Händen das Brot, immer nur jeweils eine Scheibe für mich und sich. Sorgsam strich er mir den aromatischen, würzigen Käse aufs Brot und reichte mir die Scheibe, wie immer, ohne etwas Überflüssiges zu reden. Da kam höchstens mal ein »se do«.

Mein Papa konnte so gepflegt, ja sorgsam essen, Stück um Stück, dabei blickte er immer wieder das Essen an, bevor sich dann sein Blick während des Kauens in den Bäumen des Stadtparks verlor. Trotz des warmen Sonnenscheins fühlte ich seine Wärme neben mir.

Mein Papa!

Ich fühlte und wusste, dass er mich liebte – auf seine Art, die aber kein Familienleben zuliess. Das Zusammensein mit ihm war wunderschön, seltene Momente des Glücks, die genau deshalb so kostbar waren. Manchmal sassen wir dort, dann schnitt er fein säuberlich einen Salsiz in dünne Scheiben. Die Blumen blühten duftend in den Beeten. Die Bäume warfen angenehme Schatten und wir genossen den Sommertag. In diesen Momenten schwieg sogar ich. Jedes unnötige Wort hätte etwas zerstört. Es schien, als wäre alles immer so: dieses Zusammensein, das gemeinsame Essen in der Stille. Die Vögel in den Tannen, der Duft der Blumen. Papa hatte – wie immer – die oberen beiden Knöpfe des Hemdes offen stehen. Wie sehr mochte ich es, neben ihm sitzen zu dürfen!

Es gab nie eine einzige Sekunde, in der ich nicht gefühlt hätte, wie Papa unter dem Zerbrechen unserer Familie litt – auch auf dieser Bank nicht.

Im Büro von Edith A. holten uns Fahnder Pepi W. und ein weiterer Polizeibeamter ab. Dazu muss man wissen, dass Pepi W. sich gern mal ein Gläschen in einer der Beizen genehmigte, in denen Papa verkehrte. Und wenn Pepi nicht im Dienst stand, war ich fast immer unsichtbar für ihn. Aber eben nicht immer ...

Diesmal stellte ich mit Erstaunen fest, dass Remo und ich gemeinsam im Polizeiwagen weggebracht wurden. Wir waren zuvor in verschiedenen Heimen untergebracht, er in Knutwil und ich in Albisbrunn. Musste ich nun auch nach Knutwil?

STRAFANSTALT
SENNHOF

· · ·

Das war für die nächsten Tage mein Zuhause.

Aktennotiz von Dr. Häberli, Heimleiter Albisbrunn

Frau Anderes hat zuerst im Platanenhof angerufen, erhielt dort abschlägigen Bescheid, dann im AH Basel. Ins Albisbrunn kann Philipp während der Ferienzeit nicht zurück. Frau Anderes nahm dann Kontakt mit dem Jugendanwalt Herr Vinzens in Chur auf. Philipp wurde ins Bezirksgefängnis Sennhof überführt. Nun muss aber spätestens morgen Philipp dort wieder entlassen werden, weil keine Rechtsgrundlagen für eine Inhaftierung bestehen. Wohin danach mit ihm? Frau Anderes denkt, dass sie im Grunde genommen nun in den Sennhof gehen muss, um Philipp zu sagen, ich kann dich hier nicht belassen – gehe, wohin du willst. Schlage vor, sie möchte doch mit der zuständi-

gen Vormundschaftsbehörde Kontakt aufnehmen und Philipp im Waldhaus oder in Beverin «begutachten lassen». Nun besteht allerdings ein Gutachten des KJPD. Sage Frau Anderes, wenn Philipp sich nirgends halten lässt, dann müsste er in einem halben Jahr in den Tessenberg eingewiesen werden, nämlich dann, wenn er 16-jährig ist.

Der Sennhof – eine Strafanstalt, die ich 15-jährig gar nicht hätte betreten dürfen! Da wurde schlichtweg das Recht gebrochen. Doch wer hätte sich dagegen gewehrt? Genau dies wurde von meiner Vormundin ausgenutzt. Wieso ich ausgerechnet in einer Strafanstalt für erwachsene Straftäter versenkt wurde, wusste ich damals nicht. Niemand redete bei dieser Einweisung mit mir. Schon gar nicht darüber, dass es danach nicht besser weitergehen würde.

Remo und mich steckten sie in eine Doppelzelle mit einem Vorhang um das WC herum. Von der Zelle aus konnte ich immerhin auf den Weinberg des Bischofs blicken und in Richtung Haldenhütte. Die Zeit schien aber an diesen dicken Mauern festzukleben, obwohl ich nur drei Tage dort eingesperrt war. Einmal am Tag durfte ich im kleinen Innenhof eine halbe Stunde lang ein Dreieck abschreiten, immer unter den Augen der Gefängniswärter. Die Mauern waren viel zu hoch, um zu entkommen. Ausserdem waren zuoberst rasiermesserscharfe Stacheldrahtrollen befestigt. Sinnlos, an eine Flucht auch bloss zu denken!

Am dritten Tag klopfte es an die Mauer von der Zelle nebenan. Ganz nah drückte ich mich an das Zellengitter, damit ich die Stimme verstand. Ein Mann redete mit mir. Als wir zu laut sprachen, schritten die Wärter ein. Doch weiter suchte die Stimme das Gespräch mit mir. Wir redeten so leise wie möglich, aber laut genug, um uns doch noch zu verstehen. Viel wollte die Stimme wissen. Wer ich war, warum ich hier bin – sie glaubte kaum, dass ich erst 15-jährig war. Natürlich interessierte es mich, warum denn die Stimme im Gefängnis sass und wie lange sie noch ihre Strafe abzusitzen hatte. Die Stimme gehörte zu einem Mann, der wegen eines Tötungsdeliktes in Haft sass. Achtzehn Jahre betrug seine Strafe! Er erzählte mir, dass er gerne male und dass er mir ein kleines Bild schenken wolle. Mit einem Besenstiel, an dessen Ende er ein zusammengerolltes Bild festgebunden hatte, reichte er es mir über die Aussenfassade. Vorsichtig band ich es ab und bedankte mich. Dieses Bild erschütterte mich noch viele Jahre derart, dass ich es kaum betrachten konnte.

Diese Intensität, diese Farben – genauso fühlte ich mich in dieser Zelle. Ich konnte ja nie malen. Meine Ausdrucksmöglichkeit war und ist mein Schreiben. Auf dem Bild ist eine Taube zu sehen, die vor einem vergitterten Turmfenster sitzt. Alles ist in nächtlichem Grau-Schwarz gehalten, die Gitterstäbe dick und fest. Das Bild nahm mich so in Beschlag, dass ich glaubte, ich sässe schon Jahre hinter diesen Gittern. Jeder Pinselstrich war tiefe Empfindung.

Zum Duschen führte mich ein Wärter durch den vergitterten Knast. Es fühlte sich an, als wäre ich ein Darsteller in einem Kinofilm. So also sah ein Gefängnis aus der Perspektive eines Häftlings aus! Das Essen war hässlich und fettig und wurde in tiefen Metalltellern durch die Luke in der Zellentür gereicht – alles zu einem Haufen getürmt. Auch das wirkte auf mich wie aus einem Film.

Zu tun gab es nichts. Ich musste einfach abwarten.

Am dritten Tag erschienen zwei Polizeibeamte in Zivil, um mich abzuholen. Schnell verabschiedete ich mich von dem Mann, der jemanden erschossen hatte. Wieso er das getan hatte, weiss ich bis heute nicht. Das zusammengerollte Bild nahm ich mit.

Remo blieb im Strafvollzug, da er 18-jährig und straffällig geworden war.

Allmählich fühlte ich mich wie ein Schwerverbrecher, denn die beiden Polizeibeamten eskortierten mich aus der Strafanstalt direkt zum zivilen Polizeiauto, das unmittelbar vor dem Eingang geparkt war.

Ich hatte keine Ahnung, wohin ich jetzt gebracht wurde.

PSYCHIATRISCHE KLINIK BEVERIN

· · ·

Eine grosse Klinik mit vielen Gebäuden

Wortlos fuhren mich die Beamten in südliche Richtung. Wir näherten uns immer mehr der Strafanstalt Realta, dem Ort, wo mein Papa eingesessen hatte. Bei Cazis bogen wir tatsächlich Richtung Strafanstalt ab, jedoch nur, um die daneben liegende Psychiatrische Klinik Beverin zu erreichen.

Vor dem Hauptgebäude wartete einer der Beamten mit mir im Auto. Da erst verlor er ein paar aufmunternde Worte. Oft traf ich auf Polizeibeamte, die es gut mit mir meinten. Zu zweit eskortierten sie mich anschliessend vom Fahrzeug in die geschlossene Abteilung, in den sogenannten Wachsaal. Es war ein Raum, in dessen Mitte in zwei Reihen je sechs spitalähnliche Betten standen – mit einander zugewandten Kopfenden. In Form des Versalbuchstabens L befanden sich hinter einer Seitenwand die Isolierzellen und in der gegenüberliegenden Ecke das Wärterhäuschen aus Glas, in dem weissgekleidete Pfleger ihren Dienst verrichteten. Ein paar Tische mit festgeschraubten Bänken standen an einer weiteren Seitenwand, daneben gab es einen sehr kleinen fensterlosen Raum mit einem Fernseher und zwei Stühlen – mehr war da nicht.

Hinter den Bäumen das Dach des vergitterten Wachsaales

Eintrittsfoto bei der Internierung in die Psychiatrische
Klinik Beverin (Wachsaal), Aufnahme vom 22. Juli 1983

Für alle Insassen gab es nur ein einziges Gemeinschaftsbad. Zwei WC-Schüsseln standen dicht nebeneinander, so nahe, dass einem manchmal fast ins Gesicht gefurzt wurde, wenn man neben einem anderen Zwangspatienten Platz nahm, eine Badewanne und zwei Lavabos – das war's. Die Fenster waren logischerweise vergittert, wir alle standen 24 Stunden am Tag unter Dauerbeobachtung.

Aus den Akten:

Genau acht Jahre nach meiner Schwester, die ebenfalls mit 15
Jahren für einige Monate hier und in einer weiteren Klinik landete, war ich jetzt also ebenfalls in Beverin eingesperrt. Auch
sie war aus Kinderheimen im Unterland geflohen und wurde im
Wachsaal – jenem für weibliche Patienten – interniert.

Schon beim Betreten des alten Gebäudes spürte ich das Span-
nungsfeld Psychiatrie. Es schien mir, als schwebte im Gebäude
noch all das Leid aus vergangenen Jahrzehnten. Im geschlossenen Trakt, in den die Polizei mich führte, hörte ich bereits beim
Eintreten seltsame menschliche Schreie. Pfleger in weissen An-
staltskleidern gingen wie Gespenster durch die Gänge. Alles
wirkte wie eine alte Nervenheilanstalt oder wie ein Sanatorium
für Wahnsinnige. Ein seltsamer Geruch lag über allem. Es roch

nach menschlichen Ausscheidungen, nach Medizin, nach dumpfer Verwahrung.

Dennoch, im ersten Moment war ich erleichtert, als ich den grossen Saal sah, in den ich eingesperrt sein sollte – so war ich nicht allein.

Der Wachsaal lag im Hochparterre. Die Gitter vor den Fenstern glichen denen von alten Schlössern. Wie ich noch herausfinden sollte, waren sie dennoch sehr stabil.

Mein Blick floh sofort aus dem Fenster, als wäre er ein kleiner, verängstigter Vogel, der zu entfliegen versucht. Eine wunderschöne Parkanlage mit viel Grün und mächtigen Bäumen umschloss den Wachsaal und all die anderen Gebäude der grossen Klinik. Sogar die Fensterflügel durfte man öffnen. Wenn ich meinen Kopf ganz nah ans Gitter streckte, konnte ich fast glauben, dass ich draussen wäre, doch im Inneren fühlte ich den Wahnsinn!

Ein Bett wurde mir zugeteilt.

Nur einen einzigen der Patienten kannte ich: Geissenpeter aus der *Villa Kunterbunt*, der zur Entgiftung hier war. Alle anderen waren psychisch extrem auffällige Menschen im Alter zwischen 30 und 70 Jahren. Einige Momente wirkten äusserst skurril auf mich.

Kaum hatte sich der Pfleger nach der Bettzuweisung von mir abgewandt, kam ein hagerer, alter Mann auf mich zu, der aussah wie *Gollum* aus *Der Herr der Ringe*. Verwirrt, mit langen, dünnen spitzen Fingern und Speichel um die Lippen, fing er an, an mir herum zu zupfen, als wäre er ein Vogelmensch. Dabei stellte er mir seltsame Fragen fern jeder Logik. Seine weit aufgerissenen grossen Augen, die in dem abgemagerten Gesicht sassen, rollten dabei verwirrt. Einer der Pfleger sah uns und kam aus dem Überwachungshäuschen:

»Papst! Lass den Jungen einfach in Ruhe!«

Die Augen von Papst schrien mich vor Verwirrtheit geradezu an. Es schien, als suchte er in meinem Blick etwas, an dem er sich festhalten könnte. Dann lächelte er, als hätte er etwas gesehen, das weder gut noch böse ist. In seiner Verlorenheit und Hilflosigkeit wirkte er auf mich völlig harmlos. Sein Mund war voller Speichel, aber sein Lächeln war so milde, so warm, dass ich ihn sofort ins Herz schloss. Er war ein sehr lieber Kerl, wie ich in den nächsten Wochen noch herausfinden sollte. Papst mochte auch mich bald sehr gern. Deshalb zwängte er sich beim Essen immer an die mir gegenüberliegende Tischseite. Da er nie aufhörte, etwas zu erzählen oder lauthals zu singen, sabberte er mir immer mal wieder in mein Essen.

Die meisten Patienten im Wachsaal hatten schwerwiegende psychische Störungen. Von Psychopathen bis hin zu stark dementen Senioren fand man alles im fast 200 Quadratmeter grossen Saal, der mit seiner kargen Gewölbedecke beinahe sakral wirkte.

Die Behörden mussten glauben, dass in meinem Oberstübchen etwas nicht so tickte wie es sollte, doch ich glaubte eher, dass meine Vormundin Edith A. mit dem Vogelkäfig einen Liter Brot kaufen gehe, so wie sie mich immer wieder wegsperrte. Zugegeben: ich verfügte schon über ein paar *Specialeffects* – doch mich deswegen gleich in eine Klinik internieren?

Beim Nachtessen wurden viele Tabletten verteilt. Den Geissenpeter versenkten die Medikamente richtiggehend aus der Welt. Sorgfältig stocherte ich deshalb in meinem Essen herum, aus Angst, man könnte etwas beigemischt haben. Bei den Spinnern hier drin – und damit meinte ich vor allem das Personal – konnte man ja nie wissen!

Draussen neigte sich ein wunderbarer Sommertag seinem Ende zu. Ich setzte mich nach dem Abendessen auf den Fenstersims, drückte mich ganz nah ans Gitter und schaute aus dem Hochparterre in die schöne Gartenanlage, die im letzten Abendschein eine fast friedhöfliche Ruhe ausstrahlte. Es duftete wunderbar nach Blüten. Die Bäume waren gross und mächtig. Sogar Blumenkästen gab es an den Gittern – wie bei einem Bauernhaus.

Wieso war ich hier?

Der Abend kam und mit ihm die Unruhe und Schreie einzelner Patienten. Jetzt wurde mir klar, wozu die Isolierzellen im Wachsaal dienten. In sie wurden all jene eingesperrt, die ruhelos oder aggressiv waren.

Ich war schockiert, als ich durch einen Türspalt einen jungen Mann sah, um die zwanzig vielleicht, der mit einem Helm auf dem Kopf auf einer Matratze lag. Er war an den Händen festgebunden und schrie in wilden Intervallen auf. Mir blieb schlichtweg die Sprache weg. Jeden Abend hörte ich ihn nun schreien. Jeden verdammten Abend, an dem mich die Angst vor der Dunkelheit, vor der Nacht, überfiel! Es war alles so verstörend, als wäre ich in einem Horrorfilm gefangen.

Es dauerte jeden Abend eine gewisse Zeit, bis so etwas wie Ruhe einkehrte. Sie hielt aber nicht lange an im Wachsaal. Als die Nachtwache mir nahelegte, endlich ins Bett zu gehen, legte ich mich mit den Kleidern auf die Decke. Als *Spinner* müsste ich doch schliesslich ein paar Vorteile haben, dachte ich. Ich wollte aber noch nicht schlafen und setzte mich auf den Rand meines Bettes. Neben und hinter mir schnarchten andere Patienten, ihr Haar zerzaust, eingefallen ihre Stoppelgesichter. Alle waren sie gezeichnet von ihrem Schicksal. Alle, wirklich alle, bemitleidete ich – sie kamen mir vor wie grosse, kranke Kinder. Hätte es in meiner Macht gestanden, so hätte ich sie von allen Nöten befreit.

In der ersten Nacht hatte ein grosser, kräftiger Pfleger, ein Deutscher, zusammen mit einem Schweizer Dienst. Immer wieder blickten sie aus dem Glashäuschen zu mir rüber, als wäre ich eine Laborratte in einem Drehrad oder so etwas Ähnliches. Kurz überlegte ich mir, aus Langeweile ein paar Faxen zu machen, beispielsweise so zu tun, als hätte ich einen gehörigen Dachschaden. Doch besser nicht, bremste ich mich, denn aus dem Spass konnte schnell etwas Ernstes werden. Dann würde ich eben nicht mehr ernst genommen ...

Die ganze Atmosphäre der Nacht war Beklemmung pur!

Dennoch konnte ich inmitten des Wachsaals einschlafen. Wie die Protokolle belegen, hatte ich nicht ein einziges Mal Probleme damit, obschon mich die lauten Schreie immer wieder hochschrecken liessen und ich für Sekunden nicht wusste, wo ich war. Zum Glück fiel ich immer gleich wieder in meinen *Todesschlaf.*

Das morgendliche Erwachen im Wachsaal war seltsam. So sehr einige Insassen am Abend Probleme hatten, Ruhe zu finden, so sehr schienen sie in der Frühe Mühe zu haben, in den Tag zu finden. Geissenpeter sass mit zerzaustem Haar und Bart am Tisch, als wäre er gar nicht da, sondern irgendwo im Nirgendwo. Ein kleiner, rundlicher Italiener kam mit kleinen Schritten aus seiner Isolierzelle, die Bettdecke über dem Kopf. Als er mehrmals gegen ein Hindernis oder eine Wand gestossen war, und die Decke verloren hatte, kam er mit seinen tapsigen Schritten auf mich zu. Er blieb vor mir stehen, senkte seinen Kopf und wartete. Irritiert wartete auch ich ab, was folgen würde. Ein Mitpatient deutete mir mit Handzeichen, ich solle dem Mann über den Kopf streicheln. Den Namen des Italieners weiss ich nicht mehr mit Sicherheit, aber an sein kurzes, graues Haar und seinen kugelrunden Kopf erinnere ich mich sehr genau. Wie von ihm gewünscht, streichelte ich ihn, und er genoss es sichtlich. Von da an wurde ich ihn kaum mehr los. Ständig tänzelte er mit kleinen Schritten um mich herum. Nach Tagen schaffte ich es sogar, ihn am Abend in seine Isolierzelle zu bringen, ohne dass er dabei geschrien hätte. In seiner Zelle hielt ich es kaum aus. Nur ein einfaches Bett, eine Matratze und ein Kissen gab es in dem fensterlosen kleinen Raum. Zudem roch es unangenehm. Ich sagte ihm, er solle sich ins Bett legen, streichelte ihm dann das kurze Haar und deckte ihn zu als wäre er ein Greisenbaby. Nach einigen Tagen bat ich die Pfleger, seine Zellentüre nicht mehr zu verschliessen, denn falls er in der Nacht unruhig werden sollte, könnten sie mich wecken und ich würde nachsehen gehen. Tatsächlich wurde der Italiener viel ruhiger – und ich wurde gebraucht!

Obwohl ich in der *Villa Kunterbunt* die hässlichsten Wohnverhältnisse erlebt hatte, fand ich ein Badezimmer mit nur zwei WCs für alle zusammen nicht so toll. Denn die Kloschüsseln waren meist gesprenkelt mit Urin- oder Kotspuren und stanken nach ausgeschiedenen Medikamenten. Die Badewanne benutzte ich nie. Doch Papst badete genussvoll und sang, während andere auf dem Klo sassen und furzend ihr grosses Geschäft verrichteten.

Am zweiten Tag kam für mich ein Lichtblick in Gestalt meiner betreuenden Ärztin Frau Dr. Müller.

Sie war etwa 30 Jahre alt, äusserst attraktiv und zudem dunkelhaarig. Ihr Rock ging nur bis zu den Knien, darüber trug sie den weissen offenen Ärztekittel, der an ihr richtig sexy aussah. Ihre schwarzen Haare und der dunkle Teint sowie die blauen, strahlenden Augen verzauberten mich!

Schönheit hin oder her, jeden Tag musste ich nun diverse Tests absolvieren und Untersuchungen über mich ergehen lassen. Blut und Urin abzugeben, war dabei das Einfachste. Ich kam mir vor wie eine Laborratte. Leider führte Frau Müller nur die wenigsten Tests selbst durch. Erst im Nachhinein weiss ich, aufgrund der Protokolle, wie knallhart sie eigentlich gewesen sein musste. Sie war es, die mich nach vier Tagen am liebsten in eine Isolierzelle gesteckt hätte. Auch bei solchen Anordnungen verlor sie dabei nie ihr charmantes Lächeln – *killing me softly*, sage ich da nur.

26.7.83 Mü/cm
Der Pat. verhält sich auf der geschlossenen Abteilung äusserst mühsam, fordert immer wieder Ausgang und schimpft über Frl. Anderes und über uns, dass er hier sein müsse. Diese Vorwürfe wiederholen sich ständig, sodass ich schon an eine Isolierung denke. Da nun plötzlich der Wachsaal voll wird und der Pat. neue Kontakte aufnehmen kann, wird er etwas tragbarer und vergisst seine Forderungen.

Wie auf dem nächsten Protokollfoto ersichtlich ist, wurde ich von verschiedenen Personen ganz unterschiedlich wahrgenommen. Es war teilweise sehr langweilig, während 24 Stunden im Wachsaal unter Beobachtung die Zeit totzuschlagen. Einzig das Schachspiel mit Geissenpeter machte etwas Spass. Er war eigentlich, wie er auch immer wieder betonte, ein sehr guter Schachspieler. Doch er verlor ständig – wegen der Medikamente. Unter ihrem Einfluss konnte er sich nicht konzentrieren. Ich aber behauptete jedes Mal, dass ihm keine Wirkung anzumerken wäre, er suche doch nur nach faulen Ausreden für sein Verlieren. Er war tatsächlich so eingeschränkt im Denken, dass ich mit links gewann. Händeringend hielt er sich seinen, wie er sagte, *summenden* Kopf und stellte einmal mehr seine Dame so hin, dass ich sie mit dem Pferdchen schlagen konnte. Seine Reaktionen waren lustig, wenn er langsam begriff, dass er schon wieder verloren hatte. Meine Siege waren eine kleine Rache dafür, dass er in der *Villa Kunterbunt* immer so geizig mit mir gewesen war.

In den Protokollen der Pfleger vom Wachsaal
steht nur am 26.07.83 etwas Negatives.

Im kleinen Fernseher, der im zehn Quadratmeter grossen TV-
und Leseraum stand, lief nur das Programm des Schweizer
Fernsehens und damals hiess dies, dass tagsüber kaum gesendet
wurde. Am Nachmittag wurde Tennis übertragen. Deshalb
schaute ich aus Not mein erstes Tennismatch, ohne zu wissen,
wie angefressen ich mit 20 Jahren mit dem Training beginnen
würde.

24 Stunden im Umfeld dieses Wachsaales führten dazu, dass
ich glaubte, langsam durchzudrehen. Immer dasselbe! Der kleine Italiener suchte weiter meine Nähe. Manchmal musste ich
ihm seine Kleider zurechtziehen. Oder ich half ihm beim Nase-
putzen, weil er das nicht mehr selbst konnte. Der kleine Italiener
liebte Pudding über alles. Deshalb teilte ich meinen mit ihm, vor
allem dann, wenn Papst wieder mal über alles gegeifert hatte bei
einer seiner Tischreden. Zusammen sangen wir Lieder, das
schaffte er noch, auch wenn er fast nur italienische Texte kannte. Manchmal klammerte er sich im Stehen ganz still an mich,
wenn er nicht in seine Zelle wollte. Ich fühlte Tränen in meinen
Augen und meine Machtlosigkeit. Keinen Mucks gab er in diesen Momenten von sich, er hielt mich einfach wie ein Äffchen
vor der Zellentüre fest, ausgerechnet mich, der vor lauter Verlorenheit selbst kaum stehen konnte. Doch im Wachsaal war ich
sein Halt. Mit mir zusammen schaffte er es viel einfacher in die
kleine Zelle – er war wie ein Kind. Am nächsten Morgen stand
er dann wieder da, hatte die Decke über seinem Kopf und faselte
etwas Italienisches.

In der Psychiatrischen Klinik Beverin fand ich zwangsweise die
Zeit für Gedichte und Texte, die nur so aus mir quollen, weil es
mich fast zerriss:

Es ist mein Leben,
ob du es siehst oder nicht,
es zieht gewaltig und stetiglich,
und manchmal, da denke ich,

dass mich zu spüren, erfasse ich nicht,
denn taub sein wie ein kalter Fisch,
dies in einem exzessiven, leeren Gefühlsgemisch –
Stille und ganz allein.
Wahrgenommen zu werden, ohne zu sein.
Schreien oder lachen, singen oder weinen,
und du weisst, es sind nicht die Deinen,
die da stehen und gehen und reden und einfach sind.
Etwas ist anders in mir, das ich einfach nicht find.
Und dennoch – ist es da!
Ich fühle es ganz nah,
so nah und tief in mir drin,
so nah, dass ich niemals entrinn'.
Es lässt mich wiegen und hetzen,
alleine in einem Raum nach Liebe lechzen,
und wüsste ich genau, was es ist,
dennoch keiner könnt sie mir geben, diese,
das ich so vermiss',
jagte ich sie doch immer fort von mir,
käme sie eines Tages doch zu mir,
hinaus in die Nacht wie ein räudiges Tier!
Und schrei ich im Dunkeln ganz leise ihr nach:
Drück mich fest – halt mich wach!
Doch nützen würde es im Leben nie,
zu sehr fühle ich mich leer und zieh' –
hinfort getragen von den tauben Wogen,
die ständig in meinem Leben zogen.
Niemals glaube ich an die wahre Liebe.
Liebe ist wie alle anderen Triebe.
Sie lügen dich an und werden Hiebe,
und stehlen sich fort wie gedungene Diebe,
und bevor ich taub werde wie der Stein im Fluss,
der nie das Rauschen hört im Überfluss,
so tue ich mir lieber selber weh,
und tauche ein in meinen Schmerzenssee,

und fühle mich endlich wieder nah,
nicht echt – aber da!
Und bin ich tief im See dann drin,
versuche ich dem wieder zu entrinn'.
Die Taubheit kommt dann so brachial zurück,
kann nie geniessen ein normales Glück,
denn Glück ist taub und hat den gleichen Namen
wie tausend Menschen, die in mein Leben kamen.
Ich kann es nicht halten und nicht fassen,
dafür werde ich mich für immer hassen,
doch es zu erringen werde ich nie lassen,
und weiss, es kann mich nie verlassen,
denn besitzen tat ich es ja nie,
so sitz ich im dunklen Raum mit angezogenem Knie,
nur der schmerzliche Seelenzug, der steht jetzt zu mir,
er hält mich spürend wach in diesem sonst tauben, leeren Hier.
Natürlich weiss ich ganz genau,
das ist mein Leben, dem ich nie vertrau,
und weiss, ich werde immer allein,
unter vielen Menschen sein.
Und hasse und liebe stetig mein Leben,
und kann es dennoch nicht ganz hergeben,
so ist ein Ja ein Nein,
gross wird klein
und stark wird schwach.
Und weiter schreit diese taube, elendige Stille mich an,
bis ich nicht mehr weiter kann,
und traurig, glücklich wende ich mich an diesen Schmerz,
den ich alleine einschliess' in mein Herz.

Es waren Worte, die sich innert Minuten und wie von alleine
formten, wie die Wolken, die sich an schwülen Abenden plötzlich zu Gewitterbergen auftürmen, um sich dann zu entladen.
Plötzlich fand ich Worte für das, was in mir in der Psychiatrischen Klinik alles abging.

Ein Wärter, der Pfeife rauchte, mochte mich. Er kannte über sieben Umwege meinen Papa. Manchmal redeten wir bis weit in seine Nachtschicht hinein, das half mir ein wenig, diesen Ort besser zu ertragen.

Am 27.7.1983 wurde mir ein halbstündiger Spaziergang auf dem Gelände gewährt.

In Begleitung natürlich!

Als Bewacher wurde mir dieser grosse Deutsche angehängt, den ich, wenn ich ihn als etwas Essbares hätte beschreiben müssen, als Frikadelle mit Kartoffeln und nicht ganz durchgegarten Karotten geschildert hätte.

Er war zwei Köpfe grösser als ich und kräftig gebaut. So einer, dachten sie wohl, müsste mich im Griff haben. Natürlich hatte ich aber nur eines im Sinn – Flucht! Nicht umsonst war in meinen Akten der Vermerk *fluchtgefährdet*, mit drei Ausrufezeichen versehen.

Doch wie sollte ich es anstellen?

Ich musste mir schnell etwas einfallen lassen, das für mich so wenig Risiko wie möglich beinhaltete.

Es war ein heisser, wunderschöner Julitag.

Die Hälfte des Spazierganges hatten wir bereits hinter uns. Ich fing an, den Deutschen in ein Gespräch zu verwickeln und begann zu erzählen, wie wichtig es für mich wäre, mein Selbstvertrauen wieder etwas aufzupolieren und dass ich mit ihm deshalb ein Rennen machen wollte. Leider wäre ich nicht der Schnellste, aber ich würde mir so ein Rennen sehr befreiend vorstellen. Nach all dem Herumsitzen, da könnte ich doch vieles herausrennen – sozusagen.

Mit meinem Finger zeigte ich auf die Gleise, die das Ende des Areals kennzeichneten. Eindringlich bat ich ihn, mich ja nicht einfach so gewinnen zu lassen. Er solle bitte Vollgas geben, auch wenn er dann wahrscheinlich schneller wäre als ich.

Das war er auch – wie gewollt! Er war sogar so schnell, dass er nach etwa einhundert Metern nicht mehr weiter konnte. Ich hatte mich zurückgehalten, legte jetzt aber Tempo zu und zog problemlos davon.

Wenn ich an den Moment zurückdenke, höre ich heute noch seine fast atemlosen Rufe in Hochdeutsch in meinen Ohren nachhallen:

»Philipp! Mach keinen Scheiss! Philipp! Verdammt, bleib stehen! Phiiiiiiiiiiiliiiiiiiiiiiiipp!«

Mir war bewusst, dass er derart ausser Atem bestimmt fünf Minuten brauchte, um das nächste Telefon zu erreichen. Somit blieb mir etwa eine Viertelstunde, um mich unsichtbar zu machen.

Es gab nur eines – so schnell wie möglich auf die Hauptstrasse zu gelangen und dabei zu hoffen, dass mich innert fünf Minuten jemand als Anhalter mitnähme. Und ich hatte Glück! Ein Typ mit cooler Jeansjacke in der Hand stand neben einem aufgemotzten Wagen bei den Parkplätzen. Ihn sprach ich an und er nahm mich mit.

»Sorry, Kumpel!«, meinte er, als plötzlich noch ein weiterer Typ dazukam. Es waren zwei Wärter der Strafanstalt Realta, die mich aufgegriffen haben, nachdem sie per Funk informiert worden waren. Sie fuhren mich zurück!

Der Pfleger war natürlich extrem wütend, hatte er sich doch zum Gespött gemacht. Sein Kopf war vor Wut und wegen der Hitze noch immer knallrot. So landete ich nach kurzer Flucht schon wieder in der geschlossenen Abteilung.

30.7.1983, drei Tage später ...

Das Gesetz sieht vor, dass jeder Häftling sich mindestens dreissig Minuten pro Tag an der frischen Luft bewegen können muss. Und da damals die Klinik keinen eingezäunten, gesicherten Bereich zur Verfügung hatte, begleiteten mich diesmal zwei der Pfleger auf meinem 30-minütigen Rundgang durchs weitläufige Klinikareal.

Natürlich wollte ich nicht wieder in die Klapsmühle zurück. Es herrschte noch immer wunderbares und heisses Sommerwetter.

Mir war gar nicht so bewusst gewesen, wie mich das Essen wieder kräftiger gemacht hatte und somit fitter. Immer mehr glaubte ich an meine Lauffähigkeiten. Während fünf Jahren war ich in der Primarschule Orientierungsläufe gelaufen und glaubte deshalb, nicht der Schlechteste zu sein, was das Laufen anbetrifft. Das mit der Orientierung hatte aber nie so richtig geklappt – ich fand diese blöden Laufposten meist nie, dafür mussten die anderen mich das eine oder andere Mal suchen.

Nun setzte ich alles auf eine Karte.

Die beiden Begleiter gehen links und rechts neben mir, aber ohne mich festzuhalten. Mir ist klar: Es wird so was von mächtig Ärger geben, wenn eine weitere Flucht misslingt. Doch was bleibt mir anderes übrig, als es zu versuchen? Keine Ahnung, wie lange ich sonst in dieser Spinnwinde weiter eingesperrt bleibe.

Alles spannt sich in mir an, als der geeignete Moment kommt. Und los!

Unverhofft renne ich los, als wäre der Teufel persönlich hinter mir her. Ein paar wichtige Meter Vorsprung kann ich wegen des Überraschungsmoments herausholen. Die beiden geben ebenfalls alles und erwischen mich beinahe, denn ich höre ihren Atem und ihre Schritte direkt hinter mir. Wie ein Hase schlage ich Winkel und renne einfach immer weiter und weiter, wie damals, als mich Andreas im Waisenhaus jagte, weil ich seine Mutter beleidigt hatte. Einer gibt endlich auf, doch der andere klebt wenige Meter hinter mir, als wäre er an mir festgebunden. Mir geht allmählich die Luft aus und ich spiele mit dem Gedanken aufzugeben, als auch dieser Typ endlich zurückfällt.

Die nächsten Stunden kämpfe ich mich in enormer Hitze durch die Dörfer des Heinzenbergs. Endlich finde ich eine Stunde später einen Brunnen! Ich habe so grossen Durst, dass ich mich am liebsten in den Brunnen gelegt hätte. Ich kühle mich etwas ab und erhole mich im Schatten eines kleinen, alten Stalles. Zu Fuss erreiche ich über den Polenweg viele Stunden später endlich Chur. Ich bin total geschafft!

Diesmal will ich ein Stück Sommer geniessen, denn verhaften würden sie mich ja sowieso bald wieder ...

Auszug aus dem Protokoll des *Beverins*:

30.7.83 Mü/cb

Der Pat. ist auf dem Spaziergang entwichen. Der Sozialarbeiterpraktikant hat den Pat. mehrmals übers Wochenende in Chur getroffen. Dabei machte sich Philipp immer bemerkbar, grüsste von der anderen Strassenseite oder im Schwimmbad, sodass Herr Casutt der Überzeugung war, dass man ihn im Beverin entlassen habe. Das gleiche wird auch von Frau Anderes, der Vormundin, erzählt. So habe Philipp am Montag gleich ihren höchsten Chef angerufen und diesem berichtet, die Untersuchungen seien beendet und es bestünde kein weiterer Grund mehr, im Beverin zu sein. Wie wenn es ihm Spass machte, gesucht zu werden, aber trotzdem nicht gefangen genommen zu werden.

4.8.83 Mü/cb

Der Pa. ist heute von der Flucht zurückgekehrt.

Nach ein paar Tagen Sonne und Sommergefühl wurde ich erneut verhaftet und wieder dem *Beverin* zugeführt.

Irgendwann in der Zeit danach kamen mich einige Christen aus der Stadtmission Chur besuchen. Sie kannten mich, da sie in den einschlägigen Beizen missioniert hatten. Ich weiss nicht mehr, worüber wir sprachen, doch mein *Handschuh* war noch immer nicht so weiss wie die Anstaltskleider der Pfleger.

Als ich irgendwann wieder in den kleinen, gesicherten Besucherraum gerufen wurde, sass Heidi da! Sie war wirklich verrückt nach mir. Und wen brachte sie mit? Vanessa natürlich! Dazu eine Stange Zigaretten und viel Süsses. Frei reden konnten wir nicht, denn in dem kleinen Raum, der in den Trakt des Wachsaals integriert war, stand immer ein Aufseher neben uns.

Demonstrativ verabschiedete sich Heidi mit den Worten: »Wir sehen uns ja bald draussen!«, dabei schenkte sie mir ihr wunderschönes Lächeln. Und Vanessa? Mit ihrer Zahnspange machte ich noch ein letztes Mal kurz Bekanntschaft, denn der Aufseher trennte uns abrupt, damit keine Drogen auf dem *Zungenweg* übergeben werden konnten. Vanessa sah ich nie wieder. Was Heidi und ich nicht wissen konnten: Wir beide würden uns wiedersehen – in einer weiteren psychiatrischen Klinik. Diesmal aber würde sie die Gefangene sein, und danach würden wir uns für lange Zeit aus den Augen verlieren.

Dreissig Jahre später tauchte sie plötzlich an einer meiner Lesungen auf. Und wo? Ich las in der psychiatrischen Klinik Waldhaus in Chur aus meinem Psychothriller *Menschendämmerung*, als mir eine Dunkelhaarige auffiel, die mir immer wieder besondere Blicke aus den Reihen der Zuhörer zuwarf. Da dämmerte es mir: Heidi! Seltsam, die Geschichten, die das Leben schreibt. Das hätten Heidi und ich mit Sicherheit nie gedacht. Wenn mir jemand 1983 gesagt hätte, dass ich heute so gute Kontakte zu dieser Klinikgruppe pflege, weil ich einige tolle Menschen kenne, die dort hervorragende Arbeit leisten, hätte ich ihn für verrückt erklärt.

Weiss der Geier warum, aber ich bekam in der Klinik Beverin irgendwann unverhofft für ein Wochenende Freigang. Frau Dr. Müller bot mir an, mich am Samstagmorgen mit ihrem Auto nach Chur mitzunehmen.

Oh mein Gott! Wie hatte ich neben dieser wunderschönen Ärztin Herzklopfen!

Tags zuvor erst war sie nach einem Untersuchungsgespräch mit mir, im Flur der Klinik, mit ihren hohen Schuhen gestürzt. Ich war zusammen mit dem Aufseher bereits ein paar Treppenstufen unter ihr, auf dem Weg zurück in den untersten Stock zum Wachsaal, als ich sie fallen hörte. Sofort drehte ich mich um und sah ihr unter den Rock – genauer gesagt, ans obere Ende ihrer Beine. Ich blieb stehen als hätte sich eine Goldtruhe vor mir geöffnet, in der der Schlüssel für den Ausgang lag. Der Aufseher, der meinen Papa kannte, sah dasselbe, aber er half ihr sofort auf die Beine, während ich lauthals loslachte. Im Wachsaal meinte er, ich müsse mit Frauen unbedingt etwas charmanter sein, zumindest beim Aufstehen hätte ich der Ärztin helfen können. Das nahm ich mir zu Herzen.

Da sass ich also am Samstagmorgen im Auto von Frau Dr. Müller auf dem Weg in ein freies Wochenende.

Nichts an ihr war nicht schön!

Ihre Lippen, die immer feucht schienen wegen des Glosses, waren umwerfend. Ihre Bluse spannte wie ein Versprechen für das, was man darunter erahnen konnte. Ihr schwarzes Haar glänzte! Bis jetzt war ich bei Frauen immer gut angekommen, also begann ich mit ihr zu flirten. Sie aber blickte mich so belustigt an, dass ihr Blick mehr sagte als ihre Worte:

»Du hast es aber schon faustdick hinter den Ohren, Kleiner!«

Das war das letzte Mal, dass ich sie sah, denn ich kehrte natürlich am Sonntagabend nicht freiwillig ins *Beverin* zurück. Erst zwanzig Jahre später telefonierten wir miteinander.

17.08.83 Mü/cm

Herr Gurt kehrte von dem von uns erlaubten Urlaub übers Wochenende am letzten Sonntag 14.8. nicht zurück. Meldete sich auch bei Frau Anderes nicht mehr. Am letzten Mittwoch, 10.08.1983, erhielt ich von Philipp Gurt einen Anruf, indem er mir erklärte, dass er bereit sei, nach Albisbrunn zu gehen und seine Schwester ihn dorthin bringe. Gestern den 18.8. erhielt ich von Albisbrunn und von dem Pat. ein Telefon, in dem er mir erklärte, dass er gestern angekommen sei und schon zur Schule gegangen sei. Aber er hätte Heimweh nach Chur und wisse nicht, wie lange er es aushalte.

Akten Albisbrunn:

17.08.83 häberli/ra

Philipp wird durch seine Schwestern ins Heim zurückge-bracht! Völlig unerwartet erscheint bei uns Claudia Bickel, Bad Ragaz, und Irma Gurt, Chur, mit Philipp. Fahrer ist Reto Nüesch, der Freund von Irma Gurt ...

... ich berichtige die Situation, ich hätte vor einiger Zeit im Gespräch mit Frl. Anderes gesagt, leider bestünde überhaupt keine Möglichkeit, Philipp notfalls in die geschlossene Abtei-lung von Tessenberg zu verlegen, bevor er 16 Jahre alt sei. Nun hat Frl. Anderes vom Leiter des Tessenbergs erfahren, man wä-re bereit, Philipp schon mit 15 Jahren im Bedarfsfall aufzuneh-men.

Diese Mitteilung übersteigt die seelische Fassungskraft von Philipp. Er will nun immer wieder wissen, ob er auf den Tes-senberg komme, wenn er sich bei uns recht mache ...

Das weitere Vorgehen sehen wir so, dass Frl. Anderes in 2–4 Wochen mit einer der nun anwesenden Schwestern zum Ge-spräch hierher käme, damit wir für ihn konkret planen könnten. Immerhin sei es doch so, dass er, obwohl er am 16. Mai 1983 hier eingetreten war, höchstens 4–5 Tage bei uns war.

... die beiden Schwestern reden Philipp zu und verabschieden sich dann ...

Eine Woche später ...

23.8.1983 Philipp entweicht zusammen mit Michael M. (Tschattis)

Tschattis schwärmte ich von meinem Leben auf der Kurve vor, sodass er mitkommen wollte.

Im Albisbrunn erhielten wir Jugendlichen sogenannte Aus-gangsscheine – grüne und rote. Diese berechtigten uns für einen kurzen festgelegten Zeitraum, zu Fuss ins nahe Dorf Hausen am Albis zu gehen und uns dort entsprechend der erlaubten Frist aufzuhalten. So konnten wir beispielsweise im *Lädeli* etwas kaufen oder im Restaurant *Krone* etwas trinken gehen – wenn wir denn Geld hatten. Logischerweise bekam ich nie einen grünen Schein, höchstens mal einen roten. Die erlaubte Zeit, in der wir uns vom Heim entfernen konnten, war von 13:30 bis 14:15 Uhr. Der *Dorfsheriff* kontrollierte uns hin und wieder und war sichtlich stolz, dass er auf dem Polizeiposten sogar eine Zelle hatte. Dank Tschattis erhielten wir Scheine, er einen grünen, ich den roten. Zwei Velos waren im Dorf schnell geklaut. Mit diesen düsten wir – der Strasse folgend – abwärts. Einfach weg! In einer Wiese rauchte Tschattis erst mal gemächlich einen Joint. Die Sonne schien, es war ein wunderbarer Sommertag. Irgendwas hatte er sich zusätzlich noch eingeworfen, denn plötzlich war er derart high, dass er nicht mehr Velo fahren konnte. Mittlerweile musste die Polizei alarmiert worden sein, denn wir waren schon mehr als eine Stunde überfällig.

Es eilte deshalb! Ich stellte mich an die Strasse, um per Anhalter weiterzufahren.

Ein Wagen mit zwei Männern darin hielt an.

»Verdammt, die Bullen!«, dachte ich.

Doch es waren keine Zivilfahnder!

Tschattis fiel auf den Hintersitz und kippte sofort wieder weg.

Wir wollten nach Adliswil – zu Heidi.

Während der Fahrt wurde ich plötzlich unsicher, ob die beiden Typen nicht doch Zivilfahnder waren. Immer wieder blickten sie zu uns nach hinten und dann trafen sich ihre Blicke vielsagend.

Plötzlich bogen sie von der Strasse in einen Waldweg ab. Es wäre eine Abkürzung Richtung Adliswil, beschwichtigten sie uns auf mein Nachfragen hin. Immer weiter fuhren sie in den Wald und nun wurde mir klar, was lief! Tschattis hatte eine derartige Mattscheibe, dass er vor sich hin grinsend nichts mitbekam. Er, der wie ein Tiger kämpfen konnte, gegen den ich haushoch verlieren würde, war im Drogenrausch weggetreten. Vehement forderte ich die Typen auf, uns sofort aussteigen zu lassen. Die Sprüche darauf waren deutlich:

»Erst einen Arschfick, dann könnt ihr gehen – vielleicht!«

Die hatten sofort geschnallt, dass wir auf der Flucht waren und mit Sicherheit nicht zur Polizei gehen würden. Mein Blick hatte uns beim Zusteigen verraten. Ich Idiot!

Angst packte mich!

Mir kamen die ganzen *Aktenzeichen XY... ungelöst*-Fälle in den Sinn, die ich bei meiner Schwester Mary an den Wochenenden gesehen hatte. Ich sah uns beide bereits erdrosselt im Wald liegen und hörte die Stimme von Eduard Zimmermann, wie er die Meldung in der Sendung verlas. So sehr ich versuchte, Tschattis aufzurütteln, der bekam nichts mit. Ich war also allein!

Panik hat viele Gesichter.

Ich lehnte mich leicht zu Tschattis hinüber, da ich hinter dem Fahrer sass. Ich begann mit meinem Fuss plötzlich heftig gegen den Kopf des Typen zu treten. Immer weiter trat ich mit dem Fuss nach, sodass er nicht mal eine richtige Notbremsung einleiten konnte. Dazu schrie ich etwas wie: »Verdammte Schweine!« Als Kind schon hatte ich kräftige Beine und das war jetzt mein Vorteil. Dem Fahrer schien übel geworden zu sein, er taumelte aus dem Wagen. Ich blieb in ängstlicher Abwehrstellung mit dem Rücken an Tschattis gelehnt auf dem Hintersitz zurück. Falls er – oder sie zusammen – die Türe aufreissen sollten, konnte ich mich mit den Beinen nochmals wehren. Doch die beiden schienen völlig überrumpelt zu sein. Der Beifahrer eilte zum verletzten Fahrer, dem es gar nicht gut zu gehen schien. Da erst kam mir mein Taschenmesser in den Sinn, das ich schon damals immer bei mir trug. Mein Papa hatte mir mehrmals gezeigt, wie ich mich in äusserster Not wehren könnte, falls mich jemand totschlagen wollte oder so. Die scharfe Klinge machte mir auf einmal Mut. Es war ja nur noch einer der Typen übrig. Ich würde ihm einfach in den Hals stechen, falls er mich packen sollte.

Tschattis war kaum aus dem Wagen zu bekommen. Ich tätschelte ihm mehrmals kräftig das Gesicht und boxte ihn auf den Oberarm. Dies tat ich, bis er reagierte und murrend herauskam.

Ein paar Meter neben der schmalen Waldstrasse legte er sich einfach wieder hin. Ich stand mit dem Messer in der Hand wie ein tollwütiger Hund da und liess keinen Zweifel aufkommen, dass ich, falls sie mich angreifen würden, zustechen würde. Doch die beiden hatten anderes im Sinn. Der Fahrer hielt sich halb benommen seinen Kopf, als er auf der Beifahrerseite einstieg. Dabei sagte er mir etwas in seinem Zürcher Dialekt, das ich nie vergessen werde:

»Du bisch jo so ä Spinner!«

Also war nun auf einmal ich der Spinner?

Bis Tschattis endlich wieder klar war im Kopf, hielten wir uns abseits der Strasse versteckt, falls die Schweine wider Erwarten zurückgekommen wären. Als mein Freund wieder fit war, liefen wir elend lange, bis wir endlich auf die Strasse zurückfanden.

Wie wir nach Adliswil kamen, weiss ich nicht mehr.

Doch Heidi war nicht da, die WG geschlossen. Uns blieb nur das Risiko übrig, mit dem Zug nach Chur zu fahren, doch wir hatten Glück!

Ein paar Stunden später kamen wir in der *Villa Kunterbunt* an und pennten auf den verdreckten Matratzen. Tschattis gefiel das alles gar nicht. Nichts da mit Girls, Autos und Filme anschauen. Am nächsten Morgen gegen halb neun erschienen völlig unerwartet mein Papa und meine Schwester Irma in der schäbigen Absteige. Der Ekel stand Irma ins Gesicht geschrieben. Ich bin mir sicher, sie hat danach ihre Schuhe in die Plessur geworfen. Irma war und ist so extrem sauber, dass man bei ihr nicht mal auf der Toilette hätte essen dürfen, weil sie Angst hatte, man könnte dabei das WC schmutzig machen.

Sie hätte ein Telefonat erhalten, mahnte sie mich an diesem Morgen, von wem, weiss ich nicht mehr, von einem Heim oder aber von der Vormundin. Ich müsste sofort zurückkehren, sonst würde man mich in den Tessenberg bei Prêles einweisen. Tessenberg war die Haftanstalt für über 16-Jährige, mit dem Stempel: Endstation! Vor zwanzig gäbe es dort kein Entkommen.

Auf ihr Drängen hin willigte ich ein, sofort zurückzukehren. Der ganze Aufwand für nur ein paar Stunden geliehener Freiheit! Tschattis war zu recht sauer auf mich. Er kam nicht mit und tummelte sich noch ein paar Tage herum, bevor auch er freiwillig zurückkehrte. Irma brachte mich zu Frl. Edith A. zurück. Papa und Irma waren damals die einzigen Personen, die es fertig brachten, dass ich mich freiwillig in ein Heim begab.

Protokollauszug des Gruppenleiters:
24.8.83 Schütz
Philipp ist wieder da ... Heute Nachmittag bringt Frau Anderes den Burschen zurück ... Frau Anderes setzt sich noch dafür ein, dass Philipp trotzdem, falls er endlich bleibt, am 10. September in Urlaub gehen könnte ... Ich mache aber deswegen gar keine Versprechungen.

Ein paar Tage blieb ich, ging zur Schule und knüpfte weiter mit Tschattis Kontakt. Dr. Häberli, der Heimleiter und Herr Schütz, mein Gruppenleiter, redeten mir ins Gewissen und gleichzeitig sprachen sie darüber, dass ich in zehn Wochen das erste Mal Urlaub bekäme. Zehn Wochen! Das ist eine Ewigkeit, wenn man 15-jährig ist. Solange, das wusste ich, würde ich es nicht aushalten. Auch wenn der Strick auf mich warten sollte! Frau Edith A. hatte sich nicht umsonst darum bemüht, dass ich in zwei Wochen bereits Urlaub bekommen sollte. Sie wusste schon, warum – sie wollte mir eine Starthilfe geben. Es war aber alles vergebens.

Einen Tag später ...
25.8.83 Protokoll Albisbrunn
Philipp entweicht, nachdem er gestern und heute ausgestiegen ist ... Durch Jugendliche der Gruppe haben wir erfahren, dass gestern Nacht Jugendliche der Gruppe nächtlicherweise ausgestiegen waren. Wiederum war Philipp der, welcher den andern erzählt hatte, er würde nach Adliswil gehen um 500

Franken zu holen. Wo Philipp genau sich in der ersten Nacht zusammen mit dem erst eingetretenen Fredy K. und XXXXX herumgetrieben hat, wahrscheinlich im Bereich Türlersee, und was sie getan haben, steht heute noch nicht fest. Übel an der ganzen Geschichte ist, dass Philipp den Neuling Fredy K., ebenfalls ein Bündner, zum Mitkommen überreden konnte. Die Fenster zum Aussteigen wurden durch XXXX geöffnet. Am Morgen waren dann die beiden Mitglieder der Gruppe müde, was dem Gruppenleiter auffiel.

Nun war vereinbart worden, dass sie auch die letzte Nacht wieder aussteigen würden. XXXX und XXXX war dies nicht mehr geheuer.

Blick in den Wohnbereich eines der Gruppenhäuser, in denen sechs bis zwölf Jugendliche zusammenleben.

Meine *Gruppe: Bildarchiv NZZ vom 7.9.1983,*
vorne links Tschattis

Dass wir verpfiffen worden waren, davon hatte ich am folgenden Tag nichts mitbekommen. Mit ein paar anderen Jugendlichen wollten wir in der folgenden Nacht nochmals aussteigen, um diesmal nach Zürich zu flüchten. Den Tag hindurch ging ich in die Heimschule, als ob nichts wäre. Als wir am Abend nach 21 Uhr als Gruppe wieder eingeschlossen wurden, warteten wir bis gegen 23 Uhr. Dann versammelten sich alle in meinem Zimmer. Demonstrativ rauchte ich eine Zigarette und drückte sie auf meinem Pult aus. Die anderen taten es mir gleich.

Mit Werkzeug, das wir problemlos in den Heimwerkstätten organisiert hatten, öffneten wir die Fenster und stiegen aus. Zwei nicht abgeschlossene Mopeds, die zwei Lehrlingen gehörten, sollten in der Nähe bereitstehen. Zu viert hätten wir mit ihnen durch die Nacht davonfahren können. Hätten! Wären wir nicht verpfiffen worden. Anstelle der Mopeds erwarteten uns der Heimleiter und der Werklehrer. Egal, was Dr. Häberli in den Akten dazu vermerkt hat: Im Moment, in dem sie uns stellten, schlug er mir im Halbdunkeln so heftig ins Gesicht, dass mein linkes Ohr bis heute geschädigt ist. Im Protokoll steht dazu:

Ich versetzte Philipp einen Klaps (von Ohrfeige kann hier nicht gesprochen werden).

Das ist schlicht und einfach nicht wahr. Der Schlag war so heftig, dass ich mich während einiger Sekunden erst einmal orientieren musste. Ich weiss noch ganz genau, was ich dann sagte:

»Danke, Herr Dr. Häberli, dass sie mich so geschlagen haben. Das hilft mir sicher weiter! Jetzt sehe ich wieder klar, auch wenn ich dafür nur noch auf einem Ohr hören kann!«

Von zwei anderen Jugendlichen weiss ich, dass ihnen Gleiches geschah, wenn auch durch andere Angestellte des Heimes. Bei einem der Vorfälle war ich anwesend, denn der Bursche ging in dieselbe Klasse wie ich. Giusi hiess er und war in der S1 untergebracht. Er war es, der auf unseren Lehrer losgegangen war und nach der daraus resultierenden Schlägerei ebenfalls aus einem Ohr blutete. Der zweite war Fredy K., der andere Bündner. Er zeigte mir, wie er nach dem Schlag Rauch aus dem Ohr blasen konnte, während er eine Zigarette qualmte. Dabei lachte er.

Weiter im Protokoll:

Dr. Häberli/ef

Da es gilt, noch in der gleichen Nacht sieben Gruppenmitglieder einzuvernehmen, und ich Philipp mindestens bis zum Abschluss der Einvernahme sicher gestellt haben wollte, veranlasse ich ihn, den Trainer anzuziehen, und will ihn unten im Keller einschliessen. Wie ich den Raum aufschliesse, entwischt er mir und rennt barfuss aus der Gruppe. Wir suchen ihn dann noch.

Am Morgen, 26.8.83, schleicht er immer noch ums Haus ...

Nachdem ich mir den Trainer anziehen musste und es Richtung Keller ging, war mir klar: Die wollten mich einsperren! Nach meinen Erlebnissen als Sechsjähriger in Haldenstein musste ich das um jeden Preis verhindern:

Schnell reisse ich mich los und renne die Treppen rauf.

Scheisse, der Haupteingang ist abgeschlossen!

Vergeblich rüttle ich kurz an der Türe, im Wissen, nur wenige Sekunden Vorsprung zu haben. Voller Panik versuche ich als letzte Möglichkeit, aus der kleinen Türe des Nebeneinganges zu entwischen. Sie haben beim Reinkommen tatsächlich vergessen, diese abzuschliessen. Wie ein Pfeil zische ich barfuss in die kühle Nacht hinaus. Ich fühle den kalten Steinboden unter meinen Füssen, der mir beim Davonsprinten Halt gibt. Obwohl es erst Ende August ist, liegt schon herbstliche Kühle in der Luft.

Barfuss und nur mit dem Trainer bekleidet, verstecke ich mich in einem nahen Maisfeld, in der Hoffnung, dass sie nicht mit einem Hund kommen. Vom Schlag des Heimleiters ist mir noch immer schwindlig und etwas schlecht. Ich versuche, mich ganz ruhig zu verhalten.

Nach etwa zwei Stunden ist mir aber scheisskalt, doch der Sternenhimmel über mir ist wunderschön! Eine klare, herrliche

Spätsommernacht. Die Landschaft liegt so friedlich da, dass mir das Lied *Der Mond ist aufgegangen* in den Sinn kommt. Ich muss leise lachen. Es ist ein Lied, das wir in den ersten Jahren im Waisenhaus so oft sangen: »... der Wald steht schwarz und schweiget, und aus den Wiesen steiget der weisse Nebel wunderbar.«

Nach einer geschätzten Stunde ist mir klar, dass ich nicht die ganze Nacht draussen durchhalten kann. Meine Füsse sind eiskalt und ich zittere wie Espenlaub.

Doch wohin?

Mir fällt etwas Freches ein.

Vorsichtig schleiche ich mich gegen zwei Uhr zurück aufs Heimareal der Gruppe S1, weil die Jugendlichen dort ihre Fenster öffnen können. Leise klopfe ich an Giusis Fenster. Er ist ein kräftiger, untersetzter Typ, der ziemlich einfach gestrickt ist und nicht viel über dieses oder jenes nachdenkt. Bei ihm lege ich mich auf den Boden und schlafe sofort ein. In seinem Zimmer wird mich mit Sicherheit keiner suchen.

Um sechs klettere ich, noch immer barfuss, aus dem Fenster und will aus dem Heimareal verschwinden. Doch kurz bevor ich dieses verlassen kann, kommt mir unsere Praktikantin entgegen, die zum Frühdienst will. Sie ist sehr erstaunt, als wir uns wenige Meter vor der Strasse begegnen, und will natürlich wissen, was ich um diese Uhrzeit denn da mache – und vor allem barfuss.

»Ach ja, das fragen Sie besser den Schütz, diesen Heubauch! Zur Strafe muss ich barfuss ins Dorf und zurück rennen. Das ist doch krank, oder?«

Sie äussert sich wie erwartet nicht dazu. Mir ist klar, in etwa drei Minuten wird sie die Gruppe erreicht haben und spätestens dann Bescheid wissen.

Nur eine Möglichkeit bleibt mir. Auf der Strasse strecke ich den Daumen aus und tatsächlich, ein junger, lockerer Typ hält an und bringt mich nach Zürich. Beim Einsteigen ist ihm bereits klar, dass er mit mir einen Ausreisser mitnimmt.

Er schaltet fetzige Musik ein und weg bin ich ...

28.8.83 häberli/ef
Weisung: Sollte Philipp während meiner Militärabwesenheit angehalten werden können, dann mit Fräulein Anderes Kontakt aufnehmen und ihn nach Möglichkeit in das Durchgangsheim Platanenhof verlegen lassen ...

Einziges Foto während meiner Flucht,
Datum unbekannt

SCHLUPFHUUS
PFARRER SIEBER

· · ·

Zu Heidi konnte ich nicht mehr. Den Behörden war schon länger bekannt, wo sie wohnte. Ausserdem war sie nicht auffindbar. Ein Bekannter von ihr brachte mich, mitten in der folgenden Nacht, deshalb ins Schlupfhaus nach Zürich.

Ein Bett wurde mir zugeteilt, damit ich mal in Ruhe schlafen konnte. Am nächsten Tag war Pfarrer Sieber anwesend und redete ein paar Worte mit mir, an die ich mich aber nicht mehr exakt erinnern kann. Nur, dass er dauernd vom *Buab* geredet hatte.

»Dä Buab bruucht doch es Dihai.«

Das Team im Schlupfhaus war in den nächsten Tagen sehr um eine Lösung mit der Vormundschaftsbehörde bemüht, doch trieben mich die Gespräche und Vermittlungsversuche in die Enge, sodass ich nach Chur flüchtete.

STADTMISSION
CHUR

. . .

Am Montag, den 31.08.1983, tauchte ich bei der Stadtmission in Chur unter. Gemeindemitglieder hatten mich ja bereits im *Beverin* besucht und mir ihre Hilfe angeboten. Die wollte ich nun nutzen, auch wenn sie mir wieder von diesem Jesus erzählten und die Ohren *vollquatschten*, aber ohne aufdringlich zu sein. Eigentlich hörte ich ja interessiert zu, zeigte es aber nicht.

Mir wurde ein Zimmer zugeteilt und es gab ordentlich etwas zu essen. Sie erzählten weiter über Jesus, der angeblich alle lieb hat und mir helfen würde, wenn ich ihn doch nur als meinen Herrn und Retter annehmen könnte. Mir kam sofort wieder dieser weisse Handschuh in den Sinn, den ich während der Bibelstunde in meiner *Waisenhauszeit* nicht überstülpen konnte – und nun war ich doch noch viel schlimmer. Ich würde nicht mal in einen christlichen weissen Skianzug passen, dachte ich und hörte nach aussen hin teilnahmslos zu. Doch im meinem Innersten sprach ich wieder zu *meinem Gott*, fragte ihn, warum denn alles gerade so Scheisse war. Es musste doch einen Gott geben! Oder? Denn ich glaubte, dass er zwar keine Gebete direkt erhört, aber mich immer wieder begleitet hatte und so mir half, mir selbst zu helfen.

Die nächsten Tage half ich im Haushalt und bei kleineren Arbeiten. Mich störte es nicht, wenn sie alle beteten und Gott fürs Essen dankten und ihm alle ihre Sorgen dabei auferlegten. Doch von diesem Jesus bekam ich nicht viel mit. Nur so viel, dass es schön wäre, wenn es tatsächlich einen Ort der Ruhe, der Geborgenheit und Sicherheit für mich gäbe.

Da auch die Stadtmission mit der Vormundschaftsbehörde reden musste, erfuhr ich, dass ich in der darauffolgende Woche am Samstag wieder ins Albisbrunn gefahren werden musste.

In den Akten fand ich die Notiz, dass meine Vormundin mich lieber im Platanenhof inhaftiert hätte, aber dieser war voll belegt.

Drei Tage später flüchte ich aus der Stadtmission.

Irgendwie nehme ich die Frage mit, was denn Gott in meinem Leben für eine Rolle spielt. Es wäre ja zu schön, wenn es einen geben würde – einen Gott, der mich so liebt, wie ich bin!

DIE FLUCHT GEHT
IMMER WEITER

. . .

Protokolle

5.9. 83 schütz/häberli/vz:

Erkläre mich bereit, Philipp noch einmal aufzunehmen, allerdings habe er dann in Begleitung von Frl. Anderes hierherzukommen. Der Heimleiter hatte die Absicht, mit Herr Gutknecht Leiter Tessenberg anlässlich der letzten Jugendheimleitersitzung zu sprechen, um sich zu erkundigen, wie allenfalls die Chance für die Aufnahme von Philipp stünden. Herr Gutknecht hat leider an der Heimleitersitzung nicht teilgenommen.

28.9.83 häberli/ef:

Vergangene Woche hat sich Philipp telefonisch mit Frau Müller in Verbindung gesetzt und gefragt, ob er eventuell wieder in den Platanenhof könnte. Berichtet, der Heimleiter hätte ihn in den Keller einsperren wollen. Hat offensichtlich Angst vor einer Versetzung auf den Tessenberg.

06.10.83 schütz:

Tel. mit Frl. Anderes

Frage, ob sie etwas von Philipp wisse, sie sagt, sie habe von der Schwester vernommen, dass er sich zur Zeit wieder in Chur aufhalte, wisse aber nicht, wo.

07.10.83 häberli

Weisung an Sekretariat, Buchhaltung und Gruppe. Akten so abschliessen. Gruppe Effekten packen.

Sollte Philipp wieder auftauchen und sollten wir ihn wieder aufnehmen, dann ist ein zweites Eintrittsdatum festzulegen.

17.10.1983
Tel. von Philipp.
Ob er wieder zurückkommen könne. Will sich wegen seines Davonlaufens entschuldigen. Sage ihm, er solle jetzt sofort zu Frl. Anderes gehen. Ich hätte nicht die Absicht, mit ihm zu verhandeln. Ich würde deswegen nur mit Frl. Anderes sprechen ... Er soll Kontakt mit Frl. Andres aufnehmen ...

18.10.83
Tel. von Frl. Anderes.
Nach dreimaligem Anlauf kam Philipp dann gestern zu Frau Anderes. Am kommenden Do. wird Philipp durch den Jugendanwalt Hr. Vinzenz in Chur einvernommen. Herr Vinzenz wird mich am Donnerstag oder Freitag früh anrufen.
Provisorische Vereinbarung. Frau Andres bringt Philipp am Monat 24.10.1983 um 14:30 Uhr hierher.
Wo Philipp sich in all der Zeit herumgetrieben hat, wird kaum herauszufinden sein. Er erzählt sowieso kaum die Wahrheit.

21.10.83 Häberli/ef:
Telefon von Jugendanwalt Vinzenz Chur.
Jugendstrafrechtlich liegt eigentlich nicht genügend vor, damit Philipp durch den Jugendanwalt eingewiesen werden könnte. Allerdings ist Herr Vinzenz entschlossen, sollte Philipp wieder durchbrennen, ihn dann vorerst einmal im Untersuchungsgefängnis Sennhof in Chur einzuschliessen.

24.10.83
Philipp wird von Frl. Anders zu uns gebracht. Hr. Dr. Häberli macht Philipp klar, dass dies der letzte Versuch mit ihm sei. Philipp sagt (wie immer), dass er sich dessen bewusst sei.

Die Fluchtwochen aus meiner Sicht:

Sie waren sehr anstrengend. Ich tauchte nach der Stadtmission ab und schlief bei Menschen, die ich nur über Dritte flüchtig oder gar nicht kannte. Mal auf einer Couch, mal am Boden oder auf einer Matratze liegend, fand ich meinen Schlaf. Ich bekam einen Teller Cornflakes oder einen Apfel, ein Stück Brot mit Käse und manchmal ein richtiges Menü zu essen. Wenn ich nirgends einen Platz fand, schlief ich draussen in einer nicht einsehbaren Mulde im Gras oder am Waldrand. Die Nächte waren kalt, ich fror in diesen Zeiten so oft, dass ich es nicht mehr zählen konnte. Ich weiss auch nicht mehr, wie vielen Menschen ich – meist nur kurz – begegnet bin. Oft waren es Menschen am Rande der Gesellschaft, solche wie ich. Bisweilen nahm mich eine junge Frau mit, bei der ich im Bett übernachtete, nachdem sie mich duschen konnte – duschen musste! Meine stinkenden Kleider landeten jeweils in einer Waschmaschine. Bis zum Morgen waren sie dann wieder trocken. Manchmal wunderte sich eine der Frauen, warum so viele eingenähte und verschiedenfarbige Namensetiketten in meinen Kleidern zu finden waren. In jeder Institution, deren Bekanntschaft ich machte, wurde mir ein neues Namensschild für die Wäsche eingenäht. So sammelten sich diese an, bis mir wieder ein Kleidungsstück zu klein wurde.

Als ich wieder mal auf der Suche nach einem Schlafplatz war, gab mir jemand eines Abends eine Adresse in Zizers an, das wenige Kilometer ausserhalb von Chur lag. Dort könnte ich für ein paar Tage unterschlüpfen. Die Adresse konnte ich einfach nicht finden. Deshalb klingelte ich erst spät am Abend an einer Haustüre, im Haus drinnen brannte noch Licht. Ich erkundigte mich nach der Adresse.

Ein freundlicher Mann öffnete die Türe. Irgendwie gab es diese Anschrift nicht, zu der ich hinwollte, ich musste etwas falsch verstanden haben. Der Mann begann mit mir zu reden und fragte, was denn mit mir los sei. So tischte ich ihm irgendeine Geschichte auf, und erklärte ihm, warum ich keinen Schlafplatz hatte. Da bat er mich in sein Haus. Wie gesagt, nach wochenlanger Flucht auf der Gasse sah ich nicht gerade aus wie ein Kandidat für einen Werbespot für Adoptivkinder. Seine Frau bat mich, an ihrem Tisch Platz zu nehmen, und wärmte mir etwas zum Essen auf. Ein seltsames Gefühl überkam mich, denn ich spürte, ich war mitten in eine intakte Familie hineingeplatzt. Die Kinder schliefen bereits, ich fühlte mich wie ein Fremdkörper. Nicht wegen meiner Ungepflegtheit, sondern weil ich so familienlos war.

Nach dem Essen geschah etwas, das mir in Erinnerung blieb und bei mir ein schlechtes Gewissen auslöste an diesem Abend.

Einer der Söhne wurde aufgeweckt, musste für mich sein Bett räumen und bei seinen Eltern schlafen! Schlaftrunken schaute er mich an und schlurfte in ein anderes Zimmer. Sein Bett wurde für mich extra frisch bezogen! Dass nach mir das Bett frisch bezogen werden würde, das war für mich ohnehin klar – aber doch nicht vor mir! Ich hätte problemlos in diesem Bett übernachtet, selbst wenn die Wäsche zuvor ein Jahr lang nicht gewechselt worden wäre.

Was ich nicht wissen konnte – sonst hätte ich bestimmt nicht geklingelt – war, dass ich mir die Familie Zindel *ausgesucht* hatte. Heinz Zindel, der mir die Türe geöffnet hatte, war der Heimleiter des christlichen Kinderheims *Gott hilft* in Zizers!

Als ich an jenem Abend im Bett lag, lauschte ich in die Stille dieser Familie hinein! Es fühlte sich fast wie Weihnachten im Sommer an. Noch immer konnte ich es kaum glauben, was da gerade jemand für mich getan hatte. Das Bett des eigenen Sohnes für einen Streuner wie mich bereitzumachen – wow! Und noch etwas fühlte ich: Eine intakte Familie ist wie ein eigenständiges Lebewesen, das von allen Beteiligten erschaffen wird und am Leben erhalten werden muss.

Bevor ich einschlief, fragte ich Herrn Zindel, ob er mich in der Früh zeitig aufwecken würde, denn ich müsste dringend noch vor acht Uhr in Chur sein.

Nach dem Frühstück fuhr er mich mit dem Auto in die Stadt. Auf der Fahrt erzählte ich ihm etwas ehrlicher von meiner Situation.

Wieso ein Platz für mich im Kinderheim *Gott hilft* für meine Vormundin nie ein Thema war, weiss ich nicht. Wahrscheinlich war ich schon zu sehr vom Milieu geprägt und hätte dort zu wenig Halt gefunden. Ob ich dort selbst nach einem Platz angefragt hatte, weiss ich auch nicht mehr. Heinz Zindel würde ich erst viele Jahre später wiedersehen, doch die Erinnerung von damals blieb lebendig und dankbar in meinem Herzen verwurzelt – an diesem Abend erlebte ich gelebte Nächstenliebe durch eine christliche Familie. Danke!

Eigentlich wusste ich damals nicht, warum ich es nur einmal länger als ein paar Tage auch in einer gepflegten Frauenwohnung ausgehalten hatte.

Manuela, eine junge Coiffeuse, lernte ich kurze Zeit nach den Zindels auf der Strasse kennen, als ich sie um zwei Franken anpumpte, um zu *telefonieren*, da ich kein Kleingeld hätte. Sie lachte mich an und kramte ihr Portemonnaie hervor.

Oh mein Gott – sie duftete so herrlich und ihr Haar glänzte himmlisch!

»Bist du sicher, dass zwei Franken reichen?«, fragte sie und lächelte mich wieder an.

»Wenn ich ehrlich bin, habe ich gerade andere Probleme. Ich versinke soeben hilflos in deinen Augen!«, antwortete ich wie immer sehr direkt. Sie war nicht der Typ, der verlegen wurde, auch nicht, als ich auf ihr Lächeln hin meinte, dass ich, wenn ich sie weiter so anschaue, spüre, was mir wirklich fehle.

»Ich habe um 18:30 Uhr Feierabend – falls du dann wieder hier bist?«

Es war ein Risiko, zu dieser Zeit an diesen Ort zurückzukommen – doch ich kam und sie auch!

Sie trug weisse, enge Hosen und zwei schmale schwarze Nietengurte, die sich schräg überkreuzten, dazu ein enges T-Shirt.

In der Hand hielt sie ein Glacé. Als ich sie so sah, fühlte ich mich einfach nur schmutzig und kaputt.

Manuela nahm mich mit nach Hause und kochte etwas. Dabei blickte sie mich immer an und ich hoffte, nicht allzu sehr zu stinken, was ich aber garantiert tat.

»Weisst du eigentlich, dass ich dich kenne, Philipp? Du bist der Sohn von Rädel. Ich habe dich früher ein paarmal auf der Bank beim Obertor mit ihm zusammen sitzen sehen. Da warst du mit dieser Blondine zusammen!«

Wir assen, dann duschte ich. Meine dreckige Wäsche landete einmal mehr in einer Waschmaschine. Sie gab mir einen Morgenmantel von ihr. Der duftete so wunderbar, wie es nur Morgenmäntel von Frauen können, und war aus feinstem Stoff. Draussen war es noch hell, als sie mich ins Bett zog. Wir redeten erst lange. Sie wollte alles von meiner Geschichte wissen. Nur wenige Bruchteile erzählte ich ihr, doch schon dies schien sie sehr zu berühren. Sie hörte zu, als wollte sie mich beschützen, mich trösten. Für mich war es einfach bloss eine Geschichte, wenn auch meine eigene.

Irgendwann war es Zeit zu schlafen.

Da geschah etwas Seltsames!

Ihr warmer Körper lag eng an mich geschmiegt. Ihr Duft umhüllte mich, als läge ich neben einer Göttin. Mir fehlte es vermeintlich an nichts und ich hatte etwas gegessen. Ausserdem würde mich hier bei ihr niemand aufspüren. Ich war also sehr sicher! Sie war zweiundzwanzig und hatte warme Augen, die wie ein Septembertag leuchteten. Sie kuschelte sich nah an mich, das störte mich nicht. Scheinbar tat ihr meine Nähe gut, irgendwie tat ich ihr gut, warum, das war mir schleierhaft. Ich fühlte mich wie ein durchlöcherter und damit leerer Kübel.

Ich wollte einschlafen und mich wie immer wegknipsen.

Eigentlich war ich schon fast *drüben*, als ich fühlte, wie ich vom Liegen ins Sitzen hochschoss, fast so, als hätte ich einen Stromschlag verpasst erhalten!

Mein Herz raste! Ich atmete so heftig, als wäre ich soeben vor der Polizei weggerannt.

Aufrecht blieb ich im Bett und atmete laut. Meine Herzschläge donnerten in meiner Brust. Manuela setzte sich verwundert langsam auf, knipste das Nachtlicht am Bett an und legte die Decke um uns, als ich ihre Augen sah. Soviel Wärme und Mitgefühl lagen in ihnen! Scheinbar verstand sie, was in mir vorging – im Unterschied zu mir selbst! Was zum Teufel sah die Frau in mir? Sie war sieben Jahre älter, hatte eine Wohnung, ein Zuhause, zu dem dieser wundervolle Morgenmantel gehörte.

Wozu brauchte sie da noch mich?

Leise flüsterte sie:

»Ist doch okay – du hast ja so viel eingesteckt. Zuviel für einen einzigen Menschen! Ich weiss viel mehr über dich, als du glaubst ...«

Was zum Teufel war los mit mir? Ich verstand rein gar nichts mehr! Am liebsten wäre ich in die Nacht hinaus gerannt und eine Felswand hinuntergesprungen. Als hätte mich ein Monster in dem Moment gepackt, als ich die Türe zu meinem Todesschlaf geöffnet hatte. Irgendeine innere Pforte war zu wenig sicher verrammelt gewesen. Etwas in mir hatte soeben wie ein Teufel gewütet und kurz seine Fratze gezeigt!

Manuela hatte sehr gepflegte Fingernägel, die mich sanft kratzten, so dass ich mich langsam beruhigte. Zum ersten Mal *fühlte* ich eine Berührung, als wäre kurzzeitig mein Schutzpanzer durchlässig geworden. Mein Atem wurde ruhiger, dann erst merkte ich, dass ich wie Espenlaub zitterte – als sässe ich frierend irgendwo draussen. Es schien mir, als hätte jemand in mir laut aufgeschrien – eine Kinderstimme! Kein Wort sagte ich zu ihr in dieser Situation, nicht einmal ein Dankeschön für die Decke. In meinen Augen musste die nackte Angst und Verzweiflung sichtbar gewesen sein. Ich schämte mich wie ein geprügelter Hund, so schwach zu sein!

Am nächsten Morgen frühstückten wir gemeinsam. Sie stand mit einer Tasse Kaffee in der kleinen Küche und blickte mich so liebevoll an, dass ich es fast nicht aushielt. Meine Kleider holte sie aus dem Trockner – frisch und sauber! Ein schönes Gefühl, frisch geduscht in frisch gewaschene Kleider zu schlüpfen.

Zärtlich küsste sie mich, denn sie musste zur Arbeit.

Den ganzen Morgen blieb ich im Wohnzimmer sitzen, umgeben von all den Dingen, die Manuela gehörten. In dieser so gepflegten Frauenwohnung empfand ich mich als Fremdkörper.

Was war gestern Abend bloss los gewesen?

Noch immer konnte ich mir keinen Reim darauf machen, dafür sass mir der Schreck noch immer in meinen Knochen.

In ihrer Mittagspause setzten wir uns neben dem Haus in die warme Septembersonne. In einer kleinen Laube, die von der Strasse her nicht einsehbar war, küsste sie mich sanft. Zum ersten Mal erwiderte ich die Küsse mit einem schönen, aufkeimenden Gefühl in mir. Zum ersten Mal in meinem Leben fühlte ich, dass jemand verliebt war in mich. Heidi war irgendwie in einer seltsamen Mischung verrückt nach mir. Vanessa fand mich einfach nur aufregend wild. Iris und ich waren ein spezielles Paar ausserhalb der Zeit – einander extrem nah, doch nicht verliebt. Doch Manuelas Augen hatten einen Glanz, den ich auch danach während vielen Jahren nicht vergass.

Echt zärtlich sein konnte ich nicht richtig. Ich berührte sie einfach so, wie ich es von den anderen Frauen beim Sex gelernt hatte, und wusste nur vom Kopf her, was ihr gut tun würde. Immerhin liess ich ihre Zärtlichkeiten innerlich etwas zu, als ich sie in meinen Armen hielt. Es waren aber unsere Gespräche, die mich berührten.

So erfuhr ich auch ihre Geschichte – keine schöne, eine weitere traurige Lebensgeschichte. Ein Stiefvater, der kein Vater war – eine Mutter, die wegsah.

Immer wieder fragte ich mich, was an mir denn so besonders sein könnte, dass sie mir solche Gefühle zeigte. Wieso mochte sie mich überhaupt? Was denn? Ich verstand es nicht.

Beinahe jeden Abend schreckte ich kurz vor dem Einschlafen hoch und beruhigte mich nur langsam wieder. Es waren sehr schlimme Momente, als würde ein Heer von furchtbaren Monstern aus mir herauskriechen und mich dabei mit ihren Klauen innerlich zerfleischen. Immer wieder *hörte* ich aus meinem Innersten diese Kinderstimme laut aufschreien – das war das Schlimmste dabei! Diese Schreie von diesem kleinen Jungen!

Manuela schmiegte sich jedes Mal an mich, als würde ich sie trösten. Sie schien glücklich zu sein mit mir. Meine Gefühle waren aber in diesen Tagen so durcheinander, es schien mir, als versuchte sie, mir wunderschöne Schuhe zu schenken, die aber noch viel zu gross waren für mich.

Zwei Wochen vergingen – so lange hatte ich es bisher noch nie bei einer *Einzelperson* ausgehalten.

In dieser Zeit war für mich das Schönste, einfach im Bett zu liegen und mit ihr zu reden oder gemeinsam einen Film reinzuziehen. Sie lachte so oft über meine Sprüche und nannte mich *Süsser*.

Obwohl Manuela die bis dahin liebevollste Frau war, die ich kennengelernt hatte, rissen mich meine Orientierungslosigkeit und mein Getriebensein weiter.

»Du weisst ja nicht mal wohin. Warum gehst du? Hier bist du doch sicher!« Ihre nassglänzenden Augen werde ich nie vergessen, als sie beim Abschied vor mir stand. Sie tat mir leid, ich fühlte mich schuldig. Doch es hätte mich zerrissen, wenn ich nicht gegangen wäre. Sie hatte mir sogar eine Zahnbürste gekauft! Das Weggehen fiel mir schwer, denn es war so schön, dass sie mich liebte. Ich mochte sie unheimlich gerne. Doch es war so, als hätte ich mich in dieser schönen Zeit dennoch in einem reissenden Fluss festhalten müssen. Jetzt war es Zeit loszulassen, denn die Vergangenheit begann mich einzuholen. Der Fluss würde eh nie versiegen, solange ich meinen Weg nicht zu Ende ging. Gejagt wurde ich ja nicht nur von der Polizei.

Manuela liess ich auf eine besondere Weise näher an mein Herz als alle anderen. Dennoch war ich noch immer meilenweit weg von ihr. Für etwas Schönes und Ganzes war ich noch viel zu kaputt – so sehr, dass ich es nicht mal ahnen konnte!

Manuela hatte Recht. Ich wusste nicht, wohin ich gehen sollte, so bewegte ich mich vorsichtig durch die Stadt und tauchte wieder in der Szene unter. Irgendein Türchen geht immer wieder auf, das hatte mir doch Papa beigebracht.

Nachdem ich bei zwei Brüdern, die Extremkiffer waren, genächtigt hatte, traf ich den Bruder eines Bekannten aus der *Bierhalle*. Er hatte eine Wohnung am Lindenquai, in der ich mich für ein paar Tage aufhalten könne.

Ich wusste nicht, dass H. eine langjährige Haftstrafe im Sennhof abgesessen hatte – wegen eines Tötungs- und Sexualdeliktes an einem jungen Mann, dazu wegen einer Reihe weiterer Sexualdelikte.

Zu dieser Zeit kannte ich einige Typen, deren Sprache abgrundhässlich übel war, so sehr, dass ich es hier nicht beschreiben möchte. Es waren jedoch nicht alle so, wie es ihre Sprache vermuten liess. Auch meine Sprache war milieumässig stark gefärbt. H. hatte etwas Krankhaftes in seinem Blick und ich wurde schnell vorsichtig. Dennoch war er der Bruder von jemandem, mit dem ich oft in der *Bierhalle* sass, ausserdem brauchte ich einen Schlafplatz, und deshalb blendete ich aus, was ich eigentlich in ihm sah. Doch die Klangfarbe einer Stimme lügt nie – jedoch ich wollte sie nicht sehen!

Wir sind noch keine zehn Minuten in seiner Wohnung im Hochparterre im Lindenquai, als er bereits erste Annäherungsversuche macht. Erst reisst er extrem vulgäre Sprüche, die sogar mich schockieren. Und das will etwas heissen!

Als ich mich mit einer Ausrede aus der Wohnung zu mogeln versuche, brüllt er auf wie ein Stier. Er ist gross, ausgesprochen bullig und kräftig.

Hier die sehr beschönigte Version dessen, was er mir an den Kopf warf:

»Jetzt fick ich dich in deinen kleinen Arsch. Mach ja kein Theater, du vollgewixte Sau, sonst schlag ich dich vorher bewusstlos und wixe danach noch über deine Leiche!«

Geistesgegenwärtig wie ich bin, lächle ich ihm zu und antworte wie immer prompt:

»Warum drohst du? Unnötig, ich bin doch so was von schwul! Warum glaubst du, bin ich mitgekommen? Also zieh die Hose runter, dann blase ich dir zuerst mal richtig einen, bevor wir weitermachen!«

Seine Augen glänzen pervers.

Es geht ihm nicht schnell genug, seine Hose zu öffnen und runterzuziehen. Ich tue so, als fummle ich an meinem Gurt herum und warte nur den Moment ab, in dem seine Hose auf Kniehöhe ist. Sofort hechte ich dann zum nahen Fenster und reisse es auf, um rauszuspringen. Die Angst sitzt mir eiskalt im Nacken. Wenn das bloss nicht schiefgeht!

Er strauchelt, stolpert mir hinterher, rappelt sich – dem Geräusch nach zu urteilen – auf. Dabei erwischt er einen Fuss von mir. Mobiliar fällt um. Wie wild strample und zapple ich auf der Fensterbank, versuche mich mit meinen Armen nach aussen zu ziehen, denn es geht um mein Leben! Der kranke Typ würde mich mit Sicherheit schwer verletzen, wenn nicht sogar umbringen. Angst verleiht zum Glück unglaubliche Kraft. Mit grosser Mühe schaffe ich es, mich frei zu treten und lasse mich die zwei Meter in den Garten fallen. Wie ein Irrer schreit er am Fenster stehend perverse Sprüche hinter mir her, während ich zur Strasse flüchte. Draussen vor dem Tor stoppe ich und drehe mich um. Noch immer steht er am Fenster. Völlig aufgebracht schreie ich zurück, dass Rädel sich noch um ihn kümmern werde.

Mit einem Riesenschrecken in den Knochen flüchtete ich danach in die Salvatorenstrasse – zu Irma.

Irma hasst es, wenn ich auf der Flucht bei ihr klingle. Wie immer murrt sie leise, lässt mich aber auch rein. Sie weiss, wie viel ich fressen kann, wenn ich bei ihr bin. Sie ermahnt mich, nicht wieder alle Bananen zu verdrücken, denn sie muss kurz in die Stadt. Doch die Bananen in der Früchteschale lassen mir keine andere Wahl. Mit einem scharfen Messer schneide ich eine um die andere vorsichtig seitlich auf und nehme die Frucht aus der Schale. Danach lege ich die leeren Schalen gekonnt aneinander und ordne die Trauben schön darüber, damit nicht mehr zu sehen ist, dass sich dort nur noch leere Bananenschalen befinden. Auch ein paar Fruchtquärkli wandern in meinen Magen. Ich öffne vorsichtig die Deckel, mampfe alles raus, fülle die kleinen Behälter mit Wasser und leime sie mit Sekundenkleber zu. Natürlich wird Irma alles erst später merken, doch sie isst die Dinger ja eh nie und wirft sie nach dem Ablaufdatum weg. Ihr ist einfach wichtig, dass ihr Kühlschrank immer zum Bersten gefüllt ist und eine üppig gefüllte Fruchtschale auf dem Salontisch im Wohnzimmer steht. Ausserdem wird sie nicht mehr sauer auf mich sein, bis ich wiederkomme. Wie immer, nach einem Streich von mir, wird sie kurz wütend sein und dann lachen.

Am Abend verkrümelte ich mich in die Stadt, streunte zuerst bei der Kantonsschule und beim *Haldahüttli* herum und wagte mich dann in die Altstadt zum *Bratpfännli*.

Der Hinterhof des Restaurants *Franziskaner* schloss fast nahtlos ans *Bratpfännli* an und war kaum einzusehen. Dort wartete ich im Schutze der Dunkelheit darauf, einen Schlafplatz klarzumachen. Papa sass derweil in der *Bierhalle* und war so besoffen, dass er mich nicht erkannt hatte.

Ein Mädchen drückte sich plötzlich neben mich in die Ecke. Wie ich später erfuhr, war sie aus einem Mädchenheim abgehauen und wurde wie ich polizeilich gesucht.
Ihr Name war schön: Sybille Sommer!

Sie war ein zierliches, junges Girl in meinem Alter mit blonden Haaren und blauen Augen und etwa so *sauber* wie ich. Da wir beide keinen Schlafplatz fanden, riskierten wir es, in die neue Wohnung von Silvia, der Freundin von Charly, zu schleichen.

Erst durch Sybille fühlte ich, was es für Dritte heisst, mit jemandem zusammen zu sein, der so getrieben auf der Flucht ist, wie ich es war. Sie war von der ersten Sekunde an so angespannt, als wäre sie ein scheues Reh, auf das eine Selbstschussanlage ausgerichtet ist. Ihr Geist war extrem unruhig. Sie hatte Angst. Unterwegs hatte sie ihre Freundin verloren, die mit ihr auf *Kurve* gegangen war. Ich versprach ihr, die Freundin mit ihr zusammen am nächsten Tag zu suchen.

Im *Bratpfännli* tauchte dann gegen Abend des nächsten Tages ihre Freundin Brenda auf.

Eine Dreierbeziehung begann.

Brenda verliebte sich an diesem Tag in mich – ich aber schwärmte nur für Sybille. Auch Sybille und Brenda liebten sich. Mir war das egal. Damit ich Sybille *bekam*, liess ich Brenda in meine Nähe, auch wenn Sybille nicht wirklich verrückt nach mir war. Während zwei bis drei Wochen zogen wir umher, mal hierhin, mal dorthin. Sybille war immer extrem gestresst. Ich hatte das Gefühl, sie würde nächstens explodieren. Keinen Meter konnte sie gehen, ohne aus Angst den Kopf hin und her zu drehen. Mir war klar – es war ein Leben auf Zeit mit uns. Ausserdem war ich innerlich schon richtig müde. Jeden Tag dieser Stress und das über Monate hinweg – das nagte an mir. Brenda hingegen war relaxt und genoss meine Nähe. Sie nahm häufig Drogen und war fast immer *high*. Zusammen hatten wir viel Spass und jede Menge zu lachen. Sybille jedoch war wie feiner Sand in der Hand – bei jeder Bewegung bleibt weniger zurück.

Eines Tages musste sie dringend telefonieren, um ihre Situation zu checken. Das kannte ich bestens von mir selbst, wenn ich mit den Behörden versuchte, eine Pflegefamilie zu finden oder abzuchecken, in welche Institution ich als nächstes zwangseingeliefert werden sollte. Sybille erreichte die Telefonkabine nicht – sie wurde festgenommen!

Am Abend rief ich bei ihr im Heim an – ihre Stimme klang fremd und voller Schmerz:

»Philipp, das Leben lässt uns einfach nicht leben – gell?«

Heute weiss ich, dass auch sie ein Schattenkind geworden war. Damals hatte ich es nur geahnt.

Brenda klebte danach an mir, dass ich kaum mehr Luft bekam. Zudem war ich einfach völlig fertig. Sybille Sommers Worte schmerzten mich noch lange Zeit. Sie hatte irgendwie Recht. Und dennoch betrachtete ich immer wieder voller Bewunderung die Herbstbäume, sah dabei zu, wie ein Schmetterling im Wind tanzte, hörte die Plessur rauschen oder ein Kind an der Hand seiner Mutter lachen. Es gab neben meiner inneren Zerrissenheit, die mich sehr quälte, wunderbare kleine Dinge, die ich jeden Tag sehen wollte – deshalb lebte ich weiter. Sybille war wie ein Spiegelbild von mir. Wir waren uns so ähnlich! Durch sie verstand ich mich ein wenig besser.

Keine zwei Tage später war Sybille wieder bei uns, doch die beiden Mädels wurden kurz darauf in der Stadt festgenommen, als wir vor Fahndern zu flüchten versuchten. Nur ich entkam.

Wiederum rief ich Sybille im Mädchenheim an. Sie sagte, sie müsse diesmal bleiben, sonst würde sie zwangsversorgt. In eine geschlossene Anstalt! Sie sei schon so lange auf der Flucht und nun sehr müde. Also schlug ich mich weiter alleine durch.

In der Szene lernte ich einen seltsamen, drei Jahre älteren, gut gekleideten Typen kennen. Als ich ihn anpumpte, schob er mir zwanzig *Hebel* rüber. Wieso das denn? Sofort wurde ich misstrauisch!

Er schien über Geld zu verfügen. Ein Drogendealer war er wohl kaum. Die Dealer in Chur kannte ich mittlerweile alle. Er schien ein Stricher zu sein, das war wahrscheinlicher. Mit solchen aber wollte ich nichts zu tun haben. Er meinte, ich hätte ja keine Ahnung, wie man richtig Geld machen könne, ohne sich überhaupt berühren zu lassen. Er würde mich mit den richtigen Leuten bekannt machen. Eigentlich hatte ich die Nase voll von Typen, die etwas von mir wollten. Zweimal war ich gerade noch davongekommen. Ausserdem stand ich auch damals nur auf Frauen. Dazu kam, dass ich dem Typen keinen Meter weit traute. Deshalb drohte ich, ihm kräftig die Fresse zu polieren, falls er mich verarsche. Er meinte nur, dass ein Ehemaliger vom Waisenhaus, der mit mir aufgewachsen sei, *es* auch täte. Ich könne ja mal in Ruhe mit ihm darüber reden. Es handelte sich um X. Diesen wieder mal zu sehen, das hätte mich gefreut. Wir hatten uns meist sehr gut verstanden.

Seit ich mit Remo C. unterwegs gewesen war, trug ich eine der damals coolen Lederjacken im James Dean-Look. Dass diese Jacke mir eines Tages noch viel Geld einbringen würde, hätte ich nicht gedacht, als ich und Remo je eine aus einem Geschäft stahlen.

Um die vereinbarte Zeit – nach 17 Uhr – stand ich etwas versteckt am Treffpunkt, als ein Auto mit getönten Scheiben hielt. Auf der Rückbank sass tatsächlich X. Lange hatten wir uns nicht mehr gesehen. Also schlüpfte ich hinein. Der Fahrer war ein gut gekleideter Typ im Anzug. Er fuhr uns hinaus in die Trimmiser Rüfe und hielt abseits am Rande einer Wiese. Vom Waisenhaus her kannte ich noch jeden Quadratmeter in diesem Gebiet. X. schubste mich aus dem Auto. In einer Entfernung von etwa zehn Metern erklärte er mir, was wir zu tun hätten für das Geld. X. trug ebenfalls eine Lederjacke, eine, die mit meiner fast identisch war.

Die nächsten zehn Minuten mussten wir im Stehen gegen einander *kämpfen*. Eigentlich nicht richtig, einfach einander fest an den Armen halten und so tun, als könne sich der eine nicht mehr aus dem Griff des andern befreien. Manchmal glitt surrend die Autoscheibe etwas hinunter. X. ging hin und wir stellten uns danach wunschgemäss in Pose.

Irgendwann konnten wir wieder Platz nehmen. 250 Franken für jeden!

X. lachte.

»Das ist doch sehr einfach verdientes Geld!«, meinte er.

Wo er Recht hatte, hatte er Recht.

X. war in einem Wohnwagen in der Oberen Au untergeschlüpft. Ein Typ, der angeblich sein Onkel war, bot auch mir einen Platz darin an. X. war dick im Geschäft, wie ich bald feststellte. Er sah übrigens sehr gut aus! Die Mädchen hätten sich die Hälse verrenkt wegen ihm.

Die nächsten drei Wochen prostituierte ich mich auf diese Weise – mit der Bedingung, dass mich nie jemand intim berühren durfte und ich auch keinen berühren würde, ausser bei diesen Kampfspielen. Es war seltsam, wenn uns der Churer Top-Banker in seinem Wagen mitnahm, um sich so etwas Lächerliches gegen happiges Geld vorführen zu lassen. Weitere derart gestrickte Typen lernte ich nach und nach kennen. Ein etwa 75-Jähriger wurde mir in der Szene vorgestellt, einer, der bloss mit mir essen gehen wollte. Da man mich suchte, verkroch ich mich immer in eine Ecke mit ihm, doch in den noblen Lokalen hätte mich eh kein Fahnder vermutet. Ich hatte nur eine einzige Aufgabe zu erfüllen: Ich musste ihn vor der Bedienung *Schätzli* nennen. Umgekehrt tat er das ebenso. Dafür bekam ich nebst einem feinen Essen 300 Franken und er eine feuchte Hose. Unglaublich, wie viele seltsame Gestalten es gab. Dabei dachte ich doch, ich sei die Krone der Gestörten! Nur einmal wollte sich ein Freier an mir vergreifen, doch da zückte ich mein Stellmesser, das ich mir mittlerweile auf dem Schwarzmarkt zugelegt hatte. Die Klinge schnappte im Bruchteil einer Sekunde aus dem Schaft. Lang und etwas gebogen blitzte sie drohend wie ein Jagdmesser. In diesem Moment wurde mir klar, wie viel härter, wie brutal ich geworden war. Ich fühlte mich sehr sicher mit der Waffe. Und ich war mir sicher, ich hätte in Notwehr zugestochen. Von ihm verlangte ich den versprochenen Lohn ohne irgendeine Leistung von mir. Ansonsten würde ich ihn anzeigen. Immerhin war ich ja erst fünfzehn. Was ihn angetörnt hatte, wurde so zu einem Bumerang für ihn.

Durch X. verdiente ich schnell Geld und bald fuhren wir mit dem Taxi durch die Stadt. Natürlich musste ich mir schöne Schuhe kaufen – Turnschuhe der Marke Adidas, Jeans und verschiedene Shirts, alles vom Feinsten und schweineteuer. Natürlich versorgte ich auch Papa mit dem Geld. Auch in verschiedenen Spielsaloons verprassten X. und ich einen Teil unserer Einnahmen. Vom Chinesen liessen wir uns Essen in den Wohnwagen liefern. Reis mit Hühnchen war mein favorisiertes Gericht.

Doch irgendwann erwachte ich!

Ein Typ wollte für einen Hunderter, dass ich ihm während fünf Minuten erzählen soll, wie ich mir selbst einen wichsen würde. Fantasievoll, aber emotionslos, beschrieb ich, wie ich es mir selbst machte. Derweil befriedigte er sich selbst hinter einer angelehnten Türe, da ich ihn dabei nicht sehen wollte.

Was tat ich da eigentlich?

Meine ganze Familie würde mich verachten. Wo war mein Ehrgefühl? Mein Stolz? Auch wenn ich mit meinem blossen Reden hundert Franken in fünf Minuten verdiente – wieso überwand ich meinen Ekel für Geld? Noch nie war ich wirklich geldgeil gewesen. Ich hatte ja bereits mehr als genug. Doch wieso kämpfte ich für Geld mit X, vor einem verdunkelten Auto, in dem ein Banker sich einen runterholte? Was war mit mir bloss los?

Mein Leben konnte so nicht weitergehen!

Doch ich hatte keine Ahnung, wo ich gerade stand, ausser, dass ein riesiger Sturm in mir und um mich herum tobte. Ein Sturm, der mich hin- und herwarf, als bräuchte ich einen Exorzisten, um mich zu beruhigen. Es schien mir, als steckte ich in einem Alptraum ohne Aufwachen fest. Was würde mit mir geschehen? Wohin gehörte ich eigentlich? In eine Zelle? In die Psychiatrie oder in eine Wohnung mit einer Freundin, die Manuela hiess? Doch unter den Guten würde ich, der Philipp, doch sowieso immer nur der Schlechte sein!

Ich mochte nicht mehr – ich war innerlich so unglaublich müde! So müde!

Dieses Gefühl frass mich weiter auf.

Ich rief Frl. Edith A. an. Ich brauchte einen Fixpunkt, was nun mit mir passieren würde.

Als ich von Frl. Edith A. ins Albisbrunn gefahren wurde, schien es mir, als würde mich etwas im Auto zerdrücken.

Es gab keinen Ausweg in meinem Leben. Es war, als hätte ich aufgegeben! Ich war an jenem Punkt, an dem Sybille Sommer angekommen war.

Auf der Walenseestrasse, die damals noch keine Autobahn war – diese wurde erst 1987 eröffnet – zeigte ich auf die Raststätte Walensee:

»Wenn ich im Albisbrunn bleibe, bezahlen Sie mir dann auf dem Weg zurück ins Bündnerland eine riesengrosse Portion Vermicelles?«

»Wenn du bleibst – selbstverständlich. Abgemacht!«

In diesem Moment hätte ich mir mehr Wärme von meiner Vormundin gewünscht. Ich war zwar nur ein Mündel von ihr und wahrscheinlich das schwierigste noch dazu. Doch dieser Deal mit dem Vermicelles musste gelten, denn dahinter steckte nämlich viel mehr, als man auf Anhieb vermuten könnte.

Als ob der Teufel sein Spiel mit mir treiben wollte, oder Gott mich Prüfen wollte, geschah Folgendes:

Kaum hatte der Wagen von meiner Vormundin das Albisbrunn-Areal verlassen, nahm mich Erzieher Loppacher in Empfang.

Er setzte mich irritierenderweise gleich wieder in ein Auto und fuhr mit mir in die Nähe des Hauptbahnhofs in Zürich. Gemäss seinen Angaben musste er was Dringendes in einem Geschäft erledigen, doch sein Blick sagte etwas anderes. Was hatte er mit mir vor? Wurde ich in ein anderes Heim gebracht? Oder gar in eine Strafanstalt? Etwas Seltsames ging da ab.

Nachdem er das Auto geparkt hatte, forderte er mich auf auszusteigen. Vor einem Geschäft blieb er stehen.

Aus seinem Portemonnaie klaubte er eine 50-Franken-Note und drückte sie mir in die Hand.

»Philipp, dort unten ist der Bahnhof – nur zwei Minuten zu Fuss! Entweder du nimmst das Geld und haust damit ab wie immer oder du bewegst deinen Arsch in dieses verdammte Heim zurück, das dich bei guter Führung im Frühling wieder ausspuckt. Ich gehe jetzt da hinein und wenn ich rauskomme, sehe ich, wofür du dich entschieden hast. Ich würde übrigens erst im Heim Alarm schlagen!«, sagte es und verschwand.

Es war, als hätte man einem Junkie Stoff unter die Nase gehalten. Ich zappelte herum wie ein Käfer in einer heissen Bratpfanne, bettelte dabei innerlich, dieser Spinner möge mich bald erlösen.

Ich bat sogar Gott um seinen Beistand!

Immer wieder blickte ich mich um. Sah zum Bahnhof und dann wieder das Geld an.

Ich blieb!

Als er rauskam, meinte er trocken:

»Die fünfzig Hebel darfst du behalten!«

Loppacher und Asslaber wurden meine Lieblingserzieher. Keiner der beiden schlug mich auch nur ein einziges Mal. Loppacher war ein dünner, drahtiger Typ um die vierzig, der *Gauloises bleu* rauchte und gerne *Die Profis* schaute.

Asslaber war eine muskelbepackte Maschine wie mein Bruder. Er trug einen Kurzhaarschnitt wie ein Mönch und war immer dunkelbraun wie ein Araber. Er war zirka dreissig, aus Österreich und immer cool drauf. Sein Wort war Gesetz!

Es folgten Tage, in denen ich wieder die heiminterne Schule besuchte – bei Lehrer Disch. Nach und nach lernte ich die anderen Jugendlichen besser kennen.

Helfenstein, Tschattis und Keck – Herbst 1983
Leider lebt nur noch Ruedi Helfenstein. Er, Fredy K. und ich wurden
Jahre später zu besten Freunden.

Amigos: Helfenstein und ich 2016 in Chur

Mittlerweile war ich wegen der vielen Fluchtversuche und dem Ausbruch durch die Türscheibe das Gespräch im Heim. Mein Übername war voll öde – *Kurven-Philipp*.

Meist hingen ich und Tschattis zusammen herum. Wir mochten einander sehr und hielten uns den Rücken frei – vor allem er mir, in der Anfangszeit. Auf der S3 gab es zwei wirklich durchgeknallte Idioten, die es nur darauf abgesehen hatten, auf den Wegen durch die Heimanlage Schwächere zu terrorisieren – sie zu schlagen und dies übel. Bö, der Perfidere der beiden, versuchte sofort, mich zu provozieren. Zu zweit stellten sie sich mir in den Weg. Die beiden wollten, dass ich sie höflich bitten sollte, dass ich ihnen aus dem Weg gehen dürfe. Hätte ich das getan, wäre ich unter Dauerbeschuss geraten, so viel war mir klar. Lieber eine Abreibung mit Blessuren! Doch die beiden Schweine würden auch nicht ohne davonkommen. In den Augen von Bö sah ich, dass er unsicher wurde, was der Bündner vor ihm alles draufhaben könnte. Ich hatte ja nicht bloss nur eine grosse Klappe – wenn es darauf ankam, war ich immer bereit. Meine Unsicherheit sahen sie aber nicht. Die überspielte ich mit einer Menge Selbstbewusstsein:

»Zumindest ein paar Treffer werde ich landen«, sagte ich ihnen, »und den Rest überleben.«

Tschattis kam rechtzeitig dazu.

Von ihm wusste jeder im Albisbrunn, dass er kämpfte, bis er oder der andere tot sein würde – und das im wahrsten Sinn des Wortes.

Tschattis und ich waren zwar kleiner, denn da die beiden mehrmals in der Schule sitzen geblieben waren, gingen sie als 17-Jährige erst in die dritte Oberstufe, dafür waren wir umso entschlossener!

In der Heimschule wurde ich übrigens aufgrund meines Eintrittstests problemlos in die dritte Oberstufe eingeteilt, obschon ich fast die ganze zweite Oberstufe versäumt hatte. Den Eintrittsaufsatz schrieb ich fehlerlos, ebenso das Diktat.

Die Schüler werden in Kleinklassen des Sonderschultypus D unterrichtet. Viele Klassen sind «überaltert», da die Jugendlichen vor ihrem Eintritt zum Teil mehrmals repetieren mussten.

Aus einem Zeitungsbericht der NZZ vom September 1983: Lehrer Disch, in der Mitte ich, am Fenster hinten Helfenstein

Die beiden Spinner liessen Tschattis und mich mit einem miesen Grinsen passieren. Mir war aber klar: Irgendwann würden sie noch versuchen, mich in die Knie zu zwingen. Ausgestanden war das Ganze noch lange nicht. Doch dass ich noch niedergestochen würde, damit hätte ich nicht gerechnet!

Die nächste Zeit war ich weiter gefordert, denn der Herbst war bereits angebrochen. Nebel, den wir in Chur kaum kannten, hüllte alles ein im Albisbrunn und drückte auf meine Stimmung, obwohl auch der Nebel Neues mit sich brachte. Wenn er aufzog, wurden viele Gerüche intensiver, etwa jene der Holzfeuerungen, der Wiesen und der Äcker.

Tschattis, der immer an meiner Seite war, meinte nach wenigen Tagen, er sei sicher, dass ich nun bleiben würde.

371

»Warum?«, wollte ich erstaunt von ihm wissen.

»Weil du zum ersten Mal deine Sachen ausgepackt und ein Poster aus einer Zeitschrift an die Zimmerwand geklebt hast!«

Tschattis war der beste Freund, den man haben konnte. In jeder freien Minute waren wir beide zusammen.

Eine meiner schönsten Erinnerungen blieb mir, wenn wir im leeren Schwimmbad sassen, umgeben von Herbstblättern und eine Zigarette rauchten – oder er eben kiffte. Dann redeten wir lange zusammen. Tschattis war ein ruhiger Typ, intelligent, feinfühlig und extrem mutig. Mutig war ich eigentlich nie wirklich, ein Kämpfer, ja, aber ich wäre lieber mutiger gewesen. Meist trug ich meine Kämpfe mutlos, aber entschlossen aus!

Viele Male sassen Tschattis und ich in diesem leeren Schwimmbecken mit der etwas verwitterten blauen Farbe. Ich mochte die Blätterhaufen im leeren, verwaisten Schwimmbecken, die mich kaum glauben liessen, dass es mal Sommer gewesen war. Diese melancholische Herbststimmung passte zu meinem Innersten, und Tschattis vertraute ich mich schnell an. Auch er öffnete sich mir in den kommenden Wochen immer mehr:

Tschattis war eines von fünfzehn Kindern einer Bergbauernfamilie aus Flums. Seine Mutter sei kalt wie ein Stein, erzählte er mir. Als er das sagte, fühlte ich einen gemeinsamen Schmerz in mir. Wir wurden so etwas wie Brüder, denn wir hinterliessen füreinander Wochen später etwas, das nur der Tod auslöschen konnte. Erschreckenderweise kam der für Tschattis und für weitere in unserer Gruppe schon viel zu früh.

Der Herbstwind und die alten, mächtigen Bäume auf dem Areal liessen es zu, dass ich mein Innerstes, mein aufgewühltes Ich im Rauschen der Blätter etwas loslassen konnte. Leider wehte der Wind nie so oft wie im Waisenhaus, dafür gab es diesen verwaisten Pool mit Blätterhaufen, in denen Tschattis und ich auch noch im Winter sassen. Immer nach dem Turnunterricht, nachdem wir geduscht hatten, setzten wir uns dort rein. Unsere noch feuchten Haare gefroren dann immer so witzig.

Dann kauerten wir im alten Laub und rauchten. Es war unsere Viertelstunde, bevor wir durchs Areal zur S2 hin schlenderten.

Dank Tschattis hielt ich weiter durch. Meist sagte er im richtigen Moment die nötigen Worte, vor allem dann, wenn er spürte, dass ich nächstens wieder *auf Kurve* wollte.

Nach einigen Wochen geschah etwas Seltsames mit mir. Das erlebten auch andere, wie ich in den kommenden Monaten herausfinden sollte.

Ich glaubte, in einem Traum zu stecken!

Alles wirkte so befremdend auf mich – so unwirklich, als würde ich mir selbst zusehen. Alles fühlte sich unecht an, als existiere es von mir abgelöst! In dieser Zeit hoffte ich, es würde ein Engel kommen, einer, der alles Schlechte in mir auslöschte und mich emporhob und damit erlöste. Diesen Engel erlebten einige in ihren Drogenexzessen – unter dem Einfluss von Heroin oder LSD. Dieses Gift, dachte ich, würde mich zeitweise erlösen. Es fehlte manchmal nur ein Funke und ich hätte es mir mit anderen zusammen in der alten Scheune in die Adern geschossen. Doch noch immer wehrte ich mich. Ich sah lieber der brutalen Realität in die Augen und versuchte, an jedem Tag den Sonnenschein zu finden.

An diesen dunklen, nebligen Herbstabenden habe ich mich so verloren gefühlt, als wäre ich ein kleiner Junge, der sich in einem riesigen Wald verlaufen hat, kein mutiger Held. Einfach nur verloren. Draussen im Unterstand vor dem Gruppenhaus verbrachten wir viel Zeit mit Rauchen und Pöbeleien gegeneinander. Meist hatte ich eine grosse Klappe, provozierte, teilte aus – und musste auch eine Menge einstecken. Zumindest fühlte ich dann in solchen Momenten, dass ich existierte.

Als ich damals an den Abenden den Nebel in den gelben Lichtkegeln der Strassenlampen schweben sah, hätte ich am liebsten einfach geschrien, so eingeschlossen fühlte ich mich. Keine Mauer hielt mich – ich musste mich selbst halten! Das war so viel schwieriger. Ich fühlte mich sehr allein. In solchen

Momenten zogen Tschattis und ich uns in eine alte Holzhütte zurück, einem Stall ähnlich, am Rande des Areals. Natürlich redeten wir über Mädchen, aber vor allem über das Danach – das nach dem Albisbrunn. Es war, als würde ich mich vor den diesigen Novembertagen in dieser Hütte verstecken. Jeder Tag erdrückte mich beinahe. Ständig musste ich mich sehr zusammennehmen, um nicht ziellos davonzustürmen. Einfach weg, um dieses Gefühl in mir, auf einer weiteren wilden Flucht zu sein, betäuben zu können. In dieser Zeit litt ich sehr.

Die Schule war, wie gesagt, kein Problem, ausser dem Französisch, das jedoch eh keine Sau brauchte, wie mir damals schien. Der Lehrer war fair. Er schlug mich nie, ich kam mit ihm gut zurecht, und ich glaube er mit mir auch.

An die täglichen Raufereien und Anpöbelungen gewöhnte ich mich und wurde selbst ein Teil davon. Es gab schwierige und schwierigere Typen im Albisbrunn – zu den letzteren zählte ich. Wenn ich an meinen heutigen Freund Ruedi Helfenstein denke, der wie ich auf der S2 untergebracht war, kommt mir seine grundsätzlich friedfertige Art in den Sinn, aber auch, dass er oft unten durch musste. Damals schon hatte ich mich gefragt, was denn der Grund dafür war, dass er so oft Prügel einstecken musste, obwohl er ja kräftiger gebaut war als ich. Wenn er sich endlich mal wehrte, verfehlten seine Schläge ihr Ziel ja nicht. Ich denke da an zwei Zähne, die einer dabei verlor. Ruedi passte von seiner Art her irgendwie nicht in dieses Heim, und doch war er schon einige Jahre dort. Meist traf ich ihn, wenn wir beim Unterstand von der Gruppe rauchten. Ruedi konnte wie ich viel erzählen. Unser Miteinanderauskommen war geprägt von Neutralität.

Viele Jahre später nun weiss ich von seiner ganzen Geschichte und ich bewundere ihn wie auch Fredy K. für ihren Kampf in ein erfolgreiches Leben. Doch vor allem sind wir beste Freunde geworden.

Sie beide fochten ebenfalls einen unfassbaren Kampf ins Leben zurück. Und beide gewannen sie ihn!

Jahre nach dem Albisbrunn erzählten sie mir, wie sie sich wunderten, dass ich damals schon immer so gut gelaunt gewesen sei – trotz allem. Aber auch, dass ich mit meiner grossen Klappe vor niemandem Halt gemacht hätte und keinem Konflikt aus dem Weg gegangen sei. Fredy K., Ruedi, Keck und natürlich Tschattis waren die einzigen, mit denen ich keine körperlichen Auseinandersetzungen hatte.

Wenn der durchtrainierte Asslaber in der Gruppe Dienst hatte, gab es klare Regeln und deshalb selten eine Schlägerei innerhalb des Hauses – und wenn, dann nur eine kurze. Er hatte eine klare Vorstellung davon, was er tolerieren konnte, damit eine Auseinandersetzung nicht ausuferte. Als beispielsweise Keck und Besio sich die Schädel einschlagen wollten, schritt er ein. In der Gruppe bildeten wir alle einen Kreis. Keck und Besio standen wie Boxer im Ring mittendrin. Ich erinnere mich noch sehr gut daran, denn ich fragte mich, was Besio geritten haben konnte, dass er sich mit Keck anzulegen wagte. Besio war ein *Proper*[27], der mit seinem *Italoschnulz* höchstens ein paar Mädchen vom Dorf beeindrucken konnte – was er auch reichlich getan hat. Sobald der erste der beiden Streithähne dem anderen einen kräftigen Schlag verpasst hatte, war immer der sofortige Abbruch des Kampfes angesagt. Das respektierte jeder, denn sonst hätte Asslaber diesem den Scheitel nachgezogen. Keck und Besio umtänzelten sich also wie zwei Boxer. Keck fackelte aber nicht lange, holte aus und setzte Besio die Faust mit voller Wucht an den Kiefer, dass es knackte. Alle grölten, bloss Besio nicht, der sich die Hand vor den blutenden Mund hielt und im Badezimmer verschwand. Damit war der Konflikt geklärt. Asslaber liess alle abziehen und Besio kümmerte sich von da an wieder mehr um die wohlerzogenen Mädchen im Dorf.

Asslaber trug meist Sandalen und strahlte eine ungemeine Selbstsicherheit aus. Niemand im Heim konnte ihm auch nur annähernd körperlich das Wasser reichen. Sein Wort war Gesetz. Er hatte eine coole und gute Art, uns zurechtzuweisen. Er

---

[27] Lackschuhtyp, der sein Äusseres wie ein Mädchen pflegt.

konnte einem das Gefühl vermitteln, besser zu sein, als man es selbst glaubte, genauso wie Loppacher auch.

In diesem Zusammenhang werde ich nie mehr vergessen, was Asslaber mir eines Abends sagte, als ich in der Küche mit ihm zusammen Spüldienst hatte:

»Philipp, ich verstehe nicht, warum du und Tschattis eigentlich hier sind. Ihr seid doch heiss auf der Platte!«

Das war so etwas Schönes, dass es mich stark anspornte, denn ich wusste ja: Es war ernst gemeint. Asslabers Worte waren immer sparsam und gezielt gewählt. Meist regelte er etwas mit einem Blick. So nach dem Motto: *»Hey, Mann – das ist jetzt aber nicht dein Ernst, oder? Das kannst du doch besser!«*

Er glaubte immer, dass wir viel Gutes in uns tragen, genau wie auch Loppacher, der dürre, drahtige Mann mit den engen Röhrenjeans und den zu engen Hemden, der mit uns vor dem Eingang seine *Gauloises* rauchte und auch mal eine abgab wenn ich keine *Zigis* mehr hatte.

Jeder Tag im Heim kam mir wie eine Ewigkeit vor. Eine mögliche Entlassung schien erst in einem anderen Leben auf mich zu warten. Oft sah ich in den abgelöschten, missmutigen Gesichtern der Anderen, wie auch sie sich im täglichen Kampf behaupten mussten. Einem der Jugendlichen wurde alles zu viel, er erstickte sich mit einer Plastiktüte. In meiner Gruppe wollte sich XXX an einem Stromkabel im Zimmer erhängen, doch zum Glück hielt die Halterung an der Decke nicht. Völlig verwirrt torkelte er mit dem Kabel um den Hals herum.

Der Terror, der unter den Jugendlichen herrschte, war für die Heimleitung und gewisse Erzieher nicht in der ganzen Tragweite vorstellbar – einige Jugentliche litten extrem darunter. Ich sah es ihnen an. Ich selbst musste täglich einen grossen Teil meiner Energie aufwenden, um mich immer wieder zu behaupten. Jeder im Heim war ein Stück weit unberechenbar. Gute Laune konnte schnell in Wut umschlagen – und Frust in Hass.

Wie sehr auch ich aufpassen musste, zeigt folgende Situation:

Am Freitag, den 11.11.83, – das Datum weiss ich aufgrund des Berichtes vom Notarzt, den ich wegen dem Vorfall benötigte – geschah es.

An diesem Nachmittag mussten zwei Gruppen zusammen mit einigen Betreuern auf einen Hügel in der Nähe des Heims steigen. Für einige *Unterländer* war dies bereits schon ein Berg, den wir hochliefen. Auf dessen höchstem Punkt stand ein begehbarer hölzerner Turm, der die Aussicht verbessern sollte – für mich, der schon auf so vielen Gipfeln gestanden hatte, war das alles zum Schmunzeln.

Es war ein weiterer diesiger Herbsttag, nasses Laub lag im Wald. Der Konflikt mit Bö schwelte seit dem ersten Vorfall vor einigen Wochen immer wieder auf. Alle paar Tage hatte er es bei mir immer wieder versucht – und immer in Begleitung seines Freundes. Doch noch hatten sie sich nicht getraut *abzudrücken*!

Wiederholt provozierte mich Bö mit dreckigen Sprüchen, während wir durch den Wald den Hügel hinaufgingen. Irgendwann gab ich ihm in kernigem *Bündnerdialekt* zurück. Ich sagte ihm, dass ich wüsste, wie er gezeugt worden war: Vor etwas mehr als siebzehn Jahren hätte sich hier Satan im Nebel verirrt und in seiner Not in einem Schweinestall genächtigt. In unvorstellbarer Geilheit hätte er das fetteste und hässlichste Schwein gevögelt!

Mir war der Scheisstyp eigentlich egal, denn ich wusste ja, dass er ein Arschloch war. Ich wollte einfach meine Ruhe. Doch er brauchte immer wieder meine Aufmerksamkeit. Es war klar, ich würde also nicht darum herum kommen, mich mit ihm zu prügeln. An diesem späten Nachmittag hatte ich endgültig die Schnauze voll und glaubte an meine Chance, obwohl er drei Jahre älter war. Ich musste unbedingt als erster zuschlagen und das so heftig wie möglich in sein Gesicht, damit er es nie vergessen würde. Deshalb liess ich mich langsam hinter die anderen zurückfallen – Bö ebenfalls. Wir waren allein – ich ohne Tschattis und er ohne seinen Beschützer. Als ich langsam auf ihn zuging, um ihm direkt ins Gesicht zu schlagen, wich er immer wieder zurück und tat so, als ob er es lustig fände. Plötzlich bekam er es mit der Angst zu tun. Sein Verhalten verriet es. Er rannte tatsächlich lachend davon und verschwand im Wald. Dann machte ich den einen grossen Fehler, der mir nie wieder passieren würde! Ich glaubte schon, es wäre vorbei und lief den anderen nach. Bö hatte sich aber in der Nähe versteckt. Als ich an ihm vorüberlief, schlich er sich von hinten heran und griff mich mit einem Messer an! Ein brennender, stechender Schmerz durchzuckte den unteren Teil meines Rückens.

Die Klinge drang durch meine Jacke und meinen dicken Ledergürtel und blieb auf dem Hüftknochen stecken. Bö rannte hüpfend und irre lachend davon – den anderen hinterher.

Zuerst konnte ich nicht glauben, dass er tatsächlich hinterrücks auf mich eingestochen hatte! Dann zog ich die Klinge vorsichtig aus dem Fleisch. Als auch ich die anderen eingeholt hatte, schaute sich Loppacher meine Wunde an und warf einen Blick auf die rostige Klinge. Bö, mit seinem kranken Blick, behauptete, er hätte das Messer rein zufällig im Laub gefunden und nur gegen mich verwendet, weil er sich von mir bedroht gefühlt habe. Ausserdem hätte ich gesagt, dass ich seine Mutter ficken würde. Als ich wiederholte, was ich tatsächlich gesagt hatte, schüttete sich Loppacher aus vor Lachen – wie all die anderen auch. Bö kassierte damit noch eine zweite Schlappe. Alle Aufmerksamkeit drehte sich jetzt um mich. Loppacher untersuchte die Wunde, schüttelte den Kopf, sagte, Böhringer sei ein Spinner und ich müsste sofort zum Notarzt gebracht werden. Tschattis Blick sagte alles, er klopfte mir anerkennend auf die Schulter, denn ich verzog keine Miene. Auf kürzestem Weg marschierte ich mit der blutenden Wunde hinter Loppacher her ins Dorf. Schmerzen spürte ich noch immer keine.

Der alarmierte Notarzt erklärte mir, was für ein Riesenglück ich gehabt hatte. Wenn das Messer nicht durch den dicken Gürtel gegangen und ein paar Zentimeter weiter oben im Rücken steckengeblieben wäre, hätte alles übel enden können. Dennoch brauchte es einige Arzttermine, bis meine Wunde abgeheilt war.

Tschattis regelte in den Tagen danach den Vorfall. Bö lief tagelang mit geschwollenem Gesicht umher und wich mir von da an aus.

Bei einem der nachfolgenden Termine sah der der Dorfarzt die Tätowierung an meiner rechten Hand und gab mir einen weiteren Termin, weil er diese herausbrennen wollte. Der Dorfarzt war diesbezüglich ein Viehdoktor. An Giusi war ja zu sehen, wie dieser Rohling von Arzt mit Tattoos umging. Dem armen Kerl blieben dicke Narben. Solche wollte ich keine. Aber auch ich trug eine davon, als der Arzt mir den Namen *Iris* aus meiner Hand brannte. Nur ein einziger kleiner Punkt blieb inmitten dieser Brandnarbe von ihrem Namen übrig. Doch diesen trage ich heute noch mit den Erinnerungen an Iris.

Die Tage im Albisbrunn krochen langsam dahin, als würden die Heimuhren mit Leim betrieben. Ich wusste, erst zu Weihnachten würde ich in die Ferien fahren dürfen.

In einem alten Gebäude erteilten sie uns Metallunterricht und einmal die Woche schmiedeten wir dort. An der Esse zu stehen und das glühende Eisen zu bearbeiten, das gefiel mir. Weck, der mit Bö zusammen ständig ein *Arschlochverhalten* an den Tag legte und jeden Tag den Schwächsten im Heim nachstellte, verwandelte sich im Werkunterricht in einen wahren Meister. In dieser Welt funktionierte er tadellos und wuchs über sich hinaus, genau wie Bö in der Schreinerei. Mit dem Werklehrer verstand sich Weck deshalb bestens. Unglaublich, was der aus Metall erschaffen konnte! Als Abschlussarbeit kreierte er einen kleinen Kochherd, der aussah wie ein Modell aus der tiefsten Urzeit des Kochens. Weck war ein Meister und bot sogar mir seine Hilfe an, denn ich hatte zwei linke Hände. Das war eindrücklich. Beim Schmieden vergass er unseren Konflikt. Bö hingegen blieb in jeder Situation ein gestörter Typ. Niemals hatte ich auch nur eine Sekunde etwas Schlaues von ihm gehört. Aber Holz, das musste ich zugeben, verwandelte er in richtige Kunstwerke.

Die Mittwochnachmittage, an denen ich in der Spielzeugfabrik meine Stunden abarbeitete und an Spielklötzen die Kanten abschliff, liessen mich fast durchdrehen. Dass irgendwann auch meine Kinder mit solchen spielen würden, das hätte ich im Traum niemals gedacht. Ich hatte bei der Arbeit stets die Uhr im Blickfeld, deren Sekundenzeiger mich zu verhöhnen schien, indem er sich langsam wie ein Minutenzeiger bewegte. In einem Vorraum wurden die Spielzeugfiguren bemalt – eine nach der anderen, eine riesige Kiste noch unbemalter Figuren stand daneben. Die monotonen Geräusche der Maschinen untermalten diese Zeitlosigkeit. Wenn es an den diesigen Nachmittagen eindunkelte und die Neonröhren in der Fabrik surrend aufflammten, da hätte ich mich am liebsten verkrochen. Oft stiegen dann Erinnerungen an den malenden Mörder im Sennhof in mir hoch. Meine tiefe Verlorenheit breitete sich weiter in mir aus. Oh Gott! Wie hasste ich doch diese Momente des Eindunkelns im Albisbrunn!

Nach der Arbeit in der Fabrik musste ich erst einen kleinen Anstieg hochlaufen, um im weitläufigen Areal die S2 zu erreichen. Der Geruch von Nebel und Ölfeuerungen hüllte mich ein. Ich fühlte mich ausgeliefert.

An einem der langweiligen diesigen Wochenenden brachte ich den Vorschlag ins Spiel, dass wir uns alle gegenseitig auf der S2 die Arme tätowieren sollten. Ich hatte die Idee zu einem grossen Kreuz, denn Rädel hatte auch eines – neben vielen anderen Tattoos. Tschattis war sofort dabei, auch Besio, Keck, Hamdi, der Türke, Pingesser und weitere Typen.

Mein Tattoo an der Hand war mittlerweile herausgebrannt, die Wunde verheilte. Der Eintrittsuntersuch lag hinter mir, da würde das neue Tattoo nicht so schnell von Dr. Künzli entdeckt werden. Eiseli, der Typ mit dem Schiffschaukelgesicht, hatte mir gezeigt, wie man tätowiert. Wir nahmen zwei Nadeln und wickelten einen Faden über deren Spitze, damit die Farbe beim Zustechen in der Haut blieb. Als Farbe diente gewöhnliche Tinte aus der Schule. Mit Kugelschreiber zeichneten wir das Kreuz auf jeden Arm. Als erster hielt ich hin. Es war Tschattis, der mich tätowierte. Deshalb habe ich bis heute das Kreuz nicht weglasern lassen. Danach stach ich seines, bevor es die anderen uns gleich taten.

Gottlob waren Tschattis, Helfenstein und ich unter den ersten, die es gewagt hatten, denn einige Wochen später bekamen einige der anderen Gelbsucht, da wir uns alle mit derselben Nadel gestochen hatten. Ich hatte bloss einen geschwollenen Arm, aber das scherte mich kein bisschen.

Der Heimalltag nahm weiter seinen Lauf. Doch immer wieder musste ich feststellen, dass ich von gewissen Vorgängen noch nicht die geringste Ahnung hatte.

Eines Morgens trank ich meine Frühstücksmilch, als mir etwas Schleimiges in den Mund geriet. Jemand hatte mir in meiner Tasse sein Sperma hinterlassen und ich habe es beim Eingiessen der Milch nicht bemerkt. Ich musterte die Gesichter und versuchte festzustellen, wer für so etwas in Frage kam – Tschattis sicher nicht. Auch keiner der zehn anderen schien es gewesen zu sein. Immer wieder fand ich in den nächsten Tagen und Wochen eklige Sachen in meinem Geschirr oder im Essen: Kotspuren, Pillen, Urin. Doch war ich nicht der einzige, dem so mitgespielt wurde. Auch Helfenstein blieb nicht von diesen Angriffen verschont, wie er wütend feststellen musste. Von da an liess ich mein Essen und meine Getränke nicht mehr aus den Augen. Beinahe paranoid begann ich zu kontrollieren. Ich fand erneut Reste von Kot in meinem Essen. Tschattis und ich vermuteten, dass Bö dahintersteckte und einen der Schwachen unserer Gruppe dazu angestiftet hatte. Diesmal würde ich ihm die Abreibung verpassen. Ich war ja so was von wütend! Weck würde in Ausstand treten müssen, sonst hätte er es mit Tschattis zu tun. Ich wollte die Sache ein für alle Mal erledigen und nahm mir vor, Bö mit einer Eisenstange nach dem Werkunterricht zu Boden zu schlagen. Wer mich mit einem Messer hinterrücks angriff, dem musste ich mit entsprechender Gegengewalt antworten! Ohne eine Vorwarnung würde ich warten, bis er vor mir stand, um seine widerliche Hackfresse zu polieren.

Das Problem mit Bö erledigte sich aber zum Glück von alleine. Eines Morgens hörten wir in unserer Gruppe die Polizei vorfahren und vor der S3 Stellung beziehen. Bö, Weck und noch zwei andere verschwanden im Polizeiwagen und kamen nie wieder.

Die Jungs hatten irgendwo im Heim heimlich Schnaps gebraut und diesen in der Nacht auf der Gruppe gesoffen, im Rausch zwei Erzieher verprügelt und im Gebäude massiv randaliert.

Als ich eines Tages, ohne anzuklopfen, das Zimmer eines Kollegen auf der S2 betrat, traf mich fast der Schlag!

Da lag dieser kräftige Typ mit abgespreizten Beinen nackt auf dem Bett und daneben der fast 20-jährige Schwulenkönig vom Albisbrunn, der gerade im Begriff war, seinen Schwanz in ihn hineinzustecken. Der Typ auf dem Bett erschrak nicht mal als er mich sah. Er streckte seinen Hintern weiter in meine Richtung und sagte lallend, ich solle doch auch mitmachen. Meine einzige Reaktion darauf war, dass ich blitzartig die Tür zumachte – von aussen wohlgemerkt! Ich hoffte, dass der Typ nach dem Drogenrausch nichts mehr von meiner kurzen Anwesenheit wissen würde. Ich habe bis heute nichts gegen Schwule, aber es darf mich keiner anmachen.

Der Schwulenkönig von Albisbrunn war ein Lehrling im vierten Lehrjahr und sah aus wie ein fetter, mit einem Fisch verwandter Frosch. Er verfügte immer über viel Geld und Zigaretten. Damit liess sich der eine oder andere – im wahrsten Sinne des Wortes – bestechen. Der Typ versuchte, auch mich seit längerem mit einer Stange Zigaretten zu ködern. Wie immer hatte ich nicht genug zu rauchen, da ich mein Geld für Telefonate mit Papa, meinen Schwestern und Brüdern ausgab. Immer wieder kam der Typ angeschleimt, obwohl ich ihm klar meine Meinung dazu gesagt hatte. Irgendwann packte mich eine derartige Wut auf den Typen, dass ich ihn heftig verprügelte und ihm eine ganze Stange *Brunette Doppel* klaute. Ich hatte es mit der Gewalt deutlich übertrieben, klar. Doch das erzielte seine Wirkung. Der *Fischfrosch* wagte es nämlich nicht, jemanden mit Geld gegen mich aufzuhetzen. Die Stange rauchte ich brüderlich teilend mit Tschattis. Doch mit dieser Aktion war auch ich im Begriff, ein regelrechtes Arschloch zu werden. Der *Schwulenkönig* hatte mir keine Gewalt angetan, ich mochte einfach seine Visage nicht und sein aufgeblähtes Gebaren. Ich musste mich also einbremsen.

Auf Fredy K., den anderen Bündner auf der S2, war ich auch nicht gut zu sprechen. Es war seltsam, dass ausgerechnet wir zwei aus dem gleichen Kanton uns nicht vertrugen. Ich hätte mir nie vorstellen können, dass Bündner nicht zusammenhalten. Es kam immer wieder zu Reibereien. Wir waren etliche Male nah dran, uns übel zu prügeln. Ausgerechnet Fredy und ich sind heute, wie erwähnt, beste Freunde. 2015 war er mit seiner Frau und seiner kleinen Prinzessin bei uns zu Besuch in Haldenstein. Auch zur Lesung meines Buches *Bündnerfleisch* kam er, zusammen mit seiner Mutter. Das hatte mir sehr viel bedeutet! Doch damals im Albisbrunn hätte jeder von uns den anderen am liebsten im Wald hinter dem Heim vergraben. Wenn mir einer gesagt hätte, dass Ruedi Helfenstein und Fredy K. eines Tages beste Freunde von mir seien – ich hätte ihn für gestört gehalten, doch glücklicherweise ist es so gekommen. Die beiden sind wirklich wunderbare Freunde! Übrigens, auch Helfenstein und Fredy waren damals nicht gut aufeinander zu sprechen. Zweimal gerieten sie so heftig aneinander, dass die Spuren im Gesicht gut zu sehen waren.

Als wir uns zu dritt das erste Mal wiedersahen, war diese Anspannung noch immer zu spüren. Sie mussten sich deshalb kurz miteinander aussprechen.

In der Zeit im Albisbrunn wuchs in mir der Wunsch, völlig alleine auf der Welt zu sein. Irgendwo hatte ich auf einer meiner Fluchten den Film *Das letzte Ufer* gesehen. Da gab es einen

Mann, der in den USA durch eine völlig verwaiste Grossstadt ging. Das hätte ich mir auch gewünscht – so sehr, dass ich diesen Gedanken später in zwei meiner Bücher einwebte. Die Vorstellung, mutterseelenallein durch eine leere Welt zu gehen, löste in mir ein wunderbares Gefühl von Freiheit aus. Immer wieder stellte ich mir vor, wie ich an einem Sommerabend auf die leere und völlig verwaiste Stadt Chur blicke. Nur ich, am Waldrand sitzend, umweht vom lauen Abendwind und niemand auf der Welt – was für ein Frieden!

Vom 24.12. bis 27.12.1983 durfte ich die Festtage bei den Venturas verbringen. Ausgerechnet, als Andri und Elisabeth am Samstag von der Strasse her zur S2 hochgingen, schleuderte ich aus Jux einen meiner Hausschuhe mit voller Wucht gegen Hamdi. Dieser konnte knapp ausweichen, was der Scheibe dahinter nicht gelang. Das Geschoss durchschlug das Doppelglas, die Scherben und der Schuh landeten vor Venturas auf dem Weg, als hätte ich ihnen zur Begrüssung meine neue Visitenkarte gereicht.

Eineinhalb Jahre war ich nicht mehr bei ihnen gewesen. Alles wirkte verändert, bis ich wieder mal begriff: Ich war anders geworden! Nach aussen sehr hart, aber eigentlich sehnte ich mich doch nach Ruhe und Geborgenheit. Gleich geblieben war nur die Orientierungslosigkeit, die mich ständig bestimmte.

Zukunft? Dieses Wort hiess höchstens, aus dem Heim zu kommen. Doch was das bedeutete, darüber wusste ich nichts und würde es später schmerzhaft erfahren müssen.

Die Venturas umsorgten mich und nahmen mich in ihre Herzen auf – dennoch fühlte ich mich jetzt richtig fremd. Nicht ein einziges Buch las ich während der Festtage bei ihnen. Es war, als wäre mein Hirn dermassen absorbiert, dass es für nichts mehr Platz gab darin. Die friedliche, geborgene Welt kam mir auf einmal vor wie ein Schaufenster, das ich bloss von aussen betrachtete. Soweit ich mich erinnere, benahm ich mich anständig. Doch ich konnte mein bisheriges Leben nicht abstreifen, da war ich wie der Koch einer billigen Pommes-Bude, der am Abend nach ranzigem Fett und Öl stinkt. Alles an mir verriet, dass mein Sein ein einziger Scherbenhaufen war, in dem ich mich suchte. Bei den Venturas, dieser wundervollen Familie aus Zürich, wurde mir bewusst, wie kaputt ich mittlerweile war. Darüber wurde ich nachdenklich und traurig. Irgendwo war ich falsch abgebogen.

Bis zum zweiten Januar 1984 verbrachte ich offiziell ein paar Tage bei meiner Mutter, was ich aber nur angab, weil ich nicht wusste, wo ich wirklich schlafen würde.

Während meiner Urlaubsabwesenheit erreichte das Urteil der Jugendanwaltschaft Graubünden das Albisbrunn:

Philipp wird wegen Entwendung zum Gebrauch schuldig gesprochen. Gemäss Art. 98 Abs. 2 StGB wird von jeder Strafe oder Massnahme abgesehen. Philipp trägt die Kosten des Entscheides im Betrage von Fr. 80.- ...

In Chur zog es mich sofort zu meinem Papa in die einschlägigen Beizen der Altstadt. Es hört sich womöglich seltsam an, doch ich konnte erst glauben, dass es Chur noch gab, als ich die Stadt vor mir auftauchen sah. Alles wirkte wie im Traum.

Als ich die *Bierhalle* betrat, lag Papa betrunken über den Tisch geneigt. Es herrschte kaum Betrieb im Lokal. Einige Gestalten sassen über ihre Gläser gebeugt. Der Aschenbecher vor Papa quoll über. Es roch nach Rotwein und *Kafi Lutz*. Papas Augen waren getrübt, als ich seinen Kopf hob. Er war irgendwo, aber nicht hier. Mittlerweile kannte ich alle Stadien der Betrunkenheit und konnte abschätzen, dass er wahrscheinlich den ganzen Tag ausser Gefecht sein würde. Das frustrierte mich. Er sah wieder so richtig kaputt aus. Anita, eine der Serviertöchter, kam zu mir und sagte, Papa sei schon seit dem 25. am Durchsaufen. Armer Papa!

In der Bankstrasse klingelte ich an der Wohnungstür von Rädel – niemand da.

Charly sass in Kalchrain, ohne Aussicht auf Hafturlaub.

Es war seltsam, an der belebten Obertorkreuzung zu stehen, ohne dass *etwas* geschah. Kein Auto hielt wegen mir, keine Hand versuchte mich zu fassen. Niemand suchte mich – ich brauchte mich also nicht zu verstecken. Einen Moment lang stand ich einfach nur so exponiert wie möglich da und konnte das ungewohnte Gefühl nicht richtig einordnen. Nun lagen ein paar Tage Freiheit vor mir!

Was sollte ich tun? Auf einmal war der ganze Druck weg, den die Behörde ständig gemacht hatte, und ich wusste nichts mit mir anzufangen!

Eine Beiz nach der andern suchte ich auf und warf einen Blick hinein. Anschliessend lief ich zur Wohnung von Irma. Auch sie war nicht zu Hause. Zurück in der Altstadt fand ich das *Bratpfännli* geschlossen vor. Nur Stieger traf ich in einer Gasse an. Er sass noch immer im berüchtigten Kalchrain, wie auch Charly. Stieger, der kiffende Pazifist, der Arbeit für einen Luxus hielt, den er nicht brauchte. Er roch wie immer stark nach Patschuli und seine Augenränder hatte er mit einem Eyeliner nachgezogen. Er sah aus wie einer von diesen kitschigen Jesusschauspielern.

Papa hing zwei Stunden später immer noch über dem Tisch und weitere Stunden später war er noch immer so betrunken, dass ich kaum ein Wort mit ihm reden konnte. Sein Schmerz glühte wie ein ewiges Feuer aus seinem geschundenen Körper. Er litt grauenhaft. Die Trauer um unsere Familie würde ihn verbrennen. Mit verdrehten Augen kippte er sich einen erkalteten *Kafi Lutz* in die Kehle. Wie durch Nebel schnappte er einige Worte auf, sein Hemd aufgeknöpft, sein schulterlanges Haar verschwitzt. Wie immer fasste ich sein Handgelenk, um seinen Puls zu messen. Schnell und flach war dieser. Als Papa die Berührung fühlte, reagierte er aggressiv und schimpfte, als wäre ich unsichtbar im Raum. Gegen 20 Uhr schwankte er dann bis zur Toilette, und da ihm in der *Bierhalle* niemand mehr Alkohol ausschenken wollte, lallte er mir zu, er gehe jetzt in die *Schmidt-stuba* oder in *d'Hälfti.*

Ihm zuzusehen, tat weh. Er konnte keinen Schritt richtig gehen, sondern fiel von der einen Gassenseite auf die andere oder vor einen der Hauseingänge. An die Blicke der Passanten hatte ich mich schon längst gewöhnt, die glitten an mir ab. Er war kaum festzuhalten, so unberechenbar war sein Fallen. Wiederholt schlug er sich den Kopf an, einmal so heftig, dass er sogar in seinem Rausch aufschrie und ihn rieb. Dann blieb er mitten auf der Strasse am Boden sitzen, wie ein kleines Kind, das trotzt. Egal, was ich sagte und versuchte, er blieb sitzen und suchte, wie so oft ihm Suff, einen imaginären Fünfliber oder eine Geldnote. Das konnte dauern, denn in jedem Sack steckte meist etwas anderes, und er suchte abermals.

Wie immer sorgte ich mich sehr um ihn. Ich konnte Papa doch nicht einfach alleine lassen, schon gar nicht in seinem Zustand. Am liebsten wäre mir gewesen, er wäre mit zu Rädel gekommen, doch wenn er sich etwas in den Kopf gesetzt hatte, musste das so sein. Nach endlosen Minuten hatte er die fünfzig Meter von der *Bierhalle* zur *Hälfti* geschafft. Es war saukalt draussen. Er wankte an einen Tisch und schrie nach einem *Kafi Lutz.* Auf meine Intervention hin, dass er doch schon sternhagelvoll wäre und mehr als genug intus hätte, lachte er, schaute sein volles Glas an und redete mit schwerer Zunge:

»Kusch du miar Maischter oder i diar?«, und kippte den Kaffee mit Schnaps hinunter, als wäre er Wasser.

Gefrustet ging ich die 200 Meter durch die Altstadtgassen in die Bankstrasse, wo Rädel und Brigitte eine kleine Wohnung hatten. Wie immer war alles sehr sauber. Rädel war nicht immer erfreut über mein Kommen, denn auch Charly und Papa kamen oft unangemeldet und schliefen auf der kleinen Couch. Doch seine raue Art hinderte ihn nicht daran, mir trotzdem Älpermakkaroni mit viel Käse, gebratenen Zwiebeln, heisser Butter und Maggi auftischen zu lassen. Dabei liess er mich immer wieder wissen, dass dies heute das letzte Mal gewesen sei.

»Häsch verstanda?«

»Jo, hani!«

»I mains ampfall ernscht!«

»Jooo, isch guat, i hans kschnallt!«

Es war ja wirklich nicht einfach für Rädel, fast die halbe Verwandtschaft in deren verschiedensten Zuständen beherbergen zu müssen und deswegen immer wieder die Fahndung an der Türe zu haben.

Gegen ein Uhr in der Nacht klingelte es Sturm. Papa wankte im Suff ins kleine Wohnzimmer der Zweizimmerwohnung. Wie meist hatte er Hunger und wollte ein paar Spiegeleier mit viel Pfeffer und Aromat, dazu Nudeln. Er veranstaltete beim Kochen immer so einen Höllenlärm, dass wir ihm das lieber abnahmen, sprich: in dieser Nacht ich. Derweil sass Papa auf der Couch und rauchte, redete vor sich hin oder durchsuchte seine Taschen nach irgendetwas.

Ich hätte ihm hundertmal erklären können, dass er mit seiner vermissten 50-Franken-Note in der *Bierhalle* gezahlt hatte und die darum nicht mehr zu finden wäre. Er hätte es nicht geschnallt.

Wie meist legte Papa sich mit der glühenden Zigarette auf die Couch und meinte, dass er nur kurz dösen würde, bis das Essen fertig wäre. Doch nie bekam ich ihn dann in solchen Momenten wach. Die gebratenen Spiegeleier und die Nudeln ass ich selber oder ich schmiss sie in den Abfalleimer.

Einmal schaffte es Papa in so einem Zustand, die Couch von Mary in Brand zu setzen. Marys damaliger Mann Ruedi revanchierte sich dafür auf seine Weise. Als Papa wieder mal besoffen eingeschlafen war, klebte er ihm mit Sekundenleim die Finger aneinander. Als Papa aufwachte, konnte er sich unmöglich mehr eine Zigarette anzünden. Erst im Kantonsspital befreiten sie seine Hände wieder.

Damit Papa und ich auf Rädels Couch Platz zum Schlafen fanden, legte ich mich mit dem Kopf ans Fussende von Papa.

Wie immer schliefen wir in den Kleidern, manchmal auch samt Jacke. Am Morgen, kurz nach fünf Uhr, hörte ich, wie Papa sich aufsetzte und eine Zigarette anzündete.

Da auch mir vier Stunden Schlaf ausreichten, tat ich es ihm gleich. In diesen Momenten der Stille hörte ich ihn leise sagen:

»Ohjeee, ohjeee, ahh, isch das a huara Saich. Ohjeee, aber was witt macha!«, dabei strich er sich den Bart zurecht und goss sich einen Kaffee ein. Manchmal kam dann die Frage an mich:

»Waisch du, wo i geschtar zletscht ksi bin?«

Meist hielt Papa es am Morgen nie lange in einer Wohnung aus. Deswegen sassen wir bereits um sechs Uhr im *Schweizerhof* in der Kasernenstrasse oder im Café *Buchli* in der Grabenstrasse. Dann bestellte er einen grossen Humpen kaltes Bier. Wie konnte er das Zeug auf nüchternen Magen mit nur zwei Zügen leeren? Vor mir stand eine heisse Ovomaltine, mit zwei Zuckern drin. Ein *Gipfeli* nach dem anderen verdrückte ich dazu. Meist gesellten sich andere Beizengänger zu uns, die wir kannten. Wenn nicht, redete ich mit Papa. Der lachte immer wieder ob meinen Geschichten und Ideen und gab immer nur kurz Antwort – solange er nüchtern war. Wie ich halt so war, redete ich einfach drauflos. Wenn ich etwas vom Heim erzählte, was selten der Fall war, quittierte er das mit der immer gleichen Antwort:

»Muasch halt a biz recht tua, denn heschas bald hinter diar!«

An jenem Morgen in meinen Weihnachtsferien gingen wir anschliessend ins Restaurant *Surselva*. Eine neue Serviertochter arbeitete dort. Eine blonde Österreicherin mit einem tollen Hintern, wie ich hörte, und einem weniger tollen Namen: Helga Pfeffer.

Als wir Platz genommen hatten, setzte sie sich seitlich an unsere Tischkante und kassierte bei einem Gast ein, der im Flur daneben stand. Sie war etwa zehn Jahre älter als ich und schien mich nicht zu beachten. Es hätte mich nicht gewundert, wenn sie meinen Papa gefragt hätte, was ich denn trinken wolle – eine

Ovo vielleicht? Mich ärgerte, dass sie mich nicht wahrzunehmen schien, aber da Papa stocknüchtern war, wusste ich, dass ich mich mit meinen Sprüchen zurückhalten musste. Dennoch konnte ich es nicht lassen, sie direkt anzusprechen, als sie die Getränke brachte:

»Meine Freunde haben also nicht die ganze Wahrheit gesagt, was dich betrifft!«

»Wie bitte?«

»Es stimmt zwar, dein Arsch ist wirklich Klasse, das kann ich selbst durch den engen schwarzen Servierrock sehen. Er scheint tatsächlich knackig und fest zu sein. Doch dein Gesicht übertrifft deinen Po bei weitem, wenn du weisst, wie ich das meine. Man soll zwar eigentlich nie ein Gesicht mit einem Arsch vergleichen, denn egal, wer bei diesem Duell gewinnt, es kann negativ für den Betrachter ausgelegt werden. Aber echt, deine blauen Augen und das blonde Haar sind schön. Vor allem, wenn man bedenkt, dass ich sonst nur auf Dunkelhaarige stehe. Bist du denn auch nett?«

Nun würde sie mich vermutlich nicht so schnell vergessen – so oder so!

Mein Papa warf mir einen missbilligenden Blick zu, dann lächelte er schelmisch. Helga Pfeffer schaute erst irritiert und antwortete dann in markant oberösterreichischem Dialekt:

»Ja geh, also scheu biste net!«

Als sie vom Tisch weg war, riet mir Papa, sie sofort zu vergessen, weil sie zu alt für mich sei. Da erinnerte ich ihn an einen Spruch, den er besoffen gerne bei reiferen Damen rausliess: »Aus alten Pfannen lernt man kochen.« Ausserdem wies ich ihn nochmals auf ihren Arsch hin und darauf, dass sie mich doch angelächelt hätte.

»Ibildig isch au a Art vu Bildig. Kasch du Uslacha und Alächla no immer nit unterschaida?«, meinte er nur dazu.

Als Papa besoffen war, wurde aus der Serviertochter, bei der er am Morgen so höflich und korrekt sein Bier bestellt hatte, nun sein *Mägdli*, das er mit Sprüchen zu ihrer Oberweite eindeckte, die zwar imposant war, mich aber nicht sonderlich interessierte.

Am nächsten Tag sass ich mit Orlando und Mössli und ein paar anderen erneut in der *Surselva*. Ich liess nicht locker, bis Helga Pfeffer mir versprach, ich dürfte sie am Abend nach Dienstschluss nach Hause begleiten.

Nachts, kurz vor halb eins, kam sie aus dem Lokal. Sie trug einen schicken Wintermantel über dem schwarzen Servierrock, dazu sexy Winterstiefel. Die Luft war eisig kalt und wölkte sich vor unseren Gesichtern, als wir durch die Altstadt gingen. Wie immer, erzählte ich etwas übers Leben und schwärmte, wie schön sich die Glocken der Martinskirche in der Nacht anhörten. Gut küssen hatte ich ja gelernt und so küsste ich Helga vor der Eingangstüre ihres Wohnhauses.

»Wie alt bist du nochmal?«

»18, werde aber nächstens 19! Die Gene halt. Hast ja gesehen, was für einen Knackarsch mein Papa jetzt noch hat!«

»So frech wie du bist, glaube ich dir kein Wort ... komm rein!«

Am nächsten Morgen musste ich ihr versprechen, im Restaurant kein Wort über die vergangene Nacht zu erzählen. Sie sei ja erst neu dort und ich zudem eher jung, meinte sie.

Bis zum Ende meines Urlaubs holte ich sie jeden Abend nach Mitternacht ab. Dann spazierten wir gut eingepackt durchs nächtliche Chur. Sie erzählte mir von ihrem Leben und von ihren Träumen, bevor wir zu ihr nach Hause gingen.

Helga mochte ich, weil sie eine richtige Frau war, wenngleich eine mit einem furchtbaren Namen. Die schönen Schuhe, die sie immer trug, hatten Stil, genau wie der Wintermantel. Es gefiel mir, wie gewählt sie sich ausdrücken konnte und wie sehr sie immer wieder lachte, wenn ich etwas Lustiges oder Ausgefallenes sagte. Sie mochte meinen Humor. Sie gab mir das Gefühl, etwas Besonderes zu sein, und vor allem war ich in diesen Tagen nicht so einsam. So wurden die Weihnachtsurlaubstage auf einmal sehr kurz. Nach und nach erzählte ich ihr, dass ich erst 17 wäre, was zwar auch gelogen war. Ich ergänzte, ich müsste nur bis 18 im Jugendheim bleiben. Sie kannte einiges von meinen familiären Umständen, weil Papa ja bei ihr Gast war. Viel musste ich deshalb nicht mehr erklären. Dadurch, dass sie mit mir meist wie mit einem Erwachsenen reden konnte, schien ich glaubhaft älter. Helga versprach ich, in sechs Wochen würde ich wieder kommen und ab Frühjahr dann bleiben.

Als ich am Ende meines Urlaubs am Bahnhof stand, liess ich den Zug sausen. Ich konnte einfach nicht durch die Dunkelheit irgendwohin ins Unterland rausfahren – schon gar nicht zum Albisbrunn. Also rief ich meine Mutter an, sie solle mich im Heim krank melden und behaupten, ich wäre nicht reisefähig. Das tat sie auch. Doch sie bekam zur Antwort, dass ich am nächsten Tag dort sein müsste, komme, was wolle, basta! Loppacher meine dies ernst.

So verbrachte ich noch eine letzte Nacht bei Helga. Damit ich noch möglichst viele Stunden in Chur geniessen konnte, wollte ich nur so kurz wie möglich schlafen. Erst gegen halb fünf legte ich mich hin und wachte auf, als es draussen hell wurde. Helga lag noch im Bett, als ich mich ans Fenster stellte und in die Stadt blickte. Sie hatten mir im Albisbrunn bis zum Abend Zeit gewährt, um zurückzukommen.

Gegen Mittag suchte ich Papa in den Beizen. In der *Bierhalle* fand ich ihn. Natürlich wusste er, dass ich im Albisbrunn sein sollte. Ich erklärte ihm dann den Grund für meine Gnadenfrist.

»Luag aifach!«, war seine Antwort.

Aus irgendeinem Grunde bekamen wir später Streit, vermutlich, weil er wieder hackevoll war. Ich fand, er hätte gut reden, aber ich müsse ja schlussendlich im Albisbrunn den Scheiss ausbaden, den er und Mamma eigentlich verbockt hätten.

Rädel sass daneben und meinte trocken, dass ich jetzt besser meine Klappe halten sollte. Doch es war zu spät:

»Was, Papa häsch denn du für mi tua? Was? Wo bisch du denn as Vorbild, Papa? Ich sufa wenigschtans nitta! Also wär i eigentlich as Vorbild für di! Verstosch? Ich halta de verfluachti Scheiss jeda verdammta Tag us, ohni mi besinnigslos zuufa. Mis Läba isch doch au allas andari als das, was i miar wünscha würdi, und du bisch doch ger kai richtiga Papa!«

Ich fühlte sämtliche Blicke, die plötzlich schwer auf mir lasteten. Es wurde totenstill. Mein Papa war sehr beliebt, denn er strahlte trotz seiner Schwächen und Macken viel Wärme und vor allem ein grosses Charisma aus. Mir war in diesem Moment alles egal, selbst wenn mich Rädel hinauswerfen würde.

Papa sagte kein Wort – nur zwei, drei Tränen rannen über sein Gesicht.

Am liebsten hätte ich ihn noch lauter angeschrien:

»*Wach uf, Papa! Wach doch bitte endlich auf! Stohn uf, sig do und kämpf mit miar zämma der verloranschti Kampf vu üssam Läba! Kämpf bitte mit – i bin doch neba diar, wach und nüachtarn. Heb doch du dä Schmerz au us, denn er wird üs villicht verändara! So könntand miar anfangen, wieder z'läba – aber derzua bruchi di! Allai isch doch kaina a Familia!*«

Ich zitterte vor Wut, Hoffnungslosigkeit und Einsamkeit.

Seine Augen waren milchig trüb, der Blick leer auf mich gerichtet, das Schnapsglas hielt er lose in der Hand. Als stünde ich im dichten Nebel, suchte er mein Gesicht ab. Lahm vom Saufen, fahl sein Gesicht, die Augen verdreht und mit roten Rändern – da dämmerte es ihm:

»Philippli!«

Wütend schrie ich in die Runde:

»Luagand doch eu alli amol a, verdammt nomol! Händ iahr denn no nit begriffa, dass ma so viel Laid nit ersüfa ka, ohni dass man derbi selber versuft?«, und verliess blitzwütend das Lokal.

Nach und nach machte sich danach ein schlechtes Gefühl in meinem Bauch breit. Ich hatte meinen Papa verletzt und vor allen andern blossgestellt und Rädel war wütend auf mich.

Am späten Nachmittag war Papa noch so weggetreten, dass ich mich kaum von ihm verabschieden konnte. Wie so oft herrschte ein Riesenlärm in der Spelunke. Roger Whittakers Lied *Albany* lief. Fritz, einer der Hauser-Brüder, hatte sich in die Hosen geschissen und stritt mit seinem Bruder, der gegen einen Asthmaanfall kämpfte. Fritz beschimpfte ihn, und je mehr die Gesichtsfarbe seines Bruders ins Blaurötliche wechselte, desto schlimmer wurden die Beleidigungen. Er schmetterte dem halb bewusstlosen Bruder ins Gesicht, er solle doch ganz langsam, aber am liebsten noch am heutigen Tag, verrecken. Wie es für mich aussah, war der auf dem besten Weg dazu. Irgendwann ertönte ein Martinshorn, die Rettungskräfte stürmten herein und nahmen ihn nach einer ersten Notfallbehandlung mit. Fritz glaubte, er müsste noch weiter über seinen Bruder herziehen, als Rädel aufstand und nur einen einzigen Fingerzeig in dessen Richtung machte. Sofort herrschte Ruhe. Fritz verliess in seiner verschissenen Hose die *Bierhalle*. Schmatzmanni, die abgewrackte 60-Jährige, hatte ihren kleinen Hund unter der Bank vergessen, als sie die Beiz gewechselt hatte. Annalie, die mit den abgefrorenen Fingern, lachte rau, auf dass es gar den Lärm übertönte. Wie immer staunte ich, dass sie ohne Finger und dazu noch im Suff eine Zigarette anzünden konnte. Orla sass wie ein ruhiger Bär mit geröteten Augen vor einer Stange Bier und sprach – wie so oft – seine für alle anderen unverständliche Sprache:

»Palasso sulpeli, schnallpillo paltallo saltinpaltullo, schnalltilpultallo ...«. Das fand er enorm witzig, und er lachte laut.

Er war derjenige, der mich mit *Moi* verabschiedete, als ich ging. Papa merkte es nicht mal mehr, und Rädel war schon zuvor verschwunden. Wie immer spürte ich erst draussen, wie laut es drinnen gewesen war, als sich die schwere Türe hinter dem Vorhang schloss und der Lärm nur noch gedämpft nach draussen drückte.

Der kurze Gang auf den Bahnhof war immer einsam und traurig. Niemals hatte mich jemand begleitet, mir zugewinkt oder mich gar mal abgeholt. Auch wenn ich nie darüber redete – die Gefühle in mir logen nicht. Es war traurig und ich fühlte mich einmal mehr allein gelassen. Hätte ich Rädel gefragt, ob er mich mal begleiten würde, hätte er mit Sicherheit Folgendes gesagt:

»Wirsch jo wohl der Bahnhof allei no finda. Meinsch, i laufi mit diar wia zwei Schwuuli do aba? Wettsch jo wohl nit no Händli geh? Bisch du a nütiga Hund, hey!«

Damals hätte noch niemand gedacht, dass Rädel mal ein so einfühlsamer Papa werden würde. Ich erinnere mich an die Zeit, in der er Papa wurde und konstant besorgt um die Bettchen seiner ersten Kinder schwirrte. Immer dachte er, sie hätten es zu kalt oder zu heiss – ständig überprüfte er, ob sie auch wirklich richtig atmeten. Als er kurz vor fünfzig *Neni* wurde, war er noch immer die Fürsorglichkeit in Person und immer da für seine Enkelkinder. Im Sommer – beim Baden im Walensee – kümmerte er sich rührend um die Kleinen. Seine mittlerweile erwachsenen Kinder sind oft bei ihm zu Besuch. Rädel und ich verstehen uns heute unglaublich gut – mehrmals die Woche telefonieren wir miteinander oder treffen uns.

Um 17 Uhr war es stockdunkel, als mein Bus Hausen am Albis erreichte. Der Nebel schwebte in den Lichtern der Laternen wie der Hauch eines Monsters. Die Strassen glänzten schwarz. Diese zehn Minuten Weg ins Heim waren immer eine grosse Belastung für mich. Angst überkam mich in Form einer tiefen Hoffnungslosigkeit. Den abrupten Wechsel von Chur in das dunkle Heimareal mit den hellen Fenstern der Gruppenhäuser – ich glaubte, dass es nie wieder hell werden könnte, so dunkel empfand ich es.

Tschattis fragte ich mal während einer Busfahrt, ob er auch das Gefühl hätte, ständig in einer Parallelwelt herumzuirren, in einer Unwirklichkeit festzusitzen, so, als wäre man sich selbst fremd und würde alles nur träumen. So erfuhr ich, dass ich nicht der Einzige war, der sich wie ein Ausserirdischer fühlte. Tschattis konnte ich alles erzählen, bei ihm konnte ich mir jede Blösse geben, ohne dass er mich auslachte. Er war ein so guter Kerl –

der beste Freund, den man haben konnte. Ich vermisse ihn noch immer so sehr, dass es mich schmerzt.

Die wenigen Wochenendurlaube waren eine riesige Herausforderung für mich. Eigentlich waren es eher 28-Stunden-Urlaube. Die Bus- und Zugverbindungen nach Chur waren schlecht und mit häufigem Umsteigen verbunden. Ich schaffte es nie, vor Samstagmittag in Chur zu sein. Am Sonntag musste ich bereits wieder um 18 Uhr im Albisbrunn sein.

An einem der Wochenenden hatte Charly ebenfalls Urlaub und wollte mich am späteren Freitagnachmittag abholen. Mein Urlaub begann aber erst am Samstagmorgen. Natürlich nützte es nichts, dass ich mein Anliegen vorbrachte, mit ihm fahren zu dürfen. Schütz war ein Gruppenleiter mit wenig Herz und falschem Verstand, dafür mit einem Regelwerk im Kopf. Wenigstens konnte ich einen roten Ausgangszettel fürs Dorf ergattern, um dort in der *Krone* mit Charly etwas trinken zu können.

Alles in mir lehnte sich wieder auf. Ich verfluchte dieses Heim und diesen Schütz, der so gar kein Verständnis hatte. Es wäre doch so perfekt gewesen, mit meinem Bruder im Auto nach Chur fahren zu können. Genau genommen würde ich ja nicht entweichen, wenn ich jetzt sofort ginge, dachte ich. Es wäre doch nicht mehr als ein vorzeitiger Urlaubsantritt. Noch immer sträubte ich mich gegen den Entscheid von Schütz, konnte mich aber dennoch nicht für Chur entscheiden.

Tessenberg!

Deshalb liess ich mich in Richtung Albisbrunn zurückfahren. Bei der Einfahrt zum Heim sagte ich zu Silvia, die am Steuer sass: »Gib Gas, dia könn mi alli am Arsch lecka ...!«

Unterwegs hielten wir bei einer Telefonkabine und ich liess die Heimleitung wissen, dass ich, wie geplant, am Sonntag zurückkäme und falls sie mich wegen den wenigen Stunden versorgen wollen dann soll's so sein – doch mein Bruder hätte nicht umsonst den weiten Umweg von Kalchrain gemacht, nur um mich zu holen.

Übers Wochenende blieb ich bei Charly, der am Sonntag auch wieder hätte einrücken sollen. Wir beide gingen aber nicht zurück. Stattdessen meldete er sich krank. Er sei transportunfähig und hoffe, dass er erst am Montag mit dem Zug in den Thurgau zurückfahren müsse. Charly erhielt so das Okay für eine weitere Nacht in Chur. Immerhin! Das versuchte auch ich einzuholen. Charly rief für mich an, sagte, er müsse mit mir sofort zum Arzt, denn ich hätte vermutlich einen gebrochenen Finger und deshalb sei es mir speiübel geworden. Loppacher war aber nicht blöd und roch den Braten. Er liess ausrichten, dass ich zum Schulbeginn, am nächsten Morgen, anwesend sein müsste. Bis dann könnte er mich in Schutz nehmen, aber dann – Tessenberg ahoi!

Scheisse!

Damit die Geschichte keine Lüge mehr war, hielt ich Charly einen Mittelfinger auf den Tisch, und er schlug mit dem Hammer so heftig zu, dass ich den Arzt wirklich hätte brauchen können. Ein Knochenriss und dick geschwollen – wie sich später im Heim rausstellte! Der Finger hatte sich lange nicht erholt.

Es schien nun, als schaffte ich es wirklich, bis zum Frühjahr durchzuhalten, um dann austreten zu können. Das rief bei gewissen anderen Jugendlichen Missmut hervor. Hallo, da ist der Bündner mit der lauten Klappe, die meiste Zeit auf Kurve und dennoch darf der, im Gegensatz zu vielen anderen, die Lehre in Freiheit absolvieren?

Zwei Schnupperlehren konnte ich machen, eine bei der Dosch Garage in Chur und eine bei einer Malerfirma in Sargans bei der Familie Hutter. Mir war es scheissegal, was aus mir werden würde – Hauptsache, ich war in der Nähe von Chur. Die Berufsberatung hatte keine Ahnung von mir, denn ich wollte weder Autospengler noch Maler sein. Doch die Familie Hutter war sehr freundlich zu mir. Sie mochte meine Art, direkt auf die Kunden zuzugehen, wenn wir Beratungen bei ihnen zu Hause machten. Ich hatte also eine Lehrstelle, doch leider nicht direkt in Chur.

Mit dem Zug wäre ich aber schnell dort. Noch hatte ich sowieso keine Ahnung, was nach dem Austritt alles auf mich zukam.

Frau Perwanger, die Heimpsychologin, drang auch nicht zu mir durch. Wenn ich ihr etwas sagte, verwirrten ihre Aussagen mich noch zusätzlich. Na ja, Hauptsache, sie war zufrieden. Ich glaube, sie war froh, mit uns eine Aufgabe für sich gefunden zu haben.

Ab Januar begann ich die Wochen zu zählen.

Nur noch zweimal Urlaub, und kurz vor dem Austritt hatte ich noch ein Skilager in Obersaxen vor mir.

Tschattis und ich redeten wie immer übers Rauskommen. Oft sassen wir in den kalten Wintermonaten im alten Stall und warteten darauf, dass die ungeliebte Zeit vergehen möge. Die letzten Wochen hatten uns immer mehr zusammengeschweisst. Bald würden wir uns wieder trennen müssen.

Die Wochen bis zum März hielt ich weiter durch. Die Abende wurden langsam etwas heller, wie auch mein Lichtstreifen am Horizont. Das Gefühl, zu träumen, nicht wirklich da zu sein, nagte aber weiter an mir und frass sich wie ein kaputtes Getriebe fest.

Fräulein Auf der Mauer trat irgendwann als Assistentin des Heimleiters ein. Sie war die einzige Frau im Albisbrunn, die nicht mehr Barthaare hatte als der Knecht auf dem Gutshof.

Sie war eine wunderschöne Dunkelhaarige mit einem Po, der uns alle ums Haupthaus schleichen liess, wenn sie Feierabend hatte – nur um sie kurz zu sehen. Zum ersten Mal waren wir dankbar, ins Büro gerufen zu werden, um irgendwelche Formulare auszufüllen. Sie lachte mich immer freundlich an. Ihre Sprache war sehr gepflegt und höflich, als wäre ich ein Gast in einem Hotel. Sie war oft das Gesprächsthema für uns Jugendliche.

Die zehn Wochen bis zum Lager dauerten unglaublich lange. Im Januar war mein 16. Geburtstag, an den ich aber keine Erinnerungen habe. Mit den Ausgangsscheinen durften wir einmal die Woche kurz raus aus dem Heimareal. Da bekannt war, dass ich keine Drogen nahm, wurde ich auch nie gefilzt. Deshalb liess ich mir von den Typen, die ich mochte, ihre Ware anhängen, und schleuste so viel Stoff ins Heim: Heroin, LSD, viel Haschisch, das es eine kleine Armee für Monate aus dieser Welt herauskatapultiert hätte. Tschattis und Keck konsumierten oft und viel – leider zu viel!

Manchmal war es für mich seltsam, als Einziger in dem kleinen Stall clean zu sein. Wenn Tschattis mit seinem Glanz in den Augen neben mir auf dem Holzboden sass und das Alupfeifchen zur Seite gelegt hatte, sprachen wir manchmal lange miteinander. Ein tiefer Frieden lag dann in seinem Gesicht, als trennten uns Welten. Ein Frieden, den ich auch gerne erlebt hätte – doch meine Angst vor dem Kontrollverlust war viel zu gross. Leben bedeutete in meinem Fall meist Schmerz, doch Schmerzen gaben mir auch das Gefühl, zu leben, um etwas ändern zu können. Und in den schlimmsten Momenten empfand ich nach und nach die Kraft der Worte, Sätze, die sich formten. Als würden diese Schmerzen mich lebendig halten, indem sie mich antrieben, über alles nachzudenken. Natürlich fühlte ich mich manchmal ausgeschlossen, wenn alle wie ausgeknipst neben mir auf dem Stallboden sassen, mit dem Rücken zur Holzwand gelehnt, in einen goldenen Himmel strahlend. Ich fühlte bloss den kalten Holzboden unter meinem Arsch und wusste, dass ich am nächsten Nachmittag wieder in diese beschissene Holzklötzchenfabrik musste. Doch ich hatte schon mein Leben lang von aussen zugesehen in Momenten, die ich nicht haben konnte – beispielsweise, wenn Mütter ihre Söhne in der Primarschule Masans abholten. Tschattis drängte mich nie dazu, auch auf einen Trip zu gehen. Er hätte sich aber gewünscht, ich könnte auch mal so eine Auszeit erleben. Mein Radar war ja ständig aktiv – ich litt jeden Tag. Mir wird heute immer deutlicher klar: Hätte ich die Türe zu den Drogen damals nicht so konsequent zugehalten, gäbe es diese Zeilen von mir nicht. So viele meiner Freunde starben an den Folgen von Aids, am Goldenen Schuss oder durch Selbsttötung.

Neun Jahre nach diesem Nachmittag in der Hütte, in der wir etwa zu sechst sassen, waren alle ausser Fredy K., Helfenstein und mir tot. Tschattis, Keck, Pingesser – unglaublich!

Die weiteren Tage krochen dahin, doch irgendwann kam der Monat März – mein Austritt nahte endlich. Doch zuvor fuhren wir ins Skilager nach Obersaxen in Graubünden.

In Chur mussten wir umsteigen. Es war witzig: Fast alle beobachteten mich! Asslaber legte mir nochmals kurz vor meiner Ziellinie nahe, keinen Scheiss zu machen.

»Du hast es drauf, Philipp – vergiss das nicht und behalte deinen Arsch einfach cool auf dem Zugsitz!«

Es war fast rührend, wie auch andere Jugendliche mich beäugten, denn in Chur riss es so richtig heftig an mir. In nur fünf Minuten wäre ich in der *Bierhalle* und bei meinem Papa gewesen. Die Sonne warf ihre Strahlen auf das Perron. Reisende gingen hin und her. Ich betete zu Gott, der Zug möge endlich in Richtung Ilanz losfahren. Sekunden dehnten sich zu Minuten. Alles schien in Zeitlupe abzulaufen. Auch die Reisenden schienen in Slow Motion draussen vorüberzugehen. Mein Blick wechselte hin und her. Alles wartete auf den erlösenden Ruck, mit dem sich der Zug in Bewegung setzen würde.

Endlich!

Langsam fuhren wir los. Meine Spannung wich. Die Blicke der andern entspannten sich – wie der meine.

Es wurden zwei fantastische Skiwochen mit absolutem Traumwetter, dass ich noch Wochen später mit dem Skibrillenabdruck im Gesicht herumlief.

Sonne, Schnee und abends coole Skifilme. Wow! Genial!

Es war zum Totlachen, wie einer der sonst so coolen Punks in seinem gewohnten Nietenoutfit mit Lederjacke die Piste hinuntereierte. Alle drei Meter fiel er hin und schaffte es kaum, alleine aufzustehen und musste als Erstes seine Anstecknins zählen. Ich konnte es nicht lassen und fuhr ihm zackig über die Ski. Wir drei Bündner schwangen beim Skifahren klar obenaus und hatten unseren Spass. Fredy gewann übrigens vor mir das Schlussrennen.

Natürlich musste uns in einem solchen Lager ein richtiger Streich einfallen. Fredy hatte eine riesige, zusammengerollte Schweizerfahne in einem Berghaus entdeckt. In der Nacht büxten einige von uns aus und liefen in der sternenklaren Nacht in eisiger Kälte die Piste hoch. Wir klauten diese riesige Fahne, um sie auf einer der Pisten auszulegen. Das Erstaunen der Gäste war gross, als sie am nächsten Morgen im Schnee zu sehen war – sogar die örtliche Zeitung berichtete mit einem Foto gross darüber. Wer das wohl getan hatte?

Eines Abends erhielten wir von den Erziehern des Albisbrunn die Bewilligung, in Obersaxen eine Jugenddisco zu besuchen.

So viele Albisbrunner im Bündner Oberland in einer Disco! Die Mädchen hatten eine enorme Auswahl – doch nicht zwingend, was gutes Verhalten anbetraf.

In dieser Disco traf ich diese süsse, kleine, ein Jahr jüngere Claudia aus Basel. Ihr Papa war ein DC-10 Pilot. Claudia war wohlerzogen und aus gutem Hause. Ich bin mir sicher, ich war der erste *Wilde*, den sie zu sehen bekam. Drei Albisbrunner hingen schon an ihr, als ich sie zum Tanzen aufforderte, obwohl ich damals noch zwei linke Füsse hatte. Wie ein Bewegungslegastheniker mogelte ich mich – einigermassen im Takt der Musik – durch. Schon früh an diesem Abend wurde Claudia im elterlichen Ferienhaus, das in der Nähe stand, zurück erwartet. Selbstverständlich begleitete ich sie dahin und lieferte sie wohlbehütet an der Türe ab, was ihre Mutter süss fand. Natürlich konnte ich es nicht lassen, erstaunt etwas rausrutschen zu lassen, damit sie es noch knapp hörte:

»Wow, deine Mutter ist aber auch richtig hübsch!«

Jedenfalls durfte ich Claudia am übernächsten Abend wieder abholen, denn unglaublicherweise bekamen wir jeden zweiten Abend Ausgang. Claudia und ihre Eltern blieben ebenfalls zwei

Wochen in Obersaxen, erfuhr ich von ihr. Das war gut. Auf der Piste traf ich Claudia zwar nie, nur abends. Ihre Ausgangszeit war beschränkt. Kaum war die Schöne bei mir, musste sie sich schon wieder auf den Heimweg machen.

Sie war fünfzehn und ich fühlte, dass sie mich küssen wollte. Noch nie zuvor hatte sie das getan, und genauso fühlte es sich auch an. Diesmal verschluckte ich fast ihre Zunge! Doch in mir war da so ein komisches Gefühl, wenn wir beisammen waren, und wenn sie weg war ebenso. Meist standen wir irgendwo draussen abseits in der schönen Landschaft, die im klaren Nachthimmel richtig romantisch wirkte. Die Sterne funkelten. Die Luft war klar und bissig kalt. Fantastisch, dieser Winter! Es war wunderbar, wie sehr sie mich mochte. Claudia klebte immer an mir und konnte sich kaum lösen, wenn es Zeit war für sie, um nach Hause zu gehen. Bei einem der Abschiede weinte sie, weil er sie schmerzte. Wir standen etwas oberhalb im Berghang und blickten auf den Ort herunter, auf gelb erleuchtete Fenster. Die Luft war wie immer schneidend kalt, was ich sehr mochte. Claudia war der erste Mensch, dem ich sagen konnte, dass ich ihn wirklich gern habe. Sie kuschelte sich so nah an mich, dass sie fast hilflos wirkte. Dann ging sie! Als hätte sie es geahnt, gab sie mir schon zuvor ihre Telefonnummer. Und natürlich versprach ich, sie anzurufen. Was ich dann eine Woche später an einem Abend tat. Doch sie war im Klavierunterricht und somit nicht zu sprechen. Ihr Vater war am Apparat und wollte meine Nummer, damit sie mich zurückrufen könnte. Ein Depp von einem Erzieher liess nach 20 Uhr aber keinen Anruf mehr zu und meinte, dass bald Einschluss wäre. Ich wäre deshalb erst anderntags ab 17 Uhr wieder erreichbar. Der Vater war es, der zurückgerufen hatte – Claudia hatte sich nie mehr gemeldet. Mehrmals versuchte ich vergeblich, sie zu erreichen. Ihr Vater hatte, wie es aussah, eine Kontaktsperre verhängt. Wer möchte denn schon, dass seine wohlerzogene Tochter mit einem Jungen aus einem Landeserziehungsheim Umgang pflegt, mit einem zudem, der in der Nacht eingeschlossen wird? Der hatte bestimmt Angst, wir würden in einer Gefängniskapelle getraut, als Trauzeugen Al Capone aufbieten und die Flitterwochen im grossen Innenhof verbringen. Unsere Welten waren zu verschieden – ihre weiss, meine schwarz. Noch lange dachte ich an Claudia, die kleine Baslerin mit dem Kuschelblick, in deren Augen ich ein Held gewesen war. Was wohl aus ihr geworden ist?

Tschattis und ich spürten, dass unsere Zeit gekommen war. Flums war ja nur einen Katzensprung von Sargans und Chur entfernt – wir würden uns suchen und finden! Damals gab's noch keine Mobiltelefone, aber wir tauschten verschiedene Nummern aus, unter denen wir Nachrichten für den anderen hinterlassen konnten.

DER LETZTE TAG

. . .

Die letzten drei Tage drehte ich fast durch. Alles, was ich packen konnte – es war ja nur wenig – war schon längst für den Austritt gepackt. Was ich nicht mitnehmen wollte, verteilte ich.

Im grossen Esssaal fand die Abschlussfeier mit Mittagessen statt. An den Gesichtern der Jugendlichen war zu erkennen, wer gehen konnte und wer bleiben musste. Rechnungen hatte ich keine mehr offen – dafür einen super Freund gefunden, der nun leider einen anderen Weg gehen musste! Unsere gegenseitig gestochenen Tattoos würden uns lebenslang begleiten und unsere Freundschaft bezeugen.

Eine Ansprache, die wie jede Ansprache in solchen Fällen elend lang und immer länger und dann zu lang wird, durfte nicht fehlen. Klassische Musik zur Besinnung sollte Feierlichkeit vermitteln. Es wurde den Abgängern und den Heiminternen ganz viel Kraft und Durchhaltewillen gewünscht. Frl. Edith A. war, wie versprochen, gekommen und sass am gleichen Tisch wie ich.

Tatsache! Nur noch eine Stunde, dann wäre der Spuk vorbei!

Es hiess, Abschied zu nehmen: von Tschattis, Keck, Pingesser, Ruedi, Besio, Fredy K., Giusi, Hamdi, Odermatt und noch ein paar anderen ...

Asslaber und Loppacher waren stolz, dass wir es gemeinsam geschafft hatten! Dem Gruppenleiter Schütz schenkte ich ein schmales Lächeln am Rande der Unhöflichkeit. Dem Heimleiter Dr. Häberli, der mir das linke Ohr zerschlagen hatte, hörte ich mit dem rechten halbwegs zu, welche Weisheiten er mir auf den Weg mitgab.

Endlich war es vorbei!

Tschattis verschwand mit einem letzten freundschaftlichen Blick, dann setzte auch ich mich in eines der vielen Autos vor dem Eingang. Dieser Abschied von ihm tat weh!

Ich sehe noch immer, wie das Auto von Frl. Edith A. aus dem Gelände rollt. Keinen einzigen Blick warf ich zur Seite oder gar zurück. Nur die Strasse, die vor mir auftauchte und mich in die Freiheit führen sollte, fixierte ich.

Auf einmal war der erlösende Moment gekommen, nach dem ich mich so sehr gesehnt hatte – und doch wurde ich still und nachdenklich! Freude mochte keine aufkommen. Eine Leere breitete sich innert dreissig Minuten in mir aus, dass ich glaubte, mich in Luft aufzulösen! Mit jedem Kilometer näherten wir uns Chur. Ich sah zu, wie die Landschaft an mir vorüberzog. Eine Landschaft, die mich beinahe erdrückt hatte, als ich sie zwangsweise unzählige Male in einem Auto der Kantonspolizei und in umgekehrter Richtung durchfahren musste. Ich erinnerte mich an einen wunderschönen Regenbogen, den ich an einem schwülheissen Tag aus einem Polizeiauto heraus bei Mels gesehen hatte. Und nun? Plötzlich schien ich ins Nichts zu fallen!

An der Raststätte Walensee hielten wir an.

Raststätten mochte ich schon immer – bis heute. Ich liebe ihre Atmosphäre. Wie versprochen bekam ich mein Vermicelles. Doch es schmeckte nach fast nichts, eher so, als würde ich Karton essen.

Wieder im Wagen, versuchte ich Frl. Edith A. von meinem Gefühl zu erzählen, ständig nur zu träumen. Seit der Rückfahrt empfand ich es noch stärker. Sie wiegelte meinen Versuch, ihr das zu offenbaren, mit oberflächlichen Worten ab. Das verletzte mich – von da an hielt ich meine Klappe, was das betraf. Ich würde es auch alleine schaffen! Wie unglaublich schwer mein Weg tatsächlich weiter bleiben würde, um all das Erlebte zu verarbeiten oder in Schach zu halten, wusste ich damals zum Glück noch nicht.

Mein Chur tauchte im Sonnenschein vor mir auf!

SCHLUSSWORT

· · ·

*Wenige Monate nach
Heimaustritt*

*2014 – Lesung in Chur
Pressefoto: Yanik Bürkli/SO*

Tschattis, Nicole, Keck, Nesa, Pingesser, René, Reto, Sabi, Sybille und Iris starben alle kurz nach zwanzig oder Mitte zwanzig – an Drogensucht, durch Selbstmord oder an Aids. Von meinem damaligen Umfeld sind es tragischerweise fast gegen dreissig Menschen, die Opfer ihrer Kinderschicksale wurden. Jede Beerdigung, zu der ich ging, war eine zu viel. Es hört sich vielleicht seltsam an, doch irgendwie fühle ich mich nach all den Jahren noch immer schuldig, diese Zeit überlebt zu haben. Tschattis Tattoo werde ich aus Stolz und Dankbarkeit für unsere Freundschaft bis an mein Lebensende tragen – und ihn als Blutsbruder im Herzen. Immer wieder denke ich an ihn und die anderen zurück. Sie waren alle *Schattenkinder* mit einem tragischen Ende. Es tut weh und wird mich immer schmerzen, wenn ich an sie denke – es waren sehr intensive Momente, die wir gemeinsam durchlebt hatten – und sie alle konnten rein gar nichts für ihre schlimmen Kinderjahre, die doch die schönsten in ihren Leben hätten sein sollen!

Nach jahrelangem Suchen habe ich mit Ruedi, Fredy und Sina endlich noch Freunde von damals finden können. Beste Freunde, die mich total verstehen, die wie ich fühlen, denn sie waren dabei! Freunde, die einen eigenen unglaublichen Kampf hinter sich haben, wie beispielsweise Sina, die jahrzehntelang in der härtesten Drogenszene überlebt und nun auch ihren Platz gefunden hat.

Die ersten Jahre nach sechzehn waren davon geprägt, mich irgendwie im Leben draussen zurechtzufinden. Mit siebzehn versuchte ich, mein erstes Buch zu schreiben, mit zweiundzwanzig verfasste ich es dann auf einer billigen Schreibmaschine aus der Migros. *Der Schnitter* – mein erster Roman! Mein Schreiben wurde belächelt, doch ich schrieb und schreibe nicht primär für den kommerziellen Erfolg. Schreiben ist reine Herzenssache und zugegeben, auch eine Art von Sucht, denn ich kann nicht anders, ich muss schreiben! Den *Schnitter* legte ich bis 2005 zusammen mit anderen Texten beiseite. Erst dann entschied ich mich, es zu veröffentlichen. Und wieder wurde ich belächelt. Doch wenige glaubten bereits an mich. Zur ersten und einzigen Lesung in Chur kamen etwa dreissig Bekannte und Freunde. Da stand ich im November 2005 in der Buchhandlung Schuler und wartete auf den Verleger, der den Anlass vergessen hatte und daher nicht erschien. Ich machte an dem Abend das Beste daraus. Den Part des Verlegers übernahm ich und kündigte mit verstellter Stimme mich selbst an. Die 1200 Exemplare wurden nach und nach verkauft, und die beiden Zeitungen in Graubünden fanden das Buch einen kleinen Beitrag wert.

Bis heute – 2016 – habe ich zehn Bücher veröffentlicht und darf jeweils vor rund vierhundert Interessierten meine Buchvorstellungen im GKB-Auditorium abhalten. Zwei meiner Bücher fanden den Weg in die Schweizer Bestsellerliste. Vor einigen Jahren gründete ich meinen eigenen Buchverlag LITERARI-CUM, um anderen Autoren deren Herzensprojekte zu ermöglichen. Als Ghostwriter schreibe ich Biografien oder unterstütze Menschen dabei, diese selbst zu verfassen. An dieser Stelle möchte ich allen Mut machen, die den Wunsch haben, ihre Biografie zu schreiben – unabhängig davon, ob sie diese dereinst veröffentlichen möchten oder nicht.

Mein Schreiben ist untrennbar mit meinen Schicksalsjahren als Kind und Jugendlicher verwoben. Jetzt, da Sie mein Leben ein Stück weit kennen, werden sie immer wieder in meinen Büchern *über mich stolpern* und Zusammenhänge bemerken, die ich selten bewusst in meine Bücher einfliessen lasse.

Ich wünschte mir immer schon eine Familie. Mit neunzehn war ich bereits zum ersten Mal Papa. Erfolg definierte ich aber sehr lange Zeit damit, welchen Job ich ausführte und wie viel Geld ich damit verdienen konnte. Vom 19-jährigen Autowäscher arbeitete ich mich deshalb bis ins oberste IT-Kader des weltweit tätigen Konzerns *OC-Oerlikon* hoch – da war ich vierzig.

Mit fünfundzwanzig Jahren wohnte ich mit meiner Familie bereits in einem grossen, schönen Haus. Aber vieles in dieser Karriere war nur Schein, denn parallel kämpfte ich gegen die Folgen meiner Kindheit. Es gab keinen Tag, an dem mich meine Vergangenheit nicht einholte, doch dies versuchte ich hinter der Maske des Kämpfers zu verbergen. Es verging auch kein Tag, an dem ich nicht *besser* werden wollte und hart daran arbeitete. Therapien, Niederlagen und Siege prägten meinen weiteren Lebensweg. Vielerorts eckte ich mit meiner sehr direkten Art und Weise an, während ich nach Orientierungspunkten suchte. Es gab immer Leute, die sich gerne den Mund über mich zerrissen und Lügen verbreiteten, ohne aber die Tatsachen zu kennen. Was andere böswillig über mich redeten, wurde mir mit der Zeit egal. Mein Weg blieb hart und steinig – doch ich erreichte ein Ziel nach dem anderen – auch ohne Unterstützung.

Was leider sehr lange Zeit brauchte, war, dass ich es zulassen konnte, geliebt zu werden und somit auch selber lieben konnte. Werte begannen sich danach in meinem Leben zu verändern. Trotzdem blieb ich ein sensibler Kämpfer, denn das ist fest in mir verwurzelt. Noch heute stolpere ich über einige Verhaltensweisen, die ich von früher her kenne. Ein Beispiel, über das ich schmunzeln muss: Wir grillen im Sommer fast jedes Wochenende im Garten unseres Hauses. Ich freue mich über unsere Gäste. Doch wenn viele Leute am Tisch sitzen, muss ich mich jedes Mal zwingen, mir nicht sofort das grösste Stück Fleisch zu schnappen und meinen Teller randvoll zu schöpfen – obwohl noch keiner an unserem Tisch aufgestanden wäre, ohne sich nicht satt gegessen zu haben. Jedes Mal warte ich deshalb bewusst bis zum Schluss, bevor ich mir das Essen nehme – doch das Gefühl, zu wenig zu bekommen, ist latent dennoch in diesem Moment fühlbar, wenn auch absolut unlogisch. Nebst diesem belustigenden Beispiel gibt es auch Belastendes. Deshalb vergeht kein Tag, an dem ich nicht gegen die damals verursachten Schäden ankämpfe. Doch wie damals lebe ich noch immer emotional sehr intensiv und finde immer etwas Schönes – jeden Tag! Ich bleibe dran!

Wenn du dieses Buch als *Schattenkind* gelesen hast, dann gelten folgende Worte dir! Sie kommen aus meinem Herzen:

- Erstens: Du bist nicht schuld an dem, was dir geschehen ist!
- Zweitens: Hass und Wut auf die Täter wirken so, als würdest du Gift trinken und darauf hoffen, dass sie daran zugrunde gehen. Suche deinen Weg, dich davon zu befreien! Entscheide dich für dich – für dein restliches Leben!

- Drittens: Gib nie auf, schöne Momente zu suchen und dir selber welche zu ermöglichen, auch wenn die Tage düster sind!
- Viertens: Die Suche nach dem richtigen Therapeuten ist oft schwierig. Bleib dran, es lohnt sich! Gib niemals auf!

Das Schönste, das ich heute erleben darf – das ist die innige Liebe meiner Kinder zu mir und meine tiefe Liebe zu ihnen! Mein Herz ist völlig frei von Wut, Neid oder Hass.

Mit meinem Wunsch als Zehnjähriger schliesse ich und sage: Danke, dass du mich auf meinem Weg zurück begleitet hast!

»I wett so gära nu as klisas Blüamli si. Zmitzt innara einsama Wiesa zwachsa, vum warma Wind kstraichlat zwärde um im Obigliacht friedlich zverblüah als hetts mi gär nia geh ...«

Waisenhaus – 1978

NACHWORT

. . .

Wenn eine kindliche Seele zerbricht, dann schwimmt sie in einem von Schmerz getränkten Meer. Oftmals ertrinken diese Kinder im Meer, einige wenige überleben.

Philipp Gurt ist ein Überlebender. Als ich ihn, als sein Psychiater, kennengelernt habe, erschien er mir wie eine rationale Maschine, die ausser Angst keine Gefühle kennt. Sachlich und inhaltlich korrekt, in einem ungeheuren Tempo handelnd, denkend und sprechend, gehetzt in den Fluten seines Lebens. Wenn man Philipp Gurt nicht kennt, scheint er immer auf seinen Vorteil bedacht zu sein, dabei geht es nur darum, für die nächsten Momente überhaupt etwas zu besitzen. Er lebt das oberste Gebot: *»Man muss immer einen Schritt voraus sein, sonst geht man unter.«* Dabei ist Gefühle zu haben etwas Gefährliches. Mit Gefühlen ist man schwach und verletzlich. Leider ist dies eine der gewichtigsten und destruktivsten Botschaften aus seiner Kindheit. Wenn man die eigenen Gefühle nicht mehr spürt, dann wirkt man unbesiegbar. Der Preis dafür – man kann eben nur überleben. Philipp Gurt suchte nach Anerkennung, Liebe, Geborgenheit und in dieser Lebensgeschichte gab es väterlichen Alkohol, Schmerz, eisige Kälte und eine überforderte Gesellschaft.

Immer wieder fing er die Suche nach seinen Gefühlen an und immer wieder endete seine Suche in der enttäuschenden Feststellung, dass er keine Ahnung mehr hat, wo diese Gefühle sind. Er war verloren und ohnmächtig im eigenen Körper gefangen. Immer verzweifelter und nagender war die Suche und immer tiefer wurde dadurch die innere Leere und Zerrissenheit. Wie ein Baum, dessen Stamm im Inneren immer mehr verrottet und zuletzt von innen ausgehöhlt ist. An diesem Punkt kam es zur Entscheidung zugrunde zu gehen oder eben nicht.

Mit solch zerbrochener Seele suchte Philipp Gurt jede mögliche Hilfe. Er wurde und wird sowohl mit psychotherapeutischen, pädagogischen als auch mit religiösen Weisheiten überschüttet. Aber hat man seine Bedürfnisse und sein Wesen wirklich ernst genommen? Alle Helfer, durch ihre persönlichen Dogmen geprägt, versuchten aufzuzeigen, welches der richtige Weg für ihn ist. Wenn es sein musste, auch mit grober oder sensibler, körperlicher und psychischer Gewalt. Es stellt sich die Frage, warum war und ist das so? War es immer nur Unwissenheit und Überforderung der Helfer, die mit ihren *guten Taten* so viel Zerstörung in das Leben eines Kindes gebracht haben? Oder ist es nur Selbstaufwertung des eigenen Egos der Helfer, wenn man Kindern, wie dem *armen Philippli* etwas Gutes tun konnte? Natürlich gibt es immer Personen, die selbstlos Mitgefühl zeigen und danach handeln. Waren das aber die offiziellen Helfer gewesen?

Hier Hilfe leisten, heisst hinschauen, zuhören und die verletzten Bedürfnisse erkennen. Es heisst nicht, Helferkonzepte über einen Menschen zu stülpen. Ein Betroffener musste lernen zu überleben. Diesen gezwungenermassen erlernten Fähigkeiten sollte man Raum geben, sie stützen und den Betroffenen vor den selbstzerstörerischen Stolpersteinen warnen. Wenn man unter schlimmsten Bedingungen überlebt hat, ist die Vorstellung, einer solchen Person das Überleben beibringen zu wollen, absurd. Hilfe heisst, gemeinsam ein Stück Lebensweg zu gehen, die lebenswerten Seiten dieses Lebens aufzeigen, helfen, aus dem Modus *Ich muss jede Sekunde bereit sein zu überleben* auszutreten. Oftmals ist Schweigen, Dasein, Zeit haben und Mitgefühl zeigen viel effektiver als tausend Worte. Dies in der Hoffnung, dass mit dem weiteren Leben eines Betroffenen ein inneres Gleichgewicht und innere wohltuende Ruhe einkehrt. Ein solch schmerzliches Erleben zu vergessen, geht nicht. Aber im Moment leben und nicht überleben, das kann man erreichen!

Man mag kritisieren, dass unter solchen therapeutischen Vorstellungen die Objektivität verloren geht. Es ist meine Überzeugung, dass es massiv überfordernde Momente und Geschichten im Leben gibt, in denen der Therapeut, neben seinem Fachwissen, nur als mitfühlendes Wesen Hilfe zur Selbsthilfe leisten kann. Oftmals dient objektiv zu sein nur dazu, sich nicht wirklich einzulassen, sich selbst zu schützen vor der Brutalität, die dieses Leben mit sich bringen kann. In diesem Fall sollte man die Finger davonlassen. In Anlehnung an den hippokratischen Eid heisst heilen vor allem auch: nicht schaden!

2015 wurden in der Schweiz 1400 Kinder körperlich, psychisch oder sexuell missbraucht, neun Prozent mehr als im Vorjahr. Wer schaut hin? Wer unternimmt etwas? Warum schauen wir weg?

Philipp Gurt ist so stark geworden, dass er nicht nur seine Kindheit darstellt, sondern auch aktiv geworden ist. Er ist heute eine Stimme für all jene, die noch sprachlos geblieben sind. Er wird nicht müde, mit seiner Geschichte und seiner ganzen Person, uns immer wieder vorzuführen, wie viel noch passiert. Er lebt nicht mit der Illusion, dass Kindern nie mehr ein Leid widerfährt. Er lebt und kämpft ohne Hass oder Rachegedanken dafür, dass Kinder im Leid offizielle und menschliche Unterstützung erhalten. Es sind oft die kurzen, schönen Momente – wie herzhaft lachen zu können – die einem leidgeplagten Kind die Hölle erträglicher machen.

Damit erwachsen gewordene Betroffene ein gesundes Selbstwertgefühl und mehr Lebensqualität erreichen können, ist die Konfrontation mit den eigenen Gefühlen und Erinnerungen ein zentraler Prozess. Der Zeitpunkt und das Tempo, wenn eigene schmerzhafte Gefühle wieder zugelassen werden können, sind bei jeder betroffenen Person anders. In diesen Konfrontationen muss man als Therapeut Geduld haben und darf nicht therapeutische Zeitvorstellungen forcieren oder gar durchsetzen wollen. Dies gegen eine Gesellschaft, die sehr oft unter der Devise »Zeit ist Geld« funktioniert. Man hofft, dass soziale Institutionen und Versicherungen Verständnis zeigen – oftmals weit gefehlt! Meist regieren die Zahlen und das Geld. Manchmal hat man das Glück, dass man auf mitfühlende, menschliche und nicht überforderte Verantwortliche trifft. Diesen Personen ein Danke, dass sie trotz dem wirtschaftlichen Druck die Chance zur Bewältigung ermöglichen.

Die Konfrontation mit den eigenen Gefühlen ist mit den Fragen verbunden, woher komme ich und wie war meine Vergangenheit wirklich? Will ich als Betroffener meinen Missbrauch wirklich sehen, obwohl dieser mir heute noch ungeheuerlich Angst macht? Stimmt es überhaupt, was ich noch selbst über mich in der Erinnerung weiss? Bin ich das wirklich? Häufig werden Beweise und Bestätigungen über Geschehenes gesucht. Dies bedeutet, die eigene Identität zu ergründen, es heisst auch, ich bin wirklich jemand und ich bin etwas wert.

Philipp Gurt hat mir gezeigt, dass es essentiell ist, nicht nur auf einem einzigen Weg die verschollenen, meist schmerzhaften Gefühle und Erinnerungen früheren Erlebens zu ergründen. Als er sich mit den Tableaus in Glibber-Kunsttechnik konfrontiert hat, ist eine Türe zu seiner Person und zu seiner Vergangenheit aufgegangen.

Montag, 01. August 2016

Dipl. med. Hans-Jörg Hahn
Facharzt für Psychiatrie und Psychotherapie FMH
Master of Psychotraumatology UZH

Mein besonderer Dank:

meiner Frau **Judith**
Elisabeth und **Andri** Ventura und **Familie Riget**
meinen Freunden **Sina** Signorell, **Ruedi** Helfenstein, **Fredy** Kesseli,
Chrigu, Matteaccis, Säm, Flavio
Hansjörg und **Christa**
Barbara Miller, der Juristin und Filmemacherin, die benachteiligten
Menschen ein Gesicht gibt
Ehepaar **Tscholl**
Monica und **Olivia**
Selina Gasparin für ihre Biografie
Karin und **Undine** für Lektorat/Korrektorat
Christina Grund für die Schlusskorrektur
Giuditta Poli, die seit Jahren meine Lesungen plant und organisiert
Wanda Brogi, Heilpädagogin
Flavia Schlittler, Journalistin
Lukas Heim, Weltbildverlag
Thomas Uhlig für das Cover
Bibi Vaplan für den Song zu *Schattenkind* und dem **Churer Jugend-
ensemble** der **Singschule Chur,** geleitet von **Lilian** Köhli
MyrkART, meiner Lieblingsmalerin

Folgende Institutionen haben mich bei den Recherchen zu diesem
Buch tatkräftig unterstützt:

Gemeinde Maladers
Jugendheime Albisbrunn und **Platanenhof**
Kinderheim St. Josef Chur
Psychiatrische Dienste Graubünden
Staatsarchiv Graubünden
Bürgergemeinde Chur
Waisenhaus Chur

> **Wichtig!** All diese Institutionen sind heute nicht mehr
> mit den damaligen zu vergleichen.

Basha

Sat
Tues
Sun
Mon
} Seamstresses
must commit to
same day

- as soon as po
- must have shoes
- $2016.⁰⁰

Sat 10-6
Sun 12-5